Allitera Verlag

Gedr. bei Hanfstaengl in München.

OTTO	ΟΘΩΝ
KÖNIG VON GRIECHENLAND.	ΒΑΣΙΛΕΥΣ ΤΗΣ ΕΛΛΑΔΟΣ.

Herausgegeben mit Königl. Privilegien von Bodmer's lithographischer Kunst-Anstalt in München.

Reinhold Friedrich

König Otto von Griechenland

Die bayerische Regentschaft in Nauplia 1833/34

Allitera Verlag

Weitere Informationen über den Verlag und sein Programm unter:
www.allitera.de

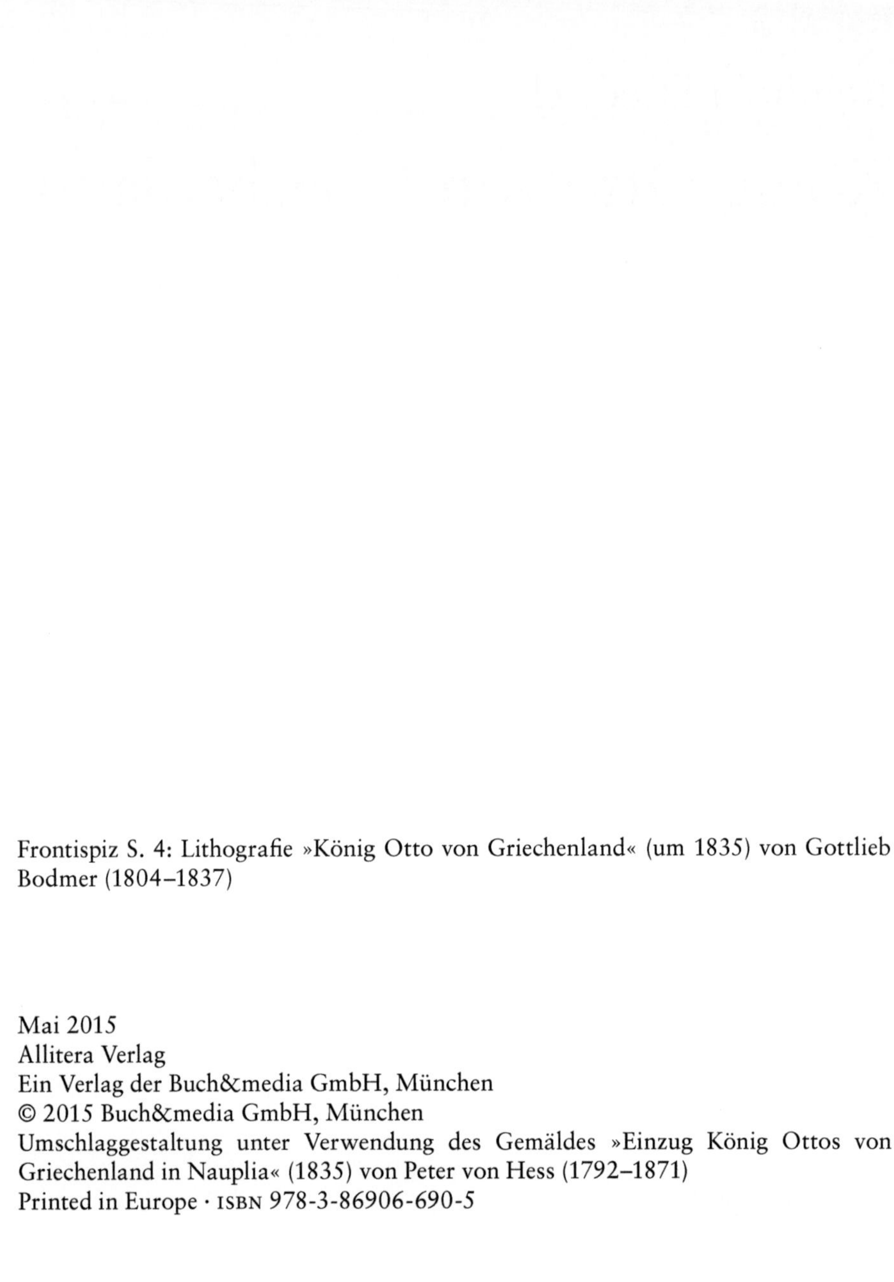

Frontispiz S. 4: Lithografie »König Otto von Griechenland« (um 1835) von Gottlieb Bodmer (1804–1837)

Mai 2015
Allitera Verlag
Ein Verlag der Buch&media GmbH, München

Umschlaggestaltung unter Verwendung des Gemäldes »Einzug König Ottos von Griechenland in Nauplia« (1835) von Peter von Hess (1792–1871)
Printed in Europe · ISBN 978-3-86906-690-5

Inhalt

Grußwort

von Prof. Dr. Jan Murken,
Leiter des Otto-König-von-Griechenland-Museums, Ottobrunn

Ottobrunn, die Gemeinde im Südosten von München, und Nauplia, die erste Hauptstadt des modernen Griechenland, sind Partnerstädte. Diese Partnerschaft beruht auf den historischen Verbindungen zwischen Bayern und Griechenland, ganz konkret auf der Verknüpfung vom Abschied des jungen König Otto von seinem Vater, König Ludwig von Bayern auf dem Gebiet der heutigen Gemeinde Ottobrunn und seiner Ankunft in Nauplia.

Gerade in Ottobrunn, das seinen Namen Otto verdankt, ist die Erinnerung an die Beziehungen zwischen Bayern und Griechenland besonders wachgehalten worden. Ein Schwerpunkt lag dabei immer auf dem Beginn der Regierungsarbeit 1833/34 in Nauplia. Doch warum wurde Otto König von Griechenland? Woher rührte das bayerische Engagement in Griechenland? Griechenland war nach dem Fall von Konstantinopel 1453 Teil des osmanischen Reiches geworden und blieb über Jahrhunderte unter osmanischer Herrschaft.

Der Kampf der Griechen um ihre Freiheit hatte 1821 begonnen. In einem symbolischen Akt überschritt Alexandros Ypsilantis am 6. März 1821 den Grenzfluss Pruth, der das Zarenreich von der Walachei trennte. Damit war ein folgenreiches Signal gegeben. Am 25. März stellte sich die Kirche in den Dienst des Freiheitskampfes: Der Patriarch Germanos von Patras erhob die Fahne der Freiheit im Kloster Megisti Lavra bei Kalavrita.

Nach jahrelangen wechselvollen Kämpfen wurde der griechische Freiheitskampf letzten Endes am 20. Oktober 1827 in der Seeschlacht von Navarino durch das Eingreifen der Großmächte England, Frankreich und Russland zugunsten der griechischen Freiheitskämpfer entschieden.

Ioannis Kapodistrias, ein erfahrener brillanter griechischer Diplomat, trat am 1. Januar 1828 sein Amt als erster Präsident des neuen griechischen Staates an. Alles schien auf einem guten Weg zu sein, doch man hatte die Rechnung ohne die einflussreichen griechischen Familien gemacht, die sich plötzlich neuen staatlichen Zwängen unterworfen sahen, denen zu gehorchen sie nicht willens waren. Kapodistrias wurde am 9. Oktober 1831 auf dem Weg zur Kirche in Nauplia erschossen. Nun drohte Griechenland, das seinen Weg zum Staatsaufbau so hoffnungsvoll begonnen hatte, in Chaos und Bürgerkrieg zu versinken.

Die Aussicht, aus den eigenen Reihen eine stabile Regierung zu bilden, gab es für die Griechen nicht. Aus Griechenland kam jetzt der Wunsch nach Hilfe aus Europa.

Nach langen Verhandlungen wurde am 7. Mai 1832 in London zwischen den Großmächten England, Frankreich und Russland der Vertrag geschlossen, der die staatsrechtlichen Grundlagen für das Königreich Griechenland bildete. Otto, Prinz von Bayern, der 17-jährige Sohn des Königs Ludwig von Bayern, wurde als Kandidat nominiert. Am 8. August 1832 stimmte die griechische Nationalversammlung der Wahl Ottos zum König von Griechenland zu.

Am 6. Dezember 1832 brach Otto zu seiner Reise nach Griechenland auf, begleitet von einer Regentschaft, die bis zu seiner Volljährigkeit die Regierungsgeschäfte führen sollte, nach Griechenland auf. An der Stelle, an der er sich im Höhenkirchener Forst von seinem Vater, König Ludwig von Bayern, trennte, dem Gebiet des heutigen Ottobrunn, wurde als Denkmal zur Erinnerung 1834 die Ottosäule enthüllt.

Am 7. Februar 1833 ging er feierlich in Nauplia, Griechenlands erster Hauptstadt, an Land.

Die ersten Jahre der bayerischen Regentschaft in Nauplia 1833/34 waren ein Zeitraum voller Hoffnung und Zuversicht. Aus Ottos erster Proklamation wird deutlich, mit welchem überzeugenden Idealismus und welchem gesellschaftlichen Engagement er sein Amt antrat:

Hellenen, berufen durch Eure eigene freie Wahl besteige ich den Thron Griechenlands, um die Verpflichtungen zu lösen, die ich mit der mir übertragenen Krone sowohl gegen Euch als auch gegen die vermittelnden Großmächte übernommen habe.

In langem Kampf habt Ihr […] Euch wiedererkämpft, was für jede Nation die Grundbedingung des Glückes und des Wohlstands erhält, die Unabhängigkeit, die Selbstständigkeit.

Indem ich Griechenlands Thron besteige, erteile ich die feierliche Versicherung, dass ich Eure Religion gewissenhaft beschirmen, die Gesetze treulich handhaben werde, Gerechtigkeit gegen jeden üben und Eure Unabhängigkeit, Eure Freiheiten und Eure Rechte mit dem göttlichen Beistand aufrecht erhalten werde. Meine erste Sorge wird die Herstellung und Befestigung öffentlicher Ruhe und Ordnung sein, damit jeder ungestört und ungefährdet die gleiche Sicherheit genießen kann.

Mit diesen Worten zeigte Otto, wie sehr ihm ganz persönlich die Unterstützung der Griechen beim Aufbau des Staates am Herzen lag. Tatkräftig wurde mit bayerischer Hilfe die Arbeit für den neuen Staat in Angriff genommen, und welche Probleme es dabei zu bewältigen galt, zeigen Parallelen aus der unmittelbaren Gegenwart.

Innenpolitisch war zunächst die Arbeit der Regentschaft bis 1835 und dann die Zeit König Ottos überaus erfolgreich. Diese Arbeit kann auch heute noch als Vorbild gelten. Verwaltung, Gesundheitswesen, Rechtsprechung, Bildungswesen, Industrie und Bankwesen wurden aufgebaut und damit die Basis des heutigen Staates geschaffen. Die ersten Grundlagen für diesen Staatsaufbau wurden in der Zeit der Regentschaft 1833/34 gelegt.

Vieles, was in dieser Zeitspanne auf den Weg gebracht wurde, war bisher nur in Umrissen bekannt. Es ist das große Verdienst von Reinhold Friedrich, hier in sorgfältiger Detailarbeit neue Quellen erschlossen zu haben. Vor allem viele griechische Unterlagen und Urkunden, die bisher keinen Eingang in die Erforschung dieser ersten Jahre des neuen Hellas gefunden hatten, werden hier erstmals vorgestellt und interpretiert.

Keine Erfolge hatte Otto in der Außenpolitik gehabt. Sein Königreich umfasste nur ein Drittel des Territoriums, das die heutige Hellenische Republik ausmacht. Der große Traum der Griechen, die »Megali Idea«, in einer gemeinsamen Nation zu leben, ging nicht in Erfüllung.

Wie das Wirken Ottos beim Staatsaufbau Griechenlands heute beurteilt wird, möge ein Zitat aus der Ansprache des griechischen Staatspräsidenten Konstantinos Stephanopoulos aus seiner Ansprache in München am 8. November 1999 zeigen:

Otto repräsentierte damals alle Hoffnungen eines neuen Staates, alle Hoffnungen eines Vokes, das acht ganze Jahre lang sehr viel geopfert hatte, um seine Unabhängigkeit und Freiheit zu erringen. Ich weiß nicht, wie sehr die Griechen Otto geliebt oder nicht geliebt haben. Ich weiß aber ganz genau, wie sehr Otto Griechenland und die Griechen geliebt hat. Er wurde zutiefst Grieche, das Sprachrohr der griechischen Sehnsüchte, das Sprachrohr der Großen Nationalen Idee zur Befreiung auch der übrigen unterworfenen Gebiete der Heimat.

Unabhängig davon, wie man das Regime von Otto, die Regentschaft und später seine Herrschaft beurteilt, sicher ist, dass er dem Lande gedient hat, dass er einen Staat aus dem Nichts wiederaufgebaut hat; bei null angefangen konnte er eine Verwaltung, eine Justiz, eine Armee aufbauen; er konnte den Staat organisieren und seinen Dienstleistungen einen ersten Anstoß geben.

Ottobrunn, im April 2015

Geleitwort

von Generaldirektor der Staatlichen Archive Bayerns a.D.
Prof. Dr. Hermann Rumschöttel

»Es steckt ziemlich viel Bayern in Griechenland – und sehr viel Griechenland in Bayern«

Am 2. Juli 1954, während eines Staatsbesuches in Bayern, formulierte der damalige griechische Ministerpräsident Alexander Papagos am Grab König Ottos von Griechenland in der Münchner Theatinerkirche: »König Otto I. [...] schuf die Grundlagen des griechischen Staates, auf denen das heutige Griechenland ruht. Wenn wir auch Griechen sind, so können wir nicht umhin, diesen großen Sohn, seinem Heimatland Bayern und seinen Landsleuten, die mit ihm für den Ruhm des neuen Griechenlands gearbeitet haben, dankbar zu sein.« Ähnliches hob fast 50 Jahre später, am 8. November 1999, der griechische Staatspräsident Konstantinos Stephanopoulos bei der Eröffnung der Ausstellung »Das Neue Hellas. Griechen und Bayern zur Zeit Ludwigs I.« in der Münchner Glyptothek hervor: »Ohne Zweifel war das erste griechische Königspaar Otto und Amalia im Geist der Romantik von einer tiefen Liebe zu Griechenland beseelt und bemühte sich, dem Land zu helfen. Das Königspaar brachte das Wissen über die Organisation eines modernen europäischen Staates nach Griechenland, ein Wissen, das nach den Jahrhunderten der Unterdrückung durch die osmanische Fremdherrschaft dringend notwendig war.«

Der landesgeschichtlich kenntnisreiche bayerische Journalist Dirk Walter blickte vor Kurzem auf die andere Seite der Medaille, als er im Münchner Merkur vom 21./22. März 2015 feststellte: »Es steckt ziemlich viel Bayern in Griechenland – und sehr viel Griechenland in Bayern [...] Die Propyläen am Münchner Königsplatz – eine philhellenistische Fantasie Ludwig I., der ›ein Bild des reinen Hellenismus in unsere Welt verpflanzt‹ sehen wollte; Walhalla, Glyptothek, und, und, und – alles griechisch inspiriert. Ist es da ein Wunder, dass selbst heute noch gut 3000 Schüler an den bayerischen Gymnasien Altgriechisch lernen?«

Bayern und Griechenland, das ist viel mehr als die politischen Dissonanzen, die wirtschaftlichen Verwerfungen und der Austausch von manchmal recht unfreundlichen Urteilen und Vorurteilen in unseren Tagen. Griechenland und

Bayern, das ist ein Verhältnis mit erheblicher historischer Tiefenschärfe, das sind staatliche, kulturelle und persönliche geschichtliche Beziehungen mit nachhaltigen Wirkungen, von denen nicht wenige bis ins Heute reichen. Dirk Walter hat vollkommen recht: Viel Bayern steckt in Griechenland, viel Griechenland in Bayern.

Sucht man nach den Anfängen, den Wurzeln dieses besonderen Verhältnisses zwischen Bayern und Griechenland, so kommt man schnell ins frühe 19. Jahrhundert, in die Zeit des europäischen Philhellenismus und des Beginns wittelsbachisch-bayerischer Herrschaft und Aufbauleistung in einem jungen griechischen Staat, der sich aus dem Osmanischen Reich befreit hatte. Der Bau der Fundamente dieses neuen Gemeinwesens und die Anfänge einer konkreten nationalen Integration der Griechen wurden von bayerischem Know-how wesentlich gefördert. Hinter dem »Ottonischen Griechenland« zwischen 1832 und 1862 steht nicht nur König Otto, sondern eine Vielzahl von bayerischen Politikern, Verwaltungsbeamten, Juristen, Architekten, Soldaten und Spezialisten unterschiedlichster Fachgebiete.

Ottos Vater, König Ludwig I. von Bayern (1825–1848), instrumentalisierte derweil in München hellenistischen Geist, griechische Architektur und den außenpolitischen Einsatz seiner Familie und seines Landes im Süden Europas: Alles sollte beitragen zur Integration und zur Stärkung eines wittelsbachisch geprägten Selbstbewusstseins seines eigenen neuen und noch ziemlich heterogenen Staates und zum Ansehen seiner Haupt- und Residenzstadt München, in der die Fäden des »Neuen Bayern« zusammenliefen. Der Rang der Dynastie und der Rang des bayerischen Königreiches sollten auch durch hellenistische und griechische Facetten erhöht werden.

Historische Tiefenschärfe: Es ist gut, die aktuelle Hektik in der »Causa Griechenland« durch einen Blick in die Geschichte zu relativieren, zu beruhigen, und auf diesem Wege zu ausgewogeneren Urteilen zu finden – ohne dadurch das unverzichtbare kritische Differenzierungsvermögen zu verlieren. Dieses Buch von Reinhold Friedrich über die Anfänge der wittelsbachischen Herrschaft in Nauplia und die Zeit der bayerischen Regentschaft in Griechenland, also die Jahre, in denen Otto noch nicht volljährig war (1832–1835), kommt deshalb wahrlich zur rechten Zeit. Historische Information ist immer auch auf die Gegenwart gerichtet – und sie eröffnet in vielen Fällen hilfreiche Zukunftsperspektiven.

Nicht nur zeitgenössisch, sondern über lange Jahrzehnte auch im Urteil der rückblickenden Historiker waren die Persönlichkeit Ottos, die in Griechenland tätigen bayerischen Politiker, Militärs und Entwicklungshelfer sowie ihre Aufbauleistung höchst umstritten. Einerseits, d. h. meist griechischerseits, war von »Bavarokratie« und »Xenokratie« die Rede, anderer-, in der Regel bayerischerseits vom »griechischen Abenteuer«, das die europäischen Schutzmächte Russland, England und Frankreich unter Ausnutzung der europäischen Ambitionen des bayerischen Königs Ludwig I. inszeniert hatten und das von Anfang an den Keim des Scheiterns und Untergangs in sich trug.

Hinterfragt man diese Beurteilungen, fällt auf, dass die negativen innergriechischen Wertungen der bayerischen Aktivitäten, insbesondere der Tätigkeit des 1832 installierten Regentschaftsrates auffallende Ähnlichkeiten mit der innerbayerischen Kritik an den Reformmaßnahmen der Montgelas-Zeit, also der Jahre 1799 bis 1817/1818, haben. Staatsbildung, Nationsbildung, Homogenisierung und Integration waren dort wie hier verbunden mit Nivellierung, Bürokratisierung, Zentralisierung und Monopolisierung der Macht. Reform- oder Staatsabsolutismus gehörte zum Geist der Montgelas-Administration, der in den 1830er Jahren dann auch in Griechenland wehte. Seine Elemente waren die Verordnungsflut, die Vielregiererei, ein Organisationsfieber, die übermäßige Zentralisierung, der Bürokratismus, das fehlende Verständnis für die historischen und religiösen Strukturen, die Säkularisation.

Aber die konkreten Reforminhalte, die taktisch-operativen Umsetzungsmaßnahmen und die staatlich-strategischen Ziele waren so eng miteinander verbunden, dass man fast von einem Schmelztiegel des modernen Staates sprechen kann. Was geworden wäre, wenn man einiges nicht und anderes anders gemacht hätte, ist sicher eine reizvolle, aber allenfalls eine mit vagen Annahmen und Vermutungen zu beantwortende Frage. Bewertet man die Reform- und Modernisierungswerke in Bayern und in Griechenland jeweils als Ganzes, dann kommt man angesichts der deutlich differierenden politischen, wirtschaftlichen, finanziellen, konstitutionellen und mentalen Voraussetzungen zwar zu unterschiedlichen, aber in der Tendenz doch zu vergleichbar positiven Bewertungen.

Organisatorisch, administrativ, rechtlich, medizinisch, universitär, geschichtspolitisch oder schulisch – um nur einige wichtige Aspekte zu nennen – entstanden Einrichtungen und Institutionen, die für das neue Griechenland grundlegend wurden und die teilweise bis heute bestehen blieben. Die sich seit einiger Zeit in den Vordergrund drängenden ausgewogeneren Urteile über die Bavarokratie in Griechenland und über die griechischen Langzeitwirkungen in Bayern hängen eng mit dem heute vorherrschenden grenzüberschreitenden, die Quellen und die Literatur beider Seiten berücksichtigenden Blick der Forscher zusammen. Auch durch die Tatsache, dass nicht nur die großen Haupt- und Staatsaktionen, sondern Staat und Gesellschaft, Administration und die verwalteten Menschen, der König und der Bauer in ihren Zusammenhängen und

Wechselwirkungen gesehen werden, kommen die Historiker der geschichtlichen Wirklichkeit näher. Bei allem kritischen Urteil im Einzelnen tritt bei »Bayern und Griechenland« immer mehr das Bild einer win-win-Situation in den Vordergrund. Wissenschaftliche Arbeit dieser Art setzt freilich entsprechende Sprachkenntnisse voraus. Die vorliegende Studie von Reinhold Friedrich ist dafür ein überzeugendes Beispiel.

Nach der Lektüre des Manuskripts jedenfalls blicke ich auf mein griechisches Umfeld im heutigen Isar-Athen mit historisch bereicherten Augen: auf das hellenistische Stadtbild und den allgegenwärtigen Erzpriester Apostolos Georgios Malamoussis mit seinem Metropoliten Augoustinos Labardakis, auf die jährliche Isarsegnung der griechisch-orthodoxen Gemeinde, die Salvatorkirche und auf den Gastwirt von Politia in Unterföhring und Minoa in Neubiberg, Manolis Kugiumutzis, und den Kretischen Verein, auf die kommunalen Partnerschaften der Münchner Landkreisgemeinden Aschheim und Ottobrunn mit der Insel Leros und mit Nauplia, das König-Otto-Museum in Ottobrunn und den unermüdlichen griechischen Netzwerker Stavros Kostantinidis sowie nicht zuletzt auf meine hervorragende pontosgriechische Zahnärztin, die von ihren Praxisräumen direkt auf das alljährliche große griechische Kulturfest auf dem Odeonsplatz schauen kann. Es steckt ziemlich viel Bayern in Griechenland – und sehr viel Griechenland in Bayern.

Dem Buch von Reinhold Friedrich sind viele Leserinnen und Leser zu wünschen.

Neubiberg, im April 2015

Einleitung

Nauplia, Nauplion, Nafplion, Napoli, Napoli di Romania, Anaboli, Anapli. Es gab im Laufe der Zeit viele Namen für die Stadt, unabhängig von den noch zahlreicheren phonetischen Varianten.[1] Im Ausland ist die älteste Variante Nauplia die gebräuchlichste, so in Deutschland, England und Frankreich. In Griechenland lautet die offizielle Bezeichnung Nafplion. Der Diphthong *au* in Nauplia, wie er im Deutschen in Anlehnung an die gebräuchliche Aussprache des Altgriechischen gesprochen wird, steht im Neugriechischen nicht zur Verfügung. In der Stadt selbst ist auch Anapli durchaus gebräuchlich, allerdings mit einer romantisierenden Anmutung.

Im weiteren Verlauf wird die Stadt hier durchgehend Nafplion genannt, so wie es ihre Einwohner machen. Das soll darauf hinweisen, dass es nicht so sehr um eine Episode der bayerischen Geschichte im Ausland geht. Gegenstand sind genauso die besonderen Umstände, die die Stadt noch vor der Zeit König Ottos zur ersten Hauptstadt des modernen Griechenland machten, und die Bedeutung der Stadt für die griechische Gesellschaft und Politik in den Jahren danach. Auch das heutige Nafplion mit seiner bedeutenden historischen Substanz wird in die Darstellung einbezogen.

Dieser integrative Ansatz findet sich ebenso in der äußeren Gestaltung des Buches. Neben der Darstellung der Ereignisse und Zusammenhänge im Textteil steht die umfangreiche Bebilderung. Besonders die Fotografien des heutigen Zustands der Stadt und eine Reihe historischer Fotos aus den ersten Jahrzehnten des letzten Jahrhunderts helfen, die Distanz von 200 Jahren zu verringern und tragen zur Vergegenwärtigung bei. Sie können auch den Leser mit modernen Mitteln in die Lage eines traditionellen Periegeten[2] versetzen. Dieser stillte seine Neugierde nicht aus Büchern, sondern reiste vor Ort, um sich selbst ein Bild zu machen. Autopsie, also das Prinzip, sich eine Meinung durch eigene Anschauung zu bilden, ist nicht nur in der Medizin gebräuchlich und sinnvoll. Deshalb werden auch möglichst viele Quellen eingearbeitet und teils in längeren Passagen zitiert, darunter die Erinnerungen des Generals Heideck, die Tagebücher der eingesetzten Soldaten, die umfangreichen statistischen Anlagen des Generals Schmaltz, die Briefe der Bettina Schinas und die Gerichtsprotokolle des Prozesses gegen Kolokotronis. Besonders aufschlussreich sind Zeichnungen und Aquarelle der vor Ort weilenden Soldaten. Leutnant Köllnberger war nur ein Freizeitmaler, hielt aber viel fest, was ohne ihn für immer verloren wäre.

Jedes Kapitel beginnt deshalb mit einem bemerkenswerten historischen Monument der Stadt und widmet sich dann einem damit verbundenen Thema.

Im ersten Kapitel führt das Denkmal der für die griechische Unabhängigkeit gestorbenen Philhellenen in der katholischen Kirche zum kulturellen und politischen Hintergrund für das bayerische Engagement in Griechenland. Besondere Bedeutung hatte die von König Ludwig I. (S. Abb. 4, S. 163) initiierte bayerische Philhellenenfahrt der Jahre 1826 bis 1829. Ihr Leiter Karl von Heideck prägte später aufgrund seiner Erfahrungen in diesen Jahren entscheidend das politische Konzept der Regentschaft für den minderjährigen König Otto. Er selbst war einer der drei Regenten.

Den Palast des Königs und die Häuser der drei Bayern, die ab Februar 1833 über Griechenland herrschten, kann man heute mit einer Ausnahme nicht mehr sehen. Ihre Spuren lassen sich verfolgen. An den König erinnert lediglich ein Denkmal, das erst in den 1990er Jahren geschaffen und eingeweiht wurde. Ottos Person sowie die Regenten mit ihren Plänen, Erfolgen und Misserfolgen bilden den Schwerpunkt des zweiten Kapitels. Dabei wird auch das komplizierte Geflecht aus Einflüssen beleuchtet, das den Spielraum der Politik Ottos und seiner Regenten einengte. Von besonderer Bedeutung als entscheidende Figur im Hintergrund war Ottos Vater König Ludwig.

Im dritten Kapitel stehen der Alltag, die Erlebnisse und das Sterben der bayerischen Soldaten im Zentrum. An sie erinnert das bedeutendste Relikt der Bayernzeit, das Löwendenkmal in Pronia. Mehrere Tausend dieser meist wehrpflichtigen jungen Männer verloren in Griechenland ihr Leben. Daneben verblassen die Schicksale der anderen, die als Handwerker oder Künstler ins Land kamen und es bald wieder verließen. Beeindruckend sind die Freuden und Leiden der Bettina Schinas, geb. von Savigny, einer tapferen jungen Frau aus Berlin. Die Liebe zu einem Exilgriechen führte sie nach Nafplion. Sie war dort verheiratet und gewann tiefe Einblicke in den zeitgenössischen griechisch-bayerischen Alltag.

Zwei ehemalige Moscheen am zentralen Platz der Stadt sind die erinnerungsträchtigsten Denkmäler an die Bayernzeit aus griechischer Sicht. Die eine, das sogenannte Vouleftiko, war vor dem Eintreffen der neuen bayerischen Herrscher mehrmals Tagungsort des griechischen Parlaments. Diese wollten aber von einer solchen demokratischen Tradition nichts wissen, der Kuppelraum diente nur noch als Ballsaal. In der anderen Moschee, zwischendurch Sitz des Gerichts, fand der Verschwörungsprozess der neuen Regierung gegen Theodoros Kolokotronis statt. Er ist bis heute der populärste Held des griechischen Freiheitskriegs. Von diesem Kampf um die Macht im neuen Königreich handelt das vierte Kapitel: vom Widerstand gegen die bayerische Herrschaft und vom Kampf der griechischen Parteien untereinander.

Die Kapitel sind in sich geschlossen und lassen sich unabhängig voneinander lesen. Das gilt grundsätzlich auch für die Reihenfolge. Eine gewisse Redundanz lässt sich deshalb nicht vermeiden. So wird der Aufstand der Region Mani an verschiedenen

Stellen behandelt. Insgesamt sind aber die Schwerpunkte klar verteilt. Die Darstellung der politischen Geschichte erfolgt in den Kapiteln 2 und 4, die Einführung in den kulturellen und gesellschaftlichen Hintergrund der Zeit in Kapitel 1. In diesem Kapitel geht es auch um die Bedeutung der interkulturellen Beziehungen. Das alltägliche Leben und die Beziehung der Bayern und Griechen zueinander, besonders aus der Sicht der größten beteiligten Gruppe, der Soldaten, sind in Kapitel 3 zu finden.

Diese Beziehungen waren nicht einfach, der Antibavarismus ist bis heute ein Thema.

Wie lange noch wird die fremde Heuschrecke,
Wie lange noch wird der mürrische Bayer
Unsere arme Heimat aussaugen?
Erhebt euch, Brüder, vorwärts!

Diese volkstümlichen Verse[3] aus der Zeit der bayerischen Herrschaft verweisen auf das Problem. Im Original reimen sich »xeni akrida« (fremde Heuschrecke) auf »dolia patrida« (arme Heimat) und »stignos Vavaros« (mürrischer Bayer) auf den revolutionären Appell »adelphia empros« (Brüder vorwärts). Die gespannte Situation führte wirklich zu zwei Revolutionen. In der ersten im Jahr 1843 konnte sich König Otto noch halten, musste aber erhebliche politische Zugeständnisse machen und alle Bayern aus ihren Ämtern entlassen. Eine zweite Revolution im Jahr 1862 bedeutete dann das Ende der Herrschaft Ottos und auch der Wittelsbacher Dynastie in Griechenland. Bis heute wird diese Zeit nicht einheitlich beurteilt. Man kann durchaus von einem griechischen und einem bayerischen Geschichtsbild dieser Jahre sprechen. Dabei ist der Blickwinkel sehr unterschiedlich: Für Bayern geht es um eine kurze, schnell und fast folgenlos vorübergegangene, etwas unglückliche Episode von wenigen Jahren am Rand seiner Geschichte. Für die Griechen dauerte die bayerische Herrschaft natürlich auch nicht länger. Die Bavarokratie, wie sie die Jahre zwischen 1833 und 1843 nennen, war aber für sie viel bedeutender. In der Gründungsphase ihres Staates wurden die Weichen in vielen Bereichen gestellt und diese dann bis ins nächste Jahrhundert, teils bis heute kaum mehr verändert. Bestes Beispiel ist der in der Bayernzeit eingeführte Zentralismus und Bürokratismus, mit dem das Land bis heute kämpft.

Es ist ein besonderes Anliegen dieser Darstellung, die grundlegenden Entwicklungen in den ersten Jahren König Ottos so zu erzählen, dass der trennende Graben der Geschichtsbilder wenn nicht überwunden, so doch zumindest etwas eingeebnet wird. Dazu dient besonders die Auswahl der verarbeiteten Literatur, die konsequent die griechische Literatur einbezieht. Auch werden gerade bei den disparat beurteilten politischen Fragen, die die Kapitel 2 und 4 behandeln, die unterschiedlichen Positionen nicht verhehlt.

Insgesamt gibt es auch viel Verbindendes zu sehen: Beispiele dafür sind die in Griechenland gestorbenen einfachen Soldaten. Sie verkörperten, wie ihre Lieder zeigen, so gar nichts bavarokratisch Herrscherliches. Mehr durch ihre bloße Präsenz als die Wirkung der Waffen wurde das Ende der Bürgerkriege ermöglicht, die den jungen Staat an den Rand seiner Existenz gebracht hatten.

Ein anderes Beispiel ist eine meist übersehene Gemeinsamkeit im politischen Bereich. Denn nicht nur die Griechen kämpften um eine Verfassung, gegen die Pressezensur und andere verweigerte Freiheitsrechte. Dasselbe taten die Bayern und Deutschen in der Vormärzzeit in ihrer Heimat. Mit der Konsequenz, dass nicht nur Otto durch eine Revolution seinen Thron verlor, sondern 14 Jahre vorher schon sein Vater Ludwig in Bayern.

Einfacher, wenn auch nicht einfach, sind einige formale Probleme zu bewältigen, die sich ebenfalls aus der griechisch-deutschen Unterschiedlichkeit ergeben. Denn das kleine Zehnmillionenvolk der Griechen leistet sich bis heute als Ausdruck seiner Individualität und Kultur eine eigene Schrift. Das ist aller Achtung wert, aber oft unpraktisch, zum Beispiel beim Bedienen von Suchmaschinen, bei Recherchen in Bibliothekskatalogen usw. Selbst wenn man auf die griechische Schrift verzichtet, besteht noch die Schwierigkeit, dass es keine verbindliche Transkription gibt. Deshalb wird in dieser Arbeit eine konsequente phonetische Transkription ohne Akzente verwendet, was heute durchaus üblich ist.[4] Eine andere Schwierigkeit ist die unterschiedlichste Verwendung griechischer Namen in den historischen Quellen und auch in der Fachliteratur. Die verschiedenen Ortsbezeichnungen für Nafplion deuteten dieses Problem schon an. In den Quellen verwendete Namen wurden ebenso wie die Orthografie nicht verändert oder angeglichen. Im Personenverzeichnis steht nur die gebräuchlichste Variante. Alle griechischen Quellen und Zitate wurden vom Verfasser übersetzt.

Anmerkungen

1 Zur Etymologie der Ortsbezeichnungen siehe Kakarikos 2009.

2 In der griechischen Literatur wird die Periegese weiter gefasst. Darunter fallen nicht nur die antiken Periegeten, sondern auch die Reiseschriftsteller des 19. Jahrhunderts, siehe Kouria 2007.

3 Thimopoulou, I vasilis tis Ellados, Athina 1958, Othon ke Amalia, S. 6:

Εως πότε η ξένη ακρίδα
Εως πότε στυγνός Βαυαρός
Θα βυζάινη την δόλια πατρίδα
σηκωθήτε αδέλφια εμπρός

4 Nach Hagen Fleischer in »Im Kreuzschatten der Mächte«, Frankfurt 1986, S. 791ff., sind bisher alle Versuche einer einheitlichen Transkription an der Berücksichtigung der »orthografischen Varianten phonetisch gleicher Laute« gescheitert.

Kapitel 1

Heidecks Philhellenen-Schock und die Folgen

Das Denkmal der Philhellenen in Nafplion

Von der Moschee zur katholischen Kirche

Eine schmale Treppengasse führt vom Platz der Kirche des Heiligen Spyridon hinauf zum Stadttor der Akronauplia-Festung. Beim Hinaufsteigen bietet sich immer noch das gleiche Bild, wie es Ludwig Lange auf seiner Studienreise 1834 gezeichnet hat. Selbst die Häuser auf der linken Bildhälfte stehen noch so da. Eines davon ist das letzte übrig gebliebene Archontiko in Nafplion.

Der Gebäudekomplex über der steilen Treppe beherbergt heute die katholische

Frankokklisa. Zeichnung von Ludwig Lange, 1843

Kirche Nafplions. Sie ist der Metamorfosi tou Sotiros, der Verklärung Christi, geweiht, wird von den Einheimischen aber einfach Frankokklisa genannt. Das heißt Frankenkirche. Es bezieht sich aber nicht darauf, dass an dieser Stelle wirklich ein Frauenkloster aus der Zeit der Frankokratie bezeugt ist. Als Franken werden noch heute in Griechenland Mitteleuropäer bezeichnet.

Die Kirche hat eine wechselvolle Baugeschichte, diente abwechselnd den Venezianern als Kirche, den Türken als Moschee. Aus der venezianischen Frühzeit des Klosters ist wohl nur die Krypta erhalten.[1] Eine an dieser Stelle bestehende kleine Moschee war um 1800 fast ein Jahrhundert nicht mehr genutzt worden und verfallen. Fatime, die Witwe des reichsten und einflussreichsten Agas, stiftete dann den Neubau einer Moschee.[2] Sie ist innen und außen immer noch im Originalzustand erhalten und stellt ein schönes Beispiel der osmanischen Baukunst des frühen 19. Jahrhunderts dar. Nachdem die griechischen Freiheitskämpfer 1822 Nafplion eingenommen hatten, wurde wie bei allen anderen Moscheen das Minarett abgetragen.

Es gab Pläne für eine profane Nutzung, unter anderem als Gefängnis. Letztendlich wurde der Bau 1839 von König Otto persönlich den Katholiken Nafplions als Kirche zugewiesen. Zu dieser Zeit war der Hof des Königs längst nach Athen umgezogen. Renovierungen waren nicht nötig, es handelte sich ja fast um einen Neubau. Auch im Inneren gab es nur geringe Veränderungen. Der französische König Louis Philippe stiftete als Altarbild eine Kopie der Heiligen Familie von Raphael Santi.

Die Verklärungskirche in Nafplion: heutiger Zustand als katholische Kirche

Auffälligste Neuerung war der Einbau eines Denkmals für die im griechischen Befreiungskrieg gefallenen Philhellenen. Trotz seiner Größe fällt es zuerst nicht auf, denn es wurde an der Innenseite des Eingangsportals errichtet. Der Eintretende muss sich also umdrehen, um den mächtigen Überbau in Form der Giebelfront eines griechischen Tempels zu erfassen.

Treibende Kraft und Stifter des Denkmals war der ehemalige napoleonische Offizier August Hilarion Touret. Er kämpfte selbst seit 1825 auf Seite der Griechen an verschiedenen Orten, überlebte den Krieg und starb erst 1857 in Athen. Nicht gesichert ist, wer das Monument schuf. Vermutet wird der bayerische Bildhauer Christian Siegel. Denn dieser arbeitete zur selben Zeit im Auftrag des bayerischen Königs Ludwig I. im Vorort Pronia an einem Denkmal für die in Griechenland im ersten Regierungsjahr König Ottos gestorbenen Soldaten der Bayerischen Brigade, einem monumentalen aus dem Fels gehauenen Löwen (siehe Kapitel 3). Das Denkmal in der Verklärungskirche dagegen ist aus Holz gefertigt und in einem dunklen, fast schwarzen Farbton gestrichen. Die vier Pilaster und der Giebel erinnern an einen altgriechischen Tempel. Warum das für einen griechischen Tempel doch sehr unerwartete Material Holz gewählt wurde, noch dazu mit der dunklen Einfärbung, mag verwundern. Finanzielle Gründe werden es wohl nicht gewesen sein, wurde doch Marmor als Material viel benutzt und war eher preiswerter als Holz guter Qualität. Für die Verwendung von Holz sprechen dessen schnellere Verfügbarkeit und die kürzere Bauzeit. »Vielleicht sollte das Monument rasch fertiggestellt werden, da der König seinen Besuch in Nafplion angekündigt hatte. Denn anlässlich der Einweihung des Philhellenendenkmals am 8/20. Mai 1841 waren König Otto mit Gemahlin und dem Prinzen Maximilian zugegen.«[3] Außerdem gibt es einen Hinweis auf den vorläufigen Charakter dieses Ehrenmals, das dann, warum auch immer, nicht durch eine endgültige Lösung ersetzt wurde. Auch das könnte eine Erklärung für die Ausführung in Holz sein.

Auf dem Giebelfeld steht in klaren weißen Buchstaben in Französisch: A LA MEMOIRE DES PHILHELLENES MORTS POUR L'INDEPENDANCE. Eine Liste mit 280 Namen gefallener Philhellenen auf den vier Pilastern ist ebenfalls weiß gehalten, nach den Todesorten geordnet, die rot hervorgehoben sind.

Das Philhellenendenkmal in der Verklärungskirche

Eine Beschäftigung mit dem Inhalt der Listen kann eine erste Annäherung an die Bedeutung des Wortes Philhellene geben, die über die wörtliche Übersetzung »Griechenfreund« hinausgeht. Schon Georgios Tertsetis hat in einer Parlamentsrede im Mai 1854 einen Zusammenhang zwischen dem Begriff Philhellene und dem Denkmal in Nafplion hergestellt, um seinen Kollegen das Wesen des Philhellenismus zu erklären:

> *Philhellene ist, wer nicht in griechischer Erde geboren wurde, das Kind eines fremden Volkes ist, ob Engländer, Franzose, Deutscher, Spanier, Italiener oder Amerikaner, aber, wenn auch fremden Stammes, doch ins griechische Land kam, sich Gefahren in griechischen Festungen aussetzte: kämpfte in Haidari, unterging in Peta, eingeschlossen wurde in Athen, vermisst wurde in Mesolonghi, in den Wassern von Neokastro die othomanischen Schiffe verbrannte, um den christlichen Griechen zum Genuss der Freiheit und der Selbstständigkeit zu verhelfen. Schauen Sie bitte im Lesesaal des Parlaments in die Höhe zum Bild des Monuments zu Ehren der Philhellenen, das wohl getane Werk eines Philhellenenkämpfers, des edlen Obersten Touret. Schauen Sie sich das Bild an und Sie werden die Aufzählung von 34 fremden Völkern sehen. Die Namen der gemordeten Philhellenen und das Geburtsland eines jeden sind in diese schwarzen Säulen graviert.*[4]

Tertsetis' Worte feiern voller Pathos und Hochachtung den Beitrag der Philhellenen zur griechischen Befreiung. Diese Wertschätzung war in der Realität nicht immer gegeben. Darauf wird noch näher einzugehen sein. Auf jeden Fall zeigen diese Worte den hohen Wert dieses Denkmals für die Griechen. Sie wurden an höchster Stelle im Parlament gesprochen und nicht von einem beliebigen Abgeordneten, sondern vom Helden des Widerstands gegen die bayerische Regentschaft beim Prozess gegen Theodoros Kolokotronis im Jahr 1834 (siehe Kapitel 4).

Nicht nur Lord Byron: Zur Vielfalt des Philhellenismus

Tertsetis ging auf die Motive der freiwilligen Kämpfer für die Befreiung Griechenlands nicht ein. Aus der Liste der Toten lassen sich außer der schon erwähnten Herkunft noch einige andere Merkmale erkennen.[5] Die größte nationale Gruppe machten mit 102 Gefallenen die Deutschen aus. Wenn man die Gesamtzahl der in Griechenland kämpfenden deutschen Philhellenen auf etwa 250 ansetzt,[6] ist also fast jeder Zweite dort gefallen oder auf andere Weise gestorben. Eine erschreckend hohe Verlustquote, die nur mit den großen Schlachten des Ersten und Zweiten Weltkriegs verglichen werden kann! Auffällig ist die hohe Zahl von mehr als 20 Adligen. Dieser überproportionale Anteil kann daher rühren, dass Offiziere und Akademiker mit 57 Personen besonders stark vertreten waren und der Offiziersrang zu dieser Zeit meist noch exklusiv dem Adel vorbehalten war. Den 57 Offizieren standen nur sieben Soldaten gegenüber, die nicht Offiziere waren. Der soziale Rang des typischen Philhellenen ist also als weit überdurchschnittlich anzusetzen. Dies ist umso verwunderlicher, als diese Adligen und ehemaligen Offiziere in Griechenland meist als einfache Kämpfer ihren Dienst taten. Dies könnte ein Hinweis auf eine ideelle Motivierung sein, wäre aber auch mit einer sozialen Deklassierung im Heimatland zu erklären. Denn in der Friedenszeit nach den Napoleonischen Kriegen konnten viele ehemalige Offiziere keine angemessene Stellung finden.

Besonders auffallend sind die Häufungen der Gefallenen an bestimmten Orten: in Peta 58, in Nafplion 39, in Athen und Missolonghi je 25. Die hohen Verluste in der offenen Feldschlacht von Peta im Juli 1822 bedeuteten das Ende des Auftretens der Philhellenen als geschlossene Formation. Danach kämpften die Ausländer integriert mit Griechen. Peta war auch ein Wendepunkt für die Rekrutierung neuer Philhellenenkämpfer und deren Bild in der Öffentlichkeit der Herkunftsländer. Die Berichterstattung in den Zeitungen wurde zunehmend kritisch, das Idealbild von der vertrauensvollen Zusammenarbeit der Kämpfer mit den Griechen bekam deutliche Risse, der Zustrom nach Griechenland ging deutlich zurück. Danach wurden Philhellenen nach Zehnern, nicht mehr nach Hunderten gezählt. Der vergebliche erste Versuch der Erstürmung des Palamidi in Nafplion, der Entsatz der Besatzung der Akropolis und die Belagerung von Missolonghi waren Schwerpunkte des Einsatzes von Philhellenen und Ursache für die angegebenen hohen Verluste. Von 16 Kämpfern ist bekannt, dass sie nicht durch Feindeinwirkung, sondern durch andere Ursachen wie Krankheit oder Erschöpfung starben.

Hierfür steht der englische Lord Byron auf der Liste, der 1824 bei Missolonghi an einer fieberhaften Erkrankung starb. Er ist in Griechenland bis heute der beliebteste Philhellene, überall, auch in Nafplion, sind Straßen und Hotels nach ihm benannt.

Im Verzeichnis der Gefallenen finden sich auch acht Namen von im Befreiungskrieg weder gefallenen noch gestorbenen Philhellenen. Oberst Touret selbst ist darunter oder zum Beispiel Friedrich Eduard von Reyneck, ein Offizier aus Preußen. Er brachte es nach dem Krieg in der griechischen Armee zum Generalmajor und Generalinspekteur der Armee und starb erst 1854, also lange nach dem Krieg und der Errichtung des Monuments. Es sollte wohl wie bei Touret eine besondere Ehrung sein.

Eine solche hätte gut auch Heideck (S. Abb. 1, S. 161) zukommen können. Er war ja nicht nur kämpfender Philhellene gewesen, sondern hatte unter Präsident Kapodistrias eine ähnliche hohe Funktion wie später Reynek gehabt.

Zusätzlich wurde er beim Abschied seiner Mission 1829 mit dem Generalspatent der griechischen Armee geehrt. Schon vorher waren ihm durch die Nationalversammlung von Troizen die griechischen Bürgerrechte verliehen worden. All diese Wertschätzung und auch Anerkennung wurde offensichtlich durch seine spätere Tätigkeit in der Regentschaft gelöscht.

Zwei Namen aus der Liste des Monuments zeigen die Breite des Spektrums der erfassten Personen auf. Dieses reicht von einem Unfall, der der Person genauso gut zu Hause hätte zustoßen können, bis zu einem besonders grausamen, fast tragischen Tod, wie er wohl nur in diesem Krieg und dieser Region geschehen konnte. Beide Personen waren in direktem Kontakt zu Heideck. Der eine, Oberleutnant Schilcher, als Untergebener und Kamerad Heidecks, der andere, Oberst Bourbaki, als Verhandlungspartner im Zusammenhang mit Heidecks Mission. Dem Tod beider wandte Heideck in seinem Bericht eine besondere Aufmerksamkeit zu.

Die Episode Schilcher

Oberleutnant Anton Schilcher war einer der 14 Offiziere, die Karl Wilhelm von Heideck, genannt Heidegger,[7] im Auftrag König Ludwigs I. für ein Jahr nach Griechenland folgten. Direkter Auftraggeber war König Ludwig, die Finanzierung erfolgte durch die europäischen philhellenischen Komitees. König Ludwig gab Urlaub für ein Jahr und sorgte für die Bezahlung der gewohnten Bezüge aus der bayerischen Staatskasse. Diese Militärmission hatte keinen direkten Kampfauftrag, sie sollte griechische Truppen nach europäischem Muster aufstellen, ausrüsten und ausbilden. Nach Ablauf des Urlaubsjahrs kehrten die meisten zurück. Heideck blieb mit Schilcher und zwei anderen Kameraden mit Zustimmung König Ludwigs im Land.

Schilcher war tüchtig, schien aber ein Pechvogel zu sein. Schon einmal wäre er als Nichtschwimmer fast ertrunken, als er bei der waghalsigen Verrichtung seiner Notdurft auf dem Bugspriet des von ihm kommandierten Kanonenboots ins Meer gespült und gerade noch gerettet werden konnte.

Während dieser Zeit ereignete sich ein für uns sehr trauriger Fall. Am Vorabend meines Geburtstages, welcher auf den 6. Dezember fällt, begab sich Oberlieutnant Schilcher mit zwei Bekannten, einem deutschen und einem italienischen Philhellenen, auf die Jagd, um einen Wildbraten für künftigen Mittag zu beschaffen. Als diese Herren an der Stelle angekommen waren, von wo sie die Rebhühner auftreiben wollten, teilten sie sich, und einer derselben, Hoffmann mit Namen, sprang über einen Graben, um das ihm zuge-

fallene Revier zu durchstöbern, als sein mit Schrot geladenes Gewehr durch die Erschütterung des Sprunges unversehens losging und der ganze Schuß dem noch in der Nähe weilenden Schilcher in die rechte Brustwarze drang.

Schrecken und Verzweiflung des armen Hoffmann waren unbeschreiblich. Am gefaßtesten blieb der Verwundete. Da man keine Bahre fand noch machen konnte, mußte Schilcher, auf die beiden Genossen gestützt, bis zur Überfuhr, zu Fuß gehen und wurde endlich in unser Quartier gebracht. Ich war in meinem Fort, als ich Nachricht erhielt. Sogleich eilte ich nach Hause und nahm im Vorbeifahren einen amerikanischen Arzt mit, den einzigen, der in Poros war. Dieser, kein Wundarzt, verband die Brust so gut er konnte, gab aber wenig Hoffnung, da die ganze Schrotladung in die Brusthöhle gedrungen, die Rippen vielfach durchlöchert und gewiß auch die Lunge verletzt sei.

Schilcher klagte über Schmerzen im Rücken, welche von einigen Schroten herrührten, die bis zum Rückgrat gedrungen waren.

Durch sorgliche Pflege wurde meines armen Freundes Zustand leidlicher, er erholte sich täglich mehr, und wir hofften, er werde genesen. Die Brustwunde wurde besser, doch zeigten die Ränder keinen Ansatz sich wieder zu beleben und schließen zu wollen. So ging es Wochen lang; der Verwundete konnte das Lager verlassen, rauchte Tabak und sprach mit sehnsüchtiger Freude von seiner Heimreise, wenn auch ich und Schnitzlein in Hellas bleiben würden, denn der während dieser Zeit angekommene Graf Capodistrias hatte eine Urlaubsverlängerung für uns mitgebracht, wenn wir nach dem Wunsche des neuen Präsidenten noch in Griechenland bleiben wollten.[8]

Aus der Gefallenenliste des Philhellenendenkmals: Touret, Hoffman, Reynek

Schilcher hoffte vergeblich, kurz darauf starb er Anfang des Jahres 1828. Er ist der einzige Teilnehmer dieser Mission, der nicht nach Bayern zurückkam. Karl Hoffmann aus Breslau überlebte den Krieg. Er ist einer der acht nicht

Gefallenen des Philhellenenmonuments, auf der Liste die Nr. 24 mit dem Sterbeort Athenes.

Schilcher ist unter dem Ort Poros mit dem falschen Vornamen Frederick angeführt.

Oberst Bourbaki

Viel dramatischer war der Tod des Obersten Dionysius Bourbaki, eines Franzosen griechischer Abstammung. Er kämpfte seit September 1826 für die griechische Befreiung. Heideck kannte ihn aus seiner Zeit im Dienst Napoleons und schätzte den ehemaligen Stabsoffizier menschlich wie fachlich. Deshalb war er bereit, eine beträchtliche Summe des Philhellenenkomitees von Korfu für die Anwerbung eines Korps griechischer Palikaren zur Verfügung zu stellen. Diese 800 Palikaren sollten unter Bourbakis Befehl zusammen mit anderen griechischen Einheiten eine Entlastung der auf der Akropolis eingeschlossenen griechischen Besatzung herbeiführen. Heideck berichtet:

> *Bei dem Metochi hatten Oberst Bourbaki und Gordon eine Zusammenkunft, um sich über ihre verschiedenen Operationen zu verabreden, und hier sah ich den guten Bourbaki zum letztenmal; er hatte sein europäisches Kostüm mit der albanischen Fustanella vertauscht, in welcher der nicht große wohlbeleibte Mann unbehilflich und possierlich genug aussah. In seinem Waffengürtel trug er Pistolen und einen Dolch mit schwarzem Griff, dessen Mitte ein gewaltig großer böhmischer Stein als Diamant schmückte. Sein betrügerischer Glanz kostete wenige Tage später dem Besitzer den Kopf.*[9]

Heideck berichtet dann genauer über die Vorgänge:

> *Kaum in Aegina angekommen erfuhren wir, dass die Türken die Stellung Bassos' bei Kastia angegriffen, und obgleich höchstens 2000 Mann stark, die dort postierten 4000 Griechen gänzlich geschlagen und den braven Oberst Bourbaki nebst seinem Adjutanten Gibaßier nach tapferer Gegenwehr getötet oder gefangen hatten; später hörten wir, daß beim Anrücken des Feindes Basso mit 10 seiner Gesellen zuerst aus seiner Stellung davon gelaufen, darauf seine ganze Schar ihm gefolgt sei, ob er gleich auf der Krete der Position in zweiter Linie sich eingegraben hatte. Darauf zog sich auch Notaras zurück, und so wurde der arme Bourbaki, der gegen den Fuß der Stellung in der rechten Flanke vorgeschoben stand, mit einigen hundert braven Soldaten verlassen und der Übermacht preisgegeben. Man hatte anfangs gehofft, Bourbaki sei gefangen und solle nach*

Konstantinopel geschickt werden. Ein französisches Kriegsschiff nahte sich der Küste, um Bourbaki wo möglich zu reklamieren, wurde aber mit Kanonenschüssen empfangen. Man schwebte lange in Ungewißheit über das Schicksal dieses Philhellenen, bis man endlich erfuhr, daß derselbe von zwei Delhis gefangen worden sei, welche sich über ihre Ansprüche über die Beute, unter der ihnen der große böhmische Stein an Bourbakis Dolch besonders wertvoll erschien, entzweiten, und um die Sache kürzer abzuthun, dem Gefangenen den Kopf abschnitten, welchen Kiutahia nebst einer Achtundsechzig-Pfünder-Kugel und einem Leib Brot, aus dem schönen amerikanischen Mehl der Fregatte gebacken, als Trophäe nach Konstantinopel schickte und dem Sultan zur größeren Geltendmachung seiner Verdienste meldete, daß, trotzdem die Christenhunde solche Köpfe zu Kommandanten, solche Kugeln zum Schießen und solch schönes Brot zum Essen hätten, er sie doch aufgerieben habe.[10]

Bourbaki ist auf dem Philhellenenmonument unter dem Ort Kamatero mit der Nummer 1, sein Adjutant Gibassier mit der Nummer 3 erfasst. Der Kampf fand im Februar 1827 statt und erinnert im Verlauf stark an die Schlacht bei Peta. Aus dem Bericht spricht deutlich Heidecks geringe Meinung über die niedrige Moral und Qualität der griechischen Palikarentruppen und deren Führer, hier Basso. Darauf wird noch genauer einzugehen sein.

Auf der gleichen Skizze des Monuments, aus der dessen ursprünglich vorläufiger Charakter zu entnehmen ist, ist auch von einer Einwilligung König Ottos die Rede. Auf dem Denkmal selbst war sein Name ursprünglich nirgends enthalten.[11] Das auffällige Wappen mit dem Namen des Königs unter dem Giebelfeld wurde erst nach dem Tod Ottos 1867 in Bamberg auf Veranlassung des langjährigen Pfarrers der Kirche Georgios Sargologos angebracht und hat mit dem Monument Tourets nichts zu tun.

Klassizismus und Philhellenentum

Die Philhellenen zwischen Kultur und Politik

Schon Tertsetis hat in der bereits angeführten Rede vor dem Parlament in Athen darauf hingewiesen, dass man für eine brauchbare Definition des Philhellenen auch Personen berücksichtigen müsste, die als Journalisten, Politiker oder Priester im Sinne der griechischen Sache auf die öffentliche Meinung einwirkten oder gar direkt durch Sachspenden in Griechenland halfen. Heute unterscheidet man meist drei Gruppen: die Philhellenen des Schwertes, der Feder und der offenen Hand.[12]

Besonders wichtig erscheint die Verbindung zum Klassizismus und zu den politischen Verhältnissen in den 1820er und 1830er Jahren im ehemaligen Deutschen Reich.

Man könnte den Philhellenismus als eine Spielart des Klassizismus sehen, die mit dem griechischen Aufstand ab 1821 in den oben genannten Formen bedeutsam wurde. Der Klassizismus, beginnend in der Mitte des 18. Jahrhunderts, bestimmte das kulturelle und künstlerische Leben in Europa für die nächsten 100 Jahre. Er löste das Barock ab, erfasste dabei fast alle kulturellen Bereiche wie die Künste, die Mode, die Erziehung und so weiter. In Deutschland war der Höhepunkt um die Jahrhundertwende im Weimar Goethes und Schillers und im Berlin Schinkels und Humboldts. Wesentlich dabei ist, dass die ästhetischen Maximen weniger vom alten Rom, wie in der Barockzeit, als vom antiken Griechenland abgeleitet wurden. Zugespitzt formuliert ersetzte Athen Rom, Perikles Caesar, die athenische Demokratie das römische Weltreich.

Richtungsweisend im deutschen Raum und darüber hinaus war der Antiquar und Kunstschriftsteller Johann Joachim Winckelmann. Er empfahl in seinen kunsttheoretischen Schriften, vor allem in den »Gedanken über die Nachahmung der griechischen Werke in der Malerey und Bildhauerkunst«[13], die griechische Kunst als Muster. Allerdings kannte er die empfohlenen griechischen Kunstwerke fast ausschließlich aus römischen Kopien. Er konnte nicht anders, denn zu dieser Zeit gab es weder eine wissenschaftliche Archäologie noch entsprechende Zugänge zu den griechischen Kunstwerken vor Ort. Die Erwerbung der Giebelskulpturen des Aphaiatempels in Ägina durch Ludwig I. und deren Aufstellung in einem der Öffentlichkeit zugänglichen Museum waren ein halbes Jahrhundert später noch Pioniertaten. So musste das vermittelte Bild der Griechen schief ausfallen, weil idealisiert und geschönt. Die von Winckelmann für die griechische Kunst als wesentlich erachtete und für die Nachahmung postulierte »edle Einfalt und stille Größe« treffen allenfalls für einen kurzen Zeitraum der griechischen Kunstgeschichte zu. Die Vorstellung des glatten weißen Marmors als materiellem Hauptträger der griechischen Kunstwerke ist heute nicht zu halten. Waren doch Tempel und Plastiken bunt bemalt, die Marmortorsi, die Winckelmann in Rom sah, Kopien von griechischen Bronzen. Die Rezeption der Schriften Winckelmanns war überwältigend und bestimmt unser Bild von der griechischen Kunst noch heute.

Sinnvoller als eine Bewertung nach heutigen wissenschaftlichen Maßstäben erscheint der Gedanke, dass die Sicht der Klassizisten auf die Griechen utopische Züge zeigt. Die Ästhetik diente vor allem der Abgrenzung vom verzopften, überladenen Barock. Die Griechen wurden so gesehen, wie man sich den neuen, idealen Menschen vorstellte.

Am weitesten vorgeschritten dabei war Wilhelm von Humboldt mit seinem Neuhumanismus, der, wie Thiersch später in Bayern, die preußische Schulreform prägte. Kern dabei waren die Eliminierung der praktischen Fächer und die Zuspitzung des Lehrplans auf die alten Sprachen, besonders Griechisch. Die Schule sollte einen Menschen nicht praktisch aufs Leben vorbereiten, sondern eine musterhafte, harmonische Persönlichkeit aus ihm machen; den idealen, individuellen Menschen, wie ihn das antike Griechenland vorgelebt hatte. Man musste ein Grieche werden, und das, indem man seine Sprache lernte.[14] Dass diese Utopie eine unideelle politische Seite hatte, musste Wilhelm von Humboldt später am eigenen Leib erfahren. Sowohl als Schulreformer als auch als praktisch handelnder Liberaler ist er gescheitert. Seine Tätigkeiten als Sektionschef für Kultur im preußischen Innenministerium, als Gesandter beim Wiener Kongress und Minister für ständische Fragen waren nur von kurzer Dauer. Denn nach dem Sieg über Napoleon und damit letzten Endes über die Folgen der Französischen Revolution waren liberale Ideen, besonders eine Verfassung, wie Humboldt sie forderte, nicht mehr opportun.

Vielmehr herrschten im ehemaligen Deutschen Reich, dem neuen Deutschen Bund unter dem Präsidium des reaktionären Österreichs, nun andere Töne. Forderungen nach Verfassungen, nach nationaler Einheit, nach Bürgerrechten wurden nicht gewährt, ihre Urheber verfolgt. Bestes Beispiel dafür sind die Karlsbader Konferenz 1819 und der Kongress von Verona 1822. Beides waren Konferenzen zur Durchsetzung der österreichischen Restaurationspolitik[15] unter Metternich, deren Ergebnisse der Deutsche Bund oder die fürstlichen Souveräne übernahmen. In Karlsbad wurde für das Gebiet des Deutschen

Bundes eine reaktionäre Kulturpolitik mit strenger Pressezensur, Universitätsüberwachung, Entlassung missliebiger Professoren und Verbot der Burschenschaften beschlossen. In Verona ging es gegen die nationalen und liberalen Bestrebungen in Italien, Griechenland und Portugal. Der Kongress, d.h. Kaiser Franz I. von Österreich, Zar Alexander, König Friedrich Wilhelm III. von Preußen, König Ferdinand I. von Neapel, die englischen und französischen Gesandten lehnten ausdrücklich die erfolgte griechische Unabhängigkeitserklärung ab und bekräftigten den osmanischen Sultan als legitimen Herrscher über die Griechen. Damit sahen sich die deutschen Liberalen und die gegen den Sultan revoltierenden Griechen in einem Boot. Für die Philhellenen insgesamt, nicht nur in Deutschland, war das eine herbe Enttäuschung.

Berthold Seewald betont diesen Zusammenhang, indem er drei Motive für die Philhellenen von 1821 feststellt. Den

> *Wunsch nach Versorgung, von dem sich viele Philhellenen des Schwertes leiten ließen. Sie entstammten häufig dem nicht unbedeutenden Reservoir beschäftigungsloser Veteranen der napoleonischen Kriege, die ihre Waffen für jeden führten, der sie bezahlte. Das zweite Motiv hieß Kompensation und trieb all jene frustrierten Geister an, die im restaurierten Europa keinen Platz mehr für die Ideale fanden, für die sie gekämpft hatten. In Deutschland wurde diese Enttäuschung durch die Sehnsucht nach einem Nationalstaat zusätzlich verstärkt. Und da gab es die Betroffenheit derer, die Hellas meinten, wenn sie Griechenland sagten, und damit an die Wiege der abendländischen Zivilisation im Sinne Winckelmanns und Goethes dachten. Für sie war es eine Sache neuhumanistischen Selbstverständnisses, den Ursprung aller Bildung und Kultur wieder in ihren Kreis zurückzuführen.*[16]

Sicher gab es Mischungen dieser Motive. Die beschriebene Häufung der ehemaligen Offiziere auf der Liste der Gefallenen des Philhellenenmonuments ist am ehesten mit dem ersten Motiv zu erklären. Sie trat dabei besonders in Kombination mit dem zweiten auf. Bourbaki und Touret als ehemalige französische Offiziere sind Beispiele dafür. Das dritte Motiv mag mehr oder weniger bei allen Philhellenen vorhanden gewesen sein, war aber dann vor Ort einer harten Bewährungsprobe ausgesetzt. Der bayerische Historiker und Orientalist Jakob Philipp Fallmerayer hat in seiner 1830 erschienenen Geschichte der Halbinsel Morea seine Slawentheorie vorgestellt. Danach sollte es im modernen Griechenland nur noch hellenisierte Slawen und Albaner geben, weil eine direkte Beziehung zur griechischen Antike abgerissen sei. Die Nachkommen der alten Griechen seien im Mittelalter ausgestorben. Fallmerayers Theorie wurde aus philhellenischen Kreisen wütend angegriffen. Dabei wäre für sie weniger wichtig gewesen, ob diese Theorie im Einzelnen zutraf oder nicht. Aber eine realistischere Einschätzung dessen, was die Ankommenden im realen Griechenland erwartete, hätte manchem Philhellenen seine Ideale, wenn nicht gar das Leben gerettet.

Die besonderen Verhältnisse in Bayern

Bei der Bekämpfung Fallmerayers, die diesen auch seine Professorenstelle in München kostete, hat sich Friedrich Thiersch besonders hervorgetan. Er war der prominenteste Vertreter des Neuhumanismus und Philhellenismus in Bayern. Die erste Zeit des 1809 nach München gekommenen Altphilologen gestaltete sich schwierig. Als Professor am Münchner Wilhelmsgymnasium war er in Streitereien mit Schülern und Kollegen verwickelt. Er legte sich auch mit einflussreichen einheimischen politischen Kreisen an. Es kam sogar zu einem Attentatsversuch auf den zugereisten Thiersch. Aber nach der Thronbesteigung König Ludwigs I. im Jahr 1825 entwickelte sich seine Karriere rasant. Er wurde mit der Umgestaltung des höheren Bildungswesens beauftragt, die er als Altphilologe radikal im neuhumanistischen Sinn durchführte. Schon früher als Lehrer am Wilhelmsgymnasium hatte er sich unbeliebt gemacht, weil er eigenmächtig zusätzliche Griechischstunden einführte.[17] Seit 1826 war er ordentlicher Professor an der neuen Universität in München.

Friedrich Thiersch als Rektor der Münchner Universität. Lithografie von Philipp Schmitt, 1830

Die Bedeutung Thierschs als führender Philhellene beruht vor allem auf seiner Vielseitigkeit. Er war Sprachrohr, Koordinator und Anreger der organisierten Philhellenen und hielt Kontakt zu den Komitees in ganz Europa. Dafür nutzte er auch die unter Ludwig erlangte Nähe zur königlichen Familie, unter anderem als Erzieher der Prinzessinnen. Noch bedeutsamer war, dass er intensiv journalistisch tätig war und dabei – offen oder unter Pseudonym – die philhellenischen Ziele propagierte. So forderte er gleich nach dem Beginn des griechischen Aufstands die Aufstellung und den Einsatz einer deutschen Legion. Das war, angesichts der politischen Verhältnisse im Jahr des Veroneser Kongresses, völlig unrealistisch und unmöglich. Es zeigt aber, wie vehement sich der gar nicht stubenhockerische Altphilologe für die griechische Sache einsetzte und wie sicher er sich des Vertrauens des Königs war. Höhepunkt seiner Unterstützung des griechischen Freiheitskampfes war sein Aufenthalt 1831 und 1832 in Griechenland in der kritischsten innenpolitischen Phase, der Zeit nach der Ermordung des Präsidenten Kapodistrias. Er gewann die Achtung vieler maßgeblicher Griechen quer durch die politischen Lager, führte den gräzisierten Namen Thyrsios und den Titel Irenaios, das heißt Friedensstifter. Unmittelbar vor der Ankunft des jungen König Otto war er deshalb der über die griechischen Verhältnisse am besten orientierte Mann, nicht nur in Bayern. Über seine Verbindungen innerhalb der nationalen und internationalen philhellenischen Komitees konnte er viel bewirken. Überschätzt ist dagegen seine Rolle als Königsmacher bei der Bestellung Ottos, die ihm oft zugeschrieben wird. In der eben beschriebenen Vielseitigkeit, um nicht zu sagen Umtriebigkeit, liegen aber auch die Grenzen seiner Wirksamkeit. Der in Personalangelegenheiten immer misstrauische König versagte ihm den Sprung ganz nach oben. Thiersch ging zweimal leer aus. Wider alle Erwartungen wurde er 1832 bei der Ernennung der ersten Regentschaft übergangen und dann wieder 1834 nach deren Abberufung (siehe Kapitel 2).

Thiersch konnte so intensiv und erfolgreich für die griechische Sache werben, weil ihm dafür die einflussreichste deutschsprachige Zeitung zur Verfügung stand. Es war die »Allgemeine Zeitung«. Die von Johann Friedrich Cotta, dem Verleger Goethes 1798 in Tübingen unter anderem Namen gegründete Zeitung erschien seit 1807 in Augsburg. Der Grund für zwischenzeitliche Verlegungen waren Zensurmaßnahmen gewesen. Die Zensur in Folge der Karlsbader Beschlüsse betraf natürlich auch Bayern, wurde nach dem Regierungsantritt Ludwigs aber gelockert. Die »Allgemeine Zeitung« erschien täglich mit vier Seiten. Cotta besaß etwa 50 Blätter und umfangreiche Industrieunternehmen. Diese finanzielle Unabhängigkeit kam vor allem der »Allgemeinen Zeitung« als Flaggschiff seiner Unternehmungen zugute. Cotta konnte und wollte es sich leisten, hier nicht so sehr auf den Gewinn zu achten, als wahr und faktenorientiert berichten zu lassen. So wurde die »Allgemeine Zeitung« zur bedeutendsten Zeitung zumindest Mitteleuropas. Ihre Ausrichtung war liberal, ohne ein Kampfblatt zu sein. Sie war gemäßigt in der Form, das heißt um eine sprachlich und inhaltlich sachliche Darstellung bemüht. Zur Sachlichkeit gehörte auch der Versuch, möglichst viele eigene Korrespondenten zu bestellen, die vor Ort berichten konnten. In Griechenland war dies der Fall. Zur liberalen Ausrichtung gehörte, dass dem Unabhängigkeitsstreben der Griechen besondere Aufmerksamkeit galt und auch in schwierigen Phasen dafür geworben wurde.[18] Darin ist ein besonderes Verdienst Thierschs zu sehen: Er hat das Thema eingeführt und am Laufen gehalten. Liberale Kernforderungen wie die Einberufung von Nationalkongressen und die Erstellung einer Verfassung wurden als selbstverständliche Prozesse gefördert, auch in Zeiten, als das nicht mehr auf der Linie der bayerischen Griechenlandpolitik lag. Diese politische Ausrichtung der Zeitung war dem König natürlich bekannt, denn die »Allgemeine Zeitung« war die einzige Zeitung, die er täglich las. Für die Qualität und Ausrichtung der »Allgemeinen Zeitung« sprechen auch die Namen anderer Journalisten, die für sie arbeiteten. So berichteten und kommentierten Heinrich Heine aus Paris und Friedrich Engels aus Bremen.

Friedrich Thiersch als obersten Philhellenen in Bayern zu bezeichnen wäre unangebracht. Diesen Rang konnte er Ludwig I. nicht streitig machen. Denn mit dessen finanziellen und politischen Möglichkeiten konnte der Professor aus München nicht konkurrieren.

Ludwigs Begeisterung für Griechenland und alles Griechische begann früh und währte lange. Sie umfasste seine Jahre als Kronprinz, als König und abgedankter König. Für den Münchner Königsplatz begann die Planung 1817. Als letzter Bau dort wurden die Propyläen 1862 eingeweiht. Das war gerade im Jahr der Vertreibung König Ottos aus Griechenland. Ludwig erlebte sie noch selbst, 30 Jahre, nachdem er seinen Sohn auf den griechischen Thron gebracht hatte.

Von Anfang an waren bei Ludwig Griechenschwärmerei und tatkräftiges Engagement eng verbunden. 1805 schrieb er angesichts der ersten griechischen Bauwerke, die er auf einer Italienreise in Paestum sah:

Wie aus dem Haupte des Zeus Athene gewappnet entsprungen,
Steht, vollendet in sich, herrlich das griechische Werk;
In ihm fühlen wir Kunst, die römischen aber sind künstlich.
Herrschaft und Herrschaft allein kannten die Römer als Zweck.
Mit der Religion und dem Staate, dem Leben verwebet
War den Hellenen die Kunst, welche ihr Wesen erfüllt.

Die wir gebildet uns wähnen, sind noch Barbaren dagegen [...]
Daß mir vergönnet nicht war, Griechen, zu leben bey euch!
Lieber, denn Erbe des Throns, wär' ich ein hellenischer Bürger.[19]

So erdichtete der noch nicht einmal 20-jährige Kronprinz in holprigen Hexametern ein Programm des Klassizismus. Schon 1810 gelang es ihm mit Einsatz von 70 000 Gulden die bereits erwähnten Ägineten für München zu sichern.

Das darauffolgende lebenslange Bauprogramm sollte die Residenzstadt München in klassizistischer Manier in ein Isar-Athen umgestalten. Der immer knausrige Ludwig legte seine persönliche Sparsamkeit ab, wenn es um die Umsetzung seiner Kunstträume ging. Auch zur Unterstützung des griechischen Befreiungskampfes ab 1821 schrieb er nicht nur Gedichte: Er eröffnete eine Subskriptionsliste zugunsten der griechischen Kämpfer mit der Eintragung von 20 000 Gulden und half auch später noch mit beträchtlichen Summen zum Loskauf griechischer Gefangener aus dem Osmanischen Reich. Kinder gefallener Freiheitskämpfer konnten nach Bayern kommen und in München in einem eigenen Erziehungsinstitut leben.[20] In Zusammenarbeit mit den von Ludwig ermutigten Philhellenenvereinen wurden Spenden gesammelt und meist in Form von Materiallieferungen nach Griechenland geschickt. Es handelte sich dabei um erhebliche Summen. Ein Beispiel aus den Jahren 1826 und 1827, der Zeit nach dem Fall von Missolonghi, belegt den Umfang der bayerischen Unterstützung.

Im August 1826 überstellte der Griechenverein von München 65 000,-fr. an den Schweizer Philhellenen Eynard. Ende des Jahres 1827 legte dieser den Münchnern Rechenschaft über 149 000,- inklusive der 43 097,-fr. von König Ludwig ab.

Von April bis Ende September 1826 waren Lebensmittel zum Gewicht von ca. 4 000 000 Liter geschickt worden und vom 1. Oktober 1826 bis zum 5. Januar 1827 wurden weitere 2 140 000 Liter auf Rechnung der schweizerischen und deutschen Philhellenen nach Griechenland gesandt. Außerdem schickte der Ausschuß von Paris 1 200 000 Liter.[21]

Höhepunkt des Engagements Ludwigs war die schon erwähnte Philhellenenfahrt im Jahr 1826. Dabei reisten bayerische Soldaten in Uniform trotz des Verdikts der offiziellen Politik der Großmächte unter Waffen und mit Besoldung durch den bayerischen Staat zu den griechischen Aufständischen. Unter Führung des Oberstleutnants Karl von Heideck sollten sie diese im Kampf gegen die Türken unterstützen. Die Ausstattung aus den Kassen der Philhellenenkomitees durch Baron Eynard war so üppig, dass Heideck mit der griechischen Regierung über die Anstellung, Ausrüstung und Ausbildung von 3000 Schweizer Soldaten ernsthaft verhandeln konnte. Heideck wollte sparsam sein und empfahl Eynard nur 1000. Die Begründung war vor allem, dass die griechische Regierung sich den anschließenden Unterhalt nicht würde leisten können.[22]

All dies zeigt deutlich, wie intensiv Ludwig in das Netz der europäischen Philhellenen eingebunden war und mit welch beträchtlichen Mitteln den Griechen geholfen wurde, auch aus der Staatskasse. Ludwigs Engagement kann deshalb zu Recht als »Staatsphilhellenismus«[23] bezeichnet werden. Denn bei den meisten anderen progriechischen Initiativen in den europäischen Zentren Wien, Berlin, London, Genf, Paris usw. ging die Initiative von der Bevölkerung aus. Im Gegensatz dazu kamen in Bayern Initiative und Förderung von oben, der höchsten Stelle, dem König.

Die bayerische Philhellenenfahrt der Jahre 1826–1829

Die Kulturschock-Theorie: Muster, Verlauf, Typen

Als Heideck mit seinen Männern im Dezember 1826 in Griechenlands damaligem Hauptort Nafplion eintraf, war der erste Rausch der philhellenischen Begeisterung längst abgeklungen. Er war einer Ernüchterung, um nicht zu sagen ablehnenden Haltung gewichen. Die Berichte der zurückkehrenden Philhellenen nach der Schlacht von Peta waren so negativ ausgefallen, dass eine erhebliche Ergänzung nicht mehr erfolgte.[24]

Es wurde nicht nur über objektive Probleme mit dem Klima, der Ernährung, der sprachlichen Verständigung, den Anforderungen des militärischen Dienstes geklagt. Vielmehr schien es nun so zu sein, dass die vorgefundenen realen Griechen den erhofften, überhöhten Ansprüchen nicht genügen konnten. Es war offensichtlich zu einer Art Kulturschock gekommen.[25]

Dabei ist es gar nicht so erheblich, aus welchen konkreten persönlichen Gründen diese negativen Rückmeldungen erfolgten. Denn moderne Konzepte zur Problematik interkultureller Beziehungen gehen grundsätzlich davon aus, dass die Übergänge von einer Kultur zu einer anderen meist nicht glatt verlaufen. Danach besteht immer eine Spannung zwischen »Faszinosum« und »Tremendum«.[26] Die fremde Kultur zieht einerseits an, andererseits löst sie auch Unbehagen aus. Reiselust, Reisefieber, Sehnsucht nach der Ferne, Abenteuerlust sind alltagssprachliche Bezeichnungen für die eine Seite, Nostalgie und Heimweh gebräuchlich für die andere. Natürlich spielen persönliche Dispositionen und soziokulturelle Momente eine differenzierende Rolle. Es scheint aber durchaus typische Ablaufschemata[27] der kulturellen Anpassungsprozesse zu geben. Der Verlauf erfolgt meist in vier Phasen: Einer Anfangseuphorie (Phase 1) folgt eine Ernüchterung (Phase 2), eventuell eine Art Schock (Phase 3), bis vor der Heimkehr wieder ein emotionaler Aufschwung (Phase 4) kommt oder folgen kann. Die Ernüchterung fällt umso intensiver aus, je höher die Anfangserwartungen sind. Das ist die Situation des Philhellenen-Schocks. Das überhöhte, idealisierte Bild von den Griechen, das sich an der klassischen heidnischen Antike orientiert hatte, stand der Erfahrung der vorgefundenen zeitgenössischen Realität gegenüber. Der Vergleich fiel für die modernen Griechen meist wenig günstig aus. Denn sie waren geprägt von Jahrhunderten unter wechselnden fremden Besatzungen, einer ebenfalls jahrhundertelangen christlich-byzantinischen Tradition und den aktuellen Deformationen eines schon Jahre andauernden Kriegs.

Der Anpassungs- bzw. Nichtanpassungsprozess wird begleitet von typischen Symptomen wie Rollenunsicherheit, Angst, Vereinsamung bis hin zu schweren psychosomatischen Störungen. Selbstverständlich gibt es nach diesen Theorien auch durchaus geglückte Anpassungen, nur scheinen solche unter den Philhellenen der ersten Stunde eher die Ausnahme gewesen zu sein.

Insgesamt werden vier Reaktionstypen[28] beschrieben. Der Assimilationstyp übernimmt problemlos die Fremdkultur und lehnt die eigene Kultur dann ab. Der Kontrasttyp verherrlicht die eigene Kultur und lehnt die Fremdkultur ab. Der Grenztyp schwankt zwischen beiden Kulturen, der Synthesetyp vereint die bedeutsamen Elemente beider Kulturen.

Hier interessiert vor allem der Kontrasttyp, der offensichtlich mit dem Begriff des Philhellenen-Schocks verbunden werden kann. Er würde, etwas übertrieben ausgedrückt, bedeuten, dass jemand als Griechenfreund ins Land kam und es als Griechenfeind wieder verließ.

Für die Fälle dieser Untersuchung bestanden natürlich unterschiedliche Voraussetzungen, die erhebliche Auswirkungen gehabt haben dürften:

- Wie hoch war die ideelle Komponente der Motivation? Je höher sie ausfiel, umso gefährdeter war die Person.
- Wie lange sollte das Engagement im fremden Land sein? Je kürzer es war, umso leichter konnte man sich segregieren und in den Kontrasttyp flüchten.
- Welche Lebenserfahrung, soziale Einbettung und Frustrationstoleranz bestanden? Solche Qualifikationen wären Voraussetzungen für eine gelingende Integration gewesen.

Es ist also kein Wunder, dass Beispiele gelungener Integrationen vor allem aus dem Kreis der angeworbenen Freiwilligen des zweiten bayerischen Kontingents des Jahres 1834 (siehe Kapitel 3) bekannt sind. Diese Soldaten kamen eingebettet in die Sicherheit ihrer militärischen Umgebung, hatten als Handwerker oft echte langfristige Auswanderungspläne und waren kaum oder nicht philhellenisch geprägt.

Im Gegensatz dazu standen die jungen Philhellenen der ersten Stunde: Sie waren jung, hatten kaum Lebenserfahrung, wenig soziale und materielle Einbindung, dafür viel philhellenische und oft auch idealistisch liberale Begeisterung. Wenn sie das Abenteuer überhaupt überlebten, sorgten sie nach ihrer Rückkehr für die Ernüchterung in der Heimat, oft in gedruckten Berichten und in der Presse. Solchen Überlegungen folgend war die Gefährdung Heidecks und seiner Gruppe, einen Philhellenen-Schock zu erleiden, eher gering.

Fraglich ist, ob auf sie die Bezeichnung Philhellenen überhaupt zutrifft. Die kann man ihrem staatlichen Auftraggeber, dem bayrischen König, zubilligen, auch den Geldgebern um den Baron Eynard. Von Heideck und seiner Mannschaft ist nichts von einem besonderen philhellenischen Engagement bekannt. Es handelte sich sämtlich um beurlaubte Soldaten, die ihrer Dienstpflicht nachkamen. Die Beurlaubung hatte lediglich diplomatische Gründe. Bayern befand sich ja nicht im Kriegszustand mit dem Osmanischen Reich. Formal reiste die Gruppe privat. De facto bestand ein Auftrag des Königs. Dies zeigt allein der Umstand der Fortführung der Besoldung durch die bayerische Staatskasse.

Von Heideck selbst ist bekannt, dass er zwar vorher im Auftrag des Königs mit philhellenischen Organisationen Kontakt hatte, aber auch, dass er das Kommando selbst nicht wollte, zumindest sich nicht nach ihm drängte.[29] Die naive Begeisterung für das alte Griechenland und seine Ruinen war ein wesentlicher Bestandteil, wenn nicht gar die Grundlage des Philhellenismus. Heideck teilte sie nicht und schrieb in seinem späteren Bericht eher pflichtschuldig über berühmte Stätten, aber sein Herz war nicht dabei. So gab er zum Beispiel beim Besuch der Ruinen des Aphaia-Tempels in Ägina unumwunden zu: »Uebrigens gestehe ich, daß derlei archäologische Kontroversen mich nicht sehr interessieren.«[30] Danach widmete er sich ausführlich der malerischen Landschaft, die er auf der dreistündigen Wanderung vorfand. Beim Besuch der Ruinen von Tiryns schrieb er:

> *Die Vermutungen über das alte Tirynth und die nähere Beschreibung seiner Ueberreste sind in allen archäologischen Schriften zu finden. Wir Soldaten wunderten uns nur über die Wehrgänge außerhalb der Mauern. Sie bestehen […]*[31]

Es folgte eine ausführliche militärische Begutachtung. Heideck sah Griechenland offensichtlich mit den Augen des Malers und des Soldaten, beides realistisch und ohne philhellenische Schwärmerei. Nicht wegen einer besonderen Liebe für die Griechen schien Heideck in den Augen Ludwigs der geeignetste Mann zu sein: vielmehr wegen seiner Vertrauenswürdigkeit und Loyalität, wegen seiner einschlägigen militärischen Erfahrungen mit dem Guerillakrieg in Spanien und Portugal, nicht zuletzt wegen seiner musischen Neigungen und Qualifikationen. Heideck fügte sich den Wünschen seines königlichen Herrn.

Die Zeit der Fahrt war auf ein Jahr begrenzt. Mit Ausnahme von drei Mitstreitern reiste auch der Großteil der Gruppe nach Ablauf des Jahres zurück. Heideck hatte besondere Gründe zu bleiben, die mit dem ursprünglichen Auftrag kaum etwas zu tun hatten und auch nicht vorhersehbar waren. Denn inzwischen war der Krieg beendet und Heideck sollte als besondere Vertrauensperson des neuen griechischen Präsidenten beim Aufbau des Staates helfen.

Vor allem der Umstand, dass Heideck mit einer gefüllten Kasse nach Griechenland kam, die zu seiner Disposition stand, machte ihn für die jeweiligen griechischen Autoritäten interessant. Er und seine Gruppe hatten also diplomatischen Schutz durch den Auftrag des Königs und konnten sich insgesamt einer privilegierten Stellung sicher sein. Bestes Beispiel hierfür ist die persönliche Teilnahme Heidecks bei der entscheidenden Nationalversammlung von Troizen im Frühjahr 1827.

All diese Punkte, insbesondere der offizielle Charakter der Mission, die Motive der Teilnehmer, die zeitliche Befristung, die gute finanzielle Absicherung und einiges mehr sprechen dagegen, dieses Unternehmen mit den typischen Erfahrungen der spontanen Philhellenen, deren Namen auf dem Monument in Nafplion verzeichnet sind, zu vergleichen.

Heidecks Aufenthalt begann auf dem Tiefpunkt des griechischen Unabhängigkeitskriegs. Denn im Winter 1825/6 war die Lage deprimierend. Über zehntausend modern ausgerüstete und taktisch[32] operierende ägyptische Soldaten waren im Frühjahr 1825 auf der Peloponnes gelandet und unterstützten die bis dahin wenig erfolgreichen osmanischen Truppen in Griechenland. Deren Führer Ibrahim Pascha, der Sohn des vom Sultan abhängigen Vasallen Mehmet Ali von Ägypten, führte einen gnadenlosen Vernichtungskrieg gegen die griechische Bevölkerung und hatte den militärischen Widerstand fast vollständig gebrochen. In griechischen Händen befanden sich nur noch die Argolis mit der Festung Nafplion, das belagerte Missolonghi und die ebenfalls eingeschlossene Athener Akropolis. Die Regierung hatte sich auf die befreite Insel Ägina zurückgezogen.

Heideck fand eine militärische Struktur vor, die wesentlich von den Griechen selbst getragen wurde und nur noch vereinzelt Philhellenen integrierte, wenn auch oft auf wichtigen Kommandoposten. Beispiele sind der englische Oberst Gordon oder der französische Oberst Fabvier, die Abteilungen mit mehreren Tausend Soldaten führten. Später sollte auch Heideck zu diesem Kreis zählen.

Man vertraute ihm die Führung einer Land-See-Operation bei Oropos[33] an. Wahrscheinlich erfolgte dies aber weniger aus militärischen als politischen Erwägungen der jeweiligen griechischen Regierungen, um die vor Ort bestehenden Ausschüsse der philhellenischen Komitees zur Fortführung ihrer Hilfe zu bewegen. Im Verlauf des Jahres 1827, also der Zeit der unmittelbaren militärischen Wirksamkeit Heidecks und seiner Mannschaft, trat dann ein entscheidender Umschwung ein.

Im April 1826 war die Belagerung der Festung Missolonghi mit einem entsetzlichen Massaker an der griechischen Bevölkerung zu Ende gegangen. Nach einem vergeblichen Ausbruchsversuch der etwa 6000 noch bewegungsfähigen Einwohner wurde die Festung von den Türken und Ägyptern aufgerollt, ein erheblicher Teil der Bevölkerung sprengte sich in einem Massenselbstmord in die Luft, der Rest wurde massakriert. Am Ende reihten sich auf den Mauern der eroberten Stadt über 3000 abgeschlagene griechische Köpfe als Zeichen des türkischen Triumphs.

Dieses Schicksal der Einwohner erschütterte die Öffentlichkeit ganz Europas und bewirkte letztlich eine Veränderung der Politik der Großmächte[34] zugunsten der griechischen Aufständischen. Zur selben Zeit, als Heideck mit seinen militärischen Einsätzen beschäftigt war, fanden die entscheidenden Verhandlungen zwischen England, Russland und Frankreich statt. Was zuerst als ein lang dauernder Prozess angelegt war, entlud sich plötzlich und kriegerisch in der Seeschlacht von Navarino im Oktober 1827. Ein englisch-russisch-französisches Geschwader ohne Kampfauftrag vernichtete die osmanische Flotte. Man sagte, die Kanonen hätten von selbst geschossen, der Funke sei von der europäischen Öffentlichkeit ausgegangen. Ohne Flotte standen die ägyptischen und türkischen Truppen auf dem griechischen Festland auf verlorenem Posten und mussten sich zurückziehen. Das dauerte zwar noch einige Zeit. Die griechischen Delegierten des schon erwähnten Nationalkonvents von Troizen hatten sich aber bereits im Frühjahr auf eine Verfassung und auf einen Präsidenten mit langer Amtszeit geeinigt.

Damit war ziemlich schnell und unerwartet, noch innerhalb der einjährigen Urlaubsfrist, der Auftrag der bayerischen Philhellenenfahrt erfüllt, vielmehr ihre Grundlage entfallen. Denn Griechenland war befreit, die Türken vertrieben.

Es ist bemerkenswert und verwunderlich, was Heideck dann nach seiner Rückkehr in München über seine Erfahrungen mit den Griechen berichtete. Er schrieb von einem »Jahrhunderte lang geknechteten Volk«, das von »seinen Besiegern keine ihrer guten Eigenschaften, wohl aber alle schlimmen sich zu eigen gemacht« und durch »List, Trug und Ränke die Mittel zur Verteidigung gegen die brutale Übergewalt seiner Unterdrücker gesucht und gefunden« habe. »Hierdurch sei der Volkscharakter auf widrige Art verschlechtert worden. Verschmitztheit, Lug und Trug« würden überall herrschen. Heidecks Fazit war: »Das Gefühl für Redlichkeit, Ehre und Treue war fast bei allen tot.«[35]

Im Sinne der auf Seite 39 eingeführten Typologie Koukourakis' liegt ein ausgeprägter Fall von Kontrasttyp vor. Wäre Heideck nur einer der vielen enttäuschten und geschockten Philhellenen gewesen, für die das Abenteuer Griechenland abgeschlossen und eine überwundene biografische Episode war, hätte es im Zusammenhang der hier untersuchten Zeit nicht dieser breiten Darstellung bedurft. Es war nötig, weil Heideck 1833 noch einmal für zwei Jahre nach Griechenland kam, und dies in hochoffizieller Stellung als Mitglied des Regentschaftsrats (siehe Kapitel 2), der für den minderjährigen neuen griechischen König Otto regierte. Dabei ist unzweifelhaft, dass er seine Berufung in den exklusiven Kreis der drei Regenten seinen Erfahrungen während der Philhellenenfahrt verdankte.

Wie diese Erfahrungen im Einzelnen aussahen und welche Folgen sich für die Politik der Regentschaft ergaben, wird im Folgenden dargestellt.

Politische Schwierigkeiten und militärische Misserfolge

Heidecks Tagebuchaufzeichnungen aus diesen Jahren erschienen erst 1897 und 1898 unter dem Titel »Die bayerische Philhellenen-Fahrt 1826–1829«,[36] also 68 Jahre nach seiner damaligen Rückkehr und 36 Jahre nach seinem Tod. Der ungenannte Herausgeber betont, das Original des Tagebuchs in der Bearbeitung von 1840 beibehalten und außer geringen stilistischen Korrekturen nicht verändert zu haben. Heidecks Biograf Seewald hat die Vertrauenswürdigkeit anhand des von ihm untersuchten reichen handschriftlichen Materials aus der Originalzeit überprüft. Er hält das Tagebuch für zuverlässig und nicht nachträglich geschönt oder gar tendenziell verändert.[37]

Heideck redigierte seine Aufzeichnungen 1840, also fünf Jahre nach seiner Regentschaft, die wenig glücklich endete. Mehrmals und an wichtigen Stellen betonte er, dass seine Urteile von damals Bestand hätten und noch zum Zeitpunkt der Redaktion für ihn gelten würden.[38] Er begründete auch, warum von ihm keine ähnlichen Aufzeichnungen aus den Regentschaftsjahren vorlägen:

> *Über meine zweite Wirksamkeitsperiode als Mitglied der Regentschaft in dem nun durch Staatsverträge unter Rußlands, Frankreichs und Englands Garantie als Königreich konstituierten Hellas schweige ich, denn wie meine erste mehr oder weniger die Resultate meines eigenen Thun und Lassens darstellte, so sind die Thaten und Erfolge der Regentschaftsperiode Produkte der Majoritäts-Entscheidungen.*[39]

Zusammenfassend lässt sich sagen: Heidecks Aufzeichnungen sind authentisch und decken sich mit dem vorhandenen anderen Quellenmaterial, vor allem seinem regen Briefwechsel. In seinen Anschauungen gibt es keine Brüche, seine Urteile sollten auch für die Zeit der Regentschaftsjahre und darüber hinaus gelten.

Dies sind günstige Voraussetzungen dafür, Heideck selbst ausführlich zu Wort[40] kommen zu lassen. Welche Erlebnisse und Erfahrungen brachten den ursprünglich den Griechen wohlwollend gesinnten Philhellenen zu seiner so skeptischen Position?

Bei unserer Ankunft tobten die Parteien in der Stadt.

Den hohen und unersteiglichen Palamedes hatte Kapitän Grivas, ein Rumeliote, der früher am Hofe des Ali Pascha von Janina Pagendienste leistete, nebst seinen 3 Brüdern und etwa 2–300 rumeleliotischen Palikaren im Besitz; in der Stadt selbst aber occupierten seine Anhänger die Landbatterie und die darananstoßenden Häuser, was durch den Umstand möglich war, daß alle einzelnen Batterien in Nauplia auch rückwärts mit einfachen krenelierten Mauern geschlossen sind, um sich gegen die Stadt verteidigen zu können; wahrscheinlich noch eine Vorsichtsmaßregel der Venetianer gegen die Bevölkerung oder feindlichen Überfall.

Der Rest der Stadtbatterien und die Befestigungen von Itschkale befehligte der alte Suliote Photomaras, an den sich mehrere suliotische und peloponnesische Kapitäne angeschlossen hatten. Die Zahl der Besatzungsmannschaft wechselte, je nachdem mehr oder weniger Kapitäne mit ihren Palikaren zum Kriege ausgezogen waren oder wieder nach Nauplia, dem damaligen Hauptorte Griechenlands, heimkehrten.

Der Grimm des alten Photomaras gegen den jungen frechen und verwegenen Zögling Ali Paschas war daher entsprungen, daß dieser den Palamedes, welchen ehemals Photomaras befehligte, ihm durch List entrissen und sich selbst auf demselben festgesetzt hatte, wodurch er im stande war, der Stadt und Itschkale bedeutenden Schaden zuzufügen, und sich folglich als Gebieter über ihr Schicksal ansehen konnte.

Der Umstand, daß er innerhalb der Stadt auch die Landbatterie besetzt hatte, welche ihn zum Herren des Landthores machte, brachte seine Leute mit denen der Gegner in vielfache Berührungen und Händel. Da nun aber nach türkischer Weise der Kapitän der Schirmherr seiner Palikaren und Rächer für die ihnen widerfahrenen Unbilden war und sein mußte, wenn er sich seine Satelliten erhalten wollte, so kam es öfter zu blutigen Auftritten unter dem Palikarengesindel beider Parteien. Wenige Tage nach unserer Ankunft war die Erbitterung so hoch gestiegen, daß Grivas die Stadt und die Burg Itschkale vom Palamedes herab aus Kanonen und Mörsern beschoß. Photomaras repostierte von Itschkale aus. So währte das Feuern aus Geschützen einen halben Tag hindurch. In der Stadt schlug man sich mit Flinten und Pistolen in der Gegend der Landbatterie. Die Fenster der Häuser, welche von den verschiedenen Parteigängern besetzt waren, wurden zugemauert und Schießscharten durch die Wände gebrochen. So mag es in den Städten Italiens ausgesehen haben und zugegangen sein, als guelphisch oder gibellinisch gesinnte oder in Feindschaft lebende Familien sich innerhalb ihrer Ringmauern von Palast zu Palast oder von Haus zu Haus befehdeten.

Der Grund zum Ausbruch dieses inneren Krieges war eine Beleidigung, die Grivas'schen Palikaren von seiten der Sulioten widerfuhr. Zur Genugthuung ließ Grivas durch seine Leute in der Stadt einen Bürger fangen, auf den Palamedes führen und dort, wie man sagte, martern und hinrichten; dafür wollten die Leute des Photomaras die Landbatterie wegnehmen und die Anhänger Grivas aus der Stadt jagen. Das Feuern aus kleinem Gewehr ging schon am Abend in jener Gegend der Stadt los. Grivas, der vielleicht den Verlust seiner Position in der Stadt befürchtete, donnerte nun aus seinen schweren Geschützen während der Nacht zur Diversion sein quos ego herunter.

Während dieses Lärmens und Schießens wurden die Thore gegen die Wasservorstadt, welche wir bewohnten, verschlossen, wodurch wir von Trinkwasser und Markt abgesperrt waren. Ich beschickte den alten Photomaras, sowie den Kapitän Ducas und drohte mit meiner alsbaldigen Fortreise und den hieraus entstehenden nachteiligen Folgen für den Kredit der Hellenen, wenn diesem abscheulichen Bürgerkrieg nicht schleunigst ein Ende gemacht würde.

Gleiches schrieb ich an Grivas, und nun entschuldigten sich beide und versprachen Ruhe zu halten, wenn der Gegner Genugthuung geben wolle.

Nach mancherlei Unterhandlungen wurde die Ruhe für den Moment wieder hergestellt.

Bei dieser Gelegenheit erbat sich eines der beiden Parteihäupter, ich glaube es war Grivas, mit 200 seiner Leute gegen das andere mit ebenso starker Begleitung sich zu schlagen, und nach dem Resultate dieses Kampfes sollte der Sieger Befehlshaber von ganz Nauplia werden, der Besiegte aber aus der Stadt und aus ihren Festungen abziehen.

Der Antrag war wohl nicht ernstlich gemeint, und die Palikaren-Rodomontade hatte keine weitere Folgen.

Unterdessen diese Herren in Nauplia ihre Privatzwiste auf Kosten der ihnen anvertrauten Festungen ausfochten und bei dieser Gelegenheit nicht nur die in Europa zusammengebettelte, ihnen zur Abwehr gegen die Türken geschenkte, sondern auch die eigene Munition auf unverantwortliche Weise mißbrauchten und Kräfte, die sie gegen den allgemeinen Feind hätten verwenden sollen, sich selbst schwächend vergeudeten, hatte Ibrahim Pascha mit seinen Arabern beinahe den ganzen Peloponnes unter sein Joch gebracht.[41]

Solche Erlebnisse mit den in verschiedene Gruppen[42] gespaltenen und untereinander heillos zerstrittenen griechischen Kapitanis und deren Gefolgschaft gab es durchgehend. Sie begründeten Heidecks Aversion gegenüber den vorhandenen bewaffneten Kräften. Legitim und wirkungsvoll hielt er nur die sogenannten Taktiker: Sie waren nach europäischem Muster ausgebildet, bewaffnet und uniformiert. Die Führung erfolgte durch geschulte Offiziere. Außerdem standen sie direkt zur Verfügung der Regierung. Umso mehr musste Heideck befremden, wenn er immer wieder bemerken musste, dass es ständig Rivalitäten zwischen Palikaren und Taktikern gab, die Leib, Leben und Erfolg der Truppen gefährdeten. Besonders missfiel Heideck dabei das Verhalten von Regierungsmitgliedern, die in diese Intrigen involviert waren:

Einschließung der Akropolis von Athen durch Kiutahia Pascha

Die Akropolis von Athen war mit etwa 1500 Palikaren besetzt; der Kern der griechischen Truppen, die Taktiker unter dem französischen Philhellenen Oberst Baron von Fabvier, welche entschlossenen Mutes auf ihrem Rücken Pulver nach der Akropolis gebracht hatten, sahen sich dort neben diesen Palikaren von Kiutahia Pascha eingeschlossen […] 1)

1) Die Art, wie man den Oberst von Fabvier in diese Burg gebracht, um ihn und seine Bataillone dort festzuhalten, weil man seinen Einfluß bei der Nationalversammlung fürchtete, welche in Bälde einberufen werden sollte, ist würdig erzählt zu werden, da sie einen Begriff vom griechischen Verhalten gibt.

Es wurde nämlich ein Brief vorgezeigt, durch welchen die Besatzung der Akropolis von Athen die Regierung benachrichtigte, daß sie Mangel an Pulver leide und sich ergeben müsse, wenn nicht ein Vorrat von Schießbedarf in die Burg gebracht würde. Man wandte sich an den Oberst von Fabvier, und dieser übernahm es, eine Quantität Pulver den Belagerten in die Festung zu schaffen. Zu diesem Behufe mußte jeder der 6–800 Taktiker und Philhellenen, die er zu diesem Unternehmen führte, ein Päckchen von 15–20 Pfund Pulver auf den Rücken nehmen.

Die Kolonne landete bei Kap Kolias, 1½ Stunden von Athen, durchbrach die schlecht bewachte Cirkumvallationslinie und kam, die Mauer der von den Türken besetzten Stadt links lassend, in der Gegend des Theaters der Regilla auf die Burg, nachdem sie mehrere Soldaten nebst dem Major Robert, einem tapferen Philhellenen, in dem nächtlichen und ungleichen Kampf verloren hatten; denn mit dem Pulversäckchen auf dem Rücken konnten die Taktiker nicht feuern, sondern nur, wo sie Widerstand trafen, sich den Weg mit dem Bajonett öffnen.

Auf der Akropolis angelangt, wo Gouras befehligte, erfuhren sie, daß es an Pulver nicht mangle; als aber von Fabvier wieder abziehen wollte – denn in der Akropolis sich einschließen zu lassen, war durchaus seiner Absicht entgegen – erklärten die Palikaren, daß, wenn er mit seinen Taktikern nicht bei ihnen bliebe, auch sie abziehen und die unersteigliche Burg den Türken überlassen würden.

Sei es nun, daß, wie man mir versicherte, dem Obersten von Fabvier ein Uriasbrief, der ihn auf der Akropolis festbannen sollte, mitgegeben wurde oder daß Gouras und die Seinigen berechneten, durch französische Vermittelung bei einstiger Uebergabe bessere Bedingungen und sicheren Abzug zu erhalten, wenn von Fabvier und so mancher Philhellene in ihr Schicksal mit verflochten wären, – die Wirkung blieb die gleiche, und von Fabvier mit dem größten und besten Teile der regelmäßigen Truppen war eingesperrt.[43]

Das Lager von Georgios Karaiskakis. Ölgemälde von Theodoros Vrysakis aus dem Jahr 1855. In der Mitte oben mit Fernrohr Karl von Heideck, unten links Karl Krazeisen, beide in bayerischer Uniform

Heideck war Fachmann genug, dass ihn neben der moralischen Entrüstung besonders die Ineffektivität dieser militärischen Gewohnheiten störte:

Taufe der Fregatte Hellas und ihr Kommando

In diesen Tagen wurde die in Amerika angekaufte und mit uns zugleich angekommene, 64 schwere Kanonen tragende, herrliche Fregatte getauft und ihr der Name Hellas gegeben. Das Kommando über dieselbe ward einer Kommission übertragen, bestehend aus den Admiralen Miaulis von Hydra, Apostolis von Psara und Andruzos von Spezia.

Dieser lächerliche Ausweg war wieder ein Resultat des Neides und Mißtrauens der griechischen Inseln gegen einander. Keine wollte der anderen die Überlegenheit zugestehen, welche der Besitz dieses großen und mächtigen Schiffes mit seinen reichen Vorräten aller Art dem gab, der es inne hatte; denn die Idee vom Staatseigentum war damals und noch lange in Hellas nicht begriffen. Wer ein Schiff oder eine Festung kommandierte, sah sich als Eigentümer derselben an, befugt, damit zu tun, was ihn gelüstete, und Nutzen daraus zu ziehen, wie ihm gut däuchte.[44]

Heideck war als Offizier an den verschiedensten Kriegsschauplätzen während der Napoleonischen Kriege eingesetzt gewesen und musste sicher viele Grausamkeiten gesehen haben. Er kann also nicht so zart besaitet gewesen sein. Außerdem war für die Rechtfertigung der Teilnahme auf Seiten der griechischen Kämpfer gegen die türkischen Besatzer die Unterscheidung zwischen europäischer »Gesittung« und türkischer »Barbarei« wichtig. Heideck arbeitete durchgehend mit dieser Argumentation. Dass nun die griechischen Palikaren den Türken an Rohheit nicht nachstanden, war eine neue bestürzende Erfahrung:

Türkische Niederlage bei Arachova

Nun wurde ein größeres Korps gegen ihn [d.h. Karaiskakis] detachiert, welches er durch geschickte Bewegungen bis in die unwirtlichen Schluchten des Parnassus verlockte, wo es durch Hunger und Kälte erschöpft in feindlichen menschenleeren Gebirgen zuletzt bei Arachova eine gänzliche Niederlage erlitt und größtenteils zusammengehauen wurde.

Die Trophäen dieses Sieges, in Bündeln abgeschnittener Ohren und in einigen Köpfen bestehend, die den Anführern gehört hatten, nebst ein paar Gefangenen, welche diese Trophäen tragen mußten, schickte Karaiskakis nach Nauplia.[45]

Und:

Einen Tag vor unserer Abreise kamen Karaiskakis ekelhafte Trophäen von Arachova nach Nauplia, eskortiert von den Kapitäns Vajas und Agalopoulos nebst einigen Palikaren. Die Türkenköpfe wurden auf Stangen gesteckt, welche ein paar arme gefangene Türken halten mußten, und die abgeschnittenen Ohren hingen an Schnüren als Festons zwischen diesen Stangen.

Kapitän Agalopoulos schenkte mir einen dieser Gefangenen, welcher sich im elendesten Zustande befand. Nachdem er ins Haus gebracht war, besuchten wir ihn, und ich ließ dem armen Teufel Brot bringen, welches er mit hastiger Gier ergriff und schnell einen Bissen verzehrte. Später, als der junge Albanese, der Gamber hieß, ein Name der dem griechischen Spiridion entspricht, in meinem Hause deutsch gelernt hatte […][46]

Als Kontrast zur griechischen Verrohung führte Heideck hier sein edles, humanes Verhalten an. Selbst Feinde wurden von ihm mit Respekt behandelt. Die nächste Episode zeigt, dass die griechischen Palikaren und ihre Häuptlinge weit von einem solchen Verhalten entfernt waren. Nicht einmal ihren eigenen Landsleuten gegenüber hielten sie grundlegende sittliche Normen ein.

Heidecks Schilderung von Salamis, Dorf Kuluri

Mancherlei Drangsale, welche nicht den Türken, die im Laufe des Krieges niemals auf diese Insel gekommen waren, sondern die zügellosen Horden der Palikaren und die Schändlichkeit manches ihrer Kapitäns über die Einwohner dieses ehemals wohlhabenden Ortes gebracht hatten, bewogen schon lange vor unserer Ankunft den wohlhabenderen Teil der Einwohner zur Auswanderung 1). Die meisten mitunter schönen Häuser waren verlassen, und der Ort, in dem sich eine Menge Palikaren herumtrieb, hatte ein ungastliches Aussehen.

1) Man erzählte uns unter anderem, daß Kapitän Vassos Maurovounistis, der nach einem Gefechte, aus dem er wie gewöhnlich sich bei guter Zeit mit seiner Bande zu salvieren wußte, sich hierher geflüchtet hatte, die schöne Frau eines ausgewanderten Kulurioten mißbrauchen wollte, welche sich jedoch widersetzte. Da ließ der montenegrinische Barbar das Weib mit Gewalt herbeischleppen und gab es seiner Bande preis, bis es unter den Mißhandlungen dieser Viehmenschen den Geist aushauchte. Dann befahl er die Frau in den Golf zu werfen und duldete nicht, daß die Verwandten oder Freunde den Leichnam herausholten und beerdigten.[47]

Ziemlich am Anfang seiner Mission wurde Heideck vom amtierenden griechischen Präsidenten Zaimis und seiner Regierung in Ägina empfangen. Heideck erklärte den Zweck seines Hierseins und erbot sich, mit seiner Mannschaft als eine Art Militärberater taktische Truppen auszubilden. Zu erwähnen ist, dass sich die militärische Lage zu dieser Zeit auf dem Tiefpunkt befand und die Regierung selbst sich auf dem Festland nicht mehr sicher fühlen konnte. Heideck bemerkte aber, dass sein »Anerbieten nicht die freudige Aufnahme fand, die es zu verdienen schien und dachte, es möge Mißgunst oder irgendein anderes unheimliches Gefühl gegen den Fremdling sein.«[48]

Es gab aber einen anderen Grund für die distanzierte Haltung des Präsidenten.

Resultat der Konferenz. Glarakis, der Sekretär d. Auswärtigen, klärt Heideck auf.

Unsere hiesigen Verhältnisse gleichen denen in europäischen Ländern durchaus nicht. Sehen Sie sich um und erforschen Sie vor allem unsere Zustände, lernen Sie unsere Faiseurs, unser Volk und unsere Lage kennen, und es wird Ihnen nicht schwer fallen durch Ihre Einwirkung in Europa bei Ihrem ausgesprochenen guten Willen uns wahrhafter und kräftiger zu dienen als wenn Sie Mühe, Zeit und Geld zur Abrichtung unserer jungen Leute verwenden, ja verschwenden. Ich zweifle nicht daran, daß eine Menge junger Burschen sich bei Ihnen anwerben läßt; sie werden sich kleiden, bewaffnen, ja sogar bald abrichten lassen; wenn sie aber hinaus kommen und irgend einem taktischen Korps zugeteilt werden sollen, so wird der größte Teil davonlaufen, sich wieder unter die Palikaren stecken oder sonst herumziehen. Was Sie auf diese Formierungen an Zeit, Mühe und Geld verwendet haben, wird verloren sein, und Sie im gerechten Unmute werden an der Sache eines Volkes, das sich selbst zu verlassen scheint, nicht nur keine Freude mehr haben, sondern es werden auch die Berichte, die Sie Ihrem Königе und den Komitees zur eigenen Rechtfertigung erstatten müssen, eine nachteilige Wirkung bei unsern jetzigen Freunden machen und der Sache schaden, welcher zu helfen Sie gekommen sind.[49]

Die Begegnung mit der Regierung und deren Ergebnis für seinen Auftrag waren so frühzeitig, dass Heideck und seine Leute die Begründung, nämlich die Unzuverlässigkeit der Palikaren, nicht so recht glauben mochten. Im weiteren Fortgang mussten sie schnell und immer wieder erkennen, wie recht Glarakis hatte. Selbst bei den taktischen Truppen, die Heideck später selbst angestellt hatte und die eigentlich europäischen Normen genügen sollten, lag vieles im Argen:

Festigung der Disziplin bei den taktischen Korps

Die griechische Sprache, die nur das »Du« bei der Anrede kennt, mehr aber noch eine von dem Palikarenwesen herübergekommene Verbrüderungsart (Adelphopädie) hatten die Subordination, diese Hauptsäule jeder Kriegsverfassung, mächtig untergraben. Hierzu kam noch das oft nichts weniger als achtenswerte Benehmen mancher Offiziere gegen ihre Untergebenen, sowie unter sich.

So wechselten z. B. Offiziere der Kavallerie, welche den Sold für ihre Abteilungen bei mir in guter Münze erhalten hatten, diese gegen Agio in schlechte türkische um, womit sie dann die Soldaten bezahlten. Da die Manipulation schon einige Male geschehen war, die Soldaten aber erfahren hatten, daß ihre Offiziere sie um das gute Geld betrogen, so ließen sie selbe am Zahlungstag nicht mehr aus der Kaserne und drohten ihnen mit Mißhandlung. Ich erfuhr den Vorfall, ging nun selbst in die Kaserne, untersuchte persönlich das Geschehene, wies die Reiter, meistens Walachen, zum Gehorsam gegen ihre Vorgesetzten, erklärte ihnen den Weg, auf welchem sie ihre Klagen subordinationsmäßig vorzubringen hatten, bestrafte die schuldigen Offiziere und stellte so die Ordnung wieder her.[50]

Bei den Palikaren lagen die Dinge in den Augen Heidecks noch schlimmer. Selbst in schwierigsten militärischen Situationen konnten sich die Kapitani ihrer Leute nie sicher sein. Heideck musste das bei seinem einzigen von ihm verantworteten und geführten Kommando, der missglückten Expedition nach Oropos-Euböa, leidvoll erfahren. Am meisten befremdete ihn, dass die Palikaren und selbst ihre Führer aus fast jedem Einsatz einen Handel machten. In den naiven Vorstellungen der Philhellenen sollten sie ja heldenmütige Kämpfer für die Freiheit ihres Volkes sein.

Tzavellas und der Palikaren Weigerung. Ohne Geldprämie kein Angriff

Bald kam mein Offizier mit der Antwort Tzavellas' zurück: Wenn der Colonellos will, daß ich angreifen soll, so muß mir der Colonellos Geld schicken, sonst kann ich nichts thun.

Diese Antwort ärgerte mich. Hätte ich die Verhältnisse besser gekannt, so hätte sie mich nicht befremdet. Tzavellas hatte zwar von General Church das Oberkommando über die Truppen auf dem Phaleräus erhalten, allein diese Formel gab ihm nicht Einfluß genug über die anderen Palikaren, um eine solche Bewegung ausführen zu können, nur seine eigenen hätten ihm vielleicht gehorcht, den anderen mußte er Prämien aussetzen, und dazu brauchte er Geld. Ich hatte übrigens keines, und so mußte der Angriff jedenfalls unterbleiben, denn Vaterlandsliebe und die Einsicht der Nützlichkeit dieser Bewegung konnten die Griechen nicht dazu antreiben. So erklärte man mir später als Entschuldigung für das Benehmen Tzavellas' das Verhältnis der kommandierenden Kapitäns zu ihren Truppen und bestärkte mich in der Abneigung gegen irreguläre Kriegsleute. Selbst Karaiskakis mußte, wie er mir erzählte, wenn er kein Geld hatte, zu allerhand

Mitteln seine Zuflucht nehmen, um seine Palikaren in Bewegung zu setzen, unter denen, außer dem Geschwätz mit ihnen, was die Franzosen la blague nennen würden, nichts besser wirkte, als die Prophezeihung aus dem Schulterblatt eines gebratenen Hammels. Nachdem das Fleisch ganz abgeschabt worden, hielt es der Kapitän gegen das Licht, und aus den Figuren des Geäders las er das Geheimnis der Zukunft und Glück oder Unglück. Dann rief er oft plötzlich seine Leute zusammen, erklärte was er geschaut und was er im Sinn habe zu thun. Diese, im festen Glauben an seine Wahrsagekunst, folgten willig und mutig und der Erfolg krönte meistenteils das Unternehmen. Indessen vermag man mit solchen Truppen nur gegen ähnliches Kriegsgesindel etwas zu leisten. So konnte Karaiskakis gegen die Albanesen und Chaldoupen Kiutahias Erfolge haben, gegen die so armseligen regulären Truppen Ibrahims konnten sie nichts ausrichten.[51]

Es fällt auf, dass Heideck bei seiner negativen Einschätzung durchaus zu differenzieren wusste. Die griechische Bevölkerung sah er mit Sympathie und Verständnis für ihre Lage, wie das Beispiel des Dorfes auf Salamis zeigt. Seine Wortwahl bei der Beschreibung der Palikaren macht klar, was er von ihnen hielt: »Zügellose Horden, Bande, Kriegsgesindel, Palikarengesindel beider Parteien«. Ähnlich, wenn auch weniger hart, urteilte er über die Politiker, vor allem ihre Zerfallenheit in Parteien. Das Wort Partei hatte bei Heideck immer einen ähnlich negativen Beigeschmack wie das Wort Palikare.

Damit sind auch schon die Hauptzüge der Kritik angesprochen, die zum Gesamturteil des enttäuschten Philhellenen führten. Statt eines Volkes, das sich einmütig gegen seine Unterdrücker wehrt, will er ein Konglomerat konkurrierender Parteien vorgefunden haben, die alle ihren Eigeninteressen nachgingen. Das Volk, das sich in Gesittung und moralischen Normen seiner antiken Vorfahren hätte würdig erweisen und deutlich von seinen Unterdrückern abheben sollen, zeigte sich nach seinem Erleben als ebenso roh und hinterlistig wie die türkischen Besatzer. Besonders die Soldaten des Befreiungskampfs, in den Augen des Militärs Heideck eigentlich seine Kameraden, hätten durch Disziplin und Kampfgeist ihrem Volk ein Vorbild sein müssen. Stattdessen gefährdeten sie den Erfolg des Kampfes, dachten vor allem an sich und verschleuderten die Hilfe aus Europa.

Das Aufbauwerk des Präsidenten Kapodistrias in Nafplion

Die Niederlage der türkischen Flotte bei Navarino und der Abzug der ägyptischen Truppen Ibrahim Paschas hatten den Krieg zugunsten Griechenlands entschieden. Es folgten diplomatische Aktivitäten der Großmächte für die Etablierung eines griechischen Nationalstaats und auf Seite der Griechen Vorbereitungen für die Errichtung ihres ersten unabhängigen modernen Staates. Heideck war Zaungast[52] beim Nationalkongress von Troizen im März 1827 und durfte sogar mitreden, als es um die Frage der Amtszeit des zukünftigen Präsidenten ging. Aber sein Urlaub näherte sich damals bereits seinem Ende. Als der neu gewählte Präsident Ioannis Kapodistrias in Griechenland im Januar 1828 in Ägina eintraf, überraschte er Heideck mit der Bitte, für ihn an leitender Stelle zu arbeiten. Die Urlaubsverlängerung König Ludwigs hatte er schon erwirkt. Die beiden kannten sich bereits persönlich aus der Zeit des Wiener Kongresses. Kapodistrias hatte als Vertreter Russlands dort an entscheidender Stelle gewirkt, Heideck war als Adjutant des bayerischen Verhandlungsführers Fürst Wrede vor Ort, aber kaum von politischer Bedeutung. Er hatte durch seinen Abschlussbericht für die Philhellenenkomitees die Aufmerksamkeit des neuen Präsidenten erregt. Der wollte sich die Mitarbeit seines alten Bekannten sichern.

Heideck nahm das Angebot an und wurde sofort zum Festungskommandanten der neuen griechischen Hauptstadt Nafplion ernannt. Es folgten weitere zusätzliche Posten: Kommandeur des taktischen Korps und aller griechischen Festungen, sogar das Angebot des Kriegsministeriums. Das lehnte Heideck aus formalen Gründen ab, weil er ja bayerischer Offizier war. Die Funktion füllte er trotzdem aus.

Es ist hier nicht der Ort, weiter auf das umfangreiche Wirken des ersten griechischen Präsidenten einzugehen. Zwei wichtige Fragen sollen aber doch gestreift werden:

Was verband diese Männer über mögliche persönliche Sympathien hinaus? Immerhin legte Kapodistrias sein politisches Schicksal, zumindest seine Sicherheit, in die Hände eines ihm bisher nicht näher bekannten ausländischen Offiziers.

Das Denkmal des Präsidenten Kapodistrias in Nafplion

Welche Prioritäten würde Heideck setzen, wenn er selbst an entscheidender Stelle handeln konnte? Getragen vom Vertrauen des Präsidenten und ausgestattet mit wichtigen Funktionen konnte der bisherige Zaungast des Geschehens nun zeigen, was er wollte und was er konnte.

Es ist vielleicht übertrieben, wenn Seewald[53] von einer tiefen menschlichen Freundschaft spricht, indem er Kapodistrias' freundliche Anrede in einem Brief an Heideck als »un autre moi« allzu wörtlich nimmt. Dafür war der erfahrene Diplomat zu berechnend. Denn Heideck mit seiner unverfänglichen Schweizer Staatsbürgerschaft[54] hatte Wohlwollen und Mittel des bayerischen Königs und der Philhellenenkomitees hinter sich. Er besaß ein ausgewiesenes organisatorisches Talent und eine reiche militärische Erfahrung. Vor allem kam er als Konkurrent nicht in Betracht: Heideck war weder eine charismatische Persönlichkeit noch hatte er politischen oder sonstigen Anhang in Griechenland. Damit traf er sich mit Kapodistrias, der ebenfalls in Griechenland keine nennenswerte Hausmacht hinter sich hatte. Er war der bekannteste Auslandsgrieche, von dem man sich am meisten versprach. Beide waren heimatlos, immer im Dienst fremder Herren gewesen, polyglott und europäisch gebildet. Der in Korfu geborene Kapodistrias hatte in Italien studiert und sprach nicht einmal fließend Griechisch. Der in Zürich aufgewachsene Heideck sprach Französisch wie Deutsch und ging zum Studium nach München. Die Gemeinsamkeiten ließen sich noch fortführen.

Wichtiger als solche biografischen Berührungspunkte dürfte aber eine Übereinstimmung in der politischen Grundüberzeugung gewesen sein. Heideck war überzeugter Royalist und nie durch liberale Gedanken aufgefallen, Kapodistrias hatte als russischer Außenminister vollen Anteil am Restaurationskurs des Zaren. Für beide waren die Französische Revolution und ihre Folgen ein Schreckgespenst. Als erste wesentliche politische Handlung sorgte Kapodistrias nach seiner Ankunft in einer Art Staatsstreich für die Suspendierung der Verfassung von Troizen und die Auflösung eines dort vorgesehenen gesetzgebenden Organs. Und beide befürworteten einen neuen griechischen Nationalstaat. Der gebürtige Grieche sah dabei mehr die Loslösung von den Traditionen des Osmanischen Reichs, der Philhellene die Rückführung der Nachfahren der antiken Hellenen in den europäischen Kulturkreis.

Auch ein gemeinsames Feindbild teilten sie: Heideck lehnte nach seinen Erfahrungen vor allem die Palikaren und ihre Kapitani ab, Kapodistrias witterte in den Primaten, den Clanführern der in der Türkenzeit privilegierten griechischen Familien, seine ärgsten Feinde. Wie recht er hatte, zeigte sein Ende: Er wurde 1831 von Angehörigen der maniotischen Primatenfamilie der Mavromichali erschossen. Es schien beiden klar, dass man nur in Konfrontation mit diesen Kräften den neuen Staat aufbauen konnte und man deshalb eine unabhängige starke Armee haben müsse; wohlgemerkt gegen die inneren, nicht mehr die äußeren Feinde. Denn die Grenzen des neuen Staates garantierten die Großmächte.

Getragen von diesem wahrlich großen Bestand an gemeinsamen Ansichten machte sich Heideck sofort an die Arbeit und Kapodistrias ließ ihm freien Lauf.

Gleich nach seiner Übernahme des Oberkommandos in Nafplion setzte er ein Verbot des Waffentragens in der Stadt durch, auch für die Anführer der Palikaren. Er ließ die umfangreichen, aber stark vernachlässigten Festungswerke säubern und wieder instand setzen. Bei dieser Gelegenheit wurde gleich die ganze Stadt gereinigt und entrümpelt. Besondere Aufmerksamkeit legte Heideck auf die Verbesserung der sanitären Verhältnisse: Die zerstörte Wasserleitung aus Aria wurde geflickt, die alten venezianischen Kloaken gesäubert. Auch die Errichtung der heutigen Vorstadt Pronia, damals noch vor den Mauern der Stadt gelegen, geht auf eine Initiative Heidecks zurück. Er ließ das Quartier zwischen Meer und seeseitiger Stadtmauer auflösen. Die Bewohner dieses ungesunden und improvisierten Elendsviertels siedelten in einfache neue Häuser in Pronia um. Der verbliebene Sumpf wurde mit dem aus der Säuberung der Stadt und der Festung anfallenden Material aufgefüllt. Damit war die Richtung der in der Folgezeit unter Kapodistrias begonnenen Stadterweiterung, der klassizistischen sogenannten Wasserstadt, festgelegt. Es folgten das Anlegen eines funktionsfähigen Arsenals für die materielle Unterstützung der Truppen, die Errichtung mehrerer Spitäler, eines Waisenhauses und einer Militärschule.

Die ehemalige Militärschule in Nafplion, heutiger Zustand als Militärmuseum

Höhepunkt in den Augen Heidecks war die Einrichtung einer eigenen Militärerziehungsanstalt nach dem Vorbild der Münchner Kadettenanstalt, in der Heideck einst ausgebildet worden war. Sogar um die Reform der Zolleinziehung[55] im Hafen kümmerte sich Heideck. Voller Stolz führte er in

seinem Bericht die Steigerung der Einnahmen von 30000 auf über 550000 Piaster in nicht ganz einem Jahr an. Auch die hygienischen Maßnahmen hatten einen messbaren Erfolg:

> *Die Reinlichkeit, die jetzt schon in der Stadt herrschte, hatte die Folge, daß während der 4 Quarantäne-Monate in Nauplia nur 11 Personen meistenteils ganz junge Kinder und Greise starben, wo, als ich das Kommando übernahm, fast täglich so viele begraben wurden.*[56]

Selbst wenn man berücksichtigt, dass Nafplion eine extrem vom Militär geprägte Festungsstadt war und sich deshalb Ziviles und Militärisches nicht so leicht trennen ließen, ist doch offensichtlich, wie weit Heideck sein militärisches Kommando ausdehnte.

Überhaupt gingen in seiner Vorstellungswelt Militär, Wirtschaft, Verwaltung und Kultur eine enge Verbindung ein. Ein kleines, aber besonders typisches Beispiel dafür ist sein Vorgehen bei der Gründung und Einrichtung eines Waisenhauses. Es war nicht selbstverständlich, dass der Stadtkommandant sich um die Waisen kümmerte und seine Mittel dafür einsetzte. Bei der liebevollen Schilderung »seines« Waisenhauses, wie er betonte, fühlt man sich aber eher an eine Kaserne erinnert: Den Knaben wurden die Haare kurz geschnitten, eine gleichfarbige Kleidung verpasst und im Schlafraum standen zwei lange Reihen hölzerner Pritschen, »wie in unseren Wachstuben«, wie Heideck stolz berichtete.[57] In der Tat wurde dann nach der Verlegung der Waisen nach Ägina in ein neues Haus das alte in Nafplion eine »treffliche Kaserne«.

Am besten aber zeigt sich die Verschränkung des militärischen mit dem politischen und kulturellen Bereich bei Heideck in seinen Ansichten zur Uniformierung. Hier war er kompromisslos und bekämpfte fast fanatisch die Palikarentracht in der Armee. Seine Begründung war aber kaum militärisch:

> *Außer diesen schlechten Eigenschaften war auch die Päderastie und eine durch die Kriegsunruhen genährte Gleichgültigkeit gegen Schmutz und Ungeziefer unter den Palikaren und Landbewohnern herrschend. Die Insulaner hatten letztere nicht. Nun wollte ich durch Einführung europäischer Kleidung diesen übeln Sitten entgegenwirken, eingedenk, daß Costüme und Coutume einerlei Wurzel haben, sowie des Beispieles eingedenk, das Peter der Große von Rußland gab, der seine Soldaten, deren 60000 sich von 6000 Schweden schlagen ließen, aus dem asiatischen Kaftan in europäische Röcke steckte und mit ihnen in europäische Zucht, wodurch er nach wenigen Jahren die Schlacht von Pultawa gewann.*[58]

Das Wortspiel mit dem Gleichklang der französischen Wörter für Kleidung und Sitte tauchte öfter bei Heideck auf, ebenso der Verweis auf das Vorbild des Zaren Peter. In diesem Sinn hat er wohl später auch auf den jungen König Otto eingewirkt, der als einziges Buch in seiner Zeit in Nafplion eine Biografie Peters des Großen gelesen haben soll. Dass König Otto später selbst die Fustanella der Palikaren trug und sogar als Hofkleidung einführte, empfand Heideck als Verrat. Er kreidete ihm dies noch in seiner Kommentierung von 1840 an.[59] Er selbst achtete streng auf die europäische Uniformierung des von ihm für Kapodistrias aufgestellten Truppenkontingents.

Ob Heidecks Aufbauarbeit im Dienste des griechischen Staats wirklich erfolgreich war, lässt sich schon deshalb nicht klären, weil er aus gesundheitlichen Gründen seine Posten vorzeitig aufgeben musste. Zuerst hatte ihn bei der Säuberungsaktion der Kloaken ein heftiges, Wochen andauerndes Fieber ergriffen. Kaum gesundet band ihn eine »Hüftgicht« zuerst ans Krankenbett und behinderte ihn auch nach einer Besserung bei der Erfüllung seiner dienstlichen Aufgaben. Er konnte kaum mehr reiten und sich nur unter starken Schmerzen bewegen. Heideck resignierte und überzeugte Kapodistrias von der Notwendigkeit seines Abschieds.

Es gab andere deutliche Anzeichen von Resignation. Noch vor seiner Abreise schrieb er an König Ludwigs Sekretär Kreutzer: »Verleumdet, mißkannt und mißhandelt scheide ich von diesem Lande mit dem Bewußtsein, daß endlich die Wahrheit siegt, wenn auch vielleicht zu spät.«[60] Worin die »Wahrheit« lag, war zumindest für Heideck klar, nämlich in der kompromisslosen Bekämpfung der oppositionellen Primaten und Palikaren. Der ihm insgesamt durchaus gewogene Kapodistrias hatte in der Frage der Behandlung der ehemaligen Freiheitskämpfer nicht voll auf der harten Linie Heidecks gelegen. Beide waren sich einig gewesen, dass man das Land nur durch eine Art absolutistische Erziehungsdiktatur im Sinne Peters des Großen voranbringen könne. Der Diplomat Kapodistrias war aber viel geschmeidiger, in den Augen Heidecks wohl zu geschmeidig, vorgegangen.

Das gute Einvernehmen der beiden hielt auch nach Heidecks Ausscheiden im August 1829 an und wurde in einem regen Briefwechsel gepflegt. Die Nachricht von der Ermordung des Weggefährten im Jahr 1831 traf Heideck schwer und bestätigte seine negative Einstellung gegenüber den griechischen Politikern. Er pflegte sie abschätzig stets als »diese Herren« zu bezeichnen.

Damit sind beide Teile von Heidecks Philhellenenfahrt mit einem recht gemischten Ergebnis für ihn zu Ende gegangen. Insgesamt hat er die nicht ungefährliche Zeit gut überstanden. Seine Gesundung zog sich noch einige Zeit hin, gelang aber doch. Persönlich war die Fahrt mit einem Schub für seine Karriere verbunden. Im Jahr 1826 brach er als ein in der Öffentlichkeit unbekannter junger Oberstleutnant in München auf. 1829 kehrte er mit einem griechischen Generalspatent versehen als ehemaliger enger Mitarbeiter des griechischen Präsidenten zurück und war in München eine gefragte Figur im gesellschaftlichen und bald auch politischen Leben. Die politische Bilanz sah dagegen schlecht aus. Nach dem Tod von Kapodistrias im Oktober 1831 versank Griechenland in Chaos und Bürgerkrieg. Das Land war zwar formal ein selbstständiger Staat geworden, aber nicht lebensfähig und wieder auf das Wohlwollen Europas angewiesen. Wie krass der Rückschritt war, zeigt die Entwicklung von Heidecks wichtigstem Beitrag unter Kapodistrias, dem taktischen Korps. Von den 2856 mühevoll nach europäischem Standard ausgerüsteten und ausgebildeten Regierungssoldaten fand die neue Regierung 1833 nur noch 400 bis 500 vor.[61] Der Hauptteil war samt Ausrüstung weggelaufen oder zu einer der Bürgerkriegsgruppen übergetreten.

Eine Erziehungsdiktatur als Konzept für die Regentschaft

Heideck als Griechenlandexperte König Ludwigs

Noch während der Regierungszeit von Kapodistrias war in verschiedenen Treffen der Großmächte in London der neue griechische Staat Gegenstand von Beratungen und Beschlüssen. Man war sich zwar einig, dass ein von außen kommender Herrscher in Griechenland regieren sollte, tat sich aber sehr schwer, einen geeigneten Mann zu finden. Die vorgesehenen Kandidaten Prinz Karl von Bayern und Leopold von Sachsen-Coburg-Gotha sagten ab. Der Beschluss der Großmächte mit dem Londoner Protokoll vom Mai 1832, die Krone auf Vorschlag König Ludwigs an seinen Sohn Otto zu vergeben, brachte Bayern in eine neue, international bedeutsame Lage. Denn ihm oblag nun, die schwierige Situation in Griechenland in den Griff zu bekommen.

An dieser Stelle werden nicht die Rolle König Ludwigs bei der Vergabe der Krone und seine Politik in den für die bayerische wie europäische Politik besonders wichtigen Jahren 1830–32 behandelt (siehe Kapitel 2). Es interessiert hier nur, welche Rolle Heideck bei der Vorbereitung und Konzeption dieses Abenteuers zufiel.

Heideck war seit seiner Genesung zu einem Vertrauten des Königs[62] geworden. Er gehörte in dem für Ludwig prägenden und schwierigen Jahr des Landtags von 1831 zum innersten Machtzirkel, der Ludwig in seiner Politik gegen den Landtag unterstützte. In diese Zeit fallen auch die Verleihung des Indigenats und eine Entsendung in den Reichsrat. Heideck exponierte sich stark in der Presse für Ludwig und ging sogar das Risiko eines Duells ein. Seitdem galt er als Vasall oder Paladin Ludwigs.

Selbstverständlich war er in der nun eingetretenen Situation für den König besonders wichtig, als Griechenlandexperte und einer der wenigen persönlichen und politischen Vertrauten. Seewald hat durch umfangreiches Quellenmaterial überzeugend nachgewiesen, wie Heideck in der kurzen Zeit zwischen der Initiative Ludwigs für seinen Sohn und der Unterzeichnung des Londoner Protokolls im Mai 1832 die wesentlichen Impulse setzte. In dieser Zeit der regen diplomatischen Aktivität zwischen London, Paris, Petersburg und München wurden die Weichen für die zukünftigen Gestaltungsmöglichkeiten der Politik in Griechenland gestellt. Heideck war kein Befürworter von Ottos Kandidatur gewesen. Das hätte er bei seinen Erfahrungen mit der griechischen Politik nicht empfehlen können. Er war auch nicht direkt diplomatisch tätig, arbeitete im Hintergrund durch Gutachten und Beantwortung von Anfragen Ludwigs. Zumindest in den Streitfragen, die den Titel des Herrschers, die Grenzen des Reichs, die Bezahlung der Apanage und das Vorsehen einer Konstitution betrafen, hörte Ludwig auf den Rat Heidecks und konnte sich bei den Großmächten durchsetzen: Otto sollte sich König nennen, die strittige Grenze im Norden von Arta nach Volos verlaufen und Bayern die königliche Apanage bezahlen. Die Erstellung einer Verfassung war nicht verpflichtend, ein für Ludwig wie Heideck besonders wichtiger Punkt. Gerade dass der einzige ernsthafte Konkurrent Heidecks als Griechenlandexperte, der Liberale Friedrich Thiersch, in der Frage der Konstitution für Griechenland klar Position für eine Verfassung bezog, diskreditierte ihn in den Augen Ludwigs. Denn er selbst hatte soeben eine bedeutende politische Wendung vollzogen. Nach seinen jüngsten Erfahrungen mit der Landtagsopposition in München war ihm der einstige konstitutionelle Eifer abhanden gekommen. Dessen Exponenten mussten gehen. Der Außenminister Graf Armansperg verlor seinen Posten just in dem Moment, als er für die Londoner Verhandlungen besonders wichtig gewesen wäre.

Die Ergebnisse der Londoner Verhandlungen bedeuten noch nicht das Vorhandensein einer klaren bayerischen Konzeption. Es musste alles sehr schnell gehen, bei den diplomatischen Verhandlungen waren Kompromisse nötig, wesentliche Punkte blieben, teils absichtlich, leer. Das betraf vor allem die Frage der Konstitution. Russland und Österreich waren strikt dagegen, England und Frankreich eher dafür. Bayern stand in der Mitte. Immerhin wurde aufgenommen, dass die Griechen in einer Nationalversammlung die Wahl der Großmächte bestätigen sollten.

Ein weiterer wichtiger Umstand, wenn nicht der wichtigste, war das Alter des künftigen Königs. Zur Zeit der ersten Sondierungen Ludwigs war Otto gerade 15, zur Zeit der ernsthaften Verhandlungen in London 17 Jahre alt. Das damit verbundene rechtliche Problem war relativ einfach zu lösen: Otto sollte wie im normalen bürgerlichen Leben bis zu seiner Volljährigkeit durch Vormünder vertreten werden, einem Rat aus drei Regenten und einem Stellvertreter.[63]

Unter den gegebenen Umständen war von Anfang an klar, dass Heideck dazugehören würde. Überlegt wurde nur, wer noch beteiligt werden sollte. Auch da hörte Ludwig auf die uneigennützigen Vorschläge Heidecks, der sich mit der dritten Position begnügte, nach dem Präsidenten und dessen Stellvertreter. Als relativ junger, bürgerlicher[64] Oberst musste er dem ehemaligen Minister und Grafen Armansperg und dem Staatsrat und Rechtsprofessor Maurer den Vortritt lassen.

Damit war sicher, dass Heideck wieder nach Griechenland gehen würde. Nicht mehr als Oberstleutnant und Führer einer kleinen inoffiziellen Mission, auch nicht als militärische rechte Hand eines umstrittenen Präsidenten. Er sollte nach der internen Aufgabenteilung der künftigen Regentschaft zwar wieder für den militärischen Sachbereich zuständig sein, aber gleichzeitig als Regent gleichberechtigt mit den anderen über alle Fragen des künftigen Lebens in Griechenland entscheiden können, bis der König die Herrschaft übernehmen würde. Diese Herrschaft würde nach Lage der Dinge eine absolutistische sein.

Die Armee als Erziehungsanstalt

Wenn als zusammenfassende Bezeichnung für Heidecks politisches Konzept das Wort Entwicklungsdiktatur gewählt wurde, erinnert das an das Wirken von Kapodistrias und beinhaltet zwei wesentliche Merkmale: Die Sicherung der Macht beruhte auf Mitteln der Gewalt, nicht auf legitimer Herrschaft. Es sei daran erinnert, dass Kapodistrias als Erstes Verfassung und Legislative außer Kraft setzte und sich die militärische Macht durch einen zuverlässigen Vertrauten, nämlich Heideck, sicherte. Man könnte durchaus auch von Militärdiktatur sprechen, wenn nicht das zweite Merkmal existierte. Denn Ziel der Diktatur war nicht die Stützung einer privilegierten Person oder Gruppe. Vielmehr sollte ein nach langer Fremdherrschaft heruntergekommenes Volk entwickelt werden, das aus eigener Kraft seine Lage nicht verbessern konnte oder wollte.

Damit kam dem militärischen Komplex eine doppelte Aufgabe zu. Er sollte die Macht nach innen sichern und zugleich Motor der gesellschaftlichen, kulturellen und wirtschaftlichen, nicht aber politischen Entwicklung sein.

Erinnert sei hier an Heidecks Lieblingswortspiel mit Costüme und Coutume: Eine Uniform tragen war für ihn gleichbedeutend mit gesittet sein. Sicher war das beim Zivil tragenden griechischen Präsidenten nicht so stark ausgeprägt wie bei Heideck, der fast von Kind auf Uniform trug.

Heideck knüpfte direkt an seine Erfahrungen im Dienst des Präsidenten Kapodistrias an, als er sich daranmachte, ein Konzept für die bayerische Politik in Griechenland zu entwerfen. Dies erfolgte parallel zu seiner Beratungstätigkeit für die diplomatischen Verhandlungen in London. Begonnen hatte er spätestens, seit er erfuhr, dass er selbst in der Regentschaft sein würde, also im Februar 1832. In das Londoner Protokoll vom Mai sind bereits Teile eingeflossen, fertig war das Konzept spätestens im November. Zu diesem Zeitpunkt ist sein umfangreiches Sondervotum[65] zum Regentschaftsprotokoll erhalten, das alle wesentlichen Züge seines Konzepts enthält. Eine geschlossene, offizielle Version liegt nicht vor.

Folgende Aspekte waren zentrale Bestandteile von Heidecks Modernisierungskonzept für Griechenland, das nach dem Regierungsantritt König Ottos und seiner Regentschaft zügig verwirklicht werden sollte:

Die Durchführung der nötigen Reformmaßnahmen würde nur gegen den Widerstand der bisherigen, unter der Osmanenherrschaft korrumpierten Führungseliten und ihrer militärischen Helfer, also der Primaten und Palikarenführer, möglich sein. Dazu sei die Unterstützung einer disziplinierten, verlässlichen Militärmacht nötig. Deshalb habe der Ausbau einer loyalen Armee Vorrang. Dies sollte durch Werbung ausreichend großer deutscher Kader für die zukünftige griechische Armee erfolgen. Nach und nach könnten zu diesem festen Kern von Disziplin in kleinen Zahlen Griechen angeworben werden. Durch eine dosierte Integration in der Armee würde so nach und nach auch eine genügende Zahl zuverlässiger und disziplinierter griechischer Soldaten zur Verfügung stehen. Der Zeitrahmen hierfür betrage etwa acht Jahre, also zwei Werbungskontingente von je vier Jahren.

Dieses in Bayern anzuwerbende Kontingent sollte aus etwa sechs Bataillonen Infanterie, sechs Schwadronen Reiter, vier Kompanien Artillerie und einer Ouvrierkompanie bestehen. Zuerst sollte jedem Infanteriebataillon eine griechische Kompanie zugeteilt werden, die dann später nach erfolgter Disziplinierung zu einem griechischen Bataillon zusammengefasst werden könnten. Bei der Werbung müsste darauf geachtet werden, möglichst viele gelernte Handwerker zu bekommen. Insgesamt errechnete Heideck für das Kontingent eine Stärke von etwa 4000 Mann.

Besonderen Wert legte Heideck auf Reiter und Artillerie. Die Reiter waren wichtig, weil er beobachtet hatte, dass die Palikaren, der angenommene Feind, durch sie besonders wirksam bekämpft werden konnten. Die Artillerie und ihre Ouvriertruppen hatten in den damaligen Armeen den höchsten technischen Standard und wurden für die nächste wichtige Aufgabe der Armee benötigt.

Die Armee sollte in Griechenland nämlich nicht nur die Erziehungsaufgabe der Disziplinierung übernehmen, sondern das Land auch an die europäischen wirtschaftlichen und technischen Standards heranführen. Die Arsenale und Werkstätten der Armee sollten sowohl diese selbst versorgen als auch die Grundlagen dafür schaffen, dass in dem vom Krieg gezeichneten Land Straßen, Brücken und Fabriken gebaut werden konnten.

Die Mehrzahl der angeworbenen Soldaten sollten Bauern und Handwerker sein. So könnte damit gerechnet werden, dass etwa die Hälfte nach Ablauf ihrer vierjährigen Dienstzeit als Kolonisten im Lande bleiben würden. Zusammen mit nachgezogenen Verwandten und Bekannten sollten sie in Dörfern zu je 100 Familien angesiedelt werden. So könnten dann in acht Jahren 5000 deutsche waffenfähige Familienväter als Miliz zusätzlich zu den 4000 regulären Soldaten die Sicherheit des Königs garantieren und zusätzlich im zivilen Bereich den Fortschritt des Landes fördern.[66]

Eine genaue Kalkulation für den Unterhalt des vorgesehenen Kontingents würde das Land nicht überlasten und betrüge jährlich etwa vier Millionen Drachmen.[67] Die Anfangsinvestitionen würden sich wegen der wirtschaftlichen Vorteile des Projekts schnell amortisieren.

Ausblick: Scheitern und Alternativen

Die Kontinuität von Heidecks Ansichten ist ebenso offensichtlich wie die Prägung durch seine Erfahrungen. Gerade seine Tätigkeit unter Kapodistrias enthielt bereits alle Elemente des Konzepts. Was er damals in Nafplion schuf, sollte nun im größeren Stil und mit besseren Ressourcen dem ganzen Land zugute kommen. Prägend dürfte auch das Ende von Kapodistrias gewesen sein, das er durch seine Sicherheitsstrategie dem künftigen König ersparen wollte. Es klingt wie eine Ironie des Schicksals, dass die beiden Revolutionen, die König Otto später über sich ergehen lassen musste, von der Armee initiiert und getragen wurden. Eben der Armee, deren Hauptzweck nach dem Plan von Heideck ja gerade der Schutz des Königs sein sollte.

Heideck hat am Ende seines Berichts über die Jahre 1826–29 betont, dass er einen ähnlichen Bericht über seine anschließende Tätigkeit als Regent nicht verfassen werde. Denn die tatsächliche Politik während der Regentschaft sei von deren Majorität bestimmt worden, nicht von ihm allein. Er lehnte damit die Verantwortung dafür ab. An seiner Grundkonzeption soll es also nicht gelegen haben, eher an den anderen. Aber schon an seinem Konzept fallen eine gewisse Einseitigkeit und Lückenhaftigkeit auf. Es gab nämlich keine Gedanken zur Außenpolitik, zur Rechtspolitik und zur Verwaltung. Dieses Fehlen auf ein engstirniges militärisches Denken zurückzuführen, wäre gerade im Falle Heidecks zu einfach. Dazu waren sein Charakter zu komplex und seine Erfahrungen zu groß. Außerdem stand er in der Konzeptionsphase in regem Austausch[68] mit hochkarätigen Fachleuten und Diplomaten, etwa dem österreichischen Orientspezialisten Graf Prokesch-Osten oder dem französischen Geschäftsträger Graf de Sercey. Zudem holte er durch die Lenkung der Bestellung seiner Mitregenten gerade die anerkanntesten Fachleute für die von ihm nicht bearbeiteten Bereiche: den ehemaligen Außenminister Graf Armansperg für die Außenpolitik, den prominenten Juristen Maurer für die Rechtspolitik und den ausgewiesenen Verwaltungsfachmann Abel zur Unterstützung und Beratung der Regentschaft. Heideck schien sich also des Führungsanspruchs seiner Konzeption sicher zu sein und glaubte seine Mitregenten in seinem Sinn lenken oder beeinflussen zu können. Er hat sich dabei verkalkuliert, weil er die Durchsetzungsfähigkeit und Eigenständigkeit der drei anderen unterschätzte. Dass aus den Mitregenten sehr schnell und sehr intensiv Konkurrenten wurden, war eine der größten Schwierigkeiten, mit denen das junge Griechenland zu kämpfen hatte.

Unabhängig von den komplexen Fragen der Zusammensetzung und Zusammenarbeit der künftigen Regentschaft und der Konzepte ihrer Mitglieder gibt es einen Punkt, der schon jetzt geklärt werden kann. Er betrifft Heidecks Urteil über die Qualität der von ihm während seiner Griechenlandfahrt vorgefundenen Truppen. Es war ein Grundpfeiler von Heidecks Vorstellungen, dass die Taktiker den Palikaren auch rein militärisch überlegen seien. Die Palikaren seien politisch gefährlich und militärisch ungeeignet: schlecht geführt, unzureichend ausgerüstet, undiszipliniert und verwildert. So hatte sie Heideck kennengelernt und so blieben sie in seinem Kopf.

Heideck war nicht fähig, diese Unterscheidung in gute Taktiker und schlechte Palikaren zu korrigieren. Es findet sich in der Redaktion seines Berichts, meist in Form von Fußnoten, kein Hinweis auf eine Verarbeitung entsprechender Erfahrungen in den Jahren seiner Regentschaft.

Dazu hätte er allen Anlass gehabt. Denn in der einzigen ernsthaften militärischen inneren Bedrohung für den neuen Staat versagten die von der Regentschaft aufgestellten taktischen Truppen. Es handelt sich um den Aufstand in der Mani im Jahr 1834, der später auf Messenien und Arkadien übergriff. Die zur schnellen Befriedung geschickten Kontingente blamierten sich auf jeder Ebene. Es zeigte sich, dass die bayerischen Offiziere keineswegs überlegene Führungseigenschaften hatten, die Ausrüstung ungeeignet war und die Taktiker mitnichten immer heldenmütig und diszipliniert kämpften. Es kam zur demütigenden Behandlung durch überlegene Palikaren und auf bayerischer Seite konnte die Ordnung nur durch disziplinierende Maßnahmen aufrechterhalten werden. Selbst Offiziere standen vor dem Kriegsgericht. Entschuldigungen des in Militärangelegenheiten verantwortlichen Regentschaftsmitglieds Heideck klangen wenig überzeugend. Die Taktiker hatten sich blamiert und der Nimbus der Überlegenheit der bayerischen Truppen war verloren. Heideck blieb die ganze Zeit in Nafplion und ließ sich im Kampfgebiet während der Zeit der Aufstände nie sehen.

Eine Besserung gelang dem zuständigen General Christian von Schmaltz[69] erst, als er undoktrinär alle von Heideck bisher abgelehnten Mittel benutzte. Er setzte zivile Verhandlungsführer ein, die mit Zugeständnissen und Geld arbeiteten, und band Palikarenkontigente wie die bulgarischen Reiter des Hadji Christos in die Operationen ein. So gelang es in wenigen Wochen, der Unruhen Herr zu werden. In Messenien kämpften dann sogar Kontingente der ursprünglich aufständischen Mani erfolgreich auf Seiten der Regierungstruppen. Schmaltz, langjähriger Kriegsminister, entwickelte sich danach auch zum politischen Kontrahenten seines Vorgesetzten Heideck. Er vertrat die Linie, die ehemaligen Freiheitskämpfer nicht mehr als natürliche Gegner zu betrachten und ihre Verdienste um die Befreiung Griechenlands zu honorieren. Heideck selbst blieb bei seinem alten Konzept und leistete bis zu seiner Abberufung Widerstand.

Diese Prinzipientreue oder, wenn man will, auch Unbelehrbarkeit Heidecks lässt sich vielleicht am besten unter Rückgriff auf die schon behandelten Muster und Typen der Verarbeitung neuer interkultureller Erfahrungen[70] verstehen. Heideck verarbeitete sie als Kontrasttyp nach dem Muster, das Andere abzulehnen und das Eigene zu überhöhen.

Schmaltz dagegen als Integrationstyp kam mit dem Fremden viel besser zurecht, weil er bereit war neue Wege zu gehen und seine eigenen Positionen zu überdenken. Mit dieser Verarbeitungstechnik fuhr er nicht nur in der militärischen Auseinandersetzung um die Mani besser als Heideck. Persönlich war er nicht weniger erfolgreich. Gleichaltrig wie Heideck gelang ihm ein rasanter Aufstieg in Griechenland. Er schaffte es in kurzer Zeit vom Oberstleutnant zum General und Kriegsminister von Griechenland. Seine Karriere war auch beständiger, denn er verließ das Land erst 1841. Zum Schluss war er der letzte Bavarese unter griechischen Kabinettskollegen und trug sogar eine traditionelle griechische Uniform, aus voller Überzeugung.

Anmerkungen

1 Zur Baugeschichte siehe Roussos-Milidonis 1992, S. 22ff.
2 Karouzou 1979, S. 60.
3 Roussos-Milidonis 1992, S. 25.
4 Roussos-Milidonis 2004, S. 82.
5 Aufzählung aller enthaltenen Namen und Orte, zuweilen mit kurzem biografischen Kommentar und Berichtigungen bei Roussos-Milidonis 1992, S. 28–56.
6 Quack-Manousakis 2004, passim.
7 Zum Zeitpunkt der Philhellenenfahrt war Heideck weder in Bayern eingebürgert noch nobilitiert, wohl aber Oberstleutnant des bayerischen Heeres.

8 Heideck 1898, S. 68f.
9 Heideck 1897, S. 32f.
10 Heideck 1898, S. 44f.
11 Roussos-Milidonis 1992, S. 27.
12 Hinweise für diese Klassifizierung bei Koukouraki 2009, S. 85.
13 Winckelmanns Hauptwerk, 2. Aufl. 1754.
14 Grundlage hierfür ist Humboldts Sprachtheorie, die er nach dem Ausscheiden aus seinen Ämtern entwickelt hat. Sie besagt, dass Denken und Sprechen eine Einheit bilden und Sprache nicht bloßen Werkzeugcharakter hat.
15 Die Darstellung erfolgt hier vereinfacht. Natürlich musste Metternich seine Vorstellungen im Kreis der anderen vier Großmächte, der sogenannten Pentarchie (neben Österreich noch England, Frankreich, Russland und Preußen), durchsetzen. Das gelang nicht immer.
16 Seewald 1994, S. 32.
17 www.peterkefes.de, Thiersch am Wilhelmsgymnasium. Die Untersuchung schränkt die oft behauptete Wirksamkeit Thierschs als Reformator des Schulwesens deutlich ein.
18 Schmidt 1988, passim.
19 Seidl 1981, S. 17.
20 Gollwitzer 1986, S. 475f.
21 Vakalopoulos 1985, S. 53.
22 Heideck 1897, S. 26f.
23 Spaenle 1990, passim.
24 Quack-Manousakis 2003, passim.
25 Seewald 2000, S. 50.
26 Koukouraki (2009) stellt ihre gesamte Untersuchung der Jahre 1834 bis 1843 auf die interkulturellen Beziehungen ab und gibt in den einführenden Kapiteln eine Übersicht über den einschlägigen Forschungsstand.
27 Koukouraki 2009, S. 54.
28 Koukouraki 2009, S. 59.
29 Seewald 1994, S. 34.
30 Heideck 1897, S. 30.
31 Heideck 1898, S. 63.
32 Die Soldaten der taktischen Truppen waren nach westlichem Vorbild ausgebildet und ausgerüstet.
33 Heideck war beobachtender Teilnehmer bei einem Entsatzversuch zur Unterstützung der belagerten Akropolis und Leiter einer missglückten Operation zur Unterbrechung des türkischen Nachschubs bei Euböa.
34 Hier erfolgt nur eine verkürzte Darstellung der Entwicklung, zu der besonders auch die Veränderungen der russischen Politik wegen des Thronwechsels von Zar Alexander I. auf Zar Nikolaus I. und der englischen Politik wegen der Übernahme des Außenamts durch George Cannings gehören würden!
35 Heideck 1898, S. 78/9.
36 Da in den folgenden Ausführungen in besonderem Maße der Bericht Heidecks über seinen Aufenthalt in Griechenland herangezogen wird, ist diese kurze quellenkritische Würdigung angebracht.

37 Seewald 1994, S. 48 und S. 50, Anm. 292.
38 Heideck 1897, S. 26, Anm. 1. Heideck betonte hier ausdrücklich die Kontinuität seiner Ansichten: »Ich schreibe die Note am Ende des Jahres 1840. Die Ereignisse rechtfertigen vollkommen das oben Gesagte.«
39 Heideck 1898, S. 91.
40 Die Überschriften stehen im Original der »Darstellungen aus der Bayerischen Kriegs- und Heeresgeschichte« als Gliederungspunkte des Herausgebers am Rand. Ansonsten ist der Textinhalt der Passagen nicht weiter bearbeitet, auch nicht die Rechtschreibung. Es wird versucht, durch die Wiedergabe längerer Passagen einen Eindruck von Heidecks Welt und Stil zu vermitteln. Die kurzen Kommentare dienen nur zur Orientierung und verbleiben in der Perspektive Heidecks.
41 Heideck 1897, S. 9.
42 Die Bezeichnung Partei, wie auch Heideck sie verwendete, erscheint für diese frühe Zeit noch nicht geeignet. Siehe dazu Kapitel 4.
43 Heideck 1897, S. 11.
44 Heideck 1897, S. 16.
45 Heideck 1897, S. 12.
46 Heideck 1897, S. 17.
47 Heideck 1897, S. 33.
48 Heideck 1897, S. 23.
49 Heideck 1897, S. 25.
50 Heideck 1898, S. 77.
51 Heideck 1898, S. 60.
52 Das ist fast wörtlich zu nehmen, wenn man bedenkt, dass in Griechenland Mauern statt Zäune als Einfriedungen dienten. Der Kongress in Troizen fand auf einer Wiese statt. Die Mauer herum trennte die Teilnehmer von den Zuschauern, darunter Heideck (Heideck 1897, S. 59).
53 Seewald 1994, S. 60.
54 Heideck erhielt das bayerische Indigenat erst 1831, als er als Kommissär in die Kammer der Reichsräte geschickt werden sollte. Seine Schweizer Staatsangehörigkeit durfte er auch danach durch König Ludwigs ausdrückliche Einwilligung beibehalten.
55 Heideck 1898, S. 86.
56 Heideck 1898, S. 87.
57 Heideck 1898, S. 76.
58 Heideck 1898, S. 79.
59 Heideck 1898, S. 80.
60 Seewald 1994, S. 62 (Brief Heidecks an König Ludwigs Sekretär Kreutzer vom 20.6.1829).
61 Schmaltz 1911, S. 170.
62 Vergleiche die Mantelepisode bei Seewald 1994, S. 64: Hier kamen sich bei einem Aufenthalt in Italien Heideck und Ludwig menschlich ungewöhnlich nahe. Ludwig lieh dem noch kranken Heideck fürsorglich in einer vertraulichen, unfürstlichen Geste seinen eigenen Mantel. Heideck war gerührt und weihte seitdem sein Leben dem Dienst an seinem königlichen Herrn.

63 Bower/Bolitho 1997, S. 27ff. (Text des Londoner Vertrags vom 7. Mai 1832, Faksimile der bayerischen Version vom 6. Oktober 1832).
64 Heidecks Adel ist unsicher, er hieß eigentlich Heidegger. Erst mit der Erhebung zum Freiherrn von Heideck im Jahre 1844 gehörte Heideck ohne Zweifel zum Adelsstand.
65 Seewald 1994, S. 90ff. Gerade das Vorhandensein dieses und auch weiterer Dokumente lassen Seewalds Position überzeugend erscheinen, dass Heideck der Architekt der bayerischen Griechenlandpolitik war. Bisherige Diskussionen über andere Konzeptgeber (z.B. bei Dickopf 1983 Maurer und Thiersch) können seitdem als überholt gelten. Sie beruhen vor allem auf Interpretationen der tatsächlichen Politik der Regentschaft ab dem Februar 1833. Die folgende Darstellung bezieht sich auf ein Konzept Heidecks, das dieser vor Antritt der Regentschaft entworfen hat und deckt sich nicht in allen Einzelheiten mit seiner späteren Politik, schon gar nicht der der gesamten Regentschaft (siehe Kapitel 2).
66 Heideck 1898, S. 26: Hier wiederholte Heideck ausdrücklich mit Bezug auf das Jahr 1840 diesen Kolonisationsplan und hielt ihn sogar für konkurrenzfähig mit einer Auswanderung in die neue Welt, die in Deutschland damals in großem Stil begann.
67 Heideck rechnete offensichtlich sehr in seinem Sinne. Denn tatsächlich betrug der Militäretat ohne Flotte dann im Jahre 1833 7 Millionen bei 7,2 Millionen Gesamteinnahmen des Staats (Seewald 1994, S. 222).
68 Seewald 1994, S. 95.
69 Schmaltz 1911, S. 185ff.
70 Koukouraki 2009, S. 59ff.

Was vorher war: Befreiungskampf und Bürgerkrieg

Bis zum allgemeinen Aufstand der Griechen am 25. März 1821 gegen ihre türkischen Herren war die gesamte griechische Bevölkerung Teil des Osmanischen Reiches. Die Rebellen übernahmen die Kontrolle auf vielen Inseln, der Peloponnes und im südlichen Festland.

Der Kampf wurde von einer Reihe von Nationalversammlungen begleitet. Schon die erste in Epidavros erarbeitete eine moderne Verfassung mit Volkssouveränität. Danach spalteten sich diese Volksvertretungen zunehmend in geografisch, sozial und politisch unterschiedlich ausgerichtete Fraktionen. Bewährte Führer wie Kolokotronis wurden abberufen, Bürgerkriege entzweiten das Land.

Mit der Landung einer ägyptischen Armee unter Ibrahim Pascha auf der Peloponnes im Jahr 1825 gewann der Sultan die militärische Initiative zurück. Das griechische Gebiet wurde wieder Kriegsschauplatz. Die rücksichtslose Kriegsführung Ibrahims führte zu einer Unterstützung durch die europäische Öffentlichkeit und die Großmächte England, Russland und Frankreich. Bedeutend wurde die Vernichtung der türkischen Flotte bei Navarino im Oktober 1827, die Ibrahim zum Abzug zwang. Nach einer Niederlage der Türken gegen Russland war mit dem Frieden von Adrianopel der Weg für die Gründung eines unabhängigen griechischen Staates frei. Über Umfang und Form wurde in mehreren Konferenzen in London zwischen den Schutzmächten verhandelt.

Die bisher zerstrittenen Parteien in Griechenland einigten sich im April 1827 und riefen als ersten Präsidenten einen Auslandsgriechen, den ehemaligen russischen Minister Kapodistrias, ins Land. Er begann von der Hauptstadt Nafplion aus mit dem Wiederaufbau des Landes, war aber politisch wegen seines autoritären Regierungsstils und der Suspendierung der Verfassung umstritten. Nach seiner Ermordung im Oktober 1831 versank das Land erneut in Bürgerkrieg. Die Anhänger des Bruders von Kapodistrias kämpften gegen eine liberal ausgerichtete Opposition.

Unter dem Eindruck dieses erneuten Bürgerkriegs wurden die Versuche beschleunigt, in London eine geeignete Besetzung für den neuen griechischen Königsthron zu finden. Nach mehreren erfolglosen Anläufen mit anderen Prinzen einigte man sich im Februar 1832 auf den zweitgeborenen Sohn König Ludwigs von Bayern. Bis zu dessen Eintreffen im Februar 1833 währten die Kampfhandlungen des Bürgerkriegs.

Karte 1: Nafplion und seine nähere Umgebung

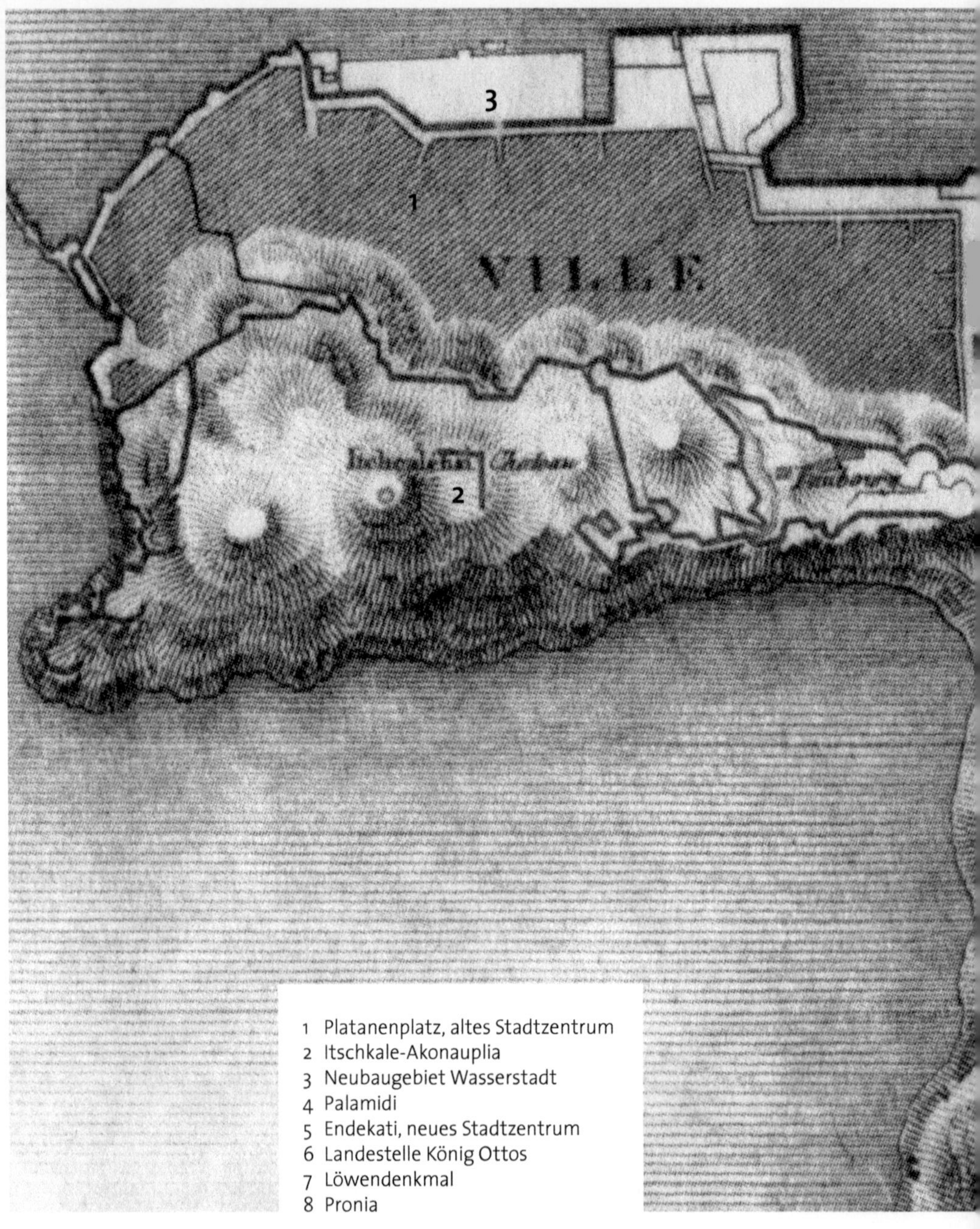

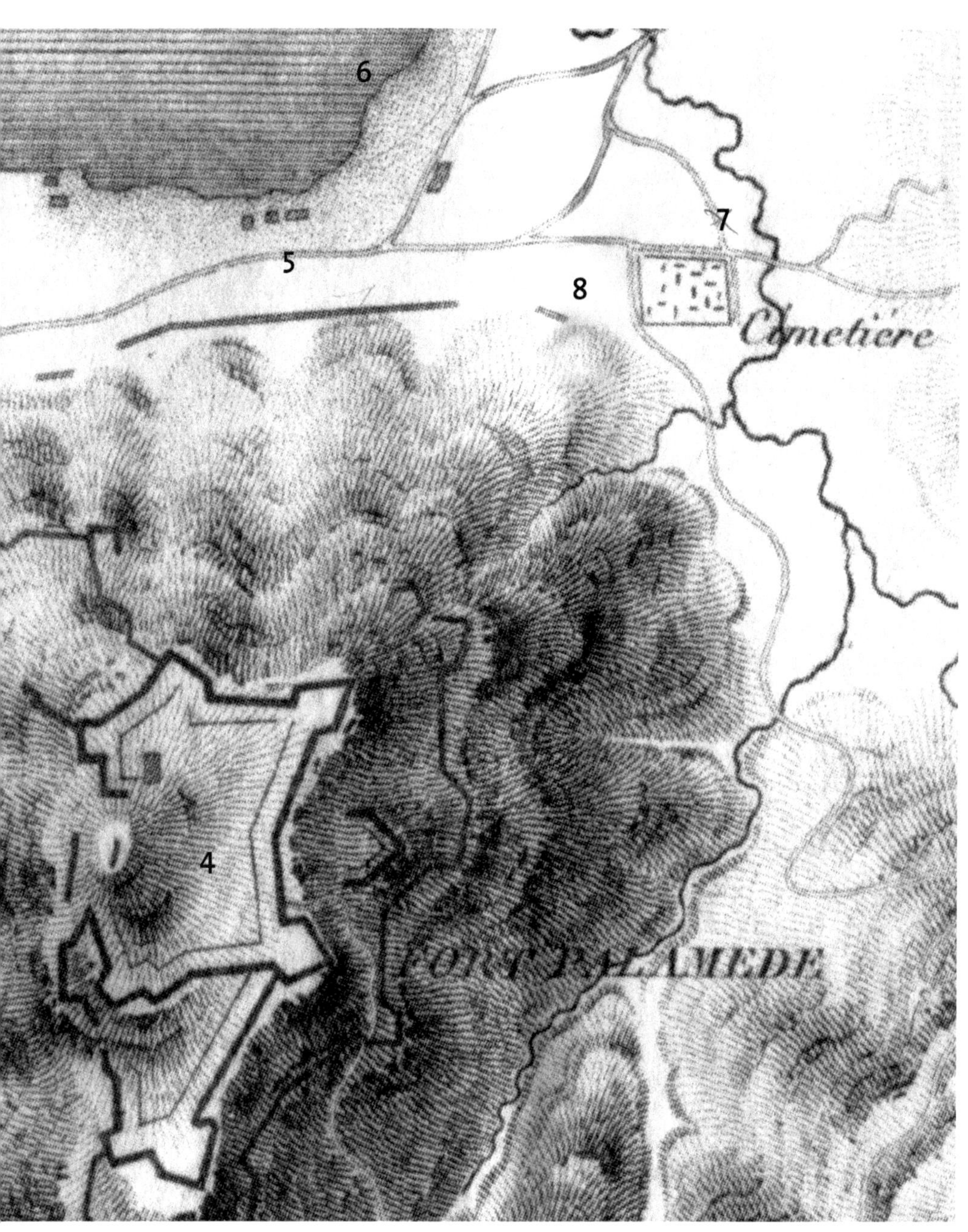
6
7
5
8
Cimetière
4
FORT PALAMEDE

Kapitel 2

Ottos erste Jahre als König von Griechenland

König Ottos Spuren in Nafplion

Straßen und Plätze

Leopold von Klenze nannte in seinen »Aphoristischen Bemerkungen«[1] die neu zu bauende Hauptstadt Ottonopolis. Dieser hochtrabende Name stellte seine Planung für Neu-Athen in eine Reihe mit den vermeintlichen Vorgängerstädten Akropolis, Theseopolis und Hadrianopolis. Er sah Otto als Bauherrn damit in einer Reihe mit dem mythischen Stadtgründer Theseus und dem römischen Kaiser Hadrian. Diese Planung wurde auch umgesetzt und bildet bis heute das Grundgerüst des Stadtkerns der griechischen Hauptstadt. Die »Athener Trilogie« neoklassizistischer Bauten aus Universität, Akademie und Nationalbibliothek am zentralen Elefttherios-Venizelos-Boulevard und das Königsschloss am Syntagma-Platz brauchen einen Vergleich mit ihren Vorbildern in München, den Bauten, mit denen Ottos Vater seine Hauptstadt zum Isar-Athen machen wollte, nicht zu scheuen. Der zentrale Platz der Planung, der König-Otto-Platz, heißt inzwischen zwar Omoniaplatz, ist aber immer noch der Mittelpunkt des modernen Athen. Das königliche Schloss, gebaut durch Friedrich Gärtner, beherbergt heute das griechische Parlament.

Mit solchen Dimensionen konnte Nafplion, obwohl erster Regierungssitz des Königreichs Griechenland und immerhin an Einwohnerzahl doppelt so groß als das damalige Landstädtchen Athen, nicht konkurrieren. Denn es war schon sehr früh beschlossen, dass es nur eine Übergangshauptstadt sein sollte. Die Zeit der provisorischen Hauptstadt währte dann auch nur 22 Monate. In dieser Zeit wurden von staatlicher Seite keine Baumaßnahmen in Angriff genommen. In Athen, dessen Einwohnerzahl während des Befreiungskriegs auf 4000 zurückgegangen war und dessen ländlich-bescheidene Bauten zum größten Teil zerstört waren, musste alles neu geplant und gebaut werden. In Nafplion war dagegen genug Substanz vorhanden gewesen, um seine Funktion zu erfüllen. Sämtliche offizielle Stellen befanden sich in bereits bestehenden Gebäuden, die an die Regierung vermietet oder abgetreten wurden. Oft war das nicht nötig, weil die Stadt schon Sitz der vorherigen Regierung gewesen war. Wenn also zum Beispiel vom Haus des Grafen Armansperg die Rede ist, heißt das nicht, dass der Regentschaftspräsident dieses Haus besessen hätte. Er wohnte und residierte dort 22 Monate auf Kosten des Staats und zum großen Nutzen der Besitzer. Denn die Mieten oder Entschädigungen waren hoch. Schwierigkeiten traten dann eher beim Wegzug der Regierung auf, weil viele Einwohner sich in Schulden gestürzt hatten, um neue Häuser zu bauen. Die Regierung machte nämlich ihre Umzugsabsichten lange nicht öffentlich und die privaten Spekulationen liefen deshalb ins Leere.[2]

Was erinnert heute in Nafplion an König Otto? Bis zum November 1994 war das sehr wenig: ein Hotel »King Othon«, eine kleine Straße in der heutigen Fußgängerzone der Wasserstadt und ein Postament mit Baldachin für Ottos Thron in der Kathedrale. Die Zuschreibung des Throns ist aber fragwürdig.

Zur Regierungszeit des Königs hatte die zentrale Straße der Altstadt noch Odos Othonos geheißen. Diese Straße, heute nach einem späteren König Odos Basileos Konstantinou benannt, führt seit den baulichen Umgestaltungen unter Kapodistrias von dessen Amtssitz an der Landmauer zum zentralen Platanenplatz, heute Platia Syntagmatos. Dieser Platz führte zu Ottos Zeiten den Namen seines Vaters, Platia Loudovikou. Die heutige Odos Amalias, eine nach Ottos späterer Frau Amalie benannte Straße, war zu Ottos Zeiten noch Militärgelände.[3]

Nafplion ist voll von Denkmalen für bedeutende Persönlichkeiten und Hinweisen auf mehr oder weniger wichtige Relikte aus seiner Geschichte. Gedenktafeln erinnern an das erste Gymnasium Griechenlands, die erste Apotheke, die erste Militärschule, den Sitz des Parlaments, das Haus des Regentschaftspräsidenten und anderes mehr. Vergeblich sucht man den Palast oder Wohnsitz des Königs.

Dafür gibt es einen einfachen Grund: Der Palast existiert nicht mehr. Er brannte im Jahr 1928 ab und wurde nicht mehr aufgebaut. Auch eine Hinweistafel an dieser Stelle gibt es nicht. Das ist besonders verwunderlich, weil der erste griechische Präsident Kapodistrias dieses Haus als seinen Regierungssitz bauen ließ und Kapodistrias sich in Griechenland heute, mehr als in seiner eigenen Zeit, großer Popularität erfreut. Das Palästchen, wie die Griechen sagten, hatte nur sehr bescheidene Ausmaße, aber eine sehr exponierte Lage an einem großen Paradeplatz unmittelbar an der Landmauer. Auf dem Gemälde von Peter Hess, das die Stadt als Hintergrund für den Einzug Ottos in Nafplion zeigt, ist das Palataki deutlich zu erkennen: nicht groß, aber signifikant. Auch städtebaulich war es von besonderer Bedeutung, weil es als eines der ersten klassizistischen Häuser des Ortes stilbildend wirkte (S. Abb. 2 und 3, S. 162).

Der Präsident ließ das recht einfach gebaute Haus in kurzer Zeit auf eigene Kosten im Jahr 1829 errichten. Otto konnte es also 1833 in fast neuwertigem Zustand beziehen. Auch die Größe passte für den Junggesellenhaushalt. Ledig-

Die ehemalige Residenz in den 1920er Jahren. Historische Fotografie

lich für repräsentative Zwecke taugte das Haus nicht. Später diente der Bau als Sitz der Nomarchie und macht auf Fotografien, die kurz vor dem Brand entstanden, einen sehr abgenutzten, fast verwahrlosten Eindruck.

Das Otto-Denkmal

Mit der Errichtung eines Denkmals für Otto im Jahr 1994 trat eine Wende in der öffentlichen Wahrnehmung des bisher recht stiefmütterlich behandelten Königs ein. Bei dem Denkmalsreichtum der Stadt würde ein weiteres Denkmal an irgendeiner Stelle eigentlich nicht weiter auffallen. Es steht aber in exponierter Lage. Es ist die Stelle des Palästchens, in dem Otto residierte und das seit dem Abbrennen im Jahr 1928 aus dem öffentlichen Bewusstsein verschwunden war, also ein für ein solches Denkmal sinnvoller und historisch bedeutsamer Ort. Zudem steht der bronzene Otto inmitten einer kleinen Anlage am Rande der Platia Trion Navarchon, dem Rathausplatz, dem zweiten wichtigen öffentlichen Platz des heutigen Nafplion. Otto blickt direkt auf ein anderes Denkmal, das an den ersten Präsidenten Kapodistrias am entgegen-

Das Denkmal König Ottos am Rathausplatz in Nafplion

gesetzten Ende des Platzes erinnert. So ergibt sich ein Dreieck aus Rathaus und den Denkmalen für Otto und Kapodistrias.

An diesem weitläufigen Platz fand im November 1994 die feierliche Enthüllung des von Nikolaos Dogoulis geschaffenen Denkmals statt. Außer dem Bürgermeister von Nafplion war auch die Bürgermeisterin der Partnergemeinde Ottobrunn anwesend. Ottobrunn pflegt eine besondere Beziehung zu seinem Namensgeber Otto und hatte sich auch mit einer Spende am Denkmal beteiligt. Befremdlich war dann der Ablauf der Veranstaltung an dem regnerischen Novembertag. Die Enthüllung konnte nur unter Polizeischutz geschehen, weil Demonstranten lautstark und sogar mit Wurfgeschossen gegen die Aufstellung des Denkmals protestierten. Die Polizei musste Befürworter und Gegner trennen. Sie konnte die angespannte Lage nur mühsam beruhigen.

Sicher handelte es sich dabei nicht, wie die düpierten angereisten Besucher[4] glauben wollten, um eine allgemeine antiroyale Stimmung in der griechischen Bevölkerung, besonders in radikal linken Kreisen. Das zeigt schon der Umstand, dass die Straße, an der die Enthüllung stattfand, den Namen eines Königs Konstantin trägt und das niemanden stört.

Vielmehr besteht in Nafplion eine lange Tradition eines eher distanzierten Verhältnisses gegenüber König Otto. Sie kann nicht nur auf den gekränkten Stolz wegen des Verlustes des Hauptstadtstatus, ein ausgeprägt republikanisches Bewusstsein seiner Einwohner oder die absolutistischen Politik in Ottos späteren Jahren zurückgeführt werden. Es gibt greifbarere und handfestere Gründe. Im Jahr 2012 feierte die Gemeinde ein 150 Jahre zurückliegendes

Ereignis mit großem Aufwand der offiziellen Stellen und breiter Beteiligung der Bevölkerung. Es ging um das Gedenken an einen Aufstand Nafplions gegen König Otto, sein System und seine Regierung. Der Aufstand, getragen von der gesamten Garnison und der zivilen Einwohnerschaft, dauerte vom 1. Februar bis 8. April 1862, also volle zwei Monate. Es ging nicht um Demonstrationen, Polizeieinsatz und Straßenkämpfe, es war Krieg. Die Athener Regierung musste 6000 Soldaten in Marsch setzen. Es kam zu offenen Feldschlachten mit vielen Toten und einer konsequenten Belagerung, ehe sich die Bevölkerung ergeben musste. Die »Mutter des Aufstands von Nafplion«, Kalliopi Papalexopoulou, gilt als Volksheldin, und noch heute ist man stolz darauf, einen wichtigen Beitrag zur nur sechs Monate darauf folgenden Vertreibung König Ottos geleistet zu haben.

> *Ergebnis: ein unbedeutender militärischer Sieg des »Systems« auf Kosten von Toten und Zerstörungen, aber eine moralische und politische Überlegenheit der Aufständischen. Zusammengefasst: eine Schwächung des Throns und das Ende Ottos sechs Monate später.*[5]

Nafplion ist also kein geeigneter Ort für Verehrer König Ottos. Sein Denkmal gehört aber inzwischen wie selbstverständlich zum Stadtbild und die Existenz an diesem signifikanten Ort wird von der Bevölkerung akzeptiert. Die Lage hat sich in den letzten 20 Jahren also deutlich entspannt.

Ottos Einzug in seiner Hauptstadt

Dabei hatte für den jungen König in Nafplion alles sehr gut begonnen, als er am 6. Februar 1833 zum ersten Mal den Boden seines Königreichs betrat. Die Flotte, die ihn samt der Begleitung von 3500 bayerischen Soldaten nach Nafplion brachte, war schon Tage vorher in der Bucht von Argos eingelaufen und lag auf Reede. Es waren an die 50 Schiffe, darunter mächtige Kriegsschiffe aus Frankreich, Russland und England. Otto befand sich auf der englischen Fregatte »Madagaskar«.

Die gespannte Atmosphäre in der Stadt war nicht nur auf die Neugierde der Bevölkerung zurückzuführen. Es gab ernsthafte Sorgen um die Sicherheit des Königs, die durchaus berechtigt waren. Nur Tage vorher hatte es im benachbarten Argos Kämpfe zwischen französischen Soldaten, die die Regierung stützten, und Aufständischen gegeben. Das Wort »Aufständische« für die Truppen des Kolokotronis zu benutzen, wie dies meist geschieht, ist wenig korrekt. Denn die sogenannte Regierung in Nafplion, die sich nur durch die starken Mauern und die französische Unterstützung halten konnte, hatte ebenso wenig Legitimität wie die Gegenseite. In Wirklichkeit tobte seit dem Tod von Kapodistrias ein Bürgerkrieg. Dabei ist die Unterscheidung der sich bekämpfenden Parteien nach Syntagmatikern (Verfassungsanhänger) und Kybernetikern (Befürworter eines autoritären Regierungssystems) genauso wenig aussagekräftig wie die Differenzierung nach landschaftlichen Schwerpunkten (Inseln und Festland gegen die Peloponnes), personalen Gesichtspunkten (Kolokotronis gegen Kolettis) oder Unterstützung durch die konkurrierenden Großmächte Frankreich, England und Russland. Real lag ein kaum zu unterscheidendes Konglomerat aus all diesen sich hartnäckig bekämpfenden Interessen vor, aus dem das Land sich nicht mehr befreien konnte und das es wieder in die schlimmsten Zeiten des Befreiungskriegs zurückwarf.

Nur so ist die Begeisterung zu verstehen, die Otto von Seiten der Bevölkerung entgegenschlug. In der Wartezeit vor der Ausschiffung war die Stadt blitzblank hergerichtet und geschmückt worden. Die bayerischen Soldaten hatten die Franzosen in den Festungen abgelöst. Sogar Kolokotronis, der Führer der Opposition und »Alptraum der Bayern«,[6] hatte sich Otto unterworfen und die Anwesenheit in Nafplion gewagt.

Der Einzug Ottos ist, was Schauplatz und die teilnehmenden prominenten Personen betrifft, durch ein monumentales Gemälde von Peter Hess akribisch dargestellt worden. Ein anderes Bild, das Aquarell eines unbekannten Amateurmalers, ist nicht so detailliert, aber nicht weniger authentisch, und zeigt den Zustand etwa eine Stunde vorher (S. Abb. 5, S. 164/165).

Der 6. Februar ist ein schöner Wintertag mit wolkenlos blauem Himmel und ruhigem Meer. Seit elf Uhr wird das gesamte bayerische Korps an der Straße zwischen Argos und Napflion postiert und tritt an der vorgesehenen Landungsstelle zur Parade an. Um ein Uhr Mittag melden Kanonenschüsse der britischen Fregatte »Madagaskar« den Beginn der Ausschiffung. Das Ehrensalut wird aus allen Rohren der Festung und der Begleitflotte erwidert. Inzwischen befinden sich auf der Barkasse des Königs mitsamt seiner Regentschaft auch die drei Mitglieder der offiziellen Delegation der Nationalversammlung von Pronia. Sie hatte Otto in München gehuldigt, war mit ihm zusammen zurückgekommen und wird ihn nun nach Nafplion führen. Das ist der Augenblick, den das Bild festhält. Es zeigt auch die inoffizielle Begrüßung durch namenlose Griechen und eine Frau mit Kindern.

An der Landebrücke wurde Otto von der amtierenden Regierung erwartet, die ihn zur Stadt brachte. Vor dem Landtor, wo ein großer Triumphbogen mit Willkommenssprüchen und Homerzitaten aufgebaut war, begrüßten ihn als Vertreter seiner künftigen Hauptstadt die Demogeronten. Der Festungskommandant überreichte auf einem silbernen Tablett feierlich die Schlüssel der Festung. Höhepunkt des offiziellen Willkommens war der Empfang in der Kathedrale durch den Klerus mit dem Erzbischof von Korinth an der Spitze. Er hielt Otto das Evangelium entgegen – eine vielsagende Geste – und sprach ihn an »als Retter und Hoffnung Griechenlands, als Stütze der Unzerbrechlichkeit der Kirche und Hoffnung für ein neues, sicheres und glänzendes Leben für die Kirche und den Staat«.[7] Das waren hochtrabende Worte und hohe Ansprüche an einen siebzehnjährigen jungen Mann. Der Bischof traf aber damit das allgemeine Empfinden bestimmt mehr als die versammelten Politiker, die bei dieser Gelegenheit Otto ihren Treueeid eher widerwillig leisteten. Denn gerade seine Jugend und Unverbrauchtheit, sein Unbeteiligtsein an den politischen Ränken und erlebten Grausamkeiten schürten einen Enthusiasmus beim breiten Volk, der weit über die formalen Begrüßungszeremonien der offiziellen Seite hinausging. Otto war offensichtlich die Projektionsfläche für die Hoffnungen auf einen neuen Anfang, den die Griechen für sich ersehnten und den auch der Bischof ansprach. Nur so ist die Begeisterung zu erklären, die Otto an diesem Tag entgegenschlug. Der gesamte Weg vom Meer bis zur Stadt, einige Kilometer lang, war von winkenden Griechen gesäumt. Sie hielten meist Palmzweige in den Händen und ließen den neuen König hochleben: »Zito o Vasileus«. Eine religiöse Dimension ist unverkennbar: Frauen hielten Otto ihre Kinder entgegen. Das Wort »Sotir tis Ellados«, also Retter Griechenlands, gebrauchte schon der Bischof. Sogar das Wort »Messias des wiedergeborenen Griechenland«[8] ist gefallen. Der Enthusiasmus hielt bis in die tiefe Nacht an und währte noch einige Tage. In der ersten Nacht war Nafplion phantastisch illuminiert. Otto konnte sich frei in der Stadt bewegen und unter die feiernden Nafplioten mischen.

> *Das Volk drängte weiterhin und als ich zum Palast zurückgekehrt war, ging ich dreimal auf den Balkon. Riesige Lampengestelle wurden gebracht, um die Szene zu beleuchten. Dieser wunderbare Empfang füllte mich mit großen Hoffnungen für die Zukunft.*[9]

So schrieb er später erleichtert über die unerwartete Entwicklung seinem Vater nach München. Denn diese hätte er sich am Mittag noch nicht vorstellen können, als er zaghaft aus seiner Barkasse stieg, auf dem Landungssteg ausrutschte und fast ins Wasser gefallen wäre. Seine ersten Worte an Land waren:

> *Ich habe das höchste Opfer gebracht, getrennt von Vaterland und Eltern, mit Verzicht auf einen klaren Lebensplan.*[10]

Ein zweiter Höhepunkt des Einverständnisses zwischen dem neuen König und seinem Volk war ein großer Ball etwa zwei Wochen nach Regierungsbeginn, am 23. Februar. Er ist gut bezeugt und wurde als besonderes Ereignis wahrgenommen. Denn es war kein Hofball mit seinen exklusiven Einladungslisten. Der bayerische Leutnant Franz X. Predl und der Konservator Ludwig Ross berichteten als Augenzeugen darüber. Kein späteres gesellschaftliches Ereignis hat in ihren Erinnerungen die gleiche Aufmerksamkeit gefunden. Ausrichter des Balls war die Stadt Nafplion, Ort der Veranstaltung das Vouleftiko, eine ehemalige Moschee und früherer Sitz des Parlaments.

Der Ball begann um acht Uhr. Der Kuppelsaal mit seinen zwei Galerien war festlich geschmückt. Unter den Schriftparolen befand sich wieder »Hellas Rettung und Wiedergeburt«.[11] Im überfüllten Saal hielten sich an die 800 Personen auf, dieselbe Anzahl drängte sich vor dem Eingang und versuchte hineinzukommen. Alle wollten den König aus der Nähe sehen. Dieser kam um neun Uhr und eröffnete mit der Frau des Regierungsmitglieds Trikoupis den Ball.

Das Innere des Vouleftiko, heutiger Zustand bei einer Abendveranstaltung

»Der junge König war der Abgott aller Griechen. Eine schlanke Gestalt, voll jugendlicher Frische, mit einer natürlichen Milde und Anmut begabt, gewann er schon durch seine Erscheinung alle Herzen«,[12] schwärmte der Augenzeuge Ross. Vorher war es zwar zu einer kleinen Missstimmung gekommen, weil einige Griechen lieber den Saal verließen, als zur Begrüßung des Königs ihre Fes abzuziehen. Das war aber kein Affront. Die europäische Sitte für Männer, ihre Kopfbedeckung abzunehmen, war in Griechenland unbekannt. Es gab dann aber keine weiteren Probleme außer denen, die durch die drangvolle Enge bedingt waren. Vielmehr schien es ein symbolisches Verbrüderungsfest gewesen zu sein. Es gab zwei Orchester, je eine bayerische und griechische Bataillonskapelle. Zuerst führten griechische Männer ihren Nationaltanz Alvanitiko, griechische Frauen ihre Romaika vor. Danach sollten Walzer und andere europäische Tänze folgen, was aber wegen der Überfüllung praktisch kaum möglich war. Die Paare mussten sich darauf beschränken, im Saal herumzugehen. Man bewunderte die Uniformen der Gesandten unterschiedlichster Staaten und die oft wunderlichen Mischungen der Kleider der griechischen Damen mit allen Arten von Kombinationen aus griechischer und französischer Mode. Die Bayern hatten auch erstmals Gelegenheit, bestimmte griechische Eigenarten wahrzunehmen. Predl wunderte sich darüber, dass die Griechen nur nach Geschlechtern getrennt tanzten und die meisten Frauen als passive Teilnehmerinnen am Rande saßen. Auch andere geschlechtsspezifische Umstände fielen auf, vor allem, dass die Männer reicher gekleidet waren und mit mehr Gold protzten als die Frauen. Der König verließ nach Mitternacht den Ball, der dann weniger förmlich weiterging.

Insgesamt war dieses gesellschaftliche Ereignis trotz der widrigen äußeren Umstände ein hoffnungsvoller Beginn, besonders wegen der regen Beteiligung der griechischen Einwohner. Alle hatten zusammen gefeiert und Gelegenheit, sich zwanglos kennenzulernen. Nach dem Zeugnis der Berichterstatter war ein Ball dieser Art allerdings auch ein einzigartiges Ereignis und sollte sich in dieser Form nicht wiederholen. Es kam auch nicht öfter ein neuer König. Es scheint aber so gewesen zu sein, dass die Anfangseuphorie bald getrübt wurde. Denn man hatte im weiteren Verlauf nicht mit dem netten jungen König zu tun, sondern mit seiner Regentschaft.

Ottos Persönlichkeit

Kindheit und Jugend

Für die Beschreibung der Persönlichkeit Ottos besteht natürlich die Einschränkung, dass bei der Jugend und Unerfahrenheit Ottos von einer Persönlichkeit noch kaum die Rede sein kann. Denn zur Zeit seiner Einsetzung als König war Otto nicht einmal 17 Jahre alt und hatte außer drei Kuraufenthalten noch kaum etwas von der Welt gesehen. Seine enge Welt war bis dahin die ritualisierte Erziehung eines königlichen Prinzen durch bestellte Erzieher gewesen.

Otto Friedrich Ludwig von Wittelsbach, wie sein vollständiger Name lautet, wurde am 1. Juni 1815 in Salzburg als zweiter Sohn des bayerischen Kronprinzen und späteren Königs Ludwig I. geboren. Sein Vater residierte zu dieser Zeit als Statthalter in Salzburg, weilte aber kriegsbedingt in Mannheim, denn die Napoleonischen Kriege waren noch nicht beendet. Ottos Mutter Therese war eine geborene Prinzessin von Sachsen-Hildburghausen und evangelisch.

Diese Religionszugehörigkeit galt im katholischen Bayern als Politikum. Es begleitete die evangelischen Königinnen Bayerns, Therese und Karoline, buchstäblich bis ins Grab. Denn selbst die Trauerfeiern und Grablegungen wurden von unwürdigen Begleiterscheinungen überschattet. Deshalb war auch per Ehevertrag festgelegt, dass die Kinder des Kronprinzenpaars katholisch zu sein hatten. Eine prononciert katholische Erziehung der Prinzen und Prinzessinnen war deshalb nicht nur auf den Vater Ludwig zurückzuführen, der ein bekennender und frommer Katholik war. Für den Kronprinzen Ludwig war diese Frage ein Teil der bayerischen Staatsraison. Dieser Komplex wird hier deshalb so betont, weil er bei der Beurteilung der Persönlichkeit und späteren Politik Ottos immer wieder, besonders von griechischer Seite, angeführt wird. Denn das Problem der Mutter sollte sich beim Sohn in abgewandelter Form wiederholen, bis hin zu offiziellen Verhandlungen samt Staatsverträgen über den religiösen Status der Kinder. Therese war eine evangelische Sonderheit im katholisch dominierten Bayern, Otto später eine katholische im orthodoxen Griechenland.

Die Erziehung der Kinder des Kronprinzenpaars wurde deshalb in die Hände eines katholischen Geistlichen gelegt. Georg Oettl trat dieses Amt als junger Mann nur drei Jahre nach seiner Priesterweihe an. Er verdankte das einer Empfehlung seines Lehrers an der Universität Landshut, Michael Sailer. Ludwig hatte bei Sailer studiert und schätzte seinen Professor sehr. Entgegen dem Eindruck, der in der Literatur vorherrschend erzeugt wird, war Oettl kein katholischer Hardliner.[13] Er war eher der Typ des modernen, relativ liberalen und weltoffenen Priesters. Auffallend ist lediglich seine Nähe zum Münchner Hof, die auch nach Abgabe des Erzieheramts anhielt. Bezeichnend dafür ist, dass er einen wichtigen Beitrag zum Zustandekommen eines Gesetzes über die Mischehe leistete. Man kann ihn also durchaus als einen politischen Priester bezeichnen. Er machte Karriere, wurde später Bischof von Eichstätt und für seine Verdienste geadelt. Oettl blieb für Otto eine Vertrauensperson und als Ergebnis seiner Erziehung bestand bei Otto eine lebenslange enge Bindung an seine katholische Religion.

Dass Ottos Erziehung einer Vorbereitung für ein geistliches Amt diente, wurde immer wieder behauptet, ist aber weder gesichert noch wahrscheinlich. Dabei wurde als Argument ein erhaltener Stundenplan[14] für Otto und seine älteren Geschwister angeführt. Er bezeugt die aufwändige, strenge Erziehung der Prinzen Maximilian und Otto sowie deren Schwester Mathilde.

Otto hatte von 7 Uhr in der Frühe bis am Abend um halb 6 Uhr mit Unterbrechung durch eine Pause zwischen 12 bis halb 3 Uhr Unterricht: Latein, Klavier, Reiten, Religion, Schreiben, Französisch, Deutsch und Rechnen. Otto war damals 15 Jahre alt, sein Bruder 20. Prinz Max hatte genauso viel Latein wie sein Bruder und Religion sogar mit ihm zusammen. Es deutet nichts auf eine geistliche Spezialisierung Ottos hin. Allerdings hatte Prinz Max zusätzlich Fächer mit einer realistischen Ausrichtung, nämlich noch Englisch, Geographie, Geschichte und Naturgeschichte. Aber er war auch fünf Jahre älter und Kronprinz. Bei Max war sicher, dass er König werden würde, aber Otto stand immerhin an zweiter Stelle der Thronfolge. Wenn etwas an diesem Plan wundern lässt, dann ist es eher die sorgfältige, man könnte fast sagen emanzipierte Erziehung, die die Eltern ihrer Tochter Mathilde zukommen ließen.

Wenn Otto durch seine Erziehung für sein späteres Königtum benachteiligt gewesen war, dann quantitativ. Ihm fehlten im Vergleich zum Bruder fünf Jahre Ausbildung wegen seiner frühen Berufung. Vor allem hatte er nicht wie sein Vater und sein Bruder Gelegenheit zu einer Studienzeit in eigener Verantwortung an einer öffentlichen Einrichtung. Ludwig kam mit 39 Jahren auf den Thron, Max mit 37 und Otto mit 17. Otto hat das selbst schmerzlich empfunden und wollte die Zeit zwischen seiner Berufung und seiner Volljährigkeit in Deutschland bleiben und für seine Ausbildung nutzen. Sein Vater und die politischen Umstände ließen das nicht zu.

Vieles deutet darauf hin, dass Otto die üblichen Freiheiten und Vorzüge seines Standes nutzen konnte: Er war sportlich, denn Reiten und Schwimmen waren seine liebsten Beschäftigungen. An Sonntagen lernte er bei einem Tischlermeister. Nach der Thronbesteigung König Ludwigs zog die Familie, die bisher in Würzburg gelebt hatte, in die Hauptstadt. Dort konnte Otto am regen Münchner Kulturleben teilnehmen. Er ging in die Oper, zu Konzert- und Ballettaufführungen. Nach mehrmonatigen Kuraufenthalten in Livorno 1829 und 1830 wurde er im Sommer 1831 wieder zu einem Badeaufenthalt geschickt, diesmal in das preußische Modebad Doberan. Dieser Aufenthalt diente wohl mehr gesellschaftlichen als medizinischen Zwecken. Der Prinz kam in Berührung mit der dort weilenden Prominenz. Sein größtes Vergnügen waren »die Ausritte mit den Gräfinnen Reichenbach und Hahn, zwei Damen, die so schön wie liebenswürdig sind«.[15] Nichts deutet also auf seine Bestimmung als künftigen Geistlichen hin. Zu einer normalen, weltlich orientierten Entwicklung eines Prinzen seines Standes gehörte auch die Einbindung in das militärische System. Bereits mit acht Jahren wurde Otto zum Oberstleutnant des 12. Regiments ernannt, mit elf Jahren war er formell Regimentsinhaber und bekam dabei seine erste Uniform. Diese hellblaue Uniform der Offiziere des 12. Infanterieregiments trägt er auf den meisten Abbildungen, die es von ihm in den ersten griechischen Jahren gibt. Erst in seiner Athener Zeit bevorzugte er traditionelle griechische Kleidung.

Die öffentliche Person

So weit zu Ottos Entwicklung. Auffällig sind lediglich Hinweise auf seine schwächliche Gesundheit, wegen der es auch die langen Kuraufenthalte in Italien gab. Es ging nicht um bestimmte Krankheiten oder andere körperliche Schwächen, Probleme bereitete seine zarte psychische Konstitution. Oettl beschwerte sich bei Ludwig über Ausbrüche von gewalttätigem Jähzorn, die dann tagelanges Kranksein nach sich zogen. Otto konnte, besonders in den Lateinstunden, offensichtlich nur mühsam gebändigt werden und wurde deshalb auch geschlagen. Das geht aus einem Brief Ludwigs an Oettl hervor, in dem er ihn anwies, mit anderen Mitteln vorzugehen. Ludwig zeigte viel Verständnis und stand in engem Briefkontakt mit Oettl. Diese Vorkommnisse waren so gravierend, dass man kein anderes Erfolg versprechendes Mittel sah als »Nervenkuren« in Livorno, also intensive ärztliche Betreuung. Wie ernst zu nehmend man dieses Problem sah, ergibt sich aus der Länge der Kuren. Sie dauerten von Juli bis November.

Beim Eintreffen Ottos in Nafplion war sein 17. Geburtstag gerade ein halbes Jahr vorbei. Das Bild auf Seite 87 zeigt ihn also ungefähr in diesem Alter und in Uniform, der Kleidung, in der ihn seine Untertanen zu sehen bekamen. Er war ein gut aussehender junger Mann und wirkte trotz der Offiziersuniform noch etwas kindlich. Aber er war noch im Wachsen und erreichte bald eine

Prinz Otto im Alter von 16 Jahren. Lithografie von Franz Hanfstaengl, 1831

Größe von sechs Fuß, also mehr als 1.80 m. Bei seinen Untertanen kam sehr gut an, dass er sich, wie schon in der ersten Nacht in Nafplion, zwanglos unter sie mischte. Mit den Regierungsgeschäften hatte er nichts zu tun. Er gewährte Audienzen und bemühte sich Griechisch zu lernen. Aber der Schreibtisch war nicht seine Sache. Er ritt täglich aus, begleitet nur von seinen Adjutanten und einem kleinen Begleitkommando bayerischer Cheveaux-Legers. Deren Kommandeur war sein Onkel von mütterlicher Seite, der Major Prinz Eduard von Sachsen-Altenburg. Dieser Onkel war noch jung, gerade 30 Jahre, und eher ein vertrauter Freund. Auch sein Bruder Maximilian besuchte ihn schon im ersten Jahr und sie unternahmen eine gemeinsame Reise zu Pferd nach Athen. Eine zweite, spontan unternommene Reise kurz darauf an Bord der »Madagaskar« brachte ihn in die griechische Inselwelt bis nach Smyrna. Otto war also neugierig und unternehmungslustig. Auf seinen oft langen Exkursionen lernte er das Land und die Leute intensiv kennen. Bald sprach er auch so gut griechisch, dass er sich direkt verständigen konnte. Damit unterschied er sich deutlich von seiner Regentschaft, die sich kaum aus Nafplion heraus bewegte und mit den griechischen Untertanen nur über Dolmetscher verkehrte, wenn sie es überhaupt tat. Otto wurde nicht in die Regierungsgeschäfte einbezogen, eher scheint es so zu sein, dass man froh war, wenn er nicht störte.[16] Es ist kein Fall bekannt, in dem es einen ernsthaften Dissens oder gar Streit zwischen den Regenten und Otto in einer sachlichen Angelegenheit gab. Empfindlich war er nur, wenn es um seine Religionszugehörigkeit ging. Ohne sein Zutun wurde er in die zunehmenden Reibereien zwischen den Regenten hineingezogen, weil beide Seiten versuchten ihn auf ihre Seite zu ziehen und gegen die andere zu benutzen. Gerade hier zeigte sich seine gutmütige Art, die den laufenden Intrigen nicht gewachsen war.

Für die Beliebtheit des Königs war das sogar förderlich. Man unterschied nicht nur in der griechischen Bevölkerung zwischen dem jungen, freundlichen König und seiner Regentschaft, die für alle Missstände verantwortlich sein sollte. Für Otto war das zwar schmeichelhaft, aber auch gefährlich. Denn es baute sich eine unrealistische Erwartungshaltung im Zusammenhang mit seiner nahenden Volljährigkeit auf. Dann sollte vieles besser werden. Die meisten fieberten dem Ereignis entgegen, einige hatten aber erhebliche Bedenken.

Dunkle Seiten

Noch während der letzten Wochen der Regierung in der alten Hauptstadt, also Ende des Jahrs 1834, begann ein Briefverkehr zwischen Nafplion bzw. Athen und München, der vom Leibarzt Ottos initiiert wurde. Er sorgte sich um den Gesundheitszustand des jungen Königs und stellte dessen Fähigkeit infrage, sein Amt anzutreten. König Ludwig verlangte Genaueres und so entstanden mehrere Gutachten:

> *Die Unterzeichneten nehmen bezug auf die unterthänigst eingereichte schriftliche Eingabe vom 13. des Monats, fühlten sich jedoch verpflichtet mitzzuteilen, daß die Geistesverfassung S.M. Otto nicht mehr die gleiche wie damals ist, sondern sich im Gegenteil verschlimmert hat [...] Die Gründe der damals schon unumwunden ausgesprochenen zeitlichen oder momentanen Unfähigkeit, die Zügel der Regierung zu ergreifen, sind jetzt wie damals ein nicht unbedeutender Mangel an positivem Wissen, eine unüberwindliche Zerstreutheit, ein sehr geringer Trieb zur Selbsttätigkeit, eine bis zur ängstlichen Kleinlichkeit gesteigerte Sucht nach Genauigkeit, verbunden mit Vertrauenslosigkeit hinsichtlich der Genauigkeit anderer und der Idee, hinreichend zu wissen, um allein regieren zu können. Jene Zerstreutheit ist Ursache, daß S.M. nicht imstande sind, etwas Längeres zu lesen und daher auch Ursache jener Scheu vor jeder wenigstens ernsten Lektüre, was mitunter das mangelhafte positive Wissen herbeiführte. Die Unterzeichneten glauben, daß nach ihrer Überzeugung die gegenwärtige Gesamtbeschaffenheit Ottos es ebenso schwierig machen dürfte, selbst mit Unterstützung und Beratung eines oder mehrerer anderer tüchtiger Staatsmänner die Zügel der Regierung zu führen, teils wegen jener schon erwähnten Vertrauenslosigkeit, teils wegen des schon erwähnten Hanges zur kleinlichsten und ängstlichen Zergliederung jedes Gegenstandes, ohne aber über denselben einen Ausspruch tun zu können, welcher Hang selbst nicht durch die dringendsten Vorstellungen von Gefährdung der Ehre, des öffentlichen oder Privatwohles, ja sogar nicht einmal durch Anregung des Mitleidgefühls gebrochen werden kann und der S.M. über der beharrlichen Verfolgung eines geringfügigen Umstandes die wichtigste Hauptsache versäumen machen konnte. Das ist der Eindruck, den man von S.M. König Otto in seinem Studierzimmer bekommt, welcher natürlich sehr verschieden von dem Eindruck ist, den er in der Öffentlichkeit macht. Es ist die innere Überzeugung der Unterzeichneten, daß dies eine korrekte und wahre Beschreibung ist, wie es Ehre und Gewissen erfordern.*[17]

Dieses von Ludwig angeforderte Gutachten unterschrieben neben dem Leibarzt Dr. Wibmer Ottos Oberstallmeister Freiherr Hunolstein, sein Adjutant Oberstleutnant Lehmair, sein Hofmarschall Graf Saporta, sein Sekretär Baron Stengel und der bayerische Gesandte Graf Jenison. Dieser Kreis der Unterschreiber war der Kern des königlichen Hofes und sollte ihn eigentlich wegen des intensiven und vertrauten Umgangs auch am besten kennen.

Dass der ganze Vorgang wahrscheinlich Teil einer Intrige war, die vom Regentschaftspräsidenten Graf Armansperg oder seiner Frau[18] ausging, ist in diesem Zusammenhang wenig relevant. Die beschriebenen Probleme überraschten den Vater nicht. Er wusste um den Hang seines Sohnes zum »gewaltigen Nachgrübeln«, wie er es nannte, und schrieb ihm, es sein zu lassen, weil es das Handeln hemme und das Leben verbittere.[19] Ludwig bemühte sich um Geheimhaltung und wollte seinen Sohn sobald es ging besuchen, um nach dem Rechten zu sehen. Vor Otto wurde alles geheim gehalten. Er hat erst drei Jahre später durch beschämende Veröffentlichungen in englischen Zeitungen davon erfahren und musste im »Morning Chronicle« vom 6. März 1839 lesen:

> *König Ottos Anreden, die Verzerrungen seines Gesichts, sein Stottern, seine Taubheit, seine törichten Bemerkungen, seine unglaubliche Halsstarrigkeit, die Vorliebe, welche er für die niederen Bediensteten um seine Person hegt, sein unbegrenztes Eingebildetsein, und seine Gleichgültigkeit gegenüber seiner hübschen Frau sind eindeutige Zeichen seiner Unfähigkeit und seines Schwachsinns.*[20]

Es ist sehr schwer zu beurteilen, welche der einzelnen Beobachtungen oder Vorwürfe zutreffen. In der Regel sind die Einschätzungen der Person Ottos parteiisch, oft überhöhend, zuweilen destruktiv, selten um Objektivität oder Fairness bemüht. Das Spektrum reicht von freundlichem Übergehen von Ottos Schattenseiten, meist auf bayerischer Seite, bis hin zur Verteufelung. Ein Beispiel dafür ist das in Griechenland sehr populäre Werk über Otto und sein Wirken von Dimitris Fotiadi. Er führt Ottos Charakter auf Degeneration im Haus Wittelsbach zurück und will das durch körperliche und psychische Defizite des Vaters, vor allem aber den Wahnsinn der Neffen Ludwig II. und Otto I. plausibel machen. Das liest sich dann so:

> *Wie auch andere aus seiner Familie – sein Bruder Maximilian I. und seine Neffen Ludwig II. und Otto I. starben wahnsinnig – hatte auch er die Anzeichen der Degeneration. Er war geistig zurückgeblieben, misstrauisch, spitzfindig, stur, pedantisch, geizig, taub, stotternd und impotent.*[21]

Eine weniger harte Position trifft wahrscheinlich eher den Kern des Problems, das wohl kaum ein psychiatrisches war. Denn in späteren Jahren hat sich Otto wieder gefangen, wie sein Arzt Dr. Wibmer nach München berichtete.

> *Der Gesundheitszustand seiner Majestät, des Königs von Griechenland, hat sich wirklich so gebessert, daß ich keine weiteren Befürchtungen für*

seine Zukunft habe. Körper und Geist sind erstarkt, gute Laune und Klarheit sind zurückgekehrt, Selbstvertrauen und Energie erwacht.[22]

In den Jahren 1834 und 1835 hatten sich offensichtlich mehrere Faktoren negativ ausgewirkt, davon besonders das ungesunde Klima in Nafplion, der psychische Druck durch die zerstrittene Regentschaft und eine generelle Anpassungsstörung beim jungen König. Vor allem seine spätere Verheiratung scheint sich nach allgemeiner Aussage auf Ottos Psyche günstig ausgewirkt zu haben. Denn Amalie ergänzte ihren Mann gerade in den Punkten, die bei Otto kritisch gesehen wurden. Sie war zupackend, schnell von Verstand und entschlussfreudig. Der Unterschied und die Komplementarität sind in einem viel zitierten Bonmot zusammengefasst: »Otto liest alles und unterschreibt nichts. Amalie liest nichts und unterschreibt alles.«

Diese spätere Besserung sagt aber nicht, dass die Probleme nicht ernsthaft waren. Sie hielten in gemilderter Form auch lebenslang an. König Ludwigs Biograf Heinz Gollwitzer trifft den Zustand ziemlich gut, ohne ihn über Gebühr zu dramatisieren:

Nachdem er sich aus dem Schutz des Elternhauses entfernt hatte, trat bei Otto, gekennzeichnet durch Apathie, Skrupulosität, Entschlußlosigkeit, planlose Vielgeschäftigkeit, mangelnde Unterscheidungsgabe zwischen wichtig und unwichtig, aber auch Starrsinn und Selbstüberschätzung eine psychische Verfassung zutage, die die Verantwortlichen sehr beunruhigen mußte.[23]

Das ursprüngliche Gutachten Dr. Wibmers hat also recht gut getroffen. Es bleibt festzuhalten: Es gab eine deutliche Kluft zwischen der Außenwirkung Ottos und seiner inneren Verfassung. Hinter dem freundlichen, gut aussehenden, von der Öffentlichkeit fast vergötterten jungen König steckte ein unsicherer, misstrauischer, von vielen Skrupeln geplagter junger Mann. Von den Verantwortlichen wurden die Probleme erst ernst genommen, als es zu spät war. Offenbar hatte Otto auch keine Vertrauensperson, die angemessen hätte wirken können. So flüchteten die Verantwortlichen in den bürokratischen Versuch, sich über Gutachten zu entlasten.

Bedeutende, im Gutachten als »fehlendes positives Wissen« angesprochene Mängel mussten bekannt sein. Otto hatte seine Ausbildung frühzeitig abbrechen müssen. Statt diesen Misstand durch gezielte Maßnahmen zu beheben, d.h. ihn an die Regierungsgeschäfte heranzuführen und entsprechende Fähigkeiten aufzubauen, wurde die Regentschaftszeit nicht genützt. Unbeschadet davon bestanden Defizite im Persönlichkeitsbereich, die auch durch eine noch so gezielte Förderung kaum behebbar gewesen wären. Dieses »gewaltige Grübeln«, wie Ludwig es bezeichnete, und »kleinlichste und ängstliche Zergliederung jedes Gegenstandes«, wie Dr. Wibmer es beschrieb, machten Otto unfähig zu einer kooperativen Zusammenarbeit und effektiven Führung.

In den 18 Monaten, die die Regentschaft und der König in Nafplion verbrachten, spielten diese persönlichkeitsbedingten Probleme Ottos keine besondere Rolle. Nicht er regierte ja, sondern seine Regenten. Die damalige Arbeitsteilung zwischen der politisch tätigen Regentschaft und dem repräsentierenden und für gute Stimmung im Volk sorgenden König schien sogar zweckmäßig zu sein.

Das Königtum Ottos

Der neue Staat und die Rolle der Großmächte

Bis hierher wurde Ottos Stellung als griechischer König recht einfach beschrieben und nicht weiter problematisiert. Es wurde lediglich angeführt, dass er als zweitgeborener Sohn des bayerischen Königs Ludwig I. im Februar 1833, begleitet von einem Korps bayerischer Truppen, auf einem englischen Schiff nach Griechenland kam, genauer nach Nafplion, dem Sitz der griechischen Regierung. Es wurde auch darauf hingewiesen, dass Otto in ein Land kam, das sich erst kürzlich nach einem langen Krieg von der türkischen Fremdherrschaft befreit hatte und dass aktuell durch einen Bürgerkrieg eine schwierige innenpolitische Situation bestand. Außerdem wurde auf die Begleitung durch mehrere Regenten hingewiesen. Weil Otto noch nicht volljährig war, konnte er nicht selbst regieren.

Viel mehr wurde noch nicht angesprochen und wichtige Fragen sind offen: Warum gab es im Jahr 1832 plötzlich einen griechischen König, den es bis dahin, zumindest in der Neuzeit, nicht gab? Warum bestieg gerade ein bayerischer Prinz diesen neuen Thron? Wie stand die griechische Bevölkerung zu dieser Regelung, wo doch eine einheimische Lösung naheliegender gewesen wäre?

Auch viele Details blieben offen: Wieso kam der neue König auf einem englischen Schiff? Warum brauchte er eine so starke militärische Begleitung? Wie war die Stellung der vorhandenen griechischen Regierung in der neuen Situation?

Statt diesen Fragenkatalog weiterzuspinnen, scheint es zweckmäßiger, eine Korrektur anzubringen, die sofort ins Zentrum der Problemlage führen wird. Man kann nämlich nicht davon sprechen, die Griechen hätten sich von der türkischen Fremdherrschaft befreit. Sie haben einen Aufstand gegen die türkische Herrschaft begonnen, wurden aber anschließend in einen verlustreichen Krieg verwickelt, der sie an den Rand der Niederlage führte. Davor bewahrte sie erst das militärische Eingreifen der europäischen Großmächte. Es waren England, Frankreich und Russland, die zugunsten der griechischen Aufständischen intervenierten und dem Osmanischen Reich die griechische Autonomie abtrotzten.

Es ist hier nicht der Ort, die Einzelheiten der Kooperation und Rivalität dieser Mächte in den Jahren zwischen dem Seesieg über die Türken bei Navarino 1827 und der endgültigen Regelung der griechischen Frage im Londoner Vertrag vom Mai 1832 zu behandeln. Es muss aber betont werden, dass die Politik dieser Großmächte viel mehr an ihren eigenen Interessen als an der nationalen griechischen Wiedergeburt orientiert war. Es ist kein Zufall, dass die Namensgebungen der griechischen innenpolitischen Fraktionen nach den drei Großmächten erfolgten. Selbstverständlich gab es auch andere Motive in der Politik dieser Mächte, wie die philhellenischen Ideale und die aufkommenden Kräfte des Liberalismus, Parlamentarismus und Nationalismus. Aber bestimmend für diese Mächte war vor allem der Umgang mit der sogenannten orientalischen Frage: Wer konnte den größten Nutzen aus der Umstrukturierung im östlichen Mittelmeerraum ziehen, die sich durch den Abstieg des Osmanischen Großreichs ergab?

In seiner ersten Proklamation an das griechische Volk stellte sich Otto als »von Gottes Gnaden König von Griechenland« vor. Der Artikel 1 des Vertrags zwischen den drei Großmächten und dem Königreich Bayern, der als Gründungsurkunde des neuen Königreichs bezeichnet werden kann, belehrt aber eines Besseren:

> *Die Höfe von Frankreich, Großbritannien und Rußland, zu solchem Ende von der griechischen Nation gehörig ermächtigt, bieten die erbliche Herrschaft über Griechenland dem Prinzen Friedrich Otto von Bayern, zweytgeborenen Sohne seiner Majestät des Königs von Bayern, an.*[24]

In Artikel 2 ist die Annahme dieser Herrschaft ausdrücklich an die nachfolgenden Vertragsbedingungen geknüpft, die zwischen Februar und Mai 1832 in einem zähen diplomatischen Ringen zwischen den Vertretern der drei Mächte und Bayerns ausgehandelt worden waren. Ottos Herrschaft war also allenthalben ein Königtum von Gnaden der Schutzmächte. Es ist rätselhaft, worin die Ermächtigung durch die griechische Nation bestanden haben soll. Denn bei diesen und den gesamten vorhergegangenen Verhandlungen der Londoner Konferenz, die sich über Jahre erstreckten, war nie ein griechischer Vertreter anwesend. Auf Initiative Bayerns wurden die Griechen allerdings nachträglich um eine Billigung gebeten. Diese erfolgte im August auf dem eilig einberufenen fünften Nationalkonvent in Pronia inmitten des Chaos des Bürgerkriegs und unter dem Schutz französischer Bajonette. Eine Wahl Ottos hat es nie gegeben.

Die drei Mächte verließen sich nicht auf die Kraft des diplomatischen Akts, sie bauten im Artikel 12, dem umfangreichsten des Vertrags, eine Sicherung ihrer Macht gegenüber Griechenland ein. Es ging um eine Anleihe über 60 Millionen Franken, für die sie die Bürgschaft übernahmen. Zu bemerken ist, dass die neue griechische Monarchie vorerst über keine Einnahmen verfügte, der Staat de facto also pleite war. Zugleich stand die Riesenaufgabe des Neu- und Wiederaufbaus vor der Tür. In dem Vertrag war eine Vergabe zu jeweils 20 Millionen vorgesehen und nur die erste Tranche von 20 Millionen fest zugesichert. Die zweite und dritte Rate hingen von einem »vorgängigen Einverständnis« ab und standen unter dem Vorbehalt, dass der griechische Staat in der Lage war, die Raten für Zinsen und Tilgung zu leisten. Diese sollten im Staatshaushalt vor allen übrigen Posten berücksichtigt werden. Die »diplomatischen Repräsentanten der drey Höfe in Griechenland werden besonders angewiesen werden, auf Einhaltung dieser letztern Stipulation zu wachen.« Es war zu erwarten, dass sich der neue Staat wirtschaftlich nicht so aufschwingen würde, um diese Bedingungen jemals reibungslos erfüllen zu können. Somit ergab sich ein breites Spektrum von Einflussmöglichkeiten durch die Schutzmächte, von der Kontrolle durch die Botschafter bis hin zur militärischen Erpressung. All das hat später stattgefunden.

Auch der Titel Ottos, nämlich »König von Griechenland«, gegeben in Artikel 3, bedarf einer genaueren Erörterung. Er war ein Kompromiss, denn Ludwig wollte für seinen Sohn den Königstitel, während die Schutzmächte bis dahin einen Erbmonarchen mit dem Titel »Fürst von Griechenland« vorgesehen hatten. Das geschah mit Rücksicht auf den Sultan, der das Gebiet ja abtreten musste. »Griechischer König« oder gar »König der Griechen« kam aus einem einfachen Grund nicht infrage. Denn das Staatsgebiet war bei Weitem nicht identisch mit dem von Griechen bewohnten Gebiet. Im Gegenteil, von den ca. 2,5 bis 3 Millionen Griechen lebten nur ca. 800000 innerhalb der Grenzen des neuen Staates. Es waren also zwei Drittel aller Griechen weiterhin Untertanen des Osmanischen Reichs. Dieses Problem der unerlösten Nationen teilten die Griechen mit vielen Völkern in Europa, besonders den Italienern, den Polen und den Deutschen. In Griechenland bestimmte es als »Megali Idea«, als die »große Idee« alle Griechen in einer Nation zusammenzuführen, ein Jahrhundert lang bis zur kleinasiatischen Katastrophe[25] die Politik. Otto sollte vorläufig nicht davon betroffen sein, denn das Staatsgebiet hatten die Schutzmächte bestimmt. In seinen ersten Jahren war eine Gebietsausweitung kein Thema. Erst in seiner späteren eigenverantwortlichen Regierungszeit wurde sie bestimmendes Ziel seiner Politik.

König Ludwig I.: Deutsche Politik im Vormärz

Ludwig I. darf bei der rechtlichen Würdigung des griechischen Königtums nicht fehlen. Bayern war durch den Londoner Vertrag als vierte Schutzmacht aufgerückt. Das wurde in Artikel 6 ausdrücklich festgelegt und Bayern übernahm auch einige besondere Verpflichtungen, militärischer wie finanzieller Art. Dazu gehörten die Anwerbung eines Truppen-Korps in Artikel 14 und die Weiterzahlung von Ottos bisherigen Apanagen in Artikel 11. Ludwig war als bayerischer König der Vertrags- und Verhandlungspartner der Alliierten und außerdem als Vater der Vormund des noch nicht mündigen Prinzen. Staatsrechtlich wurde er in dieser Stellung durch die formelle Einsetzung einer dreiköpfigen Regentschaft ersetzt:

> *Während der Minderjährigkeit des Prinzen [...] sollen seine Souveränitätsrechte in Griechenland in ihrem ganzen Umfange durch eine aus drey Räthen bestehende Regentschaft ausgeübt werden, welche Ihm von seiner Majestät dem Könige von Bayern beygegeben werden.*

Ludwig konnte zwar diese Regenten bestimmen, aber nicht in ihre Machtbefugnisse eingreifen. Doch gab es für Ludwig vielfältige Einwirkungsmöglichkeiten auf den formal souveränen Staat Griechenland: diplomatisch als Mitglied im Kreis der Schutzmächte, politisch als bayerischer König auf den im Vertrag zugewiesenen Gebieten, praktisch durch die Auswahl der Regenten und familiär durch Einwirkungen auf seinen Sohn. Gerade die psychische Seite darf man nicht unterschätzen. Ludwig war eine sehr starke Persönlichkeit[26] und deutlich paternalistisch ausgerichtet: fürsorglich, aber streng und autoritär. So führte er seinen Staat und auch seine Familie. Otto war nichts anderes gewohnt.

Es bleibt noch die Frage, warum die Wahl der Großmächte auf Otto und Bayern fiel. Dazu ist viel geschrieben worden. Sicher ist, dass Otto nicht die erste Wahl war. Vor ihm hatte es schon zwei Kandidaten gegeben. Leopold von Sachsen-Coburg, der spätere belgische König, nahm das Angebot zuerst an, zog sich aber wegen der zu erwartenden Schwierigkeiten in Griechenland wieder davon zurück. Ludwigs Bruder Prinz Karl winkte gleich ab. Dass dann die Wahl auf Ludwigs Sohn fiel, hatte neben den unbestreitbaren Nachteilen von Ottos Jugend und Unerfahrenheit auch einige Vorteile. Bayern als Mittelstaat war zu klein, um in ernsthafte Konkurrenz zu den Großmächten zu treten, aber groß genug, um die nötigen Mittel und Kapazitäten beim Aufbau des neuen Staats aufbringen zu können. Vor allem aber bot es in der Person seines philhellenisch orientierten Königs die Gewähr, sich auch wirklich engagieren zu wollen. Seinen Philhellenismus hatte Ludwig zur Genüge bewiesen (siehe Kapitel 1).

Es wäre arg verkürzt, das Engagement Ludwigs nur auf seine griechenfreundliche Gesinnung zurückzuführen. Es gab handfeste dynastische Interessen. Denn Ludwig war nicht nur bayerischer König, er war auch der Chef des Hauses Wittelsbach. Und die Wittelsbacher hatten sich nie auf ihre bayerischen Stammlande beschränkt. Ludwig war noch als Prinz einer unbedeutenden Pfälzer Nebenlinie geboren und erlebte nach dem Aussterben der bayerischen Wittelsbacher den Aufstieg seines Vaters zum bayerischen Kurfürsten und König. In dessen Regierungszeit wurde das Territorium Bayerns erheblich ausgeweitet und der Zuwachs, den es als Verbündeter Napoleons erreicht hatte, auch über dessen Ende hinaus gesichert. Welch eine Genugtuung muss es für den Sohn gewesen sein, in seiner Familie gleich zwei Königskronen zu haben. Die Schutzmächte, misstrauisch wie sie waren, schoben allzu großem Machtzuwachs einen Riegel vor. Artikel 8 des Vertrags verbot weitergehende Wittelsbachische Ambitionen: »In keinem Falle können die griechische und die Bayerische Krone auf einem Haupte vereinigt werden.« In dieser Zeit stand aber für Ludwig nicht eine Macht- oder Gebietsausdehnung im Vordergrund. Für ihn wie für alle anderen Souveräne ging es um Machterhalt. Seit der Revolution in den Juli-Tagen des Jahres 1830 in Paris war die Friedhofsruhe der Restaurationszeit vorbei. Die Völker meldeten wieder den Fürsten gegenüber ihre Ansprüche an. Es ging vor allem um nationale Selbstbestimmung, politische Freiheiten und Rechte für die Bürger. In Italien und in Polen konnten Aufstände nur mit Mühe und militärischer Gewalt unterdrückt werden. Die katholischen Niederländer erstritten einen eigenen Staat. Ihr erster König wurde der Prinz Leopold, der die griechische Krone ausgeschlagen hatte.

Von diesen Ereignissen blieben die Länder des Deutschen Bunds nicht unberührt. Auch Bayern war betroffen. In München musste Ludwig zu harten Gegenmaßnahmen greifen. Nach Unruhen ließ er die Universität schließen. Es kam zu Verhaftungen und vor allem zur Verschärfung der Pressezensur.

Man kann durchaus einen zeitlichen oder thematischen Zusammenhang zwischen den Ereignissen in Bayern und denen in Griechenland herstellen. Denn die Verhandlungen zwischen Bayern und den Schutzmächten, die dem Londoner Vertrag vorausgingen, fanden fast gleichzeitig mit den Vorbereitungen zum Hambacher Fest statt. Während in London über die Etablierung einer neuen Monarchie in einem fremden Land verhandelt wurde, protestierten in Hambach zum ersten Mal Zehntausende Bürger gegen die Ausartungen der Monarchien in Deutschland. Das Angebot der griechischen Krone für Otto und die Gründung des Deutschen Preß- und Vaterlandvereins, der ersten demokratisch orientierten parteiähnlichen Organisation in Deutschland, erfolgten fast gleichzeitig im Februar 1832.

Es ist nicht nötig solche Plausibilitätszusammenhänge zu konstruieren. Denn es besteht ein enger kausaler Zusammenhang in einer zentralen Frage, die für die protestierenden Bürger in Bayern wie die Untertanen Ottos in Griechenland von gleicher Bedeutung war.

Ludwig schrieb seinem Sohn kurz vor dessen Mündigkeit einen langen Brief, in dem er seine väterlichen Empfehlungen in einer Art Programmschrift zusammenfasste. Darin heißt es:

> *Nicht zu reiflich überdacht kann die Einführung einer Verfassung werden. Es ist die Höhle des Löwen, aus der keine Fußstapfen gehen; sie hat Folgen, die man gar nicht voraussieht. Oh! möchten doch die traurigen, auch hierin gemachten Erfahrungen Bayerns Hellas zum Nutzen gereichen, indem es die Fehler vermeidet, die begangen wurden.*[27]

Worin bestanden die gemachten Fehler, die Ludwig dem Sohn ersparen wollte?

Ludwig hatte als Kronprinz eine gemäßigt liberale Position vertreten. Er befürwortete die Erstellung der bayerischen Verfassung von 1818. Ein von ihm verfasstes Gutachten wurde ausdrücklich berücksichtigt. Bayern war also seit dieser Zeit ein Verfassungsstaat, was im Deutschen Bund nicht selbstverständlich war. Die Monarchen der größten Staaten Preußen und Österreich regierten ohne Verfassung. Der bayerische Landtag mit seinen zwei Kammern konnte über seine Rechte bei Budget und Gesetzgebung dagegen eine absolute Herrschaft des Königs verhindern. Als der Landtag des Jahres 1831 erstmals ernsthaft von seinen Rechten Gebrauch machte, die königlichen Gesetzeswünsche nicht erfüllte und in der Frage der Pressezensur Widerstand leistete, änderte Ludwig seine Position strikt. Er berief in Zukunft keine liberalen Minister mehr. In diesem Zusammenhang verlor der bisherige starke Mann Graf Armansperg seine Posten. Er war Innen-, Finanz- und Außenminister gewesen.

Verstärkt wurde der Wechsel vom gemäßigt liberalen zum autoritären Kurs vor allem durch die Vorgänge in der Pfalz. Die linksrheinische Pfalz gehörte seit 1816 zu Bayern. Schon vorher hatte sich unter Ludwigs Vater Max Joseph die bayerische Wirtschafts- und Sozialstruktur durch die Erweiterung um die fränkischen und schwäbischen Gebiete stark verändert. Nunmehr gab es auch ein protestantisch-bürgerlich dominiertes Milieu in den Wirtschaftszentren Augsburg, Nürnberg und Würzburg. Besonders ausgeprägt war dies in der Pfalz. Sie war bis zum Ende Napoleons Teil Frankreichs gewesen und damit auch entsprechend verwaltet worden. Hier galten längst bürgerliche Gleichheit und Freiheit, während in Bayerns Kammern immer noch um die Beibehaltung oder Abschaffung der adligen Privilegien gerungen wurde. Diese linksrheinische bayerische Pfalz mit ihrem Sonderstatus und die Universitätsstadt Würzburg wurden Zentren der bayerischen und gar deutschen Opposition. Höhepunkt waren die gleichzeitigen Feste im fränkischen Gaibach und pfälzischen Hambach im Mai 1832. Das Fest im Hambacher Schloss wurde als deutsches Nationalfest ausgerichtet und versammelte die bekanntesten Köpfe der deutschen Opposition. Das Treffen wurde als Fest getarnt, denn gegen eine politische Veranstaltung wäre sofort die Polizei eingeschritten. Politische Vereine waren seit März 1832 auch in Bayern verboten. Am »Fest« nahmen 20000 bis 30000 Personen teil. Neben einer nationalen Wiedergeburt wurden die bürgerlichen Rechte und Freiheiten gefordert. Es ging besonders um die Presse- und Versammlungsfreiheit, die Einrichtung von Verfassungen und Parlamenten.

Mehr noch als die Aufmüpfigkeit des Landtags trugen die Vorgänge in Franken und der Pfalz zu Ludwigs Kurswechsel bei. Es folgte eine bis dahin beispiellose Pazifizierung mit den Methoden des Polizei- und Obrigkeitsstaats. Solche Methoden waren seit dem Erlass der Karlsbader Beschlüsse im Gebiet des Deutschen Bunds üblich. Aber bisher hatte Ludwig Bayern davor bewahrt.

Gegen die Pfalz wurde ein Hofkommissär mit einer ansehnlichen Truppenmacht in Marsch gesetzt und der Belagerungszustand verhängt. An den Universitäten veranlasste Ludwig die Entlassung missliebiger Professoren. Denunziation und Spitzelei blühten. Wer direkt beteiligt war, wurde verhaftet und angeklagt. Prominentestes Beispiel ist der Würzburger Bürgermeister Wilhelm Behr. Ludwig, der den Hochschullehrer aus seiner Würzburger Kronprinzenzeit kannte, schaltete sich persönlich ein und sorgte für eine besonders unnachgiebige Strafverfolgung. Für seine in Gaibach gehaltene Rede war Behr bis 1847 in Haft.

Das Urteil seines Biografen über diesen Justizterror fällt für König Ludwig wenig schmeichelhaft aus:

> *Das Antreiben des Königs löste eine Lawine von Prozessen wegen Hochverrats, Majestätsbeleidigung und ähnlichen Delikten aus. Hunderte verschwanden auf Jahre, manchmal viele Jahre, hinter den Mauern von Festungen, Zuchthäusern und Arbeitshäusern. Auch Todesurteile wurden ausgesprochen, allerdings keines vollstreckt. Hinter dem Vorgehen der Justiz stand der oberste Gerichtsherr des Landes, der nicht müde wurde, seinen Richtern äußerste Härte nahezulegen und sie gegen »falsche Humanität« immun zu machen.*[28]

Regierung ohne Verfassung

Dieser Sinneswandel und der dadurch bedingte Politikwechsel Ludwigs sind deshalb so bedeutend, weil sie ein gängiges Urteil über die bayerische Politik gegenüber dem neuen Griechenland infrage stellen. Es wird häufig kritisiert, dass die bayerischen Politiker ihre heimatlichen Verhältnisse Griechenland durch eine Flut von Verordnungen übergestülpt hätten. Das mag in einzelnen Bereichen zutreffen, nicht aber in der zentralen Frage der Verfassung. Bayern selbst hatte eine Verfassung, Ludwig wollte aber in Griechenland keine zulassen. Das ist alles andere als eine Angleichung der Verhältnisse.

Seinem Sohn gegenüber formulierte der König seine ablehnende Haltung in der Verfassungsfrage nur als Wunsch und wohlmeinenden Rat. Mehr bedurfte es bei Otto nicht. Er hielt sich daran, nicht nur als braver Sohn, sondern, wie sich später herausstellen sollte, aus vollster Überzeugung.

Auf politischer Ebene sicherte Ludwig sein Verdikt mehrfach ab. Bei den Londoner Verhandlungen mit den Schutzmächten erreichte er, dass im Vertragstext nur das monarchische Prinzip, nicht aber eine Konstitution fixiert wurde. Gegenüber der amtierenden griechischen Regierung spielte er auf Zeit. Sein Außenminister Gise schrieb am 31. Juli 1832 an Ministerpräsident Trikoupis einen Brief des Inhalts, dass die Griechen keinesfalls einseitig mit der Erstellung einer Verfassung beginnen sollten. Der König würde nach seiner Ankunft als erste Amtshandlung eine Nationalversammlung für die Abfassung einer Konstitution einberufen.

Trotz dieser Zusicherung Gises verpflichtete Ludwig die Regentschaft auf das Gegenteil. Sie erhielt am 31. Juli 1832 eine genaue Geschäftsordnung und eine geheime Weisung, wonach sie keinesfalls berechtigt war, »während der Minderjährigkeit des Königs einem konstitutionellen Königtum zuzustimmen, sondern sich vor allem damit zu befassen hat, die Rechte des Königs ungeschmälert zu erhalten, daß ihm keines davon abhanden komme«.[29]

Schon am Tag der Landung des Königs legte Trikoupis den Brief Gises vor und verlangte die zugesagte Einberufung. Nach einiger Verlegenheit wegen der unterschiedlichen Aussagen wurde schnell klar, dass die Regentschaft nicht Willens war das Versprechen zu erfüllen. Bei der ersten Regierungsproklamation Ottos war dann auch von Nationalkonvent und Verfassung keine Rede. Die vorhandenen Reste bestehender Verfassungsorgane wurden für aufgelöst erklärt, lediglich die Regierung Trikoupis konnte vorläufig weitermachen. Sie wurde verpflichtet, die Weisungen der Regentschaft umzusetzen. Damit hatte Ludwig sein Ziel erreicht, Griechenland war eine absolute Monarchie geworden.

Selbst gemäßigte griechische Historiker bewerten die Vorgänge, die sich inmitten des Jubels am Einzugstag König Ottos im Februar 1833 ereigneten, als »Staatsstreich«,[30] dessen planmäßige Vorbereitung durch Ludwig in München im August des vorangegangenen Jahres als »Palastrevolution«, die gleichzeitige Einsetzung Ottos durch die Großmächte als »aufoktroyiert«.[31]

Deren Argumentationsweise stützt sich auf mehrere unabweisbare Umstände: Die Schutzmächte sicherten in einer Proklamation in London noch im August 1832 zu, dass die Regierungsform eine monarchische und gleichzeitig konstitutionelle sein würde.[32]

Es gab eine Tradition von bisher fünf verfassunggebenden Nationalversammlungen seit Beginn der Revolution mit Verfassungen »mehr oder weniger betont demokratischer Prägung«, die »auf dem Grundsatz der Volkssouveränität beruhten«.[33]

Es herrschte auch ein Einvernehmen darüber, dass sich diese Prinzipien mit einer wie auch immer gearteten konstitutionellen Monarchie verbinden ließen.[34] Dabei sind die Beweggründe für die Einführung der Monarchie nicht erheblich. Sie reichten vom Rückgriff auf eigene monarchische Traditionen aus byzantinischer Zeit bis zu taktischen politischen Erwägungen. Nicht erheblich sind auch Einwände gegen die Zusammensetzung der Versammlungen. Immerhin kamen sie auf der Basis der traditionellen gemeindlichen Selbstverwaltung zustande.

Die Delegierten des Nationalkonvents in Pronia konnten also vor ihrer Zustimmung zu Recht davon ausgehen, dass das Königtum Ottos ein konstitutionelles sein würde. Der beschwichtigende Brief Gises bestärkte diesen Glauben. Auf dieser Grundlage wurde eine Huldigungsdelegation bestimmt und auf die Reise nach München geschickt. Sie sollte in der bayerischen Öffentlichkeit für Legitimation sorgen. Erst Monate danach wurde offenbar, was Ludwig, Otto und seine Regenten wirklich vorhatten.

Ob man dieses Vorgehen gleich als Staatsstreich bewerten soll, mag dahingestellt sein.[35] Denn es waren, wie noch zu zeigen sein wird, auch genügend Griechen beteiligt. Vor allem machte die amtierende Regierung mit und ließ sich übernehmen. Die Reste der alten Nationalversammlung und des Senats hatten selbst eine fragwürdige Legitimität inmitten der Gewaltakte des Bürgerkriegs. Zumindest bei der konstitutionell denkenden politischen Elite des Landes hatten die Bayern allerdings den Vertrauensvorschuss verspielt, der beim Empfang Ottos bei der breiten Bevölkerung so deutlich zu spüren war. Eine Folge davon war ein Zusammenrücken der im Bürgerkrieg gespaltenen politischen Elite.

Die Regenten und ihre Leistungen

Konzepte und Arbeitsweisen

Auch heute noch kann man, wie schon König Otto bei seinem ersten Einzug, Nafplion durch das inzwischen restaurierte Landtor betreten. Gleich dahinter rechts, in der ersten Reihe hinter der ehemaligen Stadtmauer, steht das für die hiesigen Verhältnisse imposante Haus Armansperg. Es ist deutlich größer als der bescheidene Palast König Ottos und wurde ungefähr zur selben Zeit

Das Haus Armansperg hinter dem Landtor

erbaut. Dieses Palais war für die Architektur der Stadt stilbildend. Es ist noch kein ausgereifter klassizistischer Bau, eher roh und ohne die üblichen Zutaten wie Säulen, Pilaster oder Dreiecksgiebel. Nur das Portal an der Plapoutastraße und ein eher unauffälliger Phönix unter der Dachtraufe hoch über der Straße schmücken die Fassade. Eine Gedenktafel erinnert an den ehemaligen Regenten Graf Armansperg. Sie ist die einzige in der Stadt, die einem Bayern aus der Regierungszeit Ottos gewidmet ist.

Das Haus, in dem sein Regentschaftskollege Georg Ludwig von Maurer wohnte und arbeitete, steht nicht mehr. Es befand sich direkt gegenüber auf der anderen Straßenseite, ebenfalls mit der Front Richtung Landtor, hatte aber deutlich bescheidenere Ausmaße.

Wo der General Karl von Heideck, der dritte Regent, wohnte, lässt sich nicht mehr genau feststellen. Das Haus muss sich am entgegengesetzten Ende der Stadt befunden haben. Seine Lage über dem Meer in der Nähe der Fünf-Brüder-Bastion wurde von Bettina Schinas beschrieben, samt Details der Inneneinrichtung.[36]

Diese drei Männer wurden von König Ludwig dafür ausgewählt, seinen Sohn bis zur Volljährigkeit zu vertreten. Ludwig unterrichtete Heideck schon im Februar 1832, also zu einem sehr frühen Stadium der Bewerbung Ottos, dass er mit dem künftigen König nach Griechenland gehen sollte. Alles spricht dafür, dass seine Erfahrungen bei einem früheren Aufenthalt dort den Ausschlag gaben. Solche hätte auch sein Konkurrent Friedrich Thiersch gehabt. Der war aber wegen seiner bekannten und offen propagierten Vorliebe für eine griechische Verfassung Ludwig politisch nicht zuverlässig genug. Heideck dagegen hatte nie liberale Neigungen gezeigt. Im Gegenteil hatte er, obwohl im Kern ein unpolitischer

Haus Armansperg, das Portal in der Odos Plapouta

Die Umgebung der Kommandantur über der Fünf-Brüder-Bastion. Aquarell von G. Haubenschmid, 1833

Mensch, in den Wirren des abgelaufenen Landtags immer betont loyal auf der Seite des Königs gestanden. Seine rasante Karriere verdankte er der persönlichen Nähe zum König und war diesem deshalb besonders verpflichtet. Ludwig wusste das genau und rechnete damit. Heidecks Biograf Berthold Seewald bezeichnete ihn wiederholt als »Paladin des Königs«. Damit wollte er seine besondere Stellung betonen, die durchaus zwei Seiten hatte. Er konnte sich in der Gnade des Königs sonnen, war ihm aber auch auf Gedeih und Verderb ausgeliefert. Durch diese besondere Vertrauensstellung eignete sich der General auch als inoffizieller Berichterstatter[37] für den König und Mentor[38] für den Sohn.

Heideck konnte seine zukünftigen Kollegen vorschlagen und entschied sich für Armansperg und Maurer. Ludwig hatte bei seinem erst kurz vorher von ihm entlassenen ehemaligen Finanz-, Außen- und Innenminister Armansperg Bedenken und wohl auch persönliche Aversionen. Er folgte Heideck trotzdem, warnte ihn aber vor dem Grafen, mehr noch vor seiner Frau. Zuweilen wird die Meinung vertreten, Ludwig habe Armansperg nach Griechenland abgeschoben, weil er ihn wegen seiner liberalen Neigungen für politisch unzuverlässig hielt.

Historische Fotografie des nicht mehr bestehenden Hauses des Regenten Maurer (links). Das Haus des Regenten Armansperg gegenüber steht noch

Außerdem habe er ihm sein zwielichtiges Verhalten im letzten Landtag nachgetragen. Eine solche Position verkennt aber sowohl das beträchtliche Selbstwertgefühl Ludwigs als auch seine Rationalität. Es ist zutreffend, dass der König seinen wichtigsten Minister verärgert entlassen hatte. Gleichzeitig gab es aber in ganz Bayern niemanden mit ähnlicher fachlicher Kompetenz, politischer Erfahrung und Durchsetzungsfähigkeit. Unter seiner Leitung wurden seit 1825 die völlig zerrütteten bayerischen Staatsfinanzen saniert. Dies trug ihm den Spitznamen Sparmansperg ein, der in Ludwigs Augen sicher ein Ehrenname war. Denn erst auf der Grundlage dieser Haushaltssanierung konnte Ludwig seine kostspieligen kulturellen Projekte, besonders den Ausbau Münchens, verwirklichen. Als Außenminister hatte der Graf erfolgreich die bayerischen Interessen bei den komplizierten Verhandlungen um die Zollunions- und Zollvereinsfragen im Deutschen Bund vertreten. Es spricht also durchaus für Ludwig, dass er seine persönlichen Bedenken zurückstellte und dem Sohn durch diese personelle Entscheidung den besten Start sichern wollte. Es fiel ihm wohl auch leichter, weil er mit Heideck als Vertrauten eine Art Aufpasser mitschickte.

Auch Maurer war kein Leichtgewicht und alles andere als ein verkopfter Rechtsprofessor, wie es in manchen Darstellungen erscheint. Maurer gehörte schon in relativ jungen Jahren zur Elite der deutschen Rechtsgelehrten und war seit 1826 Professor an der neu eingerichteten Universität in München. Auf Vorschlag von Karl Friedrich Eichhorn, zusammen mit Friedrich Carl von Savigny[39] Begründer der deutschen historischen Rechtsschule und Inhaber des Göttinger Lehrstuhls für Rechtsgeschichte, sollte er zu dessen Nachfolger berufen werden. Man versuchte ihn aber unbedingt in München zu halten. Unter anderem wurde er deshalb 1830 als ordentliches Mitglied in den bayerischen Staatsrat berufen. Schon 1831 folgte die Berufung in den Reichsrat, verbunden mit der Erhebung in den Adelsstand. Maurer hatte sich zwar das Recht auf weitere Vorlesungen gesichert, aber seine akademische Karriere war beendet. Er konnte sie wegen der Belastung durch die Staatsämter nicht weiter verfolgen.

Von den beiden politischen Ämtern Maurers war das des Staatsrats von besonderer Bedeutung. Im Regierungssystem Ludwigs war er die zentrale Schaltstelle zur Umsetzung seiner Politik. Denn alle wichtigen Entscheidungen in den Ministerien wurden hier vordiskutiert, ebenfalls die Vorlagen für den Landtag. Dieser war keine ständige Einrichtung und konnte erst nach Einberufung durch den König und mit jahrelangen Pausen tagen. Deshalb war der Staatsrat in der landtagsfreien Zeit der Ort der zentralen politischen Erörterungen und Entscheidungen. Besonders deutlich wird das in der Griechenlandpolitik. Im dafür entscheidenden Jahr 1832 tagte der Landtag nicht. Man kann diesen Staatsrat durchaus als einen Rest aus der Zeit der absolutistischen Kabinettspolitik sehen: Der König allein berief seine Mitglieder. Ein Kabinett als Gegenpol gab es nicht. Ludwig vermied es weitgehend, seinen Ministerrat einzuberufen und verkehrte mit seinen Ministern nicht als Gruppe. Sie saßen aber natürlich im Staatsrat. Auch die Mitgliedschaft im Reichsrat war eine bedeutende Position, kein bloßer Titel. Der Reichsrat war eine Art zweite Kammer des Landtags, die Vertretung des Adels neben der Kammer der Abgeordneten. Da Ludwig auch hier wie in der Abgeordnetenkammer auf Opposition stieß, war es für ihn umso wichtiger, die Reichsratsmitglieder, die er frei bestimmen konnte, mit Männern zu besetzen, deren er sich sicher sein konnte.[40]

Karl von Abel war nur als Substitut, d.h. Ersatzmann Mitglied der Regentschaft, ohne Stimmrecht. Als langjähriger Mitarbeiter von Armansperg hatte er als Verwaltungsjurist eine reiche Erfahrung, viel Organisationstalent und eine beträchtliche Durchsetzungsfähigkeit. Diese sollte er in seiner zweiten Karriere in den Jahren von 1837 bis 1847 beweisen. Hier leitete er als Innenminister und Vertreter eines harten politischen Katholizismus die Restaurationspolitik Ludwigs. Dieses »System Abel« währte fast bis zum Sturz des Königs im Verlauf der Revolution des Jahres 1848. Kurz davor kam auch Maurer noch zu Ministerehren, wenn auch nur für wenige Monate als Justiz- und Außenminister. Sein »Ministerium der Morgenröte« nach der Eiszeit unter Abel konnte Ludwig aber nicht mehr retten.

Diese Männer entstammten alle den Alterskohorten der Geburtsjahrgänge zwischen 1787 und 1790, waren also annähernd gleichaltrig und für ihre Positionen relativ jung, Maurer zur Zeit seiner Berufung zum Regenten gerade 42 Jahre alt. Außer dem Berufsoffizier Heideck waren sie Juristen mit Verwaltungserfahrung, die sie noch unter Montgelas erworben hatten: das heißt rational, modernistisch, relativ liberal eingestellt, aber autoritär zugreifend, nach dem Vorbild der französischen Verbündeten. Armansperg hatte in Speyer, Maurer in Frankenthal gearbeitet, also in der Pfalz, dem fortschrittlichsten Teil Bayerns. Heideck hatte sogar in der französischen Armee gedient.

Als ziemlich homogene Mannschaft Gleichaltriger und Gleichgesinnter machten sie sich dann in Griechenland an die Arbeit. Die vorher vorgenommene Kompetenzverteilung entsprach ihren Neigungen, Fähigkeiten und Erfahrungen.

Armansperg als ehemaliger Finanz- und Außenminister sollte für diese Bereiche zuständig sein und außerdem als Ranghöchster der Regentschaft präsidieren. Der frisch ernannte Generalmajor Heideck erhielt den militärischen Oberbefehl, Maurer stand für das Rechts- und Kulturwesen. Um die Verwaltungsangelegenheiten hatte sich Abel zu kümmern. Armansperg hatte als Präsident keine besonderen Rechte. Die Entscheidungen mussten gemeinschaftlich, im Zweifelsfall durch Majoritätsbeschluss der drei Regenten getroffen werden. Eine gewisse Sonderstellung genoss Armansperg, weil er auch für das königliche Haus zuständig war und ihm deshalb beträchtliche Repräsentationsgelder zur Verfügung standen.

Es ist viel über Pläne und Konzepte der Regenten geschrieben worden.[41] Nachgewiesen ist keines. Seewald hat sehr plausibel gemacht, dass Heideck als Einziger mit Griechenlanderfahrung und an der diplomatischen Vorbereitung frühzeitig Beteiligter am ehesten die Rolle als Vordenker für sich beanspruchen konnte. Wichtige Teile davon waren schon in diverse Verträge eingeflossen.[42] Von Plänen Armanspergs ist nichts bekannt. Maurer gab selbst zu, erst beim Eintreffen in Griechenland mit den dortigen Problemen und Verhältnissen konfrontiert worden zu sein:

> *Eine weit größere Schwierigkeit [als die Unkenntnis der griechischen Sprache A. d. V.] entsprang jedoch aus der gänzlichen Unkenntnis der griechischen Verhältnisse und Bedürfnisse, sowie der wahren Lage des*

> *Landes. Die Königl. Bayr. Regierung hatte versäumt, ehe sie die Krone annahm, an Ort und Stelle selbst Erkundigungen einzuziehen.*[43]

Armansperg, Maurer und Abel verbrachten die Zeit zwischen ihrer Berufung und der Abfahrt, immerhin mehr als ein halbes Jahr, vor allem mit der Absicherung ihrer Karrieren und Apanagen. Erst während der Anreise in Italien und bei einem Aufenthalt in Korfu begannen sie gezielt Informationen einzuholen. Nur Heideck, der es wegen seines früheren Aufenthalts am wenigsten nötig hatte, nutzte die Zeit einigermaßen. Aber auch er ging für fünf wertvolle Wochen in Urlaub nach Bad Gastein. Und doch handelte die Regentschaft, zumindest in den ersten Monaten, recht einheitlich nach einigen, wenn auch nicht dezidiert abgestimmten gemeinsamen Maximen: Keiner stellte die gegenüber Ludwig abgegebene Verpflichtung infrage, eine griechische Verfassung oder gar eigene Repräsentativorgane zuzulassen. Also wurden, wie schon beschrieben, das Versprechen einer Verfassung nicht realisiert und bestehende Organe aufgelöst. Die Regentschaft wollte in absolutistischer Manier regieren. Von ihr einzusetzende griechische Ministerien hatten lediglich ihre Dekrete umzusetzen.

Keiner stellte sich auch gegen die zwei wichtigsten Grundannahmen Heidecks. In der künftigen Entwicklung sollte einer zumindest für absehbare Zeit bayerisch geführten Armee eine besondere Rolle zufallen. Das bedeutete die Auflösung aller bewaffneten griechischen militärischen Verbände. Die mit diesen nunmehr irregulären Truppen verquickten politischen Parteien und ihre Vertreter durften nicht an den Regierungsgeschäften beteiligt werden. Das musste faktisch auf einen Ausschluss der gesamten bisherigen politischen Elite hinauslaufen.

Besonders einig war man sich über das gedankliche Konzept der Modernisierung nach europäischem Muster: Die Griechen, die Urahnen und Begründer der europäischen Kultur, seien im Laufe einer langen Überfremdung von ihrem Weg abgekommen und sollten unter bayerischer Kuratel wieder auf ihn zurückgebracht werden.

Kenner der Verhältnisse wie der Münchner Arzt Dr. Ringseis wussten, was nun kommen würde. Seinem ehemaligen Schüler Dr. Rösner, dem Leibarzt Ottos, prophezeite er kritisch:

> *Ich will Ihnen sagen, was nun geschehen wird: Das Erste und Angelegenste wird sein, den ganzen Berg von bayerischen Gesetzen und Verordnungen, die teilweise in Bayern schon nichts taugen, nach Griechenland zu verpflanzen, wo sie geradewegs ungeheuerlich werden, und jeden Stiefel über den bayerisch-liberalen Leisten zu schlagen. Und so ist es auch gegangen. Bayerisch-liberal sein sollend wurde regiert, administriert und dekretiert.*[44]

Ein Blick in das »Regierungsblatt des Koenigreichs Griechenland« zeigt, wie recht Ringseis mit seiner Voraussage hatte: Schon im ersten Regierungsjahr 1833 erschienen 88 Gesetze und Verordnungen, im Jahr 1834 101 und 1835 179.

Besonders daran beteiligt war der als arbeitswütig bekannte Maurer.

> *Gleich am ersten Tage nach dem stattgehabten Einzuge, als ich noch keinen Stuhl, keinen Tisch, keine Feder und keine Tinte im Hause hatte, schrieb ich mit Bleistift an der Wand meines späteren Arbeitszimmers das Projekt zu dem ersten Auftrage an das Gesamtministerium, in welchem die zunächst zu ergreifenden angegeben und Gutachten darüber abverlangt wird.*[45]
>
> *Eine Verordnung und ein Gesetz folgte dem anderen: Verordnung über die Einrichtung der Staatsgewalt, Verordnung über eine allgemeine Amnestie für alle vor der Ankunft des Königs begangenen politischen Verbrechen, Verbot des Tragens von Schießgewehren ohne obrigkeitliche Ermächtigung, Errichtung von drei Gerichtshöfen zur Aburteilung der gegen die öffentliche Sicherheit begangenen Verbrechen, militärische Besetzung des Landes, Auflösung der irregulären Korps [...] Vorkehrungen gegen die Seeräuberei, Bildung der Ministerien, Verordnung über die Kompetenz der Beamten, Einteilung des Landes in Nomarchien, Eparchien und Demen, Dienstreglement für die neu ernannten Beamten, Verordnung über die Einführung von Uniformen für Staatsdiener, Gemeindegesetz, Gesetz über die Verteilung der Staatsländereien an Palikaren und alle dürftigen Soldaten und nicht zu vergessen Verordnungen über Staatshuldigung, Staatswappen, Staatssiegel, Nationalfarben, Münze und Regierungsblatt. Dazu kam noch ein Gesetz über die Volksschulen und ein Gesetz, die Wissenschaften und artistischen Sammlungen sowie das Antiquitätenwesen betreffend. Maurer selbst [...] steuerte noch vier Gesetzbücher bei. Ein fünftes war in Vorbereitung.*[46]

Eine derartige Flut von Vorschriften und Gesetzen konnte in so kurzer Zeit nur erarbeitet werden, weil sie in einem einfachen bürokratischen Verfahren entstanden. Sie wurden von den Regenten selbst, meist ohne große interne Abstimmung, auf Deutsch abgefasst, ins Reine geschrieben und nach der Unterschrift aller Regenten an den zuständigen Minister weitergeleitet, der sie an einer mit Bleistift markierten Stelle zu unterzeichnen hatte. Die Übersetzung erfolgte in einer eigenen Kanzlei durch drei Griechisch sprechende Deutsche, bevor die Verordnung oder das Gesetz dann zweisprachig im Regierungsblatt veröffentlicht werden konnte. Engstellen dieses bürokratischen Systems waren eher das Übersetzungsbüro und die Druckerei als personelle oder inhaltliche Reibereien, zumindest in den Anfangsmonaten. Erst ab Juni 1834 fanden fast täglich Regentschaftssitzungen statt, vorher blieb es bei ein bis zwei Sitzungen pro Woche.[47] So konnten die Regenten weitgehend selbstständig arbeiten und die Ergebnisse wurden zumindest bis zum Frühjahr 1834 auch gemeinschaftlich getragen.

Insgesamt dauerte die Regentschaftszeit vom 30. September 1832 bis zur Volljährigkeit Ottos am 15. Juni 1835. Davon interessiert hier nur die Zeit in Nafplion genauer, also vom Eintreffen im Februar 1833 bis zur Verlegung der Hauptstadt nach Athen im Dezember 1834, nicht einmal zwei ganze Jahre. Ab August 1834 wurden Maurer und Abel abberufen und durch den Staatsrat Ägid von Kobell und den bereits vor Ort beschäftigten Finanzdirektor Johann Baptist von Greiner ersetzt. Die Grenze zwischen erster und zweiter Regentschaft lässt sich zeitlich exakt festlegen. Ihr ging aber eine längere Phase der inneren Zerstrittenheit voraus, in der Entscheidungen nur durch Majoritätsbeschlüsse möglich waren. Hier ist eine Grenzziehung kaum möglich.

Die im Folgenden kurz skizzierten wichtigsten Maßnahmen sind sämtlich der Phase der einvernehmlichen Arbeit zuzuordnen. Eventuelle Dissonanzen werden ausdrücklich erwähnt.

Armansperg: Außenpolitik und Finanzen

Armanspergs Domäne war vor allem die Finanzpolitik. Ihr verdankte er die Berufung und größtenteils auch sein Verbleiben im Amt.

Er fand eine leere Kasse vor. Die zu erwartenden Einkünfte des Staats waren gering und konnten allenfalls durch den Aufbau eines neuen Steuersystems gesteigert werden. Bis dahin blieb nur die Finanzierung durch Kredite und eine sparsame Ausgabenpolitik, um einen ausgeglichenen Haushalt zu erreichen. Ein solcher wurde weder in der hier behandelten Zeit noch später während der Regierungszeit Ottos irgendwann erreicht.

Es blieben die drei Raten der im Londoner Vertrag zugesicherten Anleihe von 60 Millionen Franken.

Auch darum stand es schlecht. Obwohl die ersten beiden Raten zusammen ausbezahlt wurden, blieb die Situation schwierig. Einige Zahlen[48] bestätigen das:

40 000 000 Dr	ausbezahlte Staatsanleihe
abzüglich	
13 000 000 Dr	Ausgleichszahlung an Osmanisches Reich wegen Grenzberichtigungen
4 300 000 Dr	Zinsen und Tilgung 1833 und 1834

1300000 Dr	Reisekosten der Regentschaft
4900000 Dr	Staatsdefizit für 1833
10400000 Dr	Staatsdefizit für 1834
verblieben	
6000000 Dr	

Die Staatseinnahmen des Jahrs 1833 von 7200000 Dr konnten bis Ende 1834 nur um 4000000 Dr gesteigert werden. Das Budget des Innenministeriums, zu dem die Entwicklung der Infrastruktur gehörte, lag mit 500000 Dr bei 4 % des Budgets von 1833, im Jahr 1834 mit 1200000 Dr bei 6 %. Die Armee und die Marine beanspruchten 1833 mit 8700000 Dr mehr als die Hälfte der Gesamtausgaben und mehr als die gesamten Staatseinnahmen. Im Jahr 1834 stiegen die Militärausgaben auf 11000000 Dr, also auf fast das Doppelte des verbliebenen Darlehensbetrags. Die Auszahlung der dritten Rate stand in den Sternen und sollte auch nie erfolgen.[49]

Es war nicht zu erwarten, dass Armansperg die Finanzprobleme kurzfristig in den Griff bekommen hätte. Denn die hohen Militärausgaben waren indirekt durch internationale Verträge festgeschrieben und die Belastung durch den Umzug der Regierung kam auch von außen. Die Entscheidung für Athen fiel nämlich in München. Andererseits verdankte der Graf seine Stellung vor allem seinem Ruf als Finanzgenie. Nur deshalb hatte Ludwig seine Bedenken zur Seite geschoben. Diesen Ruf konnte der ehemalige Finanzspezialist in Griechenland nicht bestätigen. Im Gegenteil, er fiel vor allem durch seine hohen persönlichen Ansprüche und seinen aufwändigen Lebensstil auf. Dieser stand in vollkommenem Gegensatz zum Land, das er repräsentierte.

Etwa 100000 Griechen, die Hälfte der erwachsenen männlichen Bevölkerung des Königreichs Griechenland, waren in der Landwirtschaft tätig. Davon waren nach dem Abzug der Türken fünf Sechstel besitzlos. Danach hatte es Verschiebungen in den Besitzverhältnissen nur zugunsten der Primaten gegeben, der Bevölkerungsgruppe, die auch schon vorher Land besaß. Aber der Großteil des anbaufähigen Landes, nämlich zwei Drittel, war in Staatsbesitz übergegangen und blieb zu einem erheblichen Teil unbebaut: Von den 16 Millionen Stremmata des Staatslands lagen 10 Millionen brach. Von den 5,5 Millionen Stremmata Land in privater Hand waren auch 3 Millionen nicht bebaut.

Die Nutzung dieses riesigen Entwicklungspotenzials war, ganz abgesehen vom sozialen und politischen Aspekt, der Schlüssel zur finanziellen Gesundung des neuen Staats. Denn noch 1840 betrugen die Einnahmen aus der Gewerbesteuer, d. h. aus der Nichtlandwirtschaft, nur 260000 Dr. Allein die Zehntabgaben der Landwirtschaft an den Staat brachten über 7 Millionen Dr, also das Dreißigfache! Auch die Einkünfte aus den indirekten Steuern waren nicht erheblich. Nach einhelligen Urteilen beruhte »die katastrophale griechische Finanzlage überwiegend auf politischen Entscheidungen wie dem Vorrang der Armeeausgaben vor Landwirtschaftsinvestitionen und einer Bodenreform.«[50] Für diese Fehlentscheidung war Armansperg in seiner Eigenschaft als Vorstand der Regentschaft und ihr Finanz- und Wirtschaftsspezialist als Erster verantwortlich. Da er nach der Entlassung Maurers und Abels wesentlich mehr Macht- und Gestaltungsmöglichkeiten hatte und nach der Volljährigkeit Ottos sogar als Erzkanzler allein zuständig war, hatte er später auch genug Zeit und Einfluss zu Korrekturen. Es gab zwar einige erfolglose Versuche, zum Beispiel den Ansatz zu einer Bodenreform, aber insgesamt wurde der eingeschlagene Kurs beibehalten.

Im außenpolitischen Bereich, seiner zweiten Zuständigkeit, agierte Armansperg erfolgreicher. Er hatte natürlich wenig Spielraum. Aber mit seinem Kurs der Anlehnung an England als einflussreichste Macht gelang es ihm insgesamt, außenpolitische Konflikte zu vermeiden und recht geschickt zwischen den Mächten zu lavieren. Der Preis war allerdings die zunehmende Entfremdung von seinen Kollegen. Denn Heideck wollte überhaupt keine Abhängigkeit, tendierte mental aber eher zu Russland. Maurer und Abel bevorzugten Frankreich.

Heideck: Militär

Im Gegensatz zu seinen Kollegen hatte Heideck ein klares Konzept über die Grundzüge, wie die Regentschaft vorgehen sollte. Im militärischen Bereich waren sogar Vorschläge über Einzelheiten der Truppenstärke und Truppenart vorhanden. Dieses Konzept ging auf die Erfahrung als Leiter der bayerischen Philhellenenfahrt nach Griechenland in den Jahren 1826 bis 1829 zurück (siehe Kapitel 1). Es war ihm gelungen den König davon zu überzeugen und seine Vorstellungen auch in die Verhandlungen mit den Großmächten einfließen zu lassen. Auch die Mitregenten wollten offensichtlich mitmachen. Man muss das so ausdrücken, denn im Gegensatz zu früheren Einschätzungen war er nicht das dritte Rad am Wagen der Regentschaft, sondern deren starker Mann. Die Fehleinschätzung beruht vor allem auf der Darstellung der Verhältnisse durch Maurers Verteidigungsschrift, die schon kurz nach seiner Entlassung erschienen ist.[52] Seit den Untersuchungen Seewalds hat sich das Bild von Heideck entscheidend verändert. Er war nicht der harmlose malende General. Von ihm stammte das Konzept, er hatte den größten und am besten funktionierenden bürokratischen Apparat zu seiner Verfügung, in seinem Bereich wurden mit

Abstand die meisten Gelder ausgegeben und seine Soldaten garantierten die innere Sicherheit und damit die des Königs samt seiner Regenten.

Und doch hatte Heideck von Anfang an Probleme mit der Realisierung seiner Vorhaben. Wegen der zögerlichen Haltung König Ludwigs[53] konnte er die ohnehin knappe Zeit für die geplante Truppenanwerbung nicht nutzen. Als dann endlich im Oktober 1832 die entscheidende Sitzung des Staatsrats stattfand, war das Ergebnis für Heideck eine schwere Enttäuschung. Die bayerische Armeeführung war nämlich nicht bereit eine Werbung innerhalb der Armee zuzulassen oder gar zu unterstützen. Es durften nur Soldaten angeworben werden, die ihre Wehrpflicht bereits abgeleistet hatten. Das bayerische Heer bestand vor allem aus Wehrpflichtigen, und die damalige Wehrpflicht war eine äußerst komplizierte Angelegenheit. Ludwigs Kaderarmee war extrem klein gehalten. Bei der langen Dienstzeit von insgesamt sechs Jahren konnten und sollten bei Weitem nicht alle Wehrpflichtigen eingezogen werden. Es gab ein Losverfahren und den seltsamen Status der »Unmontiert-Assentierten«. Das waren Wehrpflichtige, die nicht einberufen wurden, aber zur Armee zählten. Die Sollstärke und die Iststärke differierten deshalb erheblich. Es ist überhaupt rätselhaft, wie Heideck glauben konnte, bei einer tatsächlichen Stärke von nur 17 000 Soldaten 3500 durch eine Werbung innerhalb der Armee in so kurzer Zeit rekrutieren zu können. Hier zeigten sich zum ersten Mal Heidecks Schwächen. Er verließ sich zu sehr auf seine gute Stellung beim König und überschätzte auch Ludwigs Zuverlässigkeit und Wohlwollen. Dadurch vernachlässigte er die notwendigen Verbindungen und Kontakte im politischen Tagesgeschäft. Außerdem neigte er zu allzu optimistischen Einschätzungen der Fakten.

So unterlief der Kopf der Armee, der auch bei König Ludwig sehr einflussreiche Marschall Fürst Wrede, in der Staatsratssitzung Heidecks Pläne. Statt einer Werbung in der Armee wurde auf Wredes Vorschlag als Alternative die auf höchstens drei Jahre befristete Entsendung einer Brigade der regulären bayerischen Armee auf Kosten des griechischen Staates beschlossen. Sicher hätte sich bei gutem Willen ein für Heidecks Vorhaben günstigeres Ergebnis erzielen lassen. Aber offensichtlich vertrat Wrede die allgemeine Stimmung im Heer, und die war gegenüber dem griechischen Abenteuer eher skeptisch eingestellt. Das betraf auch die bürgerliche oppositionelle Presse. In ihr wurden erhebliche rechtliche und politische Bedenken gegen die Entsendung von Wehrpflichtigen geäußert. Die Regierung griff gegen die Speyrer Zeitung sogar zu Zensurmaßnahmen.

Auch sonst lief es nicht gut. Die Werbung ergab bis zum Jahresende nur 560 Meldungen. Zum Ersatz der Brigade spätestens nach drei Jahren waren nach Heidecks Planung über 3000 Männer nötig! In einer wichtigen Sitzung der

Regentschaft im November, in der auch die Stärke des künftigen griechischen Heeres besprochen wurde, weigerten sich die Mitregenten aber, größere Gelder für die Intensivierung der Werbung einzusetzen. Man wollte sich erst vor Ort ein eigenes Bild machen.

Mit Otto kam dann im Februar 1833 die beschlossene Brigade mit 3500 Mann an. Es waren Wehrpflichtige mit ihren Offizieren und Unteroffizieren. Zusammen mit ihnen traf auch das erste Kontingent von 560 frisch geworbenen Freiwilligen für die künftige griechische Armee in Nafplion ein.

Heideck ließ sich aber nicht entmutigen und entfaltete vor Ort eine rege Tätigkeit. An der beschriebenen Verordnungsflut war er maßgeblich beteiligt. Vor allem wurden die vorhandenen irregulären Truppen aufgelöst. Die eingetroffenen bayerischen Truppen mussten über das Land verteilt werden, um den vereinbarten Abzug französischer Truppen zu ermöglichen. Zusätzlich begann die Planung und Aufstellung der regulären griechischen Armee. Der größte Erfolg war, dass allmählich auch die Werbung in München zufriedenstellend anlief. Dank dem geschickten und zähen Vorgehen des Werbungsbeauftragten Heidecks, des Oberstleutnants, nachmaligen Generals und Kriegsministers Wilhelm von Lesuire, konnte nun ab dem Sommer mit größeren Kontingenten gerechnet werden.

Die Regentschaft hatte schon im März Gliederung und Stärke der künftigen Armee bekanntgegeben: acht Bataillone Linieninfanterie, ein Regiment Kavallerie und elf Kompanien Artillerie und technische Truppen. Zusammen mit zehn zusätzlichen leichten Jägerbataillonen von je 200 Mann sollte die Armee etwa 7000 Soldaten umfassen. Da durch den Werbungserfolg mit etwa 4000 mitteleuropäischen Freiwilligen zu rechnen war, erschien auch die Verwirklichung von Heidecks Lieblingsidee realistisch: Die Geworbenen und die neu einzustellenden Griechen sollten nicht getrennt organisiert werden. So würden die Soldaten der bayerischen »Modellkompanien« ihren griechischen Kameraden in den anderen Kompanien als Vorbild dienen können. Einzelheiten im militärischen Bereich, vor allem soweit sie die Probleme und das Alltagsleben der bayerischen Soldaten betreffen, werden im Kapitel 3 ausführlicher behandelt.

Heideck befand sich in dieser Phase des insgesamt erfolgreichen Aufbaus der griechischen Armee auf dem Höhepunkt seiner Regententätigkeit. Bis zum Sommer 1834 war der Aufbau der königlich griechischen Armee abgeschlossen und die ersten Teile der Brigade befanden sich auf dem Heimweg nach Bayern.

Es gab weiterhin Probleme, aber die Kollegen blieben insgesamt auf seiner Linie und verfolgten in ihrem Zuständigkeitsbereich ihre eigenen Projekte. Die größten Schwierigkeiten bereitete die Integration der ehemaligen Freiheitskämpfer. Der Plan, ihren einflussreichsten Teil in neu aufzustellende Jägerbataillone zu übernehmen und so 2000 von ihnen zu integrieren, scheiterte grandios. Nur wenige Dutzend meldeten sich. Offensichtlich waren die Bedingungen zu unattraktiv oder die Palikaren wollten sich grundsätzlich nicht der Disziplin einer regulären Armee unterwerfen. Der zweite Versuch des Jahres 1833 war erfolgreicher. Bei besseren Bedingungen konnte immerhin eine Gendarmerie von 1000 Mann aufgestellt werden. Die Lage war aber weiterhin nicht zufriedenstellend. Denn es blieben mehr als 5000 Palikaren illegal unter Waffen, in etwa die Zahl der regulären Soldaten. Sie zogen sich aufs Land zurück und bildeten einen beständigen Herd der Unruhe. Darunter litt die breite Bevölkerung ebenso wie die Politik in der Hauptstadt. Ihre ehemaligen Führer befanden sich dort inzwischen wieder an den Schalthebeln der Macht. Zum Beispiel war der Parteiführer des Bürgerkriegs Kolettis von der Regentschaft zum Innenminister ernannt worden. In dieser Eigenschaft leitete er, wohl als Wolf im Schafspelz, eine Prüfungskommission, die eigentlich die Übernahme missliebiger Palikaren in die Landwehr verhindern sollte. Diese Landwehr war neben dem Gendarmeriekorps die zweite Einrichtung des Jahres 1833, die nach dem Misserfolg der Jägerbataillone wenigstens einen Teil der ehemaligen Befreiungskämpfer integrieren sollte. Eine ernsthafte militärische Einrichtung war sie nicht, mehr eine Versorgungs- und Beruhigungsanstalt[54] für ehemalige Palikarenführer.

Heideck fügte sich widerwillig seinen Mitregenten, die gegenüber den Palikaren einen deutlich weniger rigiden Kurs steuerten, als in seinem ursprünglichen Konzept vorgesehen war. Hier ist grundsätzlich zu bemerken, dass sich Heideck selbst oft mehr im Wege stand, als er Widerstände von Seiten seiner Mitregenten erfuhr. Denn er war weder, wie schon erwähnt, ein großer Taktiker oder Netzwerker noch ein »harter Hund«, wie man in seinem Militärjargon sagen würde, bei der Durchsetzung seiner Pläne. Seewald fasst diese Schwächen Heidecks treffend zusammen:

> *Die Unfähigkeit, seine politischen Konzepte weitgehend unbeschadet durch den Kleinkrieg des politischen Tagesgeschäfts zu bringen, war Heidecks persönliches Manko, mit dem er die Vorbereitungen der Regentschaft belastete. Taktisches Handwerkszeug zu handhaben, verstand er nicht. Die Brutalität auszuspielen, die in seinem Denken angelegt war, verhinderte der Künstler in ihm. Heideck war ein bekannter Maler der Romantik, der gekonnt den Gefühlen und Sehnsüchten der Menschen nachforschte und der Humanität Zeugnisse setzte. Die bis in letzte gedankliche Konsequenzen vordringende Rationalität der Aufklärer war ihm fremd.*[55]

So ist sein Verhalten bei der ersten wirklich ernsthaften Bewährungsprobe der Regentschaft, die noch dazu in seinen Zuständigkeitsbereich fiel, nicht so überraschend. Im April 1834 brach auf der Halbinsel Mani ein flächenhafter Aufstand gegen die Regierung in Nafplion aus. Heideck blamierte sich dabei doppelt. Einmal deshalb, weil die von ihm konzipierte und aufgestellte Armee versagte und sich nicht gegen die verachteten »Palikarenhorden« durchsetzen konnte. Dass die Manioten in einem äußerst ungünstigen Moment losschlugen, ist keine Entschuldigung. Es spricht eher für ihre Geschicklichkeit als für die Umsicht des verantwortlichen Strategen. Denn im April befanden sich die geübten Truppen der bayerischen Brigade bereits auf Abruf zum Rücktransport und das Hauptkontingent der zur Ablösung bestimmten neu Angeworbenen war erst im Anmarsch. Zum Zweiten litt der Ruf Heidecks, weil er den Feldzug nicht persönlich kommandierte, sondern General Schmaltz an die Front schickte. Er war eben ein General, »der sich in der Schreibstube wohler fühlte als im Pulverdampf des Gefechts und dem das Charisma eines großen Truppenführers abging«.[56]

Der Aufstand und danach weitere in Messenien und Arkadien konnten nur durch den Einsatz irregulärer Truppen niedergeschlagen werden. Auf Vorschlag und Betreiben des Innenministers Kolettis waren geschlossene Kontingente eigentlich verbotener Palikaren verpflichtet worden und kämpften nun im Auftrag der Regierung. Damit war eingetreten, was Heideck ursprünglich hatte unbedingt vermeiden wollen: Ganze Palikarenkontingente waren wieder Bestandteil der regulären Armee und hatten Rückhalt in der Regierung. Oder umgekehrt. Ein Regierungsmitglied, sogar der für die innere Sicherheit verantwortliche Innenminister, konnte eine ihm verbundene Parteiarmee als politisches Mittel einsetzen. In diesem Fall geschah das nicht zum Schaden des Staats, aber ein Damm war gebrochen. Möglich wurde das, weil Maurer und Abel hinter Kolettis standen.

Maurer: Recht und Religion

In der Beurteilung der Regentschaftsmitglieder sind sich die griechischen Historiker weitgehend einig.[57] Bei Armansperg überwiegt vor allem die Kritik an seiner Englandhörigkeit, Verschwendungsfreude und Neigung zu intrigantem Verhalten. Heideck gilt als der Bedeutungsloseste der drei, ohne eigene Ideen, gegenüber seinen Kollegen nachgiebig und vor allem seinen Hobbys frönend. Maurer kommt dabei am besten weg. Zwar wird er als übertrieben spitzfindig und bürokratisch dargestellt, aber den Kenntnissen, den Methoden, der Geduld und der Ausdauer des bayerischen Gesetzgebers Neugriechenlands wird

Respekt gezollt.[58] Vor allem wird regelmäßig betont, dass seiner Tätigkeit grundlegende Weichenstellungen im Bereich des Rechts, der Verwaltung und Kultur zu verdanken sind. Geradezu bewundert wird, wie ihm in der kurzen Zeit seiner Tätigkeit gelingen konnte, so langfristig zu wirken.

Dies betrifft besonders das Schulsystem, das Verwaltungs- und Gerichtswesen und die Gesetzgebung. Maurer und Abel arbeiteten dabei eng zusammen. Zwischen ihren Anteilen wird in der folgenden Zusammenfassung nicht unterschieden. Maurers Domäne war das Recht, Abels die Verwaltung. Wichtig ist auch, dass man nicht von Reform sprechen kann, denn es war kaum etwas da, was man reformieren konnte. Was Kapodistrias vor Jahren angeschoben hatte, blieb rudimentär und war in der Bürgerkriegszeit meist wieder zusammengebrochen. Petropoulos und Koumarianou nannten ihr grundlegendes Werk über die erste Ottonische Periode »I Themeliosi tou Ellenikou Kratous«. »Themeliosi« entspricht der deutschen »Grundsteinlegung«. Das ließe sich am ehesten auf solche Leistungen der Regentschaft beziehen, die dann auch langfristig wirkten, im Guten wie im Schlechten. Dazu gehören vor allem die Rechtspflege und die Organisation der Staatsverwaltung, also die Fachgebiete Maurers und Abels.

Wichtigstes Element der neu geschaffenen Verwaltung war der Zentralismus. Der König bzw. die Regentschaft übten die Regierung durch sieben untergeordnete Ministerien aus. Jedem Ministerium stand ein vom König ernannter und nur ihm verantwortlicher Staatssekretär vor, der die Gesetze gegenzuzeichnen hatte. Einen Präsidenten oder Regierungschef gab es nicht. Die Gesamtheit der Staatssekretäre, der Ministerrat, hatte lediglich beratende Befugnis, wenn er überhaupt gehört wurde.

Das Land wurde in 10 Nomarchien (Kreise) eingeteilt, diese in Eparchien (Bezirke). Davon gab es 47. Die ernannten Nomarchen (Kreiskommissäre) und Eparchen (Bezirkskommissäre) waren lediglich ausführende Organe der Ministerien. Sie hatten auch die Finanzen und die untergeordneten Behörden zu überwachen. Nach dem Gesetz sollten die Nomarchen und Eparchen von gewählten Räten umgeben sein. Dies wurde von der Regentschaft aber nicht realisiert.

Also gab es auf der Kreis- und Bezirksebene keine gemeinsamen Institutionen, auch keine offizielle Kommunikation. Alles hatte über Nafplion und später Athen zu laufen.

Diese Konzeption von Abel zeigte eine deutliche Anlehnung an die bayerische Verwaltungsreform unter dem Modernisierer Montgelas. Diese sollte die Herrschaft des Königs in dem neuen, aus vielen geistlichen und adligen Herrschaften zusammengestückelten bayerischen Flächenstaat einführen und sichern.

Auf der untersten Ebene des Verwaltungssystems wurden die bereits vorhandenen Demen (Gemeinden) als Institutionen beibehalten. Davon gab es einige Hundert. Nur fünf hatten mehr als 10 000 Einwohner, darunter Nafplion. Das einst blühende Städtewesen war unter den Türken verkommen. Die größten Gemeinden im Reich Ottos befanden sich auf den Inseln. Hydra war mit 25 000 Einwohnern die bedeutendste. Gemeinden mussten wenigstens 300 Einwohner haben, um nach dem neuen Gemeindegesetz als solche zu gelten. Alle Männer ab 25 Jahren hatten das aktive und passive Wahlrecht. Es bestand Wahlpflicht und auch die Pflicht, eine Wahl anzunehmen. Die Gemeinderäte und die Bürgermeister (Demarchen) waren damit die einzigen gewählten Vertreter im gesamten politischen System. Das entsprach durchaus dem Herkommen und hatte eine jahrtausendalte Tradition. Sie wurde auch in der Zeit der türkischen Besatzung nicht unterbrochen. Die Regenten waren stolz darauf, denn diese Bestimmungen der Gemeindeverfassung waren die einzigen liberalen Elemente im gesamten politischen System. Und zumindest Armansperg, Maurer und Abel hatten ein liberales Selbstbild und auch einen solchen Ruf.

Die Fassade der Gemeindeselbstverwaltung versprach aber mehr, als der Inhalt hielt. Das Zensuswahlrecht[59] war sehr restriktiv und die Wahlversammlung konnte lediglich drei Kandidaten für das Bürgermeisteramt vorschlagen. Die letzte Auswahl und auch das Recht der Zurückweisung, wenn alle drei nicht genehm waren, lagen beim Minister und beim König. Bei allen mit Finanzen verbundenen Fragen bestimmten und kontrollierten letztlich die Nomarchen und Eparchen. So blieb der Handlungs- und Entscheidungsspielraum gering. Insgesamt bedeutete diese Gemeindeordnung einen deutlichen Rückschritt, vor allem wegen der fehlenden Vollversammlungen und deren Kompetenzen. Zum Beispiel waren alle Nationalversammlungen der Zeit des Befreiungskriegs nach dem Deputiertenprinzip von den Gemeinden beschickt worden. Sogar in der Türkenzeit bildeten die Gesandten der sich selbst verwaltenden Gemeinden ein Gremium zur Beratung des türkischen Paschas, zumindest auf der Peloponnes.

Damit waren die Gemeinden – neben der Kirche das Rückgrat der griechischen Identität während der unterschiedlichen Besatzungszeiten – in das absolutistische und bürokratische neue System eingegliedert. An der Spitze stand in der Person des Königs und seiner Regenten Bayern, ebenso wie an vielen Schaltstellen der Bürokratie und vor allem der Armee. Dementsprechend erfolgte in den Augen der Griechen auch die Einordnung in die Reihe der Fremdherrscher. Auf die katholischen Franken und Venezianer, die muslimischen Türken folgten nun die katholischen Bayern: Bis heute ist die Abfolge Frankokratie, Venetokratie, Turkokratie und Bavarokratie ein gängiges Muster zur Periodisierung der nachantiken griechischen Geschichte.

Besonders unbeliebt machten sich die bayerischen Regenten durch ihre Kirchenpolitik. Die Verhältnisse in diesem Bereich waren ohnehin vorbelastet durch die starre Haltung Ludwigs und Ottos in der auch außenpolitisch bedeutsamen Frage der Religionszugehörigkeit. Denn der Zar als Herrscher einer der drei Schutzmächte Griechenlands und wichtigster Vorkämpfer seiner Freiheit[60] beanspruchte für sich auch die Rolle als Protektor der Orthodoxie. Er trat für einen Übertritt Ottos zum orthodoxen Glauben ein. Diese Streitfrage schwelte lange und wurde letztlich durch einen Kompromiss entschieden: Erst die Kinder Ottos sollten orthodox werden.

Bis dahin bestand die ungute Lage, dass ein katholischer König über orthodoxe Untertanen herrschte. Otto trat nach seiner Volljährigkeit 1835 zwar sein Amt als König an, wurde aber nie formal gekrönt. Denn nach der beschriebenen Lage war es den kirchlichen Autoritäten nicht möglich, ihm den Segen der Kirche und die sakramentalen Weihen zukommen zu lassen. Als die in Paris bestellten Kroninsignien zu spät eintrafen, war das eher willkommen, um dieser Peinlichkeit zu entgehen.

Die Regentschaft musste sich natürlich mit der Frage beschäftigen, welche Stellung der Kirche im neuen Staat zukommen sollte. Deren wichtigste Vertreter waren die Bischöfe und die Äbte der Klöster. Der Patriarch von Konstantinopel war als Oberhaupt der orthodoxen Christen nach dem türkischen Milletsystem auch deren für weltliche Fragen zuständiger und verantwortlicher Vertreter beim Sultan. Diese Position hatte den Patriarchen im Jahr 1821 wegen der Unbotmäßigkeit seiner griechischen Landsleute das Leben gekostet. Sein Nachfolger wurde vom Sultan gezwungen, über die griechischen Aufständischen den Bann zu verhängen. Viele Bischöfe im verbliebenen Einflussbereich des Sultans waren geflüchtet und hielten sich im neuen griechischen Staat auf. Innerhalb des griechischen Klerus gab es eine wichtige Strömung, die das Problem radikal lösen wollte und eine von Konstantinopel unabhängige Kirche forderte. Maurer schloss sich dieser Gruppe unter Führung des bedeutenden Theologen Theoklitos Pharmakides an und organisierte geschickt eine Mehrheit[61] durch die Mobilisierung der geflüchteten Bischöfe. Schon im August 1833 wurde die Unabhängigkeit der griechischen Kirche erklärt. Die höchste geistliche Gewalt lag nunmehr bei einer fünfköpfigen Heiligen Synode, die Kirchenverwaltung unterstand dem König und seinem Ministerium für Kirche und Unterricht. Ähnlich wie bei der Gemeindeverwaltung wurde damit eine traditionelle Institution in das neue System eingepasst. Die Kirche war nicht mehr dem außerhalb des Machtbereichs des griechischen Staats liegenden Patriarchen unterstellt. Dem nahen König dagegen wurden viele Einflussmöglichkeiten gegeben. Die wichtigste davon war das Recht des Königs, die jährlich wechselnden Mitglieder der Synode zu ernennen. Auch den Sekretär der Synode und eine Überwachungskommission bestimmte der König. Das war wegen der Säkularisation des Kirchenguts wichtig. Die griechischen Bischöfe hatten eigentlich nur eine von Konstantinopel unabhängige griechische Kirche angestrebt und eine Staatskirche bekommen. Paradox war der Umstand, dass das Oberhaupt dieser Kirche nicht einmal ihr Mitglied war. Bald formierte sich mit maßgeblicher Beteiligung des einflussreichen Theologen Konstantinos Oikonomos eine Opposition, die sehr populär wurde und an fast allen Aufständen der kommenden Zeit beteiligt war.

Noch populärer wurde die Kritik an der zweiten bedeutenden kirchenpolitischen Maßnahme der Regenten. Die Frage der Bindung an das Patriarchat war nicht die einzige, die sich nach der Unabhängigkeit ergab. Sie beschäftigte auch eher die Bischöfe als das Kirchenvolk. Viel brennender war das Problem, dass die materielle Struktur der Kirche darniederlag. Bischofssitze waren vakant, viele Klöster abgebrannt, verlassen oder nur noch von wenigen Mönchen bewohnt. Als Folge war ein erheblicher Teil des Klosterlandes nicht bestellt. Wieder nach bayerischem Vorbild erfolgte als Reformmaßnahme eine Säkularisation. Sie war allerdings nicht so radikal wie dort vor 30 Jahren unter König Ludwigs Vater Max Joseph.

Als Ergebnis blieben von den knapp 500 Klöstern aus der Vorkriegszeit noch 85 übrig. Davon waren 120 ohnehin verlassen gewesen. Ihr Besitz, ebenso wie der der aufgehobenen Kleinstklöster, fiel an den Staat. Man kann diese Säkularisation, wie Maurer schrieb, durchaus als eine Maßnahme sehen, um die übrigen Klöster lebensfähig zu erhalten und die gesamte klösterliche Infrastruktur den realen Gegebenheiten nach dem Krieg anzupassen. Gleichzeitig ist natürlich der materielle Nutzen für den Staat nicht zu übersehen: Ein Drittel des anbaufähigen Landes war bis dahin in Kloster- oder Kirchenhand. Davon fiel nun ein erheblicher Teil an den Staat. Die verbliebenen Klöster mussten in Zukunft zehn Prozent ihrer Einkommen an den Staat abführen. Diese Einnahmen sollten dem Aufbau des Erziehungssystems dienen. So gut gemeint diese Maßnahmen gewesen sein mögen, so verheerend war ihre Wirkung für die Akzeptanz der neuen Regierung bei der Bevölkerung. Viele der von Konstantinopel abhängigen Bischöfe waren dem Unabhängigkeitskampf gegenüber reserviert bis ablehnend geblieben. Populärer als sie waren die einfachen Popen und Mönche, die meist auf der Seite der Aufständischen gestanden und zum Teil sogar mitgekämpft hatten. Sie fühlten sich nun vom neuen Staat, ebenso wie die Palikaren, verraten und ergänzten das ohnehin hohe Potenzial der Unzufriedenen.

Das Geld aus der Säkularisation war im Bildungssektor, der bis dahin kaum vorhanden war, gut angelegt. Denn der Anteil der Alphabeten in der Bevölkerung war mit etwa 10% sehr gering. Selbst die politisch bestimmenden Primaten auf dem Land und viele Mönche konnten weder schreiben noch lesen. Ein ausgeprägtes bildungsfreundliches Bürgertum war nicht vorhanden. Die Schulgesetze der Regentschaft, besonders die Einführung der allgemeinen Schulpflicht im März 1834, führten deshalb zu einer regelrechten Bildungsexplosion. Beleg dafür ist zum Beispiel ein Vergleich der Lesekundigen. Noch 1838 standen etwa 23000 Schülern nur 43000 sonstige Schreib- und Lesekundige gegenüber. 1840 gab es schon 32000 Schüler. 1834 waren es noch etwa 6000 gewesen. Bei der Rasanz dieser Entwicklung fehlten natürlich die Lehrer, von denen es noch im Jahr 1838 nur 365 gab.[63] Beliebte Notlösung war die Einrichtung der Allilodidaktiria. Hier unterrichteten die älteren und fortgeschrittenen Schüler die anderen. Auch in Nafplion bestanden solche Schulen, darunter eine in der alten Moschee am Syntagmaplatz, bevor sie Gerichtssitz wurde. Es war für jede Gemeinde mindestens eine Volksschule vorgesehen, verpflichtend ab sechs Jahren, mit einer Dauer von sieben Jahren. In den Städten der Kreise und größeren Gemeinden sollten dreiklassige Gymnasien und hellenische Schulen als weiterführendes Angebot bestehen. Eine Lehrerfortbildungsanstalt, die bis 1839 schon 250 Lehrer ausbildete, und eine später in Athen vorgesehene Universität ergänzten das Programm.

Ebenso konsequent wie beim Schulwesen sorgte Maurer auch für den Ausbau der Gerichte. Jeder der zehn Kreise bekam ein eigenes Gericht. In Athen und Tripolis wurden zwei Berufungsgerichte eingerichtet, in der Hauptstadt zusätzlich als oberstes Gericht der Areopag. Dieses flächendeckende System sollte noch durch Erinodikia, eine Art von Schiedsstellen bei den Gemeinden, entlastet und ergänzt werden. Denn wie bei den Schulen die Lehrer, fehlten bei den Gerichten ausgebildete Richter. Die dürftige Bezahlung der einheimischen Lehrer und Richter war für die Behebung des Mangels nicht förderlich.

Ein weiteres schwerwiegendes Problem bei der Neuorganisation der Rechtsprechung waren fehlende oder unzureichende rechtliche Normen. Schon unter Kapodistrias war begonnen worden, mit wenig Erfolg an einem einheitlichen griechischen Recht zu arbeiten. Immerhin hatten sich die Hauptprobleme gezeigt: Sollte man an das vorhandene Gewohnheitsrecht anschließen? Das war bei den gegebenen Verhältnissen sehr vielgestaltig und auch nicht kodifiziert. Fast jede Insel hatte ihr eigenes Recht. Oder sollte man an historisches Recht aus byzantinischer Zeit anknüpfen? Das war kodifiziert, aber kaum tauglich für die neue Zeit. Auch bot sich an, dem modernen französischen Recht zu folgen, das in Mitteleuropa fast Standard geworden war.

Maurer entschied sich für einen Neuanfang und eine Orientierung am aktuellen mitteleuropäischen Recht. Er nahm alles selbst in die Hand und schrieb in kurzer Zeit vier Gesetzbücher, die zwischen Dezember 1833 und April 1834 von der Regentschaft ratifiziert wurden: eine Gerichts- und Notariatsordnung, einen Kodex des Strafverfahrens, einen Kodex des Zivilverfahrens und ein Strafgesetzbuch. Ein Zivilgesetzbuch war geplant und in Vorbereitung, gelangte aber nicht einmal in die Ausarbeitungsphase, bevor Maurer Griechenland verließ. Seine Ausarbeitung sollte dann ein Jahrhundert dauern. Bis dahin dienten Übersetzungen und Adaptionen französischer und deutscher Kodizes als Behelf. Die bereits fertiggestellten Gesetzbücher waren bis in die Mitte des folgenden Jahrhunderts in Gebrauch.

Diese Arbeit bedeutete für Maurer eine enorme Belastung mit zwölfstündigen Arbeitstagen. Seine umfassende juristische Kompetenz half ihm dabei ebenso wie eine deutliche Anlehnung an bayerische Vorbilder. Eine besondere Schwierigkeit bestand darin, dass die Gesetze ins Griechische übersetzt werden mussten. Eine entsprechende juristische Fachsprache musste erst entwickelt werden. Daran arbeitete der Grieche Konstantinos Schinas. Er stieg dadurch in kurzer Zeit zum Minister und engsten Mitarbeiter Maurers auf. Qualifiziert war er gleichermaßen durch seine exzellenten Sprachkenntnisse wie durch seine juristische Kompetenz. Er hatte in Deutschland gelebt und bei dem renommierten Juristen Savigny in Berlin studiert. So nahm er ebenso wie Maurer teil an der neuesten Entwicklung der Rechtswissenschaft. Es verwundert deshalb, dass die fertiggestellten Gesetze sich eher bieder an bewährte Muster anlehnten. Das heißt, sie folgten dem römischen Recht und enthielten noch kaum Elemente der neuesten Entwicklung in Deutschland, der historischen Rechtsschule. Diese typisch romantische Sichtweise sah das Recht als einen Ausdruck des Volksgeistes. Der Erforschung und Verarbeitung der alten Rechtsquellen, besonders des Gewohnheitsrechts, galt ihre besondere Aufmerksamkeit. Die damalige deutsche Rechtswissenschaft war gespalten in Romanisten und Germanisten, die Anhänger Savignys. Selbstverständlich wusste der junge Rechtsprofessor Maurer von diesen Entwicklungen. Er selbst hatte bei Thibaut studiert, dem bekanntesten Romanisten, bewegte sich aber zunehmend auf die germanistische Richtung zu. Und zusätzlich war sein engster Mitarbeiter Schüler und bald auch Schwiegersohn Savignys.[64]

Maurer arbeitete neben seiner Arbeit an der Kodifizierung gleichzeitig sehr intensiv an der Erfassung und Aufzeichnung des griechischen Gewohnheitsrechts. Er ist dabei sehr weit gekommen, wie seine Veröffentlichung[65] im Jahr 1835 zeigt. Wahrscheinlich sollte diese umfangreiche Sammlung in das geplante Zivilgesetzbuch eingearbeitet werden, wenn nicht gar sein Mittelpunkt sein. Es wäre dann die Krönung des Werks von Maurer geworden. Der Pragmatiker und der Rechtstheoretiker hätten dann zusammengefunden. Auch für Griechenland wäre die Berücksichtigung des Gewohnheitsrechts vorteilhaft gewesen. Zum Beispiel

> *wurden mit der Durchsetzung der fremden romanistischen Auffassung von Eigentum scharfe soziale Gegensätze geschaffen, deretwegen viele Bauern auf das Recht des Grundbesitzes auf den Boden, den sie bewirtschafteten und der ihnen nach dem Volksrecht auch zustand, verzichten mußten. Das war eine der vielen, für das nationale Recht nachteiligen Nebenwirkungen.*[65]

Der griechische Historiker Pantazopoulos betont insgesamt ein zentrales Dilemma. Die bayerischen Reformen hätten Griechenland an entscheidenden Stellen der rechtlichen Entwicklung auf den mitteleuropäischen Standard gebracht. Sie zielten

> *auf die Modernisierung Griechenlands, die Eingliederung in die Kulturnationen Europas ab. Der Preis der Modernisierung war die Zerstörung der historischen Einheit des griechischen Rechts und dessen Enthellenisierung in seiner gesamten Ausdehnung, was entscheidende Folgen auf die kulturelle Entwicklung Griechenlands hatte.*[66]

Auch in anderen Bereichen hätten die bayerischen Modernisierungsbemühungen ihren Preis gehabt:

> *a) Unterbrechung der kontinuierlichen Entwicklung einer Staatsverfassung in Griechenland für volle 30 Jahre.*
> *b) Die Auflösung des Kommunalsystems, dank dessen die politische und soziale Organisierung der Unterworfenen zur Zeit der Türkenherrschaft gelungen war [...]*
> *c) Die Zerstörung des Kulturverbands, der die neugriechische Realität mit dem großen Gedankengebilde des ökomenischen Patriarchats (Stammesstaats) verband.*[67]

Die Frontlinie zwischen Modernisierung und Bewahrung generell und pauschal zwischen Bayern und Griechen zu sehen, hieße allerdings die Lage verkennen. Denn eine solche Frontlinie lief auch mitten durch die griechische Gesellschaft selbst und bestimmte zu einem erheblichen Teil die Politik und das Alltagsleben innerhalb der griechischen Bevölkerung.

Café in Athen. Aquarell von Ludwig Köllnberger, 1837

Intrigen und Verschwörungen

Die Regenten im Streit

Die Übergabe der Abberufungsschreiben König Ludwigs für Maurer und Abel Ende Juli 1834 traf beide schwer und überraschend. Offensichtlich waren sie sich bis zum Schluss sicher gewesen, dass es Armansperg treffen würde und nicht sie. Zuvor hatte es ein wildes Hin und Her von gegenseitigen schriftlichen Anschuldigungen und Stellungnahmen im Dreieck Nafplion-München-London gegeben. Eine Seite wollte die Abberufung der anderen erreichen. Die Hauptkonfrontation bestand zwischen Maurer und Abel auf der einen und Armansperg auf der anderen Seite. Eigentlich hatten Maurer und Abel die besseren Karten, denn es war ihnen gelungen Heideck, den bayerischen Gesandten Gasser und sogar König Otto auf ihre Seite zu ziehen. Auch die materielle Kommunikation dürfte eine Rolle gespielt haben. Denn bei der Zuspitzung des Konflikts im Juni und Juli war die Nachrichtenübermittlung per Schiff und Pferd, die bestenfalls im Monatstakt möglich war, durchaus von Bedeutung. Maurer und Abel glaubten später, ihre Schreiben seien nur Tage zu spät gekommen. Es ging aber sicher um eine grundsätzliche Entscheidung Ludwigs, die wegen der knappen zeitlichen Umstände lediglich zusätzlich dramatisiert wurde. Denn Ludwig hatte sich längst entschieden, eigentlich nicht für Armansperg, sondern für London. Maurer und Abel begingen den Fehler, sich direkt an den englischen Außenminister Palmerston zu wenden und so für eine beträchtliche diplomatische Verstimmung zu sorgen. Der verärgerte Palmerston bedrängte darauf Ludwig zugunsten Armanspergs. Ausschlag gab die marode Finanzlage Griechenlands. Die wohlwollende Unterstützung Englands bei der erhofften Gewährung des dritten Teils der großen Anleihe war Ludwig dann wichtiger als seine Sympathie für Heideck oder Antipathie gegenüber Armansperg. Seinem Sohn gegenüber musste er dann nach seiner Entscheidung sogar für den Grafen werben. Er tat das mit ökonomischen Argumenten, nämlich dem Finanzgenie Armanspergs und der Notwendigkeit der Unterstützung Englands. Fraglich ist, ob er wirklich noch an dessen Fähigkeiten glaubte oder nur den Sohn überzeugen wollte. Das Zweite ist wahrscheinlicher, denn über die finanziellen Probleme Griechenlands, für die eher Armansperg als Maurer und Abel verantwortlich waren, konnte er längst in der Zeitung lesen.

Worin lagen die Gründe für die Spaltung der Regentschaft? Die erwähnte schlechte finanzielle Situation war in erster Linie auf die überhöhten Militärausgaben zurückzuführen. Kurzfristig und einvernehmlich konnte daran wenig geändert werden. Der griechische Staatshaushalt glich einer tickenden Zeitbombe. Noch konnte man sich mit Beschwichtigungen und Schönfärbereien herausreden, aber auf Dauer waren die Veröffentlichung eines Budgets und eine geordnete Haushaltsführung nicht zu vermeiden. Armansperg sah als Ausweg zum Überstehen dieser und anderer möglicher Krisen eine Anlehnung an England. Er suchte engen, fast freundschaftlichen Kontakt zum englischen Gesandten Dawkins und förderte den Führer der englandfreundlichen Partei Alexandros Mavrokordatos. Das hatte zwei deutliche Nachteile: Dawkins war eine zwielichtige, zu Intrigen neigende Persönlichkeit. Und eine Regierung unter dem Führer der englischen Partei verstieß gegen das Grundprinzip der Regentschaft, nicht mit griechischen Parteiführern zusammenzuarbeiten. Eine engere Anlehnung an das liberal regierte England musste notwendig zu politischen Zugeständnissen führen, besonders in der Verfassungsfrage. Auch das war von der Regentschaft nicht vorgesehen. In der Tat machte Armansperg dann später während seiner Alleinregierung nach Ottos Volljährigkeit einige liberale Zugeständnisse. Dazu gehörten ein neuer Ansatz zur Bodenreform und die Etablierung von Eparchieräten als Vorbereitung parlamentsähnlicher Verfassungsorgane.[68] Ob das als Zugeständnis an England oder aus eigener liberaler Überzeugung geschah, mag dahingestellt sein. Auf jeden Fall schien er nicht mehr den strengen autoritären und strikt verfassungsfeindlichen Kurs Heidecks und Maurers zu halten.

Fast gleichzeitig hatten auch Maurer und Abel begonnen, sich von diesem vereinbarten Kurs zu entfernen. Denn ihnen, die durch ihr Tätigkeitsfeld die engste Berührung mit der griechischen Wirklichkeit hatten, war schnell klar geworden, dass ihre Vorhaben nicht umzusetzen waren, ohne zumindest mit Teilen der griechischen Politiker zu kooperieren. Das Problem hatte sich bereits im Bereich der Rechtsreform gezeigt, bei der Maurer ohne die Hilfe seines griechischen Mitarbeiters Schinas nicht so effektiv vorangekommen wäre. Das Beispiel Schinas passt auch deshalb, weil er der französischen Partei zuzurechnen war.[69] Und Maurer glaubte bei einer Anlehnung an Frankreich am besten aufgehoben zu sein, wenn schon eine Zusammenarbeit nötig war.[70] Und so konnte Kolettis, der wichtigste Vertreter der französischen Partei, schon im Juli 1833 das Innenministerium, den Schlüssel für Sicherheit und Verwaltung, übernehmen. Heideck sperrte sich durch ein Sondervotum, konnte sich jedoch nicht durchsetzen. Heidecks Position war schwierig geworden. Denn nach seiner Grundeinstellung und früheren Tätigkeit unter Kapodistrias stand er der russischen Partei nahe. Das widersprach aber seiner Konzeption, sich niemals mit den Parteien einzulassen. Außerdem war er für die Palikarenführer, die das Rückgrat der russischen Partei bildeten, ein rotes Tuch. Denn er hielt sie aus den Stellungen bei der Armee heraus. Sie wussten das wohl und trugen es ihm nach.

Führer und Parteigänger der englischen und französischen Partei waren in den inneren Machtzirkel der Regentschaft aufgerückt, während die dritte Macht vollkommen ausgeschlossen blieb. Diese ungünstige Konstellation bestimmte die Dynamik der Politik der nächsten Zeit. Denn die russische Partei musste sich andere Wege suchen. Alle späteren sogenannten Verschwörungen und Aufstände gingen von ihr aus.

Die politischen Wandlungen der Regenten waren ein allmählicher, eher schleichender Prozess, und das schon seit Sommer 1833. Die daraus resultierenden Dissonanzen beeinträchtigten den Fortgang der Politik der Regentschaft anfänglich nicht entscheidend. Gute Beispiele dafür sind Heidecks Armeeformation und Maurers Gesetzbücher. Beide waren bis zum Sommer 1834 abgeschlossen oder zumindest gut vorangekommen.

Die Erscheinungen ab Mai 1834 sind deshalb allein politisch nicht zureichend zu erklären: In den nun intensiv stattfindenden Regentschaftssitzungen konnten Beschlüsse nur mehr durch die Mehrheit Maurer und Heideck gegen Armansperg gefasst werden. Abel war nicht stimmberechtigt. Heideck hielt sich zurück, stimmte aber gegen seinen »alten Freund«, wie er Armansperg einmal gegenüber Ludwig Ross genannt hatte. Armansperg musste in wichtigen Bereichen klein beigeben. So verlor er das Recht, die Regentschaft zu repräsentieren einschließlich die dafür vorgesehenen Gelder von jährlich 50 000 Dr. Noch empfindlicher dürfte ihn getroffen haben, dass Otto nicht mehr im Hause Armansperg erschien. Die Frau des bayerischen Gesandten Gasser versuchte als Ersatz eine Art Gegensalon aufzubauen, um das gesellschaftliche Vakuum zu füllen, das durch Armanspergs Ächtung entstanden war. Der Graf scheint auf dem Höhepunkt des Streits resigniert zu haben und zog sich wochenlang aus Nafplion aufs Land zurück. Angeblich wegen schwerer gesundheitlicher Probleme.

Diese Art der Auseinandersetzung spricht dafür, dass hier schwerwiegende persönliche Animositäten und Rivalitäten an die Oberfläche kamen, die sicher schon länger vorhanden waren und lediglich durch die bisherige politische Zusammenarbeit übertüncht wurden.

Die Charaktere, die soziale Stellung und auch die Lebensgewohnheiten der Protagonisten unterschieden sich nämlich deutlich. Meist wird der Gegensatz zwischen Maurer und Armansperg betont.

Der Graf, ein Aristokrat und Diplomat, verachtete den gelehrten Juristen als einen Bürgerlichen und einen Pedanten; der Professor, ein tiefgründiger Gelehrter, war nicht frei von der Kleinlichkeit, die in deutschen Akademikerkreisen zu Hause ist, und sah im Grafen nur einen eleganten Nichtstuer, den lediglich das gesellschaftliche Leben interessierte.[71]

Dieses Urteil fällt etwas pauschal aus. Denn Armansperg stammte keineswegs aus einer reichen Familie, hatte selbst die Rechte studiert und verdankte seinen Aufstieg nicht seinem Rang als Graf, sondern seiner bewiesenen Tüchtigkeit. Und Maurer war zu dieser Zeit als geadelter Staatsrat längst in die oberen Ränge der bayerischen Gesellschaft aufgerückt. Einige zusätzliche Informationen bestätigen aber doch die konträren Charaktere und Lebensauffassungen der beiden. Maurer hatte kurz vor seiner Entsendung seine Frau verloren und für seine zwei noch nicht erwachsenen Kinder zu sorgen. Er heiratete nicht mehr und stand bis an sein Lebensende einem von der Tochter geführten Junggesellenhaushalt vor. Er lebte fast nur für seine Arbeit. Das passte zu ihm, einem reformierten Protestanten. Nur so ist auch sein enormes Arbeitspensum zu verstehen. Armansperg und Maurer wohnten in Nafplion Haus an Haus, nur durch eine schmale Straße getrennt. Viele Abende, wenn Maurer bis spät in die Nacht an seiner Arbeit saß, muss er das gesellige Treiben im gegenüberliegenden Haus gehört haben. Wahrscheinlich hat es gestört. Denn das tägliche Leben bei Armansperg verlief ganz anders. Er war mit Frau und drei heiratsfähigen hübschen Töchtern nach Griechenland gekommen. Was im Hause Armansperg ablief, waren weniger die Pflichten der Repräsentation als ihre Freuden und Vergnügungen. Sein Haus war bald der gesellschaftliche Mittelpunkt der Stadt. Wenn auch die Gräfin die treibende Kraft war, hat ihr Armansperg all das zugestanden und sie dabei unterstützt, vor allem finanziell aus den Staatsgeldern. Wenn der Regentschaft von griechischer Seite besonders die Verschleuderung griechischer Gelder vorgeworfen wurde und noch wird,[72] kann das nur auf Armansperg und nicht seine Kollegen zutreffen. Denn Maurer als ausgewiesen sparsamen, fast schrullig geizigen Familienvater streng protestantischer Observanz wird das genauso gestört haben. Schon in der Vorbereitungsphase der Regentschaft hatte sich Maurer eifersüchtig darüber aufgeregt, dass Armansperg das Dreifache an Gehalt bekommen sollte als die anderen Kollegen. Auch in Religionsfragen war der katholische Graf freisinnig und libertär. Der fromme Ludwig sah nicht gern, dass er Freimaurer war, ebenso wie der bekennende Protestant Maurer. Die Kluft zwischen den Lebenswelten der beiden Streithähne braucht nicht weiter ausgeführt werden.

Auch Heideck war kein einfacher Fall. Eifersucht wegen seiner Nähe zu Ludwig und zu Otto wird dazu beigetragen haben. Es gab zwei Aspekte, die ihn persönlich eher zu Maurer tendieren ließen. Sollten die Armanspergs wirklich ihre Standesüberlegenheit betont haben, musste das Heideck stärker treffen als Maurer. Heideck befand sich zwar in der Gunst und im persönlichen Umfeld des Königs, aber in Herkunftsfragen herrschte Unsicherheit bei dem zugereisten Schweizer Bürger. Er wurde erst 1844 in den Freiherrenstand gehoben. Sein gesellschaftliches Problem war seine Frau. Er heiratete zwar mit offizieller Heiratsgenehmigung seiner Vorgesetzten die bürgerliche Caroline Binder. Aber »daß er sich mit der 26jährigen Tochter eines armen Gärtners einließ und sie schließlich ehelichte, zeigt [...] wie wenig er sich um gesellschaftliche Etikette kümmerte«.[73] Seine Ehe galt in Bayern wie in Griechenland als Mesalliance. Die arrogante Gräfin Armansperg muss jedenfalls »tödlich verletzende Behauptungen«[74] gegenüber der unebenbürtigen Frau getan und so auch Heideck endgültig gegen sie eingenommen haben. Wahrscheinlich war dies aber nicht der Hauptgrund für Heidecks häuslich zurückgezogenes Leben bei seiner Frau und der im Juni 1833 in Nafplion geborenen Tochter. Seine freie Zeit, die er sich im Gegensatz zu Maurer reichlich gegönnt haben muss, verbrachte der malende General lieber allein in der freien Natur als bei den Empfängen, den Ausflügen und anderen von den Armanspergs arrangierten Vergnügungen. Dass er viel Zeit vor seiner Staffelei verbracht hatte, zeigt die Sorgfalt seiner aufwändig im realistisch-romantischen Stil gemalten Bilder. In der Zeit nach der Umsiedlung nach Athen war das, wie Ross berichtete, sogar seine Hauptbeschäftigung. Man darf sich Heideck aber nicht als Sonderling vorstellen, was eher auf Maurer zutreffen mag. Er war eben ein ausgeprägter Individualist und keinesfalls allgemein isoliert. Bettina Schinas schildert ihn als umgänglichen, charmanten Unterhalter und Geschichtenerzähler. Er suchte sich eben die Leute, mit denen er verkehren wollte, selbst aus. Und da fühlte er sich offensichtlich bei Maurer und seiner Häuslichkeit wohler als in der fassadenhaften Umtriebigkeit des Hauses Armansperg.

Vielleicht wäre ohne das ausgleichende Temperament Heidecks die heiße Phase der Auseinandersetzung schon früher ausgebrochen. Denn Heideck war hinter der Fassade des strammen und polternden Generals ein eher introvertierter, fast weicher Mann. Darin sieht ja Seewald, der sich für einen Historiker sehr ausgiebig mit dem Charakter dieses Mannes beschäftigt hat, auch den letzten Grund für das Scheitern seiner Konzeption.

Eine Schilderung der Zustände ist nicht sinnvoll, ohne genauer auf die Rolle der Gräfin Armansperg einzugehen. König Ludwig kannte die geborene Freiin von Weichs aus ihrer Zeit als Hofdame in München und warnte Heideck schon sehr früh und ausdrücklich vor diesem »Teufelsweib«[75]. Heideck selbst nahm kein Blatt vor den Mund und bezeichnete sie in einem Brief an den König zur Jahreswende 1833/34 als »ränkesüchtiges Weib« und neben Armanspergs Eitelkeit als Haupthindernis für eine weitere vertrauensvolle Zusammenarbeit.[76] Er schrieb auch, dass der Graf nicht genug Kraft gegenüber seiner Frau habe. Viele Augenzeugen bestätigten den fragwürdigen Charakter der Gräfin und ihren großen Einfluss auf ihren Mann. Neezer[77] widmete ihr ein ganzes Kapitel seiner Memoiren. Er kannte sie persönlich und schrieb ihr eine ganze Liste negativer Attribute zu: Sie sei liebenswürdig im Umgang und trotz ihrer Neigung zur Körperfülle durchaus gut aussehend. Unter dieser Oberfläche würden aber Ehrgeiz, Oberflächlichkeit, Standesdünkel und ein übermäßiger Hang zum Wohlleben herrschen.

Es gibt keine direkten Beweise, ob die Schilderungen Neezers wirklich zutreffen. Die realistisch geschilderten Anekdoten, viele örtlich und zeitlich zutreffende Hinweise einschließlich Namensnennungen lassen seine Aussagen aber durchaus als glaubwürdig erscheinen. Selbst wenn Einzelheiten oder Teile nicht zutreffen würden, lässt diese Quelle doch den Ruf erkennen, den die Gräfin in der Öffentlichkeit hatte.

Karikatur der Gräfin Armansperg. Zeichnung von Carl Rottmann, 1835

Die Einwohner von Nafplion nannten sie ironisch »Vasilomitor«, das heißt Königinmutter.[78] Der junge Otto war ohne Eltern, Geschwister oder Frau allein in der Stadt. Der Frau des Regentschaftspräsidenten standen deshalb durchaus Repräsentationsrechte und -pflichten zu. Mit der geschmackvollen Einrichtung samt Klavier, mit Salons und Bällen wurde ihr Haus schnell zum gesellschaftlichen Mittelpunkt der Hauptstadt Nafplion. Das geschah ganz offiziell und darin lag auch die Legitimation der Repräsentationsgelder aus der Staatskasse. Die höchste Anerkennung geschah aber durch die regelmäßige, häufige und offensichtlich von beiden Seiten genossene Anwesenheit des Königs. Die Gräfin war also die unbestritten erste Frau des Staats.

Ihr Ehrgeiz war dadurch aber noch nicht befriedigt. Roussos weist ausdrücklich darauf hin, dass die Griechen der Stadt die Bezeichnung Vasilomitor ironisch gebrauchten. Sie machten sich darüber lustig, dass sie diese Funktion wohl haben wollte, sie aber nicht erreichen konnte. In der Tat hatte die Gräfin drei hübsche, wohlerzogene Töchter im heiratsfähigen Alter und tat alles ihr Mögliche, diese mit dem jugendlichen, etwas einsamen König zusammenzubringen. Otto weilte gern im Hause Armansperg und genoss entspannt das dortige Treiben. Zum Beispiel vergnügte man sich mit Blinde-Kuh-Spielen. Der Vater in München erfuhr davon und ermahnte den Sohn brieflich, allzu nahen Kontakt zu den Armanspergtöchtern zu vermeiden. Es ging ihm sicher nicht um die königliche Würde, eher um die Befürchtung, dass es nicht beim Blinde-Kuh-Spielen bleiben würde: »Sei niemals allein mit einer der Armansperger Mädchen [...] Gelegenheit macht den Dieb!«[79]

Ob sich die Gräfin wirklich ernsthafte Hoffnungen machte, Vasilomitor zu werden, oder nur durch den engen Kontakt zum König Prestige und Einfluss gewinnen wollte, ist nicht zu klären. Ludwig hatte auf jeden Fall ernsthafte Bedenken und Otto gehorchte.

Neezer glaubte an die ernsthaften Absichten der Gräfin und hielt die von ihr ausgehenden Intrigen für eine Rache an Otto wegen ihrer fehlgeschlagenen Hoffnungen. Die enttäuschte Gräfin habe zum Beispiel hinter der Intrige gesteckt, Otto durch ärztliche Gutachten über seinen Geisteszustand zu schaden. Dieses Komplott sei in Zusammenarbeit mit dem englischen Residenten Dawkins ausgeheckt worden, der es nach London weitergegeben habe. Es soll noch mehr vom Haus Armansperg ausgegangen sein, vor allem die Affäre um den Leiter des Übersetzungsbüros, Dr. Franz. Inzwischen wird als sicher angenommen,[80] dass die Initiative für dessen Briefe an Ottos Vater vom Grafen ausging. Dr. Franz schlug Ludwig vor, Maurer und Heideck abzuberufen und Armansperg allein regieren zu lassen. Dieses Komplott, die erste harte Bewährungsprobe des Zusammenhalts der Regentschaft, wurde zuerst von allen beschwichtigend vertuscht. Das meiste darüber Gesagte und Geschriebene bewegt sich daher lediglich im Rahmen der Wahrscheinlichkeit. Sicherheit über Einzelheiten herrscht wenig, schon gar nicht darüber, ob das Komplott vom Grafen, der Gräfin oder beiden ausging. Das ist im Zusammenhang des Streits der Regenten aber gar nicht so wichtig. Entscheidend ist vielmehr festzuhalten, welches Klima von Misstrauen, Rivalität und Gerüchten das letzte halbe Jahr der ersten Regentschaft vergiftet hat.

Thierschs Opposition in München

Den Erwerb von persönlichen Vorteilen oder gar einen grundsätzlich zu intrigantem Verhalten geneigten Charakter, wie man es wohl bei der Gräfin annehmen muss, darf man Friedrich Thiersch nicht unterstellen. Außerdem ist die Grenze zwischen taktischem Verhalten und wirklichen Intrigen schwer festzulegen. Die Enttäuschung Thierschs über seine Nichtberücksichtigung für die Regentschaft durch Ludwig muss erheblich gewesen sein. Er musste mitansehen, wie die Personen, die ihm vorgezogen worden waren, nun vor Ort versagten und sein Lebenswerk, die Wiederauferstehung des griechischen Volks und Staats, gefährdeten. Er missbilligte vor allem die aus seiner Sicht unsolide Ausgabenpolitik, die Dominanz des Militärsektors, das Bavarisieren der Verwaltung und die ungeschickte Kriegsführung in der Mani. Er entwickelte ein regelrechtes Gegenkonzept, das er formulierte und auf dem Weg seiner persönlichen Beziehungen bei Hofe bis zu König Ludwig gelangen lassen konnte. Das war jedoch erst der zweite Akt, der um die Jahreswende 1834/35 mit einem umfangreichen Brief begann, in dem er sein Konzept für König Ludwig niederschrieb.[81] Ludwig ließ sich überzeugen, leitete den Brief mit einem persönlichen Kommentar an Otto weiter und verpflichtete die bereits etablierte neue Regentschaft auf diesen Kurs. Ludwig ließ sich vor allem überzeugen, weil ihm die Grundgedanken Thierschs aus dem Herzen sprachen: Eine straffe Sparpolitik auf Kosten des Militärs und mehr Einbeziehung der Griechen. Die Forderung nach einer Verfassung, von der Ludwig ja nichts wissen wollte, war nicht enthalten. Insgesamt war das alles als Programm für Ottos Regierung nach seiner Volljährigkeit gedacht.

Zuvor arbeitete Thiersch intensiv an der Obstruktion der Regentschaft in Nafplion, vor allem in deren Krisenzeit im Frühjahr und Sommer 1834. Sein bewährtes Kampfmittel war die »Augsburger Allgemeine Zeitung« (siehe Kapitel 1). Mit ihr wollte er die Burg reif schießen, bis er dann im Winter über seine Kontakte bei Hof und ein konkretes Konzept direkt zum Sturm auf Ludwig ansetzen wollte.

Es setzte eine intensive und gezielt gegen die Regentschaftspolitik gerichtete Pressekampagne ein. Thiersch hatte schon früher seine Stellung bei der »Allgemeinen Zeitung« im Jahrzehnt vor der Regierung Ottos dazu benutzt, der philhellenischen Sache zu dienen und bei der Etablierung eines konstitutionellen griechischen Staates zu helfen. Nun ging es um die Ablösung der bestehenden Regentschaft. Diese Kampagne wurde natürlich von den Angegriffenen wahrgenommen und bekämpft. Da sich die »Allgemeine Zeitung« außerhalb der Reichweite der Machtmittel der Regenten befand, konnte man nicht mit dem zeitüblichen Mittel der Pressezensur arbeiten. Die Regentschaft versuchte es mit anderen, pressespezifischen Mitteln. Nach Seewald war es einer der ersten rekonstruierbaren Versuche, die Macht der Presse mit allen Konsequenzen im politischen Kampf einzusetzen.[82]

Im Einzelnen sind, ohne strikte chronologische Reihe, folgende Maßnahmen beider Seiten zu unterscheiden: In der »Allgemeinen Zeitung« erfolgte eine dichte Berichterstattung über die Ereignisse in Griechenland, vorzugsweise die katastrophale finanzielle Lage, die wenig geeignete Bekämpfung der Aufstände auf der Mani und in Messenien und die nicht zufriedenstellende Lage der alten Freiheitskämpfer. Die Berichte, eigentlich Meinungsartikel, waren nicht gezeichnet und als Übernahmen aus anderen Zeitungen oder Augenzeugenberichte getarnt. Thiersch, der selbst namentlich nicht auftrat, organisierte und redigierte alles.

Die Regentschaft reagierte darauf und konnte ihren Pressesprecher Adolf Weissenburg, der auch als Oberkonservator im Dienst stand, als Griechenlandkorrespondent der »Allgemeinen Zeitung« etablieren.

Damit erschienen gleichzeitig in derselben Zeitung inhaltlich und meinungsmäßig konträre Artikel über die Vorgänge in Griechenland. Für den Verleger Cotta hatte das zwei Vorteile: Es war günstig zur Vermeidung eventueller Zensurversuche und diente der Ausgewogenheit seines anspruchsvollen Blattes, das die Meinungsführerschaft für sich beanspruchte.

In Griechenland selbst versuchte die Regentschaft die dortige Opposition durch pressefeindliche Verordnungen zu bekämpfen. Zum Beispiel erschwerte sie die Gründung und den Unterhalt von Zeitungen durch eine hohe Kaution von 5000 Drachmen, die jeder Verleger beim Staat hinterlegen musste. Gleichzeitig versuchte sie mit einem von ihr finanzierten eigenen neuen Blatt, dem »Sotir«, auf die Meinungsbildung einzuwirken.

Die taktischen Züge von Thiersch, vor allem die Verschleierung seiner Eigenschaft als Redakteur und das Zurückstellen seiner von Ludwig abgelehnten prokonstitutionellen Position, waren letztlich erfolgreicher als die Gegenmaßnahmen. Ludwig, der bekanntlich regelmäßig die »Allgemeine Zeitung« las, ließ sich offenbar vor allem von der Zuspitzung auf die Finanzfragen überzeugen. Denn selbstverständlich wusste Thiersch, dass Ludwig allein entscheiden würde, und auch, dass er für die Haushaltssanierung auf Kosten der Armee zu gewinnen war. So hatte er 1825 seine eigene Regierungszeit begonnen, und der Politiker, der sie realisierte, war Armansperg. Es war dann im Sommer 1834, als Ludwig zwischen Maurer und Armansperg wählen musste, eigentlich keine Frage, für wen er sich entscheiden sollte. Thiersch hatte gut vorgearbeitet.

Otto, eigentlich König des souveränen neuen Griechenland, hatte mit dem ganzen Entscheidungsprozess nichts zu tun. Er schlug sich auf die Seite der Majorität, bzw. wurde auf ihre Seite gezogen. Der Streit seiner Vormünder wirkte mehr auf sein persönliches Leben ein, als dass er für ihn politische Bedeutsamkeit besaß: Otto konnte nicht mehr auf die Soireen der Armanspergs gehen und musste auf Weisung des Vaters an den Regentschaftssitzungen teilnehmen. Ludwig dachte wohl, dass die Anwesenheit des Königs mäßigend wirken würde. Als sich Ludwig dann für Armansperg entschied, akzeptierte Otto die Argumente des Vaters. Auffällig ist allenfalls, dass das in der Majoritätszeit entstandene Erkalten der Beziehung zum Grafen anhielt und sich später zu einer regelrechten Aversion steigerte.

Gleichzeitig mit der Entlassung Maurers und Abels erging an die neuen Regenten Kobell und Greiner sowie den im Amt verbleibenden Heideck die Weisung, Armansperg zu folgen. Die Zeit von Majoritätsentscheidungen war vorbei.

Allerdings mussten in der Zeit der faktischen Alleinherrschaft des Grafen bis zum Regierungsantritt Ottos auch keine wichtigen Entscheidungen getroffen werden. Denn der anstehende Umzug nach Athen, den Ludwig ebenfalls durchgesetzt hatte, band alle Kräfte. Er signalisierte das deutlich. Als Überbringer der Abberufung schickte er seinen Hofbauintendanten, den Architekten Klenze. Der hielt sich nicht lange in Nafplion auf und reiste nach Athen weiter. Denn dort warteten die neuen Aufgaben.

Anmerkungen

1 Leopold von Klenze, Aphoristische Bemerkungen gesammelt auf seiner Reise nach Griechenland, Berlin 1838, passim.
2 Zum Unmut der Bevölkerung vergl. Dimopoulos 2010, Bd. 2, S. 30.
3 Mavros 2009, Karte mit historischen Straßennamen.
4 Presseerklärung der Gemeinde Ottobrunn vom 30.01.95, Rückblick: Einweihung des König-Otto-von-Griechenland-Denkmals in Nauplia im November 1994, S. 2.
5 Flyer der Stadt Nafplion: 150 Chronia Nafpliaki Epanastasi, S. 2, unten; Übersetzung des Verfassers.
6 Dimopoulos 2010, Bd. 1, S. 629. Die Darstellung der Ereignisse des 6. Februar folgt dem Kap. 11a von Dimopoulos, S. 625ff.
7 Dimopoulos 2010, Bd. 1, S. 634; Übersetzung des Verfassers.
8 Dimopoulos 2010, Bd. 1, S. 632.
9 Brief vom 6. März 1833, erhalten bei Bower/Bolitho 1997, S. 44.
10 Dimopoulos 2010, Bd. 1, S. 639; Übersetzung des Verfassers.
11 Predl 1836, S. 49.

12 Ross 1863, S. 51ff.
13 Bei Fotiadi 1988, S. 92 wird Oettl als »fanatischer katholischer Priester« bezeichnet. Der auf der folgenden Seite verwendete Ausdruck »jesuitisch« steht wohl eher als Gattungsbezeichnung für einen besonders militanten Katholizismus als für eine konkrete Ordenszugehörigkeit.
14 Bower/Bolitho 1997, S. 25.
15 Brief vom 19. August 1831, Bower/Bolitho 1997, S. 25.
16 Konstantinos Schinas schrieb, dass Otto erst ab Januar 1835 regelmäßig an Regentschaftssitzungen teilnahm. Steffen/Schinas 2002, S. 105, Brief vom 28.1.1835.
17 Bower/Bolitho 1997, S. 64, Seidl 1981, S. 177. Vor allem Gollwitzer 1986, S. 856, Anm. 798 mit Archivfundstellen und Zeitangaben lässt keine Zweifel an der Echtheit dieser Gutachten und der zeitlichen Zuordnung zu. Nach Bettina Schinas (Steffen/Schinas 2002, S. 106f.) werde man Otto noch vor seiner Inthronisierung auf Initiative Londons »wegen Unfähigkeit, zu regieren [...] einen Curator od. allmächtigen Rathgeber zur Seite setzen« und »wie ja sogar schon vor Jahr u. Tag dergl. Gott weiß wodurch, in Berlin u. sogar München cursierte«. Die Datierung dieser Nachricht im Januar 1835 zeigt, wie früh die Gerüchte über die Gutachten vorhanden waren.
18 Nicht nur das Ehepaar Schinas nahm als Initiator im Hintergrund den Regentschaftspräsidenten an. Nach Neezer 1938, S. 92f. ging die Aktion von der Gräfin Armansperg aus.
19 Seidl 1981, S. 176.
20 Bower/Bolitho 1997, S. 141, Anm. 135.
21 Fotiadi 1988, S. 94; Übersetzung des Verfassers.
22 Bower/Bolitho 1997, S. 78, Brief vom November 1838.
23 Gollwitzer 1984, S. 486. Diese Auffassung wird erhärtet durch Seewald 1994, S. 188f: Offensichtlich gab es auch eine Korrespondenz zwischen General Heideck und König Ludwig über die fragliche psychische Eignung Ottos spätestens seit dem Frühjahr 1834. Heideck berichtete, dass Ottos »zu nutzlosen Spitzfindigkeiten und unfruchtbaren metaphysischen Grübeleien geneigtes Wesen dem künftigen Herrscher nicht ersprießlich ist, welches besonders in Hellas einem auf die Sachen scharf gerichteten, klaren und entschlossenen Geiste weichen muß« (Brief ohne Datum, Frühjahr 1834).
24 Bower/Bolitho 1997. Die gesamte bayerische Version mit Ratifikation des Vertrags ist als Faksimile auf S. 27ff. abgedruckt.
25 Das zentrale traumatische Ereignis in der modernen griechischen Geschichte! 1922 wurde ein griechisches Invasionsheer durch türkische Truppen unter Kemal Atatürk geschlagen. Die kleinasiatische griechische Bevölkerung starb, flüchtete oder wurde umgesiedelt. »Der Großgriechenland-Traum war ausgeträumt.« (Tzermias 1993, S. 129)
26 Gollwitzer 1986, S. 248ff: I/XI, Versuch eines Psychogramms.
27 Brief vom 5.4.1835, zitiert nach Gollwitzer 1986, S. 483.
28 Gollwitzer 1986, S. 466.
29 Pantazopoulos 1985, S. 100f.
30 Pantazopoulos 1985, S. 100, S. 104.
31 Tzermias 1993, S. 95.

32 Pantazopoulos 1985, S. 99, Anm. 10.
33 Tzermias 1993, S. 92.
34 Pantazopoulos 1985, S. 98.
35 Die Forschungslage ist hier nicht eindeutig. Statt einer gezielten und grundsätzlichen Verhinderung, wie sie Pantazopoulos als typischer griechischer Vertreter annimmt, kann auch ein Aufschieben bis zur Volljährigkeit Ottos möglich sein. Dann wäre die Diskrepanz der Inhalte des Briefes Gises und der Instruktion der Regentschaft eine peinliche Panne und keine Taktik gewesen. Auch fanden zwischen Ludwig, Gise und Thiersch Verständigungen über Möglichkeiten einer Verfassung statt (Wilharm 1973, S. 140ff.). Zudem war man sich in München über den Grad einer möglichen Verpflichtung zu einer Verfassung gegenüber London und Paris nicht sicher. Das ändert aber nichts an der grundsätzlichen Ablehnung einer Verfassung, vor allem einer solchen mit repräsentativen Elementen, durch Ludwig und später sogar verstärkt durch Otto selbst.
36 Steffen/Schinas 2002, S. 63f. Bettina Schinas beschrieb das geräumige zweistöckige Haus mit Meerblick, Garten und Hühnerhof mit Begeisterung. Besonders fielen ihr die Reinlichkeit, Behaglichkeit und Wanzenfreiheit des offensichtlich sehr gepflegten Hauses auf.
37 Seewald 1994, S. 136: Heideck unterhielt eine spezielle Korrespondenz, teilweise per Extrakurier, mit Ludwig persönlich und ausgedehnt mit dessen Privatsekretär Johann Heinrich von Kreutzer, der Heideck freundschaftlich verbunden war. Offensichtlich wollte sich Ludwig auf diese Weise inoffizielles Herrschaftswissen sichern.
38 Seewald 1994, S. 202: Seewald verweist darauf, dass Heideck eine der wenigen Personen am Hofe Ottos war, denen dieser vertraute. Die Gespräche von Mann zu Mann gingen offensichtlich ziemlich weit. Zum Beispiel konnte es sich Heideck leisten, Otto aus finanziellen Gründen von einer Verehelichung abzuraten. Er soll ihm stattdessen eine Konkubine empfohlen haben.
39 Bettina Schinas, die Tochter Savignys, konnte Maurer nicht mehr in Nafplion antreffen. Er war bei ihrer Ankunft bereits entlassen worden und nach München zurückgekehrt. Ihr Mann Konstantinos Schinas war ein Schüler Savignys gewesen und dann in Griechenland der engste griechische Mitarbeiter Maurers und Abels. Diese enge persönliche Verflechtung wird hier angeführt, weil sie inhaltlich durchaus relevant sein kann.
40 Vergl. Darstellung der Verfassung von 1818 durch Eberhard Weis, bei: Spindler 1974, S. 79ff.
41 Bspw. Seewald 1994, S. 90ff. und Dickopf 1983.
42 Londoner Vertrag vom Mai 1832, im November darauf Freundschafts- und Allianzvertrag Bayern-Griechenland, Werbevertrag Bayern-Griechenland, Truppenentsendungsvertrag Bayern-Griechenland.
43 Seidl 1981, S. 328.
44 Dickopf 1960, S. 19.
45 Maurer 1835 Bd. II, S. 77.
46 Dickopf 1983, S. 167.
47 Seewald 1994, S. 135.
48 Wilharm 1973, S. 120ff., Dr = Drachme.

49 Gollwitzer 1986, S. 480 und 732ff. Die Verhandlungen mit den Schutzmächten über die Auszahlung belasteten die spätere griechische Außenpolitik während der gesamten Regierungszeit Ottos erheblich und auch die Beziehung zum Vater. Denn Ludwig musste mehrmals zur Verhinderung eines Staatsbankrotts aushelfen. Das tat er mit sehr fragwürdigen Mitteln, um das Budgetrecht des bayerischen Landtags zu umgehen. Während der Wirren des Jahres seiner Abdankung wurde die Angelegenheit öffentlich und Ludwig musste zu seiner Demütigung 1849 die Schuld von über eineinhalb Millionen Gulden aus seiner Privatkasse bezahlen. Bis zu seinem Tod hat er sie von Otto bzw. Griechenland trotz intensiven Bemühens nicht zurückerhalten.

50 Wilharm 1973, S. 137.

51 Maurer 1834.

52 Das könnte sich allenfalls ändern, wenn über Heidecks Mitregenten ähnlich sorgfältige und quellengestützte Untersuchungen wie die von Seewald 1994 vorliegen würden, die sich mit deren Position und Material auseinandersetzen müssten. Derzeit gibt es aber nicht einmal entsprechende Biografien. Die vorhandenen von Bary-Armansperg 1976 (Nachdruck einer Dissertation von 1949) und Dickopf 1960 sind bereits vor vielen Jahren geschrieben und beschäftigen sich nur am Rande mit den griechischen Jahren Armanspergs wie Maurers.

53 Seewald 1994, S. 113: Ludwig weilte im Sommer fern von München in Italien und anschließend auf seinem Sommersitz Bad Brückenau, um gegenüber den in der Konversionsfrage Ottos drängenden Russen durch eine Verzögerungstaktik Zeit zu gewinnen. Außerdem benötigte er Zeit für die Versuche, von den Regenten doch noch konkrete schriftliche Zusicherungen zur Stärkung seiner Position in der Verfassungsfrage zu erreichen.

54 Ein weiterer vergeblicher Versuch zur Beruhigung der Palikaren war das erste Dotationsgesetz im Sommer 1834. Dadurch sollten verdiente ehemalige Freiheitskämpfer gegen Auflagen Land erhalten. Es scheiterte wie die Einrichtung der Jägerbataillone am fehlenden Interesse der Palikaren. Sie wollten ebenso wenig Bauern werden wie reguläre Soldaten.

55 Seewald 1994, S. 125.

56 Seewald 1994, S. 174.

57 z.B. Skandamis 1961, S. 75ff.

58 Pantazopoulos 1985, S. 118.

59 Eine Anwendung der komplizierten Regeln auf das Beispiel Athen mit etwa 2000 Einwohnern durch Wilharm 1973, S. 154 ergibt die Größe der Wahlversammlung von 250 Höchstbesteuerten. Innerhalb dieses engen Kreises fand danach die gesamte politische Mitbestimmung statt. Wilharm betont, dass damit die Primaten, die schon in der Türkenzeit unter den Griechen bestimmt hatten, ihre politischen Vorrechte gekoppelt an ihren Besitz in den neuen Staat retten konnten. Trotzdem ist dieses Wahlrecht nicht so rückschrittlich und ungewöhnlich, wie es scheint. Es begünstigte zwar die Begüterten und schloss damit einen großen Teil der Bevölkerung aus. Das war aber im Jahr 1833 auch in Bayern so. Erst durch die Wahlrechtsreform in England in eben dieser Zeit wurden Änderungen in Richtung eines modernen Wahlrechts eingeleitet. In Bayern und Deutschland geschahen die entscheidenden Schritte erst nach der Revolution 1848.

60 Erst die Niederlage im russisch-türkischen Krieg 1829 mit dem Frieden von Adrianopel zwang das Osmanische Reich zur Anerkennung der griechischen Unabhängigkeit.

61 Die Aussage Maurers, der Beschluss der Bischöfe sei einstimmig erfolgt, trifft nicht zu. Siehe Wilharm 1973, S. 224: Von den 36 Bischöfen, die die Deklaration unterzeichneten, stammten nur 10, nach anderen Angaben 18, von den 48 griechischen Diözesen. Davon waren 19 vakant. Mindestens 7 der einheimischen Bischöfe mussten ihre Zustimmung nicht gegeben haben.

62 Skandamis 1961.

63 Zahlen bei Wilharm 1973, S. 147, S. 160 und Skandamis 1961, S. 111.

64 Vergleiche Kap. 3. Schinas heiratete noch 1834 Savignys Tochter Bettina. Sie folgte ihm nach Nafplion. Zu dieser Zeit war aber Maurer bereits nicht mehr dort und ihr Mann ohne Amt.

65 Pantazopoulos 1985, S. 132.

66 Pantazopoulos 1985, S. 131.

67 Pantazopoulos 1985, S. 132.

68 Wilharm 1973, S. 150ff.

69 Wilharm 1973, S. 256. Die dort für die Staatssekretäre/Minister angefügte Parteizugehörigkeit beweist deutlich die Dominanz der englischen und französischen Partei. Der Gebrauch des Begriffs Partei erfolgt bis zu einer genaueren Diskussion in Kap. 4 provisorisch. Auch bei Wilharm handelt es sich natürlich nicht um Parteien im gebräuchlichen Sinn.

70 Seewald 1994, S. 139.

71 Dickopf 1960, S. 18: Dieses Zitat des Historikers Ch. Webster aus seiner Arbeit über die englische Außenpolitik unter Palmerston wurde von Dickopf sicher wegen seines Repräsentationswerts ausgewählt.

72 Roussos 1975, S. 62: Ein Beispiel für diese übertriebenen Vorstellungen ist die Behauptung, Armansperg habe sich nach seiner Rückkehr nach Bayern ein Gut mit einer Million Drachmen aus seiner Amtszeit in Griechenland gekauft.

73 Seewald 1994, S. 80.

74 Bower/Bolitho 1997, S. 48.

75 Gollwitzer 1986, S. 485.

76 Seewald 1994, S. 178.

77 Neezer 2003, S. 87ff.

78 Roussos 1975, S. 62.

79 Bower/Bolitho 1997, S. 50.

80 Gollwitzer 1986, S. 856, Anm. 763. Die ausführliche, aber verharmlosende Darstellung der Ereignisse durch Dr. Franz in seiner Korrespondenz mit Friedrich Thiersch ist wenig überzeugend, vergl. Irmscher 1968.

81 Seewald 1994, S. 198.

82 Seewald 1994, S. 192. Die Auseinandersetzungen zwischen der regierungstreuen »Münchner politischen Zeitung« und der oppositionellen Hanauer Zeitung im Herbst 1832 um die Berechtigung der Entsendung regulärer bayerischer Truppen nach Griechenland zeigt ähnliche Züge – vergl. N.N., Bayerns Heerzug nach Griechenland 1833.

Venezianer und Türken: Nafplion zwischen West und Ost

Seit der Eroberung Konstantinopels durch Kreuzfahrer im Jahr 1204 lag die Initiative im östlichen Mittelmeer bei der Republik Venedig. Nafplion fiel im Jahr 1389 durch Kauf an Venedig. Damit begann die Zeit der ersten Venetokratie mit einer Dauer von 150 Jahren. Venedig war besonders an der Sicherung seines Seewegs nach Osten interessiert und baute die Stadt als Napoli di Romania zu einer Seefestung aus. Die vorhandenen beiden Burgen, eine fränkische und eine byzantinische, wurden um eine dritte, das Castel Toron mit seinem mächtigen Rundturm, erweitert und verstärkt. Der gebräuchliche Name Itschkale, türkisch für Dreiburg, hat das bewahrt. Auch der Rundturm ist erhalten.

Das expandierende Osmanische Reich verdrängte seit dem 15. Jahrhundert zunehmend die Venezianer. Im Jahr 1540 fiel die Stadt nach mehrjähriger Belagerung in die Hände der Türken. Diese blieben 146 Jahre, die Zeit der ersten Turkokratie. Nafplion wurde Hauptort des Sandschak Moria-Peloponnes. Der weitgehend zerstörte Ort nahm das Aussehen einer türkischen Stadt an. Das Bild beherrschten zahlreiche Minarette und der Palast des Paschas. Die Moscheen wurden teils neu gebaut (heute: Trianon und Vouleftiko), teils aus Kirchen umgewandelt (Agios Georgos). Erst allmählich stellten neu zugezogene Griechen wieder den Hauptteil der Bevölkerung. Die Verkehrssprache im Ort war Griechisch.

Für die Zeit von 29 Jahren übernahm 1686 Venedig noch einmal die Herrschaft in der Stadt. In dieser kurzen Zeit der zweiten Venetokratie bauten französische Ingenieure Napoli di Romania zu einer der stärksten europäischen Festungen aus. Die Bergfestung Palamidi und die gewaltigen Forts der Landfront hielten das höchste Niveau der barocken Festungsbaukunst. Mehrere Kirchen wurden neu gebaut (Agios Spyridonas, Agios Nikolaos) und Moscheen in Kirchen zurückverwandelt (Agios Georgos). Das Marinezeughaus, heute archäologisches Museum, ist das markanteste zivile Bauwerk aus dieser Zeit.

Die zweite Turkokratie begann 1715 mit einem Massaker an der belagerten Bevölkerung und machte die Stadt für die nächsten 107 Jahre nunmehr zu einer fast rein türkisch besiedelten Stadt mit ländlichem Charakter. Das umliegende Land gehörte türkischen Agas. Erst spät erhielten die wenigen Griechen die Erlaubnis, die älteste Kirche der Stadt, die winzige Agia Sofia, zu nutzen. Nach der Einnahme der Festung durch die griechischen Freiheitskämpfer unter Kolokotronis im Jahr 1822 flüchtete die türkische Bevölkerung nach Kleinasien. Die Stadt war leer, wenn auch von der vorangegangenen Belagerung stark mitgenommen.

Karte 2: Das alte Nafplion zur Zeit König Ottos

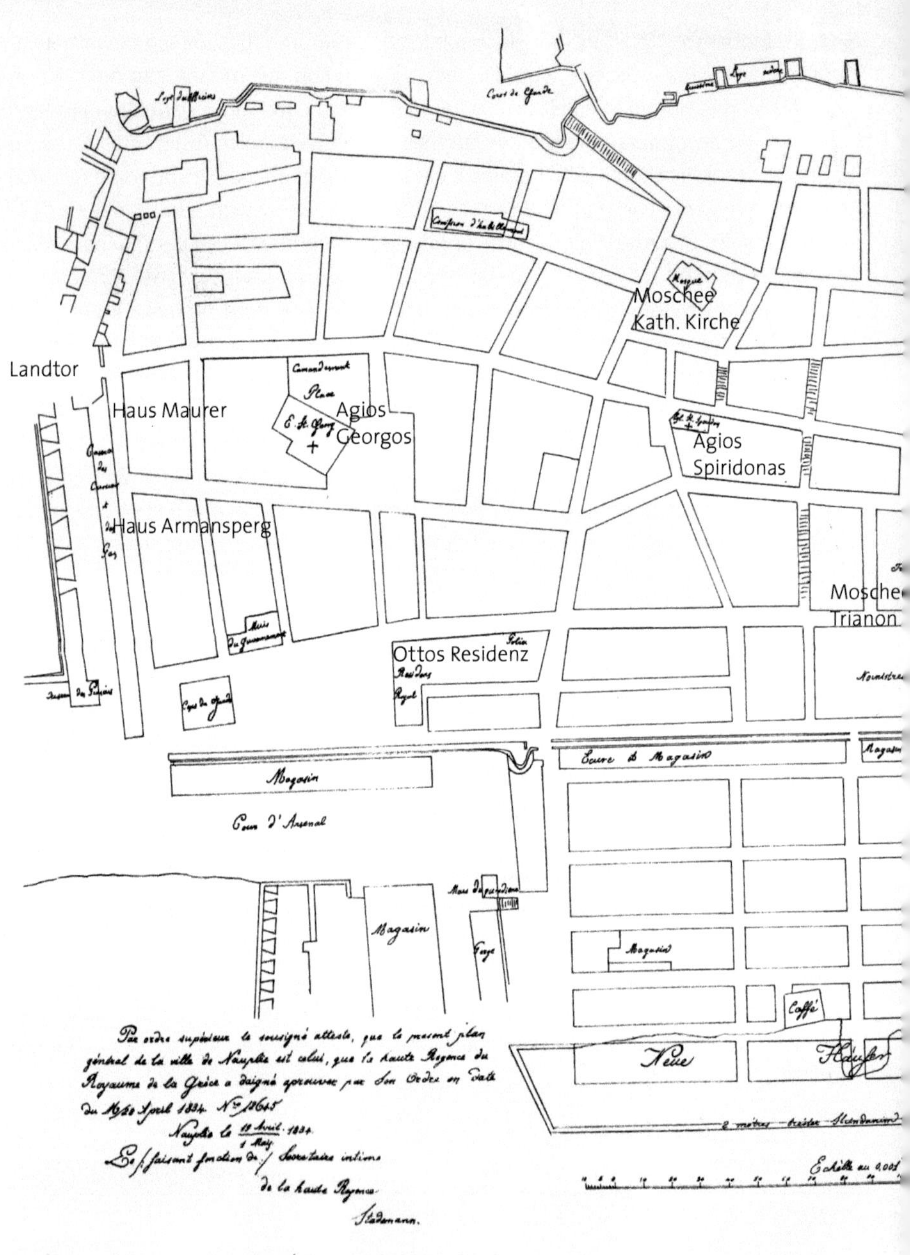

Itschkale Akronauplia
petite Caserne
Magasin
Hospital
Kommandantur
Haus Heideck
Moschee
Vouleftiko
Bouleuticon
Panagia
Hafentor
Plan
der
Stadt Nauplia

Kapitel 3

Das Alltagsleben in einem fremden Land

Der bayerische Löwe in Pronia

Monument und Legende

Steinerne Löwen sind in Nafplion nichts Besonderes. Das liegt vor allem am venezianischen Erbe im Stadtbild. In der Regel ließ während der Herrschaft Venedigs jeder Prokurator an einem in seiner Verantwortung errichteten öffentlichen Gebäude den Markuslöwen anbringen. Am ursprünglichen Ort sind zum Beispiel noch die Löwen an der Nordmauer der Toron-Bastion und über dem Landtor. Das monumentalste Exemplar steht am Syntagma-Platz.

Markuslöwe am Castel Toron auf Itschkale

In der Heraldik des neueren griechischen Staatswesens dagegen sind die Löwen nicht vertreten, obwohl eine Spur in die Antike führt. Denn dort gibt es durchaus namhafte Beispiele mit säkularer und religiöser Funktion. Verwiesen sei auf das Löwendenkmal für die gefallenen Thebaner anlässlich des Siegs des makedonischen Königs Philipp über die griechischen Städte bei Chaironeia oder die Löwenallee im heiligen Bezirk von Delos. Seit der byzantinischen Zeit war das zentrale Emblem für die kaiserliche Macht aber ein Adler, genauer ein Doppeladler. Er ist in Nafplion in verschiedenen Formen in jeder Kirche zu finden. Be-

Phönix am alten Rathaus in Nafplion

sonders auffällig ist die offizielle Kirchenfahne, ein schwarzer Doppeladler auf gelbem Grund. Diese Adlerfahne stand im Befreiungskrieg neben einer weißen Fahne mit blauem Kreuz für den griechischen Widerstand gegen die osmanische Besetzung, zusammen mit der Parole »Freiheit oder Tod«. Nach der geglückten Befreiung wurde ein anderer Vogel aus der alten griechischen Mythologie zum Symbol des neuen republikanischen Staates, nämlich der Feuervogel Phönix. Er verbrennt zwar, ersteht aber immer wieder aus der eigenen Asche. Er zierte das Staatssiegel und gab der ersten Währung des neuen Staats seinen Namen. Dieser Phönix als Standardmünze wurde nach der Ankunft Ottos als eine der ersten Amtshandlungen durch eine Drachmenmünze mit Ottos Bild abgelöst.

Ein Löwendenkmal in der ehemaligen Vorstadt Pronia, bei den Griechen »Leontas ton Bavaron«, also Löwe der Bayern genannt, ist bis heute der augenfälligste Rest der bayerischen Präsenz in der Stadt.

Der bayerische Löwe in Pronia

Die Maße des Denkmals sind monumental: An die zehn Meter lang ist der Körper des Tiers, das ursprünglich 13 Meter über dem Begräbnisplatz der bayerischen Soldaten lag. Darauf weist die Inschrift darunter hin.

DIE OFFIZIERE UND SOLDATEN
DER
KOENIGLICH BAIRISCHEN BRIGADE
IHREN CAMERADEN
+
1833 UND 1834
ZUR VOLLENDUNG GEBRACHT
VON
LUDWIG I. KOENIG VON BAIERN

Als König Ludwig seinen Sohn erstmals im Jahr 1835 in Griechenland besuchte, war die Hauptstadt des neuen Königreichs schon nach Athen verlegt worden. Dort befand sich das Zentrum der politischen und kulturellen Aktivitäten. Es entstand gerade der neue Königspalast nach den Plänen Friedrich Gärtners und die Athener Innenstadt wurde neu gestaltet, samt Universität, Staatsbibliothek und vielem mehr, was zu einer repräsentativen Haupt- und Residenzstadt gehört. Offensichtlich wollte Ludwig aber doch die Anfangsjahre des neuen Staats in Nafplion nicht vergessen lassen und stiftete dafür das Denkmal.

Der ruhende oder sterbende Löwe stand damit nicht nur als Bild für die gestorbenen Soldaten. Er symbolisierte als bayerisches Wappentier auch Macht und Anspruch, wie es in der gleichen Stadt schon der venezianische Löwe, der byzantinische Adler und der unsterbliche Phönix taten. Nur aus dieser Sicht erhält die gewählte Monumentalität ihren Sinn.

Leopold von Klenze hatte die Idee zu einem heroischen Denkmal über den Gräbern des Kirchhofs in Pronia. Er kannte von seinem Besuch im Jahr 1834 die Lokalität und lieferte einen Entwurf, der sich erheblich von dem realisierten Monument unterschied. Ein monumentaler liegender Löwe sollte gänzlich und voll plastisch aus dem oberen Teil des Felsens herausgehauen werden. Mit der näheren Planung und Ausführung wurde der Schweizer Bildhauer Heinrich Max Imhof[1] beauftragt. Dieser erkannte nach einer Besichtigung des Felsens, dass es erhebliche technische Schwierigkeiten geben würde, vor allem wegen der Härte des Kalksteins und Rissen im oberen, zu bearbeitenden Teil des Felsens. Er schlug eine einfachere Ausführung als Relief vor und verzögerte die Ausführung, bis ihm Ludwig den Auftrag im November 1837 entzog. Erst danach fand ein Entwurf des Hamburger Bildhauers Christian Siegel Ludwigs Billigung. Die technischen Einwände Imhofs wurden doch noch berücksichtigt. Es ging wohl nicht anders mit der zur Verfügung stehenden Summe von 4000 Gulden.

Vielfach wird darauf hingewiesen, dass Siegels Entwurf auf einem bereits realisierten Denkmal ähnlicher Art basiert.[2] In der Schweiz liegt seit 1821 der Löwe von Luzern. Er ist ebenfalls in einem Stück aus dem Fels gehauen, hat monumentale Maße und zeigt einen liegenden sterbenden oder toten Löwen. Er erinnert an die 760 Soldaten der Schweizer Garde des französischen Königs Louis XVI., die bei der Erstürmung der Tuilerien 1792 den Tod fanden. Die Ähnlichkeit der Monumente ist unverkennbar, der Schweizer Löwe wirkt aber wehrhafter. Sein totes Haupt ruht auf zerbrochenen Waffen, die sein Todeskampf hinterließ. Der bayerische Löwe schläft oder träumt eher. Der Entwurf des Luzerner Denkmals stammt von dem dänischen Bildhauer Bertel Thorvaldsen, einem im Vergleich zu Siegel sehr bekannten Künstler. König Ludwig schätzte ihn besonders. Deshalb betraute er Thorvaldsen auch mit der Aufstellung und Ergänzung des Ägineten-Frieses in der Münchener Glyptothek und anderem mehr.

Zuweilen wird auf einen steinernen Löwen von der Insel Kea als Vorbild für Thorvaldsen hingewiesen. Dort befindet sich ebenfalls ein liegender und mit sechs Metern Länge imposanter Löwe. Die unvollendete, aus massivem Granit gehauene Figur stammt aus dem sechsten vorchristlichen Jahrhundert. Sie wurde zur fraglichen Zeit gerade entdeckt und war nur in wenig getreuen Abbildungen verfügbar. Auch sein funktionaler Hintergrund ist nicht geklärt, auf keinen Fall handelt es sich um einen Grablöwen. Bezüge zum Löwen in Pronia erscheinen deshalb recht spekulativ.

Siegel wurde auch die Ausführung vor Ort übertragen. Er traf Ende 1838 in Griechenland ein und machte sich sofort an die Arbeit. Nach drei Jahren konnte im November 1841 das Monument feierlich enthüllt werden. Die lange Bauzeit hatte ihre Ursache nicht nur in technischen Gegebenheiten. Zur Vorbereitung der Steinwand mussten mehr als 38 000 Kubikfuß Gestein herausgearbeitet werden, bevor der gewaltige Löwenkörper selbst geformt werden konnte. Das wären heute 140 Lastwagenladungen zu je zehn Tonnen! Es gab noch andere Probleme:

> *Die Zerstörung des Modells und eines Teiles der Arbeit durch Sprengungsversuche von Seiten übelgesinnter Griechen war unter den vielfach zu bekämpfenden Schwierigkeiten die größte und empfindlichste.*[3]

Schon Imhof hatte geraten, den Löwen und seine Nische hoch oben am Fels zu positionieren, um ihn »vor den zerstörungssüchtigen Händen zu sichern«.

Der Löwe entstand direkt über den Gräbern der Soldaten. Der Unwillen der Bevölkerung muss doch sehr groß gewesen sein, denn in gewisser Weise handelte es sich bei diesen Anschlägen um Grabschändung. Eine Erklärung könnte der Zeitpunkt der Erstellung des Denkmals sein. In den Jahren ab 1837 war Otto zunehmend mit einer verstärkten, landesweiten Opposition konfrontiert. Schon im Jahr 1843 konnte der König in Athen, bedrängt durch eine von griechischen Militärs geführte Revolution, seine Krone nur mühsam durch erhebliche Zugeständnisse retten. Er musste in der neuen Verfassung einen Artikel 3 aufnehmen, der alle Nichtgriechen von Staatsämtern ausschloss. Wer bis dahin unter den bayerischen Beamten und Soldaten das Land nicht schon verlassen hatte, musste gehen.[4] Die Anschläge galten deshalb eher dem Löwen als bayerischem Herrschaftssymbol als den darunter begrabenen Soldaten.

Auch der allgemeine Friedhof der Stadt bei der Kirche Agii Pantes befand sich in unmittelbarer Nähe. Er wurde später nur wenige hundert Meter nach Norden verlegt und grenzt heute noch mit seinem für griechische Friedhöfe typischen Zypressenbestand fast direkt an die kleine Parkanlage, die jetzt das Löwendenkmal umgibt. Die Gebeine der Soldaten wurden später exhumiert und nach Nafplion in die Krypta der katholischen Kirche mit dem Philhellenendenkmal (siehe Kapitel 1) überführt.

Sicher spielten bei der Platzwahl für das Monument nicht nur die Soldatengräber eine Rolle. Über der Straße nach Epidavros, an der der Platz liegt, befindet sich bergwärts und südöstlich der Straße eine Reihe von klippenartigen Kalkfelsen mit teils schroffen Wänden. Ohne einen solchen geeigneten Felsen wäre das Konzept des Löwendenkmals rein technisch nicht realisierbar gewesen. Einer dieser Felsen liegt auf dem Gelände der Soldatengräber und ermöglichte erst die beschriebene Konzeption.

Die Friedhofskirche Agii Pantes mit Felsen und Grabplatten

Der Friedhof lag zur Entstehungszeit deutlich außerhalb der Stadt am Rande der Siedlung Pronia. Dieser Ort war unter dem Präsidenten Kapodistrias durch den damaligen Stadtkommandanten Heideck (siehe Kapitel 1) als Wohnsiedlung für Flüchtlinge, meist aus Kreta, gegründet worden. Das war nur ein Jahrzehnt vor der Erstellung des Denkmals. Diese kleine Ansiedlung spielte in der damals noch kurzen patriotischen Geschichte des neuen Staats eine besondere Rolle. Die auf dem Kirchplatz in Pronia tagende fünfte Nationalversammlung hat dort im Sommer 1832 den bayerischen Prinzen Otto als neuen König von Griechenland akzeptiert und eine Delegation ausgewählt, die ihm die griechische Krone in München anbieten sollte. So ist der Name des Ortes Pronia mit der Etablierung einer bayerischen Dynastie in Griechenland eng verbunden.

Verstärkt wird das durch den Umstand, dass der neue König gerade in der Umgebung von Pronia sein neues Königreich betrat. Nafplion hatte zur damaligen Zeit keine Kais, die größeren Schiffen ein Anlanden ermöglicht hätten. Schon gar nicht wäre dies einer Flotte von 40 Schiffen, die mehrere tausend bayerische Soldaten samt dem neuen König mit sich brachte, möglich gewesen. Der König wurde zusammen mit seiner Begleitung aus der britischen Fregatte »Madagaskar«, die ihn hergebracht hatte, ausgebootet. Der flache Strand vor Pronia war das geeignete Gelände für dieses Landungsmanöver. Dort sammelten sich die Ankommenden, dort wurden sie von griechischer Seite zeremoniell empfangen und dann über das Landtor in die Stadt gebracht. Auf dem Bild von Peter von Hess und auf dem Aquarell eines unbekannten Malers (S. Abb. 5, S. 164/165) ist das alles klar zu erkennen.[5]

Zusammenfassend ergibt sich also ein sehr vielschichtiges Bild der Funktion dieses Denkmals.

Der sterbende Löwe korrespondiert mit der Inschrift, die auf die in Griechenland verstorbenen bayerischen Soldaten zu seinen Füßen verweist. Sie verweist auch auf den Stifter des Denkmals, dessen Werk die Gründung und Stützung des neuen Staates war. Eng verbunden mit diesem Gründungsakt sind die Orte, an dem das Denkmal steht: Es geht dabei weniger um den heute vergessenen Soldatenfriedhof bei Agii Pantes als vielmehr um die Gründungshauptstadt Nafplion, in deren Vorort Pronia der neue König durch das griechische Volk legitimiert wurde. Die erhöhte Position ermöglichte die Sicht auf die Landungsstelle, an der nicht nur der König, sondern jeder der Toten zuerst griechischen Boden betrat.

Der etwas verträumte Blick des Löwen von Pronia, mit dem er sich deutlich von seinem viel wilderen Vorbild in Luzern abhebt, mag auch etwas mit Heimweh zu tun haben. Der Blick geht von seiner überhöhten Position ja nicht nur auf die Landestelle, er geht auch dahin, wo die Schiffe herkamen, nach

Westen, in Richtung Heimat. Die Kameraden der Brigade, die nicht tot zu seinen Füßen lagen, waren längst in die Heimat zurückgekehrt. Wenn man dem Löwen genau auf die Augen sieht, was bei der Entfernung von mehr als zehn Metern gar nicht so einfach ist, sieht man, dass er sie geschlossen hat. Er kann also die Heimat gar nicht sehen, nur erträumen.

Der einstige Blick von der erhöhten Position des Denkmals auf das Meer und den Landungsplatz ist nicht mehr möglich. Wohl an keiner Stelle Nafplions wird so deutlich sichtbar, wie sehr sich die Stadt in Art und Ausdehnung verändert hat. Der Löwe blickt heute auf eine riesige Baugrube, die sich an der Stelle einer vormals dort bestehenden Konservenfabrik befindet. Seit Jahren ruht die Bautätigkeit in dem der Wirtschaftskrise zum Opfer gefallenen Großprojekt. Das wird sicher noch Jahre so sein. Dahinter liegen Krankenhaus und Endekati, der verkehrsreichste Platz im Ort. Offiziell ist es kein Platz, vielmehr die Kreuzung der Straßen nach Argos, nach Epidavros und zur Altstadt. Vor allem an den beiden großen Straßen Richtung Norden und Osten entlang hat sich eine Neustadt entwickelt, die die Altstadt an Fläche, Einwohnerzahl und wirtschaftlicher Bedeutung weit übertrifft. Die Neustadt erstreckt sich westwärts bis zum Meer. Die Region der einstigen Landungsstelle liegt längst im bebauten Stadtgebiet. Man kann das nicht genau festlegen. Der Küstenverlauf hat sich nämlich deutlich verändert, durch Aufschüttungen im Altstadtbereich, Verlandung und Verlagerung des Hafens nach Nordosten.

Anfang des 19. Jahrhunderts hatte die Stadt an die 5000 Einwohner. Zur Zeit der Befreiungskriege und danach lebten in Nafplion etwa 10 000 Menschen. Damals war die Stadt politisches und wirtschaftliches Zentrum des neuen Griechenland und noch dazu überfüllt mit Flüchtlingen, innerhalb und außerhalb der Mauern. Die Gründung von Pronia sollte für Entlastung sorgen. Es lag damals etwa zehn Minuten zu Fuß vor dem Landtor. Heute ist es längst Teil der Stadt und hat im Vergleich zu den wuchernden Neubauvierteln durchaus historisches Flair. Mit dem Umzug der Regierung nach Athen im Jahr 1835 sank die Zahl der Einwohner stark. Nafplion wurde zur einfachen Provinzstadt und erreichte seine alte Größe erst wieder Mitte des letzten Jahrhunderts. Seitdem ist die Einwohnerzahl explodiert. Heute wohnen hier weit über 30 000 Menschen. Man muss aber die Gemeindereform »Kallikratis« berücksichtigen, die Nafplion seit 2010 etliche Eingemeindungen brachte. Aber auch ohne diesen Zugewinn hat sich die Einwohnerzahl des eigentlichen Stadtgebiets in den letzten 30 Jahren zumindest verdoppelt. In der Altstadt selbst leben heute kaum mehr als 500 Menschen.

Die bayerische Brigade

Das Löwenmonument ist ausdrücklich den Soldaten der bayerischen Brigade der Jahre 1834 und 1835 gewidmet. Das ist nicht selbstverständlich. Denn sie waren nicht die einzigen waffentragenden Bayern im neuen Griechenland und hatten auch nicht die größten Verluste.

Bei der Ankunft König Ottos in Nafplion im Januar 1833 befanden sich noch viele Männer unter Waffen, obwohl der Kampf gegen die Türken seit Jahren abgeschlossen war und grundsätzlich Frieden hätte herrschen sollen. Die Palikaren, die ehemaligen Kämpfer gegen die osmanische Herrschaft, verweigerten die Abgabe ihrer Waffen und standen nicht zur Verfügung der neuen Regierungen, im Gegenteil. Das Land befand sich im Bürgerkrieg. Der große Teil dieser etwa auf 8000 Männer geschätzten Truppen bekämpfte die Regierung, die sich in Nafplion verschanzt hatte. Die Regierung wurde durch die Reste eines einmal 14000 Mann starken französischen Expeditionskorps gestützt. Diese Franzosen waren ursprünglich zur Erzwingung des Abzugs der ägyptisch-türkischen Truppen Ibrahim Paschas im August 1829 ins Land gekommen. Ihre jetzige Funktion war so nicht vorgesehen und den beiden anderen Großmächten längst suspekt. Denn die Einmütigkeit der sogenannten Schutzmächte war, wenn sie überhaupt je vorhanden war, längst gegenseitigem Argwohn und Rivalität gewichen. Es ging weniger um die Lösung der griechischen Frage als um Großmachtpolitik im beginnenden imperialistischen Zeitalter.

In dieser verworrenen Lage war allen Verhandlungspartnern bei den Londoner Verhandlungen 1832 klar: Die Einsetzung des Prinzen Otto zum neuen griechischen König konnte nur unter dem Schutz genügend starker bayerischer Truppen erfolgreich sein. Wegen der Rivalität unter den Großmächten kamen deren Truppen nicht infrage. Diese Lösung garantierte auf bayerischer Seite die Sicherheit Ottos und seiner Regierung, den Griechen die Beendigung der Bürgerkriege und den Russen und Engländern die Möglichkeit des Abzugs der französischen Truppen.

Im Staatsvertrag zwischen England, Russland, Frankreich und Bayern vom Mai 1832 verpflichtete sich König Ludwig für seinen unmündigen Sohn Otto im Artikel 14 deshalb, ihm ein in Bayern angeworbenes Militärkorps nach Griechenland mitzugeben. Damit war in dieser Gründungsurkunde der neuen Monarchie die Entsendung der bayerischen Soldaten gleichrangig mit anderen fundamentalen Regelungen, zum Beispiel über die Staatsform, die Grenzziehung, die Einsetzung einer Regentschaft oder die finanziellen Fragen, kodifiziert. Der Freundschafts- und Allianzvertrag Bayerns und Griechenlands vom

November 1832 übernahm diese Regelung. Das bayerische Hilfskorps sollte 3500 Mann stark sein und die Kosten hatte das neue Königreich Griechenland zu tragen.

Bei der Durchführung erwies sich die zur Verfügung stehende Zeit aber als viel zu kurz, um das Vorhaben wie geplant durchzuführen. Denn die Werbung in Bayern ging sehr schleppend vor sich und es zeichnete sich schnell ab, dass die eingegangene Verpflichtung nicht würde erfüllt werden können.

Erst jetzt kam es zur Bildung der bayerischen Brigade. Statt abzuwarten, bis das Korps aus in Bayern angeworbenen Freiwilligen aufgestellt war, wurden aus der regulären bayerischen Armee Einheiten herausgezogen und nach Griechenland abkommandiert. Das Kommando dauerte ein Jahr. Bis dahin sollten angeworbene Freiwillige sukzessiv die regulären Soldaten ersetzen. Das Verfahren war kompliziert und kostspielig. Denn der neue griechische Staat hatte für beide Kontingente aufzukommen. Bis zur endgültigen Ablösung, die sich länger als geplant hinzog, gab es zwei Armeen nebeneinander: Die abkommandierte Brigade war Teil des bayerischen Heeres und unterstand König Ludwig. Er hatte den kommandierenden General Hertling mit besonderen Instruktionen versehen. Hertlings Truppe sollte lediglich Ottos Sicherheit garantieren, ein weitergehender Einsatz war nicht erlaubt. Die neu in Bayern angeworbenen und nach und nach eintreffenden[6] Freiwilligenverbände bildeten die neue Armee des Königreich Griechenlands. Sie unterstanden dem Befehl des von der Regentschaft eingesetzten griechischen Kriegsministers.

Es gab also einen fliegenden Wechsel: Französische Truppen räumten ihre Kasernen für die Soldaten der königlich bayerischen Brigade, die ihrerseits nach kurzer Zeit den Soldaten der neuen königlich griechischen Armee Platz machen sollte.

Die Brigade bestand aus vier Bataillonen Infanterie, zwei Eskadronen Cheveaulegers, also leichten Reitern, und einer Batterie Artillerie. Nach Abschluss des Kommandos ergab sich folgende Bilanz: Von den insgesamt 3582 Mann hatten in Griechenland 424, also etwas mehr als 10 %, den Tod gefunden. Ihnen galt das Gedenken auf dem Löwenfelsen in Nafplion. Die Inschrift verweist nur auf *Kameraden*, nicht wie bei Kriegerdenkmälern üblich auf gefallene Kameraden. Das hat einen einfachen Grund. Die wenigsten der toten Soldaten der Brigade sind im Gefecht gefallen, nämlich ein Offizier, ein Unteroffizier und zehn Mann. Todesursache waren weniger die militärischen Einsätze als die Tücken des fremden Landes, vor allem seine Krankheiten. Diese Schwierigkeiten waren noch gravierender für die angeworbenen Bayern, die anders als die nur einjährig abkommandierten Wehrpflichtigen mindestens vier Jahre im Land blieben. Seidl schätzt die Verluste bei der Freiwilligentruppe auf 50 %

und spricht insgesamt von zweieinhalbtausend kerngesunden Bayern, die in Griechenland ihr Leben ließen, wobei »auch hier wieder die allerwenigsten feindlichen Kugeln zum Opfer fielen, um so mehr aber dem Klima und den Flöhen und Wanzen«.[7]

Es verwundert vielleicht, dass nur von bayerischen Soldaten, nicht von Griechen die Rede ist. Aber die letztlich bestimmenden Großmächte und das neu in diesen Kreis aufgenommene Bayern misstrauten den bewaffneten griechischen Kräften und lehnten sie ab. Der in der Regentschaft für militärische Fragen zuständige General Heideck sah sie als Staatsfeinde (siehe Kapitel 1) und versuchte sie mit allen Mitteln aus der Armee herauszuhalten.

Deshalb wurden schon gleich zu Beginn der Regentschaft alle Palikarenverbände für aufgelöst erklärt. De facto konnte die Regierung dieses Verbot nicht durchsetzen. Die Palikaren zogen sich wie in der Zeit der türkischen Besatzung in die Berge oder in nicht kontrollierbare Randregionen zurück. Die türkisch-griechische Grenzregion im Norden und der Süden der Peloponneshalbinsel waren besonders betroffen. In den ersten beiden Jahren der Regierungszeit König Ottos stand dem offiziellen, fast nur aus Bayern bestehenden Heer des Staats eine untergetauchte, zumindest gleich große Menge früherer Freiheitskämpfer mit fraglicher Loyalität gegenüber. Der Versuch, diese Diskrepanz durch eine schrittweise Aufnahme von willigen Griechen in das neue Heer aufzulösen und dadurch die bayerische Dominanz etwas abzubauen, kam in diesen Jahren noch kaum zum Tragen. Auch das Angebot, zumindest einen Teil der Palikaren in eigene Jägerbataillone zu übernehmen, hatte keinen Erfolg.[8]

Zusammengefasst bestand für die Jahre 1833 und 1834 also folgende wenig übersichtliche Situation: Der Rest eines Expeditionskorps von ehemals 14 000 Franzosen wurde abgezogen. Für diese übernahm ein Kontingent von 3500 bayerischen Leihsoldaten für ein Jahr die Sicherung des Landes.

Gleichzeitig wurde zu deren Ablösung in Bayern eine Armee von 5000 Freiwilligen aufgebaut, die später durch angeworbene Griechen ergänzt werden sollte.

Die bewaffnete Macht der ehemaligen griechischen Befreiungsarmee sollte sich auflösen, existierte aber weiter und bewirkte eine durchgehende Bedrohung für Bevölkerung und Regierung.

Frankreich entfernte seine Soldaten recht schnell schon in den ersten Monaten nach der Ankunft Ottos. Aber der Austausch der königlich bayerischen Truppe durch die neu aufzustellende königlich griechische Armee zog sich länger hin. Grund war eine Verzögerung bei der Werbung in Bayern. Die letzten Soldaten der Brigade kehrten erst im Juli 1835 wieder in ihre Garnison in Würzburg zurück. Auch die ursprünglich geplante strikte Trennung erwies sich als nicht durchführbar. So fuhren zum Beispiel schon beim ersten großen Truppentransport der regulären bayerischen Armee im Januar 1833 auch Kontingente von Angeworbenen mit. Auch beim Einsatz gegen Aufständische in der Mani im Sommer 1834 waren neben verschiedensten anderen Einheiten zwei Kompanien der Brigade beteiligt. Außerdem traten Soldaten der Brigade in das neue griechische Heer ein, vor allem in die höheren Ränge. Deshalb wird im Verlauf der weiteren Darstellung nicht mehr zwischen den beiden Truppen unterschieden. Das wäre zu kompliziert und wenig sinnvoll.

Wir fahren ins Griechenland: Die Soldaten

Nafplion als Festung und Garnison

> *Nauplia hat den griechischen Anstrich schon fast ganz verloren und gleicht mit den vielen Soldaten nach deutschem Schnitt und in den Farben Baierns ganz einer Garnisionsstadt dieses Landes. Es ist überdies der Hauptwaffenplatz des Königreichs mit einem großen Arsenal, hat gute makadamisierte Straßen, eine schöne Bai, einen Kranz blauer Berge rund um die fruchtbare Ebene und dicht über sich den romantischen Palamid, die stolzeste Festung der großartigen Venezianer, die Nauplia zu ihrer Hauptstadt in der Morea erwählt hatten. An der Meerseite sieht man die zweite niedere Festung Itz-Kale, und im Hafen das von Wasser umschlossene kleine Felsenfort Burdzi, auf dem, wie auf der Höhe des Palamid, die griechische Flagge weht.*[9]

Diese Beschreibung stammt vom Fürsten Pückler-Muskau, als er im Mai 1836 auf einer Orientreise in Nafplion ankam. Unübersehbar war die bayerische und militärische Dominanz im Ort. Das hatte er schon beim Eintritt erfahren, als er erstaunt und mokiert feststellen musste, dass pünktlich um acht Uhr das Stadttor geschlossen wurde: »[…] denn nach dem beliebten Militärspiel unserer Zeit wird auch Nauplia mitten im Frieden so behandelt, als befinde sich das ganze Land in Empörung oder eine türkische Armee in der Nähe.« So ironisch der Ton des weitgereisten aristokratischen Spötters auch war, er traf mit seiner Beschreibung den Kern der damaligen Existenz des Orts. Er war überfüllt mit Soldaten, und die mächtigen Forts der Venezianer ließen kaum Platz für die Häuser der Stadt. Einmal, bei der Ankunft König Ottos, befanden sich sogar alle 3500 Soldaten seines Begleitkorps innerhalb der engen Mauern, zusätzlich zu den stationierten Franzosen.

Noch heute sind die mächtigen barocken Festungen erhalten, die Venedig in seiner zweiten Herrschaftsperiode errichten oder ausbauen ließ: Das Bergfort Palamidi, die Stadtfestung Itschkale und das Hafenfort Bourtzi.

Dazu gehörte ein heute nicht mehr erhaltener Mauerring, der durch drei mächtige Bastionen verstärkt war. Zum Höhepunkt dieses Ausbaus war Nafplion die stärkste Festung Venedigs, wenn nicht gar ganz Europas. Dazu waren viele Kasernenbauten und Magazine zur Unterbringung der Besatzung

Die enge Stadt im Schatten der Wehrbauten. Historische Fotografie
Oben von links: Palamidi und Itschkale mit Uhrturm und militärischen Funktionsbauten, unten Mitte die Bögen der alten venezianischen Hafenzisterne, rechts anschließend die Reste der Seemauer bis zur sogenannten Palme des Kapodistrias, darüber die ehemalige Kommandantur. Zustand zu Anfang des 20. Jahrhunderts (Anschluss rechts Bild auf S. 189)

und zur Versorgung der Flotte nötig. Das dominanteste Bauwerk Nafplions, das heutige archäologische Museum am Hauptplatz, diente ursprünglich den Venezianern als Zeughaus, der weite Platz davor als Parade- und Übungsplatz. An ihm lag noch eine andere mächtige Kaserne an der Stelle der heutigen Nationalbank. Die größte Kaserne befand sich auf Itschkale an der Stelle des heutigen Hotels Xenia-Palace. Alles überragte der Uhrturm auf Itschkale. Seine Glocke gab den Stundentakt für Garnison und Bevölkerung.[10]

Die Wahl Nafplions zur Hauptstadt hatte schon unter Kapodistrias mit dem Sicherheitsbedürfnis der Regierung in dem vom Bürgerkrieg geschüttelten Land zu tun.

Das war unter Otto nicht anders. Nafplion blieb auch nach seiner Ankunft die mit Abstand größte Garnison des Königreichs. Zwar zogen in den ersten Wochen einige Truppenteile der Brigade ab und lösten die Franzosen in wichtigen Festungen wie Methoni, Rhio, Antirhio und Naupaktos ab. Aber zwei der vier Infanteriebataillone blieben, ebenso die Artillerie. Die Reiterei lag in Pronia und dem nur wenige Kilometer entfernten Argos. Die Situation änderte sich auch nicht nach dem Abzug der Brigade, im Gegenteil. Nun wurde Nafplion auch noch Sitz der Kommandostellen, der technischen Truppen, der Logistik, der Waffenschulen sowie der besonders wichtigen Krankenversorgung. Die folgende Übersicht[11] belegt die Dominanz Nafplions in der militärischen Struktur des Landes.

Das venezianische Zeughaus am Syntagma-Platz, heute archäologisches Museum. Im Hintergrund das Vouleftiko

Stand der K. Griechischen Armee vom 21. März 1834
General-Inspektion der Armee: Generalmajor v. Schmaltz Nauplia
Generalquartiermeisterstab: Hauptmann v. Feder Nauplia
Kommandantschaften: Nauplia, Athen, Korinth, Chalkis, Modon, Navarin, Lamia (Zeitun), Vonitsa (Städte und feste Plätze). – Itzkali, Palamides, Burdji, Rhion, Antirhion, Karababa (Forts von größerer oder geringerer Bedeutung)

Gendarmeriekommando	*Nauplia*
Offiziere zur Disponibilität	*Nauplia*
Militärschule	*Ägina*
Armeemonturkommission	*Nauplia*

Infanterie:

1. Linien-Inf.-Bataillon	*Chalkis und Athen*
2. Linien-Inf.-Bataillon	*Vonitsa, Varitat, Paraskevi*
3. Linien-Inf.-Bataillon	*Nauplia, Korinth*
4. Linien-Inf.-Bataillon	*Nauplia*
5. Linien-Inf.-Bataillon	*Nauplia*
6. Linien-Inf.-Bataillon	*Lamia, Patratschik, Livadia, Salona, Karbenitsa*
7. Linien-Inf.-Bataillon	*Missolonghi, Brachori, Patras, Rhion, Antirhion*
8. Linien-Inf.-Bataillon	*Modon, Koron, Navarin, Kalamata*

Kavallerie:

Lanzenreiterregiment 6 Esk.	*Argos und Pronia*

Artillerie:

Korpskommando	*Nauplia*
5 Art.-Kompagnien	*Nauplia*
1 Art.-Kompagnie	*Navarin*
Detachement	*Rhion und Antrhion*
Fuhrwesen	*Nauplia*
1., 2. Ouvriers-Kompanie	*Nauplia*
Ingenieurkorpskommando	*Nauplia*
Pionierbataillon Stab	*Nauplia*
1 Kompagnie	*Athen*
1 Kompagnie	*Missolonghi*
Invalidenstation	*Monembasia*

Abb. 1: *Obrist Lieutnant Heidegger in Mitten seines edlen Wirkens für der Griechen Wohl.* Aquarell von Georg Emanuel Opiz, vor 1841, Ausschnitt

Abb. 2: König Ottos Residenz. Aquarell von Adalbert Marc, 1833

Abb. 3: Das Schreibzimmer König Ottos. Aquarell von G. Haubenschmid, 1833

Abb. 4: Staatsporträt König Ludwigs I. Ölgemälde von Joseph Stieler, 1826

Abb. 5: Die Ausschiffung König Ottos am 6. Februar 1833. Aquarell eines unbekannten Malers
Siehe folgende Doppelseite ▶

Abb. 6: Alarmplatz in Modon. Aquarell von Ludwig Köllnberger, 1834

Abb. 7: Gefecht bei Hasslan Aga in Messenien. Aquarell von Ludwig Köllnberger, 1835

Abb. 8: Offiziere beim Kneipen und türkisches Gesandtschaftspersonal. Aquarell von Ludwig Köllnberger, 1837

Abb. 9: Lager an der Piräusstraße – zum Chausseebau. Aquarell von Ludwig Köllnberger, 1837

Abb. 10: Pronia. Aquarell von Carl Rottmann, 1841

Abb. 11: Serail des Mora Pascha und Moschee. Zeichnung von Ludwig Lange, 1834

Diese Dislozierung der königlich griechischen Armee bestätigt, wie recht Pückler-Muskau mit seinem ersten Eindruck beim Eintreffen in der Stadt hatte. Auf etwa 8000 Einwohner kamen bis zu 2000 Soldaten. Auch wenn diese sich wohl meist in ihren Unterkünften auf Itschkale und Palamidi aufhielten, war das Straßenbild stark von bayerischen Uniformen und dem Treiben der Soldaten geprägt. Das zeigen fast alle Bilder von Straßenszenen dieser Zeit. Auch Fürst Pückler musste das erfahren. Schon am ersten Morgen nach seiner Ankunft wurde er in seiner Unterkunft am Hauptplatz unsanft durch militärische Kommandos geweckt. Die Artillerietruppe von Nafplion war samt ihren Kanonen und Zugtieren zu einer Übung angetreten.

Der König als formaler Oberbefehlshaber und General Heideck als das für Militärfragen zuständige Regentschaftsmitglied residierten ebenso in Nafplion wie die Regierung samt Kriegsminister. Wegen des nicht vorhandenen Straßennetzes des Landes war der Hafen der Stadt mit seiner zentralen Lage von besonderer Bedeutung für die Kommunikation, militärisch wie wirtschaftlich. Die erste befahrbare Straße wurde durch bayerische Soldaten zwischen Argos und Nafplion gebaut. Auch für den Brief- und Paketverkehr mit einem neu eingerichteten, regelmäßig verkehrenden Postschiff zwischen Triest und Patras lag Nafplion recht günstig. Die Verlegung der Hauptstadt nach Athen wurde durchaus kontrovers diskutiert und von dem sachlich und praktisch denkenden General Heideck nicht befürwortet. Auf jeden Fall blieb Nafplion trotz der Verlegung von Hof und Regierung nach Athen zum Ende des Jahres 1834 noch lange erster Waffenplatz des Landes.

Soldatenalltag und Einsätze

Die Dislozierungsliste zeigt das Bild einer Truppe, die zu diesem Zeitpunkt nur auf dem Papier vorhanden war. So existierten das 7. und 8. Bataillon im Mai 1834 noch gar nicht, sie sollten erst durch einen neuen Transport von Freiwilligen aus Bayern gebildet werden. Aus Angaben an anderen Stellen derselben Quelle[12] lässt sich aber ein realistisches Bild dieser Truppen gewinnen. Schwachstellen waren neben dem fehlenden Personal aus Bayern die Artillerie und die Kavallerie. Es fehlten Kanonen und Pferde. Die gesamte Brigade hatte nur eine Batterie mit insgesamt acht Geschützen und zehn Munitionswagen. Diese überließ sie vor ihrer Rückkehr der griechischen Armee, die damit drei andere von Russen und Franzosen übernommene Batterien ergänzte. Die ganze Armee kam nicht einmal auf 50 Rohre. In venezianischen Zeiten standen allein auf den Forts der Palamidi-Festung Hunderte Kanonen. Ähnlich schwierig war es mit den Pferden für die Reiter bestellt. Nur ein Viertel der beiden

Cheveaulegers-Eskadronen der Brigade war beritten. Die übrigen »Reiter« versahen Infanteriedienst. Der wirklich berittene Teil war zur Begleitung des Königs abgestellt, diente also der Repräsentation. Eine neu aus Einheimischen zu bildende berittene Gendarmerie hatte Ende 1833 für ihre 598 Gendarmen nur 58 Pferde zur Verfügung. Also kam auf jeden zehnten Reiter ein Pferd! Da die benötigten Pferde in Griechenland nicht zur Verfügung standen, musste im Ausland zugekauft werden, bis sich die Ställe in Argos und Pronia füllen konnten. Der Zustand blieb unbefriedigend, erst Ende 1835 standen die etwa 1000 Pferde zur Verfügung, die für die Reiterei, die Artillerie und das Fuhrwesen benötigt wurden.

Zwei weitere Schwächen dieser Armee der ersten Jahre fielen dem weitgereisten und vielerfahrenen Fürsten Pückler-Muskau sofort auf, als er am 21. Mai 1836 neugierig dem Ausrücken der Artillerie folgte und das Manöver beschrieb:[13] Die Kommunikation zwischen den kommandierenden Offizieren und den Artilleristen klappte überhaupt nicht. Es kam zu grotesken Pannen. Zum Beispiel waren Kartuschen statt mit der korrekten Pulverladung mit Feuerwerksmaterial gefüllt, was zu schönen pyrotechnischen Effekten, aber nicht zu Treffern führte. Lediglich der eigene Proviantwagen wäre fast getroffen worden. Pückler gab die Schuld weniger dem allzu stramm-wortkarg kommandierenden Offizier als den überforderten Artilleristen. Sie verstanden die bayerischen Kommandos nicht, weil sie noch an solche in französischer Sprache gewöhnt waren. Insgesamt hatte der Beobachter den Eindruck, die Übung diene eher der Beschäftigung der Soldaten und einem nachfolgenden Frühstücksvergnügen. Er bemerkte ausdrücklich, dass die Übung unter wenig realistischen Bedingungen erfolgte und diese Artillerie keinem echten Feind würde schaden können.

Trotz des witzig-ironischen Tons, den der Zivilist gegenüber dem Militär anschlug, trafen diese Beobachtungen die reale Qualität der neuen griechischen Armee eher als die papiernen, geschönten Listen des Generals Schmaltz. Eine Überprüfung aller Angaben zu Örtlichkeiten, Namen und Truppenteilen belegt überdies den Realitätsgehalt der Aufzeichnungen Pücklers.

Die zweite Beobachtung betrifft den sozialen Zusammenhalt der Truppe. Pückler fiel auf, wie wortkarg der verantwortliche bayerische Offizier im Umgang mit seinen Untergebenen war. Er führte als Ursache nicht dessen unzulängliche Griechischkenntnisse an, was der Fall gewesen sein dürfte. Er schob es auf den unverdienten Rang, der diesem Offizier zu Kopf gestiegen sei. Denn der gut bezahlte griechische Oberstleutnant sei in Bayern nur ein einfacher Oberleutnant gewesen und werde es wieder sein, wenn er zurück sei. So könnten die in griechischen Dienst mit höherem Rang und besserer Besoldung übernommenen bayerischen Offiziere sich in kurzer Zeit auf Kosten des griechischen Staats ihrer in der Heimat bestehenden Schulden entledigen. Auch hier zeigte sich Pückler sehr wohl informiert. Die von ihm genannten Namen und Ränge erweisen sich bei einer Überprüfung anhand der Ranglisten der bayerischen Armee als korrekt.[14] Den bösen Insiderwitz zu diesem Komplex dürfte Pückler bei seinen Gesprächen mit Offizieren der Garnison gehört haben: Der ehemalige Stadtkommandant Oberst Lüder sei so schnell nach Bayern zurückgekehrt, wo er den Rang eines Hauptmanns hatte, weil er sonst in Griechenland General geworden wäre. Den Kern des Problems benannte Pückler aber völlig sachlich und unironisch: Diese Vorzugsbehandlung der bayerischen Freiwilligen in der griechischen Armee gefalle den benachteiligten griechischen Kameraden ebenso wenig wie den dort noch beschäftigten ehemaligen Philhellenen und sei letzten Endes auch für die Bayern selbst nicht von Vorteil.

Eine solche Eifersucht von Seiten der Griechen in der Armee war durchaus berechtigt, vor allem von Offiziersseite. Von den acht Linien-Infanterie-Bataillonen, dem Kern der Landarmee, hatten nur zwei, das dritte und vierte, griechische Kommandeure und Offiziere.

In den Rängen darüber sah es für die Einheimischen noch schlechter aus. Wenn hier überhaupt Nichtbayern zum Zuge kamen, waren es altgediente Philhellenen aus England und Frankreich. Dieser Missstand änderte sich erst allmählich und sehr begrenzt nach den Erfahrungen mit dem Aufstand in der Mani im Frühjahr und Sommer 1834.

Die tatsächlichen Einsätze der griechischen Armee in den Jahren 1833 und 1834 ließen sich mithilfe der offiziellen Berichte und Akten beschreiben, in der Art, wie dies bei der Darstellung der Stärke und Organisation hier bereits geschah.

Im weiteren Verlauf soll es aber mehr um das Alltagsleben der Soldaten und ihre eigene Erlebensperspektive gehen. Dies lässt sich kaum aus Stärke- und Organisationslisten ableiten. Dafür sind authentische Zeugnisse und Berichte der Beteiligten nötig. Eine günstige Quellenlage ermöglicht dies. Unmittelbar nach ihrer Rückkehr aus Griechenland hat eine Reihe bayerischer Soldaten ohne große zeitliche Verzögerung das Erlebte aufgezeichnet oder vorhandene Tagebücher und Notizen ausgearbeitet. Eine beachtliche Anzahl davon wurde verlegt und gedruckt.[15]

Ein für die Darstellung der Einsätze besonders geeignetes Material liefert der Leutnant Ludwig Köllnberger. Im Bayerischen Hauptstaatsarchiv, Abteilung III Kriegsarchiv, liegen zwei Alben mit 102 kleinformatigen Aquarellen, die Köllnberger selbst geordnet und beschriftet hat. Die Bilder haben hohen

Informationswert. Köllnberger war kein akademisch ausgebildeter Maler wie sein oberster Vorgesetzter General Heideck und malte seine Bilder für sich, ohne hohen Kunstanspruch. Er besaß aber genügend Handfertigkeit, um auch relativ schwierige Sujets wie Personen und bewegte Aktionen sicher darzustellen. Auch ästhetisch haben seine naiven Bilder ihren eigenen Reiz. Es gibt kaum eine bebilderte Darstellung dieser Zeit, in der seine Bilder nicht präsent sind.

Köllnberger kam als Korporal des I. Bataillons des 10. Bayerischen Infanterieregiments mit der Hilfsbrigade schon mit dem ersten Transport 1833 zusammen mit König Otto nach Nafplion. Er wechselte später zum 6. Linien-Infanterie-Bataillon der königlich griechischen Armee und stieg dort bis zum Unterleutnant und Bataillons-Adjutanten auf. Nach seiner Rückkehr wurde er im Jahr 1838 wieder als reengagierter Korporal in die bayerische Armee aufgenommen und schied dort als Major aus. Der Aufstieg des Korporals zum Major und seine zwei Dienstherrenwechsel belegen die schon festgestellten Karrierechancen für die Griechenlandfreiwilligen und die hohe Durchlässigkeit: nur kurz in Nafplion, dann vorzugsweise im Norden des Reichs und in seinen letzten Dienstjahren in der Hauptstadt Athen.

Damit ist der wichtigste Einsatztyp bereits angesprochen. Ob in Nafplion, Methoni, Rhio oder den anderen befestigten Orten, die wenigen zur Verfügung stehenden Soldaten stellten die Besatzungen der vorhandenen Festungen. Nur selten ergaben sich dabei noch andere Funktionen, wie zum Beispiel in Nafplion, weil sich dort in den Festungen die Staatsgefängnisse befanden und die Stadt als logistisches Zentrum der Armee diente. Etwas widersinnig war die Verteilung auf die vorhandenen Festungen deshalb, weil diese Festungen einst nach außenpolitischen und geostrategischen Gesichtspunkten Venedigs angelegt wurden. Sie sollten seine Seewege schützen und Angriffe von außen auf das besetzte Land verhindern. Es gab aber solche Bedrohungen nicht mehr, die Integrität des Landes wurde durch die Verträge der Großmächte garantiert und nicht durch schwach besetzte und veraltete Festungen.

Die Auswahl[16] der Bilder Köllnbergers (Abb. 6 bis 9, S. 166/167) geschieht nicht nach geografischen oder chronologischen Gesichtspunkten. Sie soll vielmehr eine Typologie der Einsätze ermöglichen.

Was machten die Soldaten im Frieden dann vor allem, wenn sie nicht Wache schoben? Die Antwort darauf gibt ein Bild Köllnbergers (S. Abb. 6, S. 166): Sie übten, wie auch Pücklers Beobachtungen der Artillerie in Nafplion zeigten. Die Infanterie übte anders. Man sieht drei Züge von in zwei geraden Linien angetretenen Soldaten, ungefähr 120 Mann mit geschultertem Gewehr und aufgepflanztem Bajonett. Hinter ihnen stehen Unteroffiziere, vor ihnen Offiziere. Diese perfekte Aufstellung der Kompanie zeigt schon, dass es sich um gut geschulte Soldaten der bayerischen Hilfsbrigade handelt. Bis es zu einer solchen Perfektion kommen konnte, musste ein Infanterist intensiv und lange ausgebildet werden.

Zum Verständnis ist ein kleiner Exkurs in den Stand der Waffentechnik der 1830er Jahre nötig. Die Infanterie bildete schon rein zahlenmäßig das Rückgrat einer Armee und war mit Vorderladergewehren ausgerüstet. Vor jedem Schuss mussten eine dosierte Ladung Pulver und eine Kugel von vorn in den Gewehrlauf eingebracht und festgestopft werden. Zusätzlich war eine Dosis Pulver auf der Pfanne des Steinschlosses nötig. Die Schussfolge blieb deshalb sehr gering. Mit der Linientaktik versuchte man dies dadurch etwas auszugleichen, dass man die Soldaten eng in zwei oder drei Linien aufstellte und so eine Bündelung des Feuers ermöglichte. Um die höchste Feuerkraft zu erreichen, mussten die Schüsse durch Kommandos koordiniert und gleichzeitig abgefeuert werden. In der Praxis war das äußerst kompliziert. Eine Sammlung von 64 »Bayerisch-militärischen Kommandowörtern«[17] samt Übersetzung für den Einsatz in Griechenland nannte allein für das Laden zwölf Kommandos:

> *In zwölf Tempos! 1. Lad't-'s'G'wehr! 2. Oeffnet-d'Pfann! 3. Ergreift-d'Patron! 4. Oeffnet-d'Patron! 5. Pulver auf-d'Pfann! 6. Schließt-d'Pfann- Ladung! 7. Zur Ladung-s' G'wehr! 8. Patron in-Lauf! 9. Zieht aus den Ladstock! 10. Stoß't die Ladung! 11. Ladstock an sein- Ort! 12. Schultert- 's G'wehr!*

Der Setzer von Schadens Handbuch hatte offensichtlich Mühe, alle die in einer Art Lautschrift vorhandenen Informationen unterzubringen. Der Bindestrich steht für eine Pause. Im Originaldruck gibt es zusätzlich einfache und doppelte Unterstreichungen sowie Unterpunktierungen zur Markierung der Betonungen. Um Missverständnisse zu vermeiden, sei angeführt, dass man sich unter Patrone nicht eine Metallpatrone heutiger Art vorstellen darf, sondern eine aus Papier: Eine längliche Papierhülse enthielt das dosierte Pulver und die Kugel. Sie ermöglichte die Beschleunigung des Ladevorgangs und die Bedienung ohne Ablegen des Gewehrs. Die Patronen befanden sich in zwei Patronentaschen an über der Brust gekreuzten Schulterriemen. Der Infanterist nahm eine Patrone aus der Tasche, biss die Spitze ab, füllte eine Portion Pulver auf die Pfanne des hinten am Gewehr befindlichen Steinschlosses, schob die Patrone samt Pulver und Kugel in den Lauf, drückte beides samt Papier mit dem Ladestock fest in den Lauf und konnte dann mit dem Funken des Steinschlosses die Zündladung auf der Pfanne auslösen. All das bedurfte natürlich beträchtlicher Übung auf Seite der kommandierenden Unteroffiziere wie der Soldaten selbst. Auf diese Weise konnte eine vorrückende oder sich verteidigende Infanterielinie bei gleichzeitiger Schussfolge eine beträchtliche Feuerkraft entwickeln. Voraussetzung war natürlich, dass ein ähnlich gearteter Gegner auf einem geeigneten Gelände zu einem Treffen bereit war. Das war in den großen Schlachten der unmittelbaren Vergangenheit, das heißt der Kriege der Napoleonischen Zeit, noch meist der Fall gewesen. Aus dieser Erfahrung heraus bildeten die acht Linienbataillone den Kern der griechischen Armee. Auf den Bildern Köllnbergers sind Einsätze der Linieninfanterie in der einexerzierten Form auf dem Schlachtfeld allerdings nicht festgehalten. Das liegt nicht an Köllnbergers eigener Verwendung. Es gab zu seiner Dienstzeit und auch danach während der gesamten Regierungszeit König Ottos nie eine militärische Auseinandersetzung, in der die Linieninfanterie in ihrer genuinen Art gekämpft hat.

Ein weiteres Aquarell Köllnbergers zeigt dagegen Einsätze der Art, wie sie vielfach und nicht nur durch die Einheit Köllnbergers erfolgten (S. Abb. 7, S. 166). Die Gegner waren nicht türkische oder ausländische Infanterieeinheiten. Bekämpft wurden griechische Landsleute, fast immer als Räuber oder Aufständische bezeichnet. Dabei handelte es sich, wenn es gegen »Räuber« ging, um Angehörige der von der neuen königlichen Regierung aufgelösten Palikarenverbände. Sie ließen sich aber nicht auflösen, zogen sich in die Berge zurück und machten das Land unsicher. Da viele, wenn nicht die meisten von ihnen, aus den Teilen Rumeliens stammten, die noch unter türkischer Herrschaft standen, konnten sie sich bei Verfolgung über die Grenze zurückziehen. Diese »Räuberbanden« hatten oft eine erhebliche Größe von bis zu mehreren hundert Mann. Die Gesamtzahl der irregulären, sich der Regierung widersetzenden Palikaren wird auf bis zu 10000 Mann geschätzt, also deutlich mehr als die reguläre Armee je zählte. Die bayerisch-griechischen Soldaten hatten die größte Mühe mit diesen Einsätzen. Sie waren für diese Art der Kriegsführung nicht ausgebildet und ausgerüstet. Am besten bewährten sich die Lanzenreiter. Die Verluste blieben sehr gering, weil sich diese »Räuber« – Kleften, wie die Griechen sie nannten – größeren Gefechten entzogen, dafür nach Abzug der Soldaten weitermachten. So konnten auch die sporadischen Einsätze der Soldaten in den ersten Jahren nie eine flächendeckende Sicherheit für das Land herstellen. Das Problem war nur politisch zu lösen.

Die griechischen Wörter *Kleftis* und besonders *Palikari* haben bis heute eine positive Konnotation, die mit dem deutschen *Dieb* oder *Räuber* nicht getroffen wird. Dazu müsste kommen *Bursche, Kerl, Held*. Um das im Deutschen auszudrücken, wird meist der englische *Robin Hood* bemüht. Im wissenschaftlichen Bereich hat sich als Benennung für dieses im gesamten südosteuropäischen Raum anzutreffende Phänomen der Begriff Sozialbrigandage durchgesetzt.

Noch mehr trifft das auf das Wort *Epanastasi* zu, das mit dem deutschen *Aufstand* nur sehr unzulänglich getroffen wird, denn es ist gänzlich positiv besetzt. So sind denn auch Kämpfe gegen Räuber und Aufständische, wie sie Köllnberger in seinen Bildunterschriften nennt, im Bewusstsein der Griechen bis heute immer auch Kämpfe gegen das griechische Volk.

Bei Aufständen war die Unbotmäßigkeit gegen die Regierung auf bestimmte Gebiete konzentriert und umfasste alle gesellschaftlichen Gruppen, nicht nur die ehemaligen Soldaten des Freiheitskampfs. Dementsprechend größer waren die Geschlossenheit des Widerstands und das Potenzial der militärischen Bedrohung. Hier bestanden eher die Voraussetzungen dafür, dass die regulären Truppen einigermaßen das anwenden konnten, was sie gelernt hatten. Denn der Aufstand fand auf dem Gebiet der Insurgenten statt. Diese konnten und wollten sich der militärischen Konfrontation nicht so leicht entziehen wie die Kleften. Das Bild Köllnbergers von der Eroberung Hasslan Agas zeigt, dass es sich um größere militärische Einsätze handelte. Es macht aber auch deutlich, wie hier ein Dorf niedergemacht und niedergebrannt wird, ein typischer Akt des Partisanenkriegs.

In Köllnbergers Album befinden sich deutlich mehr Bilder von sog. Gesandtschaftsreisen in türkisches Gebiet als von Kampfeinsätzen (S. Abb. 8, S. 167). Das mag an dem besonderen exotischen Reiz liegen, der bei einer Mission in das ehemalige Feindesland faszinierte. Fast alle der Memoirenschreiber waren mindestens einmal bei einer solchen Mission tätig. Das ausgewählte Bild bestätigt den entspannten und friedlichen Charakter dieser Treffen. Es gab nie besondere Spannungen oder gar Schüsse. Diese Art von Reisen führte meist zu praktischen Regelungen, weil wegen der bisher nur groben Vereinbarungen der genaue Grenzverlauf im Norden offen geblieben war. Die Armee nahm also staatliche Hoheitsaufgaben wahr, die zwar mit der Sicherheitslage zu tun hatten, aber normal in den Bereich des diplomatischen Dienstes hätten fallen müssen. Dass auch Einsätze stattfanden, die zum polizeilichen Aufgabenbereich gehörten, wurde schon erwähnt. Das lag am Fehlen eines funktionierenden Polizeiwesens ebenso wie an der schlechten Sicherheitslage. Die Soldaten mussten so spezielle Aufgaben wie die Begleitung von Geldtransporten wahrnehmen. Zum normalen militärischen Alltag gehörten Patrouillen in unsicheren Gebieten oder die Eskortierung wichtiger Persönlichkeiten.

Nach dem Übertritt in die königlich griechische Armee war Köllnberger Angehöriger des 6. Linien-Infanterie-Bataillons, das im Frühjahr 1834 vorwiegend aus Bayern aufgestellt wurde. Zuerst in Athen stationiert, wurde es später auf die Garnisonen im östlichen Rumelien verteilt. Daher rühren auch die Kontakte Köllnbergers zur türkischen Seite.

Das Auquarell »Lager an der Piräusstraße« zeigt eine regelrechte Zeltstadt, die das 6. Bataillon als Baulager in der sumpfigen, regelmäßig überschwemmten Ebene zwischen Athen und Piräus errichtete (S. Abb. 9, S. 167). Bei der schweren Arbeit in der ungesunden Umgebung verlor das Bataillon die Hälfte seiner Mannschaft. Die wichtige Verbindungsstraße zwischen der neuen Hauptstadt und ihrem Hafen wurde fertig, blieb aber zusammen mit der ebenfalls von Soldaten gebauten Straße von Nafplion nach Argos lange Jahre die einzige mit Wagen befahrbare Straße Griechenlands. Andere geplante und unter ziviler Regie durchzuführende Straßenprojekte wie die strategisch besonders wichtige Verbindung zwischen Argos und Tripolis scheiterten aus verschiedenen Gründen und blieben vorerst Wunschträume. Dieser Einsatz des 6. Bataillons zum Straßenbau darf nicht so interpretiert werden, als hätte die Armee solche Einsätze zu ihren Kernaufgaben gerechnet, obwohl das in der Gedankenwelt des für ihre Planung zuständigen Mitregenten General Heideck durchaus vorhanden war (siehe Kapitel 1). Zumindest aber mussten die Soldaten artfremde Einsätze wie Straßenbau und Ähnliches übernehmen, wenn andere Abhilfe nicht möglich war. Auf jeden Fall war die Armee so konzipiert, dass sie sich mit den wichtigsten Ausrüstungen und Waffen selbst versorgen konnte und nicht an fehlenden Ressourcen aus dem wirtschaftlich unterentwickelten Land scheitern musste.

Eine besondere Rolle kam dabei dem Logistikzentrum Nafplion zu, wo in Zeughaus und Magazinen zwei Ouvrier-Kompanien stationiert waren. Ouvriers sind Handwerker unterschiedlichster Art, natürlich primär tätig für den Militärbedarf. Diese Professionalisten, wie Joseph Mühlbauer sie nennt, trugen Uniform, arbeiteten aber in ihren gelernten Berufen. Der Ouvrier und gelernte Schreinergeselle Mühlbauer hatte zuletzt den Rang eines Sergeanten und die Funktion eines Werkmeisters. Stolz berichtete er seinen Eltern:

> *Meine Werkstatt besteht aus: Schreiner, Zimmerleute, Dreher, Schäffler und Anstreicher, 40 Mann an der Zahl. Man muß sich schon angelegen sein lassen, Kommandant über 40 Mann und Werkmeister mehrerer fremder Professionen zu sein [...]*[18]

Diese Handwerkersoldaten waren wahrscheinlich der effizienteste Teil der bayerisch-griechischen Armee und belegten mit ihren Magazinen und Werkstätten auch eine beachtliche Fläche des Stadtgebiets von Nafplion.[19] Ein erheblicher Teil des Heeresbedarfs, vor allem Uniformen und spezielle Ausrüstungsstücke, wurde aus Bayern und Frankreich bezogen. So lieferten Bayern 1833 unter anderem 800 Stutzenläufe, 400 Pistolen, 600 Reitersäbel und 700 Sättel, Frankreich 6000 Flintenläufe mit Bajonett und Schloss und das Land selbst 100 000 Ellen Tuch und Leinwand.[20] Dennoch mussten und konnten viele Produkte in den

Das alte Arsenal in Nafplion, heute Schulgelände gegenüber dem Rathaus. Historische Fotografie

Militärwerkstätten Nafplions hergestellt oder vollendet werden. Das Zeughaus in Nafplion fertigte Lanzen, Säbelgriffe, Säbelscheiden und Beschläge selbst an. Für die Gewehre wurden nur die anspruchsvollen Läufe und Schlösser importiert, das Gewehr selbst dann in den eigenen Werkstätten fertiggestellt oder die importierten Teile als Ersatzteile bei Reparaturen verwendet. Die Schneidereien der Ouvriers verarbeiteten offensichtlich auch die gelieferten 100 000 Ellen Textilien weiter. Das weitläufige Arsenalgelände in Nafplion war der größte und lange Jahre auch einzige Komplex in Griechenland, auf den sich die zu dieser Zeit gerade aufkommenden Wörter Fabrik und Industrie anwenden ließen. Auf dem geräumten Gelände stehen heute Schulgebäude.

Bei dieser Struktur und Verteilung der Einsätze entstand insgesamt eine recht paradoxe Situation. Der Einsatztyp, für den diese Armee konzipiert, ausgerüstet und mühsam ausgebildet worden war, nämlich der Infanteriekampf in der traditionellen Linientaktik, wurde überhaupt nicht benötigt. Insofern lag eine Fehlinvestition mit erheblichen politischen Folgen vor.

Auf den in der Realität meist vorkommenden Einsatztyp, nämlich den Partisanenkampf gegen sogenannte Räuber und Aufständische, war die Armee dagegen weder ausgerüstet noch vorbereitet. Zusätzlich musste die so überlastete Armee noch mit militärfremden Einsätzen aushelfen, für die eigentlich Polizei, diplomatischer Dienst, Wirtschaft und Verwaltung zuständig gewesen wären.

Beim einzigen echten militärischen Einsatz, der Niederwerfung der Aufstände in Lakonien, Messenien und Arkadien, traten die aufgezeigten Schwierigkeiten offen zutage. Der Aufstand begann bei den Manioten, einem bekannt freiheitsliebenden und schwer zu beherrschenden kleinen Volksteil im gebirgigen Südteil der Peloponnes. Das hatten schon die Türken erfahren müssen und diesem wirtschaftlich unbedeutenden kleinen Volk deshalb weitgehendere Freiheits- und Selbstverwaltungsrechte eingeräumt als den übrigen Griechen. Im befreiten Griechenland bezahlte Präsident Kapodistrias seine Eingliederungsversuche mit dem Leben. Er wurde von Angehörigen des auf der Mani führenden Mavromichali-Clans in Nafplion erschossen. Als die Regentschaft ihre Verordnungen auch in diesem entlegenen Winkel durchsetzen wollte und speziell den Abriss der dort seit Jahrhunderten bestehenden Wehrtürme verlangte, kündigten die Manioten im Frühjahr 1834 der Regierung den Gehorsam.

Der genaue Verlauf der nachfolgenden Auseinandersetzung muss hier nicht dargestellt werden. Auf jeden Fall holten sich die zur Niederwerfung entsandten vier Kompanien der neuen griechischen Armee und der bayerischen Hilfsbrigade eine blutige Nase. Es blieb aber bei recht begrenzten Verlusten von etwa 50 Toten und 100 Verwundeten. Die bayerisch-griechischen Soldaten konnten sich gegen die maniotischen Gebirgler nicht durchsetzen und Gefangene waren groben Misshandlungen ausgesetzt. Höhepunkt war die Gefangenname einer ganzen Kompanie samt Offizieren, die gegen ein demütigend niedriges Lösegeld von 1100 Gulden entlassen wurden. Sie kamen dann lebend, aber ohne Uniformen nur in ihrer Unterwäsche zurück. Das ist sicher verbürgt, während manch andere Schilderungen von Grausamkeiten wohl eher in den Legendenbereich gehören. Man sprach von Genitalverstümmelungen und Verletzungen durch wilde Katzen, die man zusammen mit Gefangenen in Säcke eingenäht haben soll.

Nicht in den Legendenbereich gehören dagegen die Leiden und auch das Sterben der Angehörigen des 5. und 6. Transports von angeworbenen Freiwilligen in einer Stärke von 1611 Mann. Sie waren im Januar und Februar in Bayern aufgebrochen, dann in Triest eingeschifft worden und kamen Ende Mai in Patras an.

Sie sollten zwei neue Linien-Infanterie-Bataillone bilden und in ihre Garnisonen einrücken. Der ebenfalls zu dieser Zeit in Griechenland angekommene neue Kriegsminister und frischgebackene Generalmajor Lesuire leitete den Transport auf die Mani um und warf die unerfahrenen Soldaten sofort auf das maniotische Gefechtsfeld. Ab hier sei der Bericht einem Augenzeugen überlassen:

> *Die Angriffsweise der Mainotten und der Erfolg der ersten Gefechte, belehrten uns gar bald, daß wir hier weniger den Feind, als die Schwierigkeiten des Terrains zu fürchten hatten. Die Mainotten stürzten gewöhnlich mit großem Geschrei von den Bergen herab, näherten sich auf Schußweite, brannten ihre Gewehre ab, und, ohne einen Bajonettangriff von Seiten der Truppen zu erwarten, retierierten sie eben so schnell wieder auf die Gipfel der Berge [...] Lebensmittel konnten aus dem Innern nicht geliefert werden, sondern mußten der Colonne von Port-Qualiglio aus, wohin sie von Marathonisi zu Schiffe kamen, durch die unwegsamen Berge auf Maultieren nachgeführt werden, und welche fürchterliche Qualen verursachte nicht der Wassermangel! Quellen sind in ganz Griechenland eine Seltenheit, besonders aber in der Maina und die Cisternen, die allenfalls hätten aushelfen können, waren von den feindlichen Bewohnern mit Schutt gefüllt. Mehrere Soldaten blieben schon am dritten Tage vor Erschöpfung geradezu liegen; Andere suchten aus faulen Cisternen, die hie und da zum Vorschein kommenden Weinreben, durch unreife Früchte den Durst zu stillen – und Hunderte wurden auf diese Weise das Opfer des widernatürlichen Lebens und des mörderischen Klimas.*[21]

Erst als der kampferprobte und unkonventionell vorgehende General Schmaltz das Kommando übernahm, ergab sich eine Besserung der Situation. Schmaltz setzte nicht mehr nur auf militärische Mittel und schon gar nicht auf die bayrisch-griechische Linieninfanterie. Er brachte geeignete zivile Vermittler mit, darunter einen hochrangigen Priester, und verließ sich auf den mit den maniotischen Verhälnissen vertrauten Regierungskommissär Major Feder. Er scheute sich auch nicht, Griechen und ehemalige Palikaren-Kapitani mit wichtigen Kommandos zu betrauen. Selbst als der Aufstand sich im August auf ganz Lakonien, Messenien und Arkadien ausweitete, gab es weniger Probleme als vorher auf der engen Mani. Die Hauptkampflast trugen nun ein fast nur aus Griechen bestehendes Linien-Infanterie-Bataillon, die bisher irreguläre bulgarische Kavallerie des zum lakonischen Kreisobersten bestellten ehemaligen Palikarenführers Hadschi Christos und ein aus Nafplion auf Initiative des Regierungsmitglieds Kolettis geschicktes Korps rumeliotischer Palikaren. Diese unkonventionelle und nicht auf der bisherigen Linie der Regentschaftspolitik liegende Vorgehensweise hatte Erfolg. Im September war die Peloponnes wieder befriedet. Die Manioten hatten bei den Verhandlungen für sich viele Vergünstigungen herausgeholt und noch während des Aufstands die Seiten gewechselt. Schon im August kämpften sie zusammen mit den Regierungstruppen gegen die Aufständischen in Messenien. Schmaltz hatte nicht nur die Waffenhilfe der ehemaligen Palikaren gesucht, er akzeptierte auch deren Kriegsgewohnheiten: Aufständische Dörfer wurden geplündert und angezündet, die Anführer in Standgerichten abgeurteilt.

Wie so ein Standgericht des Kreisobersten aussah, berichtet ebenfalls der Freiwillige H. v. P.: Hadji Christos,[22] unter einem Feigenbaum lagernd und Pfeife rauchend, ließ einige Beisitzer zum Standgericht gegen den gefangenen aufständischen Palikaren-Kapitän Grizellis kommen. Ohne weitere Verhandlung wurde dem Palikaren, weil er mit der Waffe in der Hand angetroffen worden war, sein Todesurteil eröffnet. Zehn auf der Regierungsseite kämpfende Palikaren vollstreckten sofort das Urteil. Weil Grizellis von der Salve nicht getötet worden war, machten sie sich daran,

> *den mit dem Tode ringenden durch Kolbenschläge vollends zu tödten – da schritt Oberst Hadschi-Christos ein, legte seine Pfeife weg, zog den Damaszener – und mit einem leichten Streiche war das Haupt des sterbenden Grizellis vom Rumpfe getrennt. – Der Obrist strich mit dem Finger das Blut von der Klinge, steckte das Schwert in die Scheide, ergriff die noch brennende Pfeife, und nahm mit Behagen seinen Platz wieder ein. Die Soldaten aber fielen über den Entseelten mit einer Roheit her, welche den Hottentotten Ehre gemacht hätte, plünderten denselben und beraubten den Leichnam; unter Zank und Rauferei, sogar der Kleidung!*[23]

Der Schilderung des regulären und vielerfahrenen Soldaten H. v. P. – er diente zu dieser Zeit bereits in der dritten Armee – ist anzumerken, wie widerlich ihm solche Szenen waren.

Außerhalb der wenigen Einsätze war das Leben der Soldaten einförmig, besonders wenn sie auf dem Land als Besatzung der meist abgelegenen Festungen dienten.

Der in kurzer Zeit zum Leutnant aufgestiegene Freiwillige H. v. P. schilderte den täglichen Kasernenbetrieb in der Festung Methoni, der sich wohl kaum vom Leben in anderen Festungen wie etwa Itschkale unterschieden haben dürfte:

> *Exerzieren, Essen und Schlafen – Schlafen, Essen und Exerzieren, das sind die täglich wiederkehrenden Abwechslungen, drückend für den Soldaten, noch drückender für den Subalternoffizier.*[24]

Dabei beklagte sich der Leutnant weniger über die Anstrengungen des Dienstes, etwa das Frühexerzieren bei Sonnenaufgang oder die täglichen Paraden in der Hitze vor der Mittagspause. Viel mehr machte den Soldaten neben der fehlenden Abwechslung im Dienst das Abgeschlossensein von der Außenwelt zu schaffen.

Um acht Uhr, wo es zum Spazierengehen im Freien schön zu werden anfängt, wird das Festungsthor geschlossen und man ist auf die Kaserne oder die schmutzigen, engen Straßen der Stadt beschränkt.

Dann waren selbst kleine Abwechslungen vom alltäglichen Dienst willkommen, wie die

Menagen der Soldaten zu leiten, Befehl zu ertheilen, daß genießbares Fleisch gekauft werde, die Suppe zu kosten, die Vertheilung der Portionen zu überwachen, sich zum Bäcker zu verfügen, um zu untersuchen, ob das Commisbrot gut ausgebacken ist, und noch tausend andere Pflichten. Das ist das Leben, das dem Subalternoffizier in den griechischen Garnisonen lächelt. Keine Gesellschaft, kein Abendvergnügen würzt die sich hinschleppenden Tage; keine Zeitung berichtet über das Leben und Treiben des Theils der Welt, der außerhalb der Festungsmauern liegt, ja nicht einmal ein Buch ist aufzutreiben, um die Zeit durch Lektüre zu tödten – man ist auf sich selbst beschränkt, ohne Willen, ohne Freiheit.[25]

Einige Kameraden vertrieben sich die Zeit mit den absonderlichsten Beschäftigungen. Einer brauchte viele Wochen dazu, eine junge Katze und eine Ratte so abzurichten, dass sie aus derselben Schüssel fraßen. Ein anderer versuchte vergeblich, Eier durch die Sonne ausbrüten zu lassen. Ein dritter schrieb ein Buch über die Kunst, Stockprügel auszuteilen. Das alles waren deutliche Anzeichen von Festungskoller.

Eine Versetzung in die Hauptstadt Nafplion war deshalb immer willkommen, denn dort bot das Leben für Offiziere wie einfache Soldaten mehr Abwechslung. Für den Leutnant H. v. P. waren es allerdings nur wenige Wochen, bevor er wieder in die Provinz zurückbeordert wurde.

Bevor im Weiteren noch genauer auf einige Aspekte des Alltagslebens der bayerischen Soldaten eingegangen wird, soll ein kurzer Blick auf die verwendeten Quellen geworfen werden. Es handelt sich dabei um Aufzeichnungen von Augenzeugen dieser Jahre, meist in nur kurzem zeitlichen Abstand gedruckt.[26] Fast alle erschienen unter den richtigen Namen, meist mit Angabe des Dienstgrads. Mehrere waren Offiziere der bayerischen Brigade, wie Bronzetti, Abele und Predl. Der Sergeant Chursilchen ergänzt das Bild aus der Sicht eines Unteroffiziers. Die Briefe des Sergeanten Mühlbauer und die Memoiren des Generals Schmaltz sind wesentlich später erschienen und im Fall Schmaltz redigiert. Sie decken sich aber inhaltlich mit den Aussagen der anderen Quellen. Politisch liegen die geäußerten Meinungen meist auf der offiziellen Linie, kein Wunder für aktive, königstreue Offiziere. Ausnahmen hiervon sind Groß von Trockau, der die Regentschaftspolitik ausgesprochen kritisch kommentiert, und H. v. P. Letzterer nimmt grundsätzlich eine Sonderstellung ein. Er legte Wert auf Anonymität und schrieb zuweilen überspitzt formuliert, ironisch-witzig, durchaus vergleichbar mit Pückler-Muskau. Der Hinweis auf dem Titelblatt, »einem Nichtbaier«, sollte seine Unabhängigkeit und kritische Distanz zeigen. Wahrscheinlich verbirgt sich hinter dem Pseudonym Gustav Adolph Hartmann. Das Namenskürzel H. v. P. deutet auf Hartmann von Preußen hin. Seine inhaltlichen Aussagen halten allen Faktenprüfungen stand und sind zweifelsfrei authentisch. Nicht authentisch dagegen ist das Griechenlandhandbuch Adolph von Schadens. Dieser bayerische Oberleutnant und bekannte Reiseschriftsteller war nicht in Griechenland und hatte seine Informationen aus zweiter Hand. Zusätzlich wirkt seine Schilderung der griechischen Verhältnisse schöngefärbt, die Absicht, Freiwillige zu werben, ist offensichtlich. Eine Sonderstellung nimmt der Roman »Die Jachenauer in Griechenland« von Maximilian Schmidt, gen. Waldschmidt, ein. Dieses Buch des Erfolgsautors erschien mit einem erheblichen zeitlichen Abstand, fußte aber auf den Augenzeugenberichten Abeles, Predls und vor allem Bronzettis. Er übernahm seitenweise fast wörtlich Passagen von Bronzetti und bewies damit einen guten Blick für die Verhältnisse. Denn Bronzettis Erinnerungen zeichnen sich unter allen anderen durch Detailtreue, Augenmaß und durch beachtliche sprachliche Qualitäten aus. Ein Merkmal, das er mit Hartmann teilt. Zusammen ergeben diese Zeitzeugnisse ein bemerkenswert breites soziales Spektrum: Es reicht vom Schreinergesellen Mühlbauer bis zum Fürsten Pückler-Muskau.

Zum Zusammenleben der bayerischen Soldaten mit der griechischen Bevölkerung ist wenig zu sagen. Wie sich aus dem bisher Dargestellten ergibt, waren die Lebensbereiche zu sehr getrennt. Die Soldaten lebten abgeschottet ihr eigenes Leben in den Gemeinschaftsunterkünften, schliefen und aßen dort. Kontakte gab es nur in der kargen Freizeit außerhalb der Kasernen und bei besonderen Einsätzen. Etwas anders sah die Lage bei den Offizieren und Unteroffizieren aus, die nicht zur gemeinschaftlichen Unterkunft verpflichtet waren. Mit den Angeworbenen kamen auch an die 500 Frauen und Kinder,[27] für die ein eigener Transport mit Wagen nach Triest organisiert wurde. Es waren meist Angehörige der Unteroffiziere. Die Frauen sorgten oft durch den Betrieb von eigenen Lokalen und Kantinen dafür, dass wenigstens in geringem Maß so etwas wie Heimatgefühl in der Fremde aufkam.

Die bayerischen Offiziere hatten dienstlichen Kontakt mit griechischen Offizierskameraden oder waren mit ihnen bei gesellschaftlichen Anlässen zusammen. Dabei wurden auch freundschaftliche Beziehungen eingegangen. Es wird von Einladungen in griechische Familien, gemeinschaftlichen Ausflügen und sogar Duz-Bruderschaften berichtet. Aber in keinem einzigen Fall scheint es über eher formale Treffen hinaus zu vertieften Beziehungen gekommen zu sein. Zumindest wird nichts berichtet.

Bei den Einsätzen außerhalb der Garnisonen waren die Soldaten neugierig auf die Lebensweise der Einheimischen. In der Regel war die Unterbringung nur durch Einquartierungen möglich. Da diese meist nicht freiwillig und manchmal sogar über längere Zeiträume erfolgten, war dies dem Verhältnis zwischen Bayern und der griechischen Bevölkerung eher abträglich. Immerhin gewannen die Soldaten so echte Einblicke.

Fast übereinstimmend besteht eine Verwunderung über die Einfachheit der Verhältnisse. Während die Soldaten in den Kasernen regelmäßig gekochtes Essen, Fleisch und Weinrationen bekamen, fiel ihnen bei den Griechen, selbst in der Stadt, die äußerst genügsame Verpflegung auf. Diese nahmen ihre Mahlzeiten meist kalt zu sich, aßen hauptsächlich Oliven, Zwiebeln, Käse, Kräuter, Brot und tranken verdünnten Wein. Im großen Kontrast dazu standen, besonders nach den langen Fastenzeiten vor den kirchlichen Festen, ausgelassene Gelage mit ganzen gegrillten Lämmern und stundenlangen Tänzen. Diese Tänze faszinierten besonders. Jeder der Berichterstatter erzählt davon. Die Soldaten waren nur Zaungäste. Die Musik und auch die Tanzweisen waren ihnen fremd. Es wurde streng nach Geschlechtern getrennt getanzt. Fast alle bemerkten, dass Wein regelmäßig konsumiert wurde, es aber keine Betrunkenen gab. Unter den Bayern war der übermäßige Alkoholkonsum dagegen ein großes Problem.

Den Soldaten fielen auch die äußerst einfachen Wohnverhältnisse der Griechen auf:

> *Die Häuser sind einstöckig; der untere Raum wird als Magazin, Kaufladen ec. verwendet, im oberen ist die Wohnung der Familie. Glasfenster findet man nur in den größten Städten, für gewöhnlich wird deren Stelle durch verschließbare Läden vertreten. Die innere Einrichtung besteht gewöhnlich aus einer an den Wänden hinlaufenden breiten Bank; ist es eine französierte Wirthschaft, aus einigen Rohrstühlen und einem leichten Tisch; oft aber findet man auch das Local ohne alles Meublement, mit Teppichen bedeckt, in der Mitte durch kleine Erhöhung geziert, die von der am Boden lagernden Familie als Tisch benutzt wird. In einer Nebenkammer – wenn anders das Haus mehr als ein einziges Lokal aufzuweisen hat – befindet sich die Lagerstätte der Familie, bestehend aus Matratze, Leinenzeug und einer wattierten Decke; ein leichter Schrein beherbergt*

die Gardarobe, ein anderer die Proviantvorräthe, ein Korb die Requisiten. Küche und Keller sind in den griechischen Häusern unbekannt. Erstere ist bei der Eigenthümlichkeit der Kochkunst entbehrlich, es genügt ein einfacher Herd oder einige im Hofraum – auf der Straße – aufgestellte Steine, um ein Kohlfeuer anzuschüren und ein Gefäß zum Kochen zu bringen.[28]

Das waren die bürgerlichen Verhältnisse in der Stadt, wie sie Leutnant H. v. P. zum Beispiel im Frühsommer 1834 in Nafplion vorfand, wo er sich bei einem Popen einquartierte.

Der Korporal Mühlbauer berichtete im Februar 1834 seinen Eltern geradezu schockiert von den Wohn- und Lebensverhältnissen auf dem Land:

Keinen Begriff kann man sich aber nicht machen von den Bauerndörfern und Vorstädten. Die haben nichts als Löcher in die Erde gegraben, mit Erde und Steinen zugemauert, mit Moosrohr gedeckt. Das ganze Haus, bestehend aus einem Zimmer, ist Wohnung für Mann und Frau und Kinder, Esel, Hühner, Hunde und Katzen und Ratzen. Keine Küche brauchen sie nicht, denn Warmes ißt der Grieche im ganzen Jahr nicht. Solche Häuser hat es nun der Menge nach, und in diesen Wohnungen leben sie wie die wilden Tiere. Robinson muß einen Palast dagegen gehabt haben.[29]

Dass die Männer so sehr an den Tänzen interessiert waren, liegt sicher auch daran, dass sie dabei Frauen und Mädchen beobachten konnten. Diese bekamen sie kaum zu Gesicht, auch in der Zeit, die sie außerhalb der Kasernen verbrachten. Mühlbauer berichtete in seiner einfachen, lakonischen Art: »Frauenzimmer sieht man wenig, sind alle eingesperrt.«[30] Und selbst der Leutnant Predl musste sich zu seiner eigenen Verwunderung auf dem ersten Ball, der in Nafplion zu Ehren des jungen Königs Otto stattfand, eingestehen, dass er bisher noch keine Frau aus der Nähe gesehen hatte:

Die meisten Damen blieben Zuschauerinnen. Sie machten unsere Aufmerksamkeit besonders rege, da wir bisher nichts von ihnen gewahr wurden, oder höchstens durch ein beflortes Fenster sie nur zu sehen bekamen, wenn wir gleich schon an zwanzig Tagen in der Stadt waren.[31]

Was er dann auf dem Ball zu sehen bekam, begeisterte ihn wenig. Die Frauen wirkten in der ihnen ungewohnten Gesellschaft unbeholfen und spröde, wurden zudem durch ihre Männer eifersüchtig bewacht:

[...] selbst jene Courtoisien sind gefährlich, welche man bey uns nur als Artigkeiten gegen das schöne Geschlecht ansieht, oder demselben schuldig zu sein glaubt. In diesem Punkt sind sie sehr sehr kitzlich, und die

Eifersucht der Männer, selbst wenn sie kein persönliches Interesse an der Sache haben, artet oft in blinde Wuth aus.[32]

Es gab sicher mehrere Umstände, die zu der Enttäuschung der Männer führten: Die Frauen konnten die überhöhten Erwartungen an die Schönheit und Anmut der orientalischen Frau, die in der Heimat geschürt worden waren, nicht erfüllen. Es war eine ähnliche Situation, nur geschlechtsspezifisch, wie sie die ersten Philhellenen vorgefunden hatten. Auf H. v. P. wirkten der Gang und die Bewegungen der Frauen unbeholfen und unsicher. Bedingt durch das lange Sitzen mit untergeschlagenen Beinen im Haus, wie er glaubte, glich »deren Gang dem einer Ente«. Die Gesichter fand er übermäßig geschminkt. Auch der Versuch in bürgerlichen Kreisen die europäische Mode zu adaptieren, führte in seinen Augen bei diesen Damen eher dazu, dass sie

bei uns jedoch als Carricaturen Gelächter erregen würden! Mit Federhut und Schleier, Sammetrobe und Atlasschuhen geschmückt, verläßt Madame das Haus, um eine Promenade zu machen; eine Stunde später kehrt sie zurück – in der einen Hand den Federhut, in der andern die Schuhe tragend.[33]

Wenn Mühlbauer vielleicht gemeint hatte, die Frauen seien »weggesperrt« worden, weil die Soldaten kamen, hatte er nur teilweise recht. Um in seiner Terminologie zu bleiben: Die Frauen waren immer weggesperrt. Das öffentliche Leben war ausschließlich Sache der Männer. Selbst in den Augen der Bayern typisch weibliche Beschäftigungen wie das Einkaufen auf dem Markt besorgten die Männer, weil die Frauen sich sonst außer Haus hätten aufhalten müssen. Auch wenn man sich dem tendenziell sehr negativen Bild von der griechischen Frau, das H.v.P. in seinem Kapitel »Die griechischen Frauen und ihr häusliches Leben« zeichnete, nicht immer anschließen will, sind einige Beobachtungen aber doch zutreffend. Die Mädchen wurden nicht selten sehr früh verheiratet. Sie bekamen dann, obwohl selbst noch fast Kinder, ihr erstes Kind und waren seitdem ans Haus gebunden. Schule, Ausbildung und kulturelle Interessen, in Europa seit der Aufklärung zumindest in bürgerlichen Kreisen auch Mädchen und Frauen zugestanden, waren nicht möglich. Fairerweise gibt H. v. P. weniger den Frauen selbst die Schuld als den misslichen gesellschaftlichen Umständen, besonders den Männern:

Der Grieche macht keine höheren Anforderungen an seine Frau, er genießt den Tag außerhalb des Hauses, schließt die Frau ein und liebt in ihr nur das Geschlecht, nicht aber die Lebensgefährtin.[34]

Für erotische Abenteuer war also das Griechenland dieser Zeit kein geeigneter Ort: Lapidar empfahl der Leutnant deshalb, Liebesverhältnisse nur mit »fränkischen Weibern« anzuknüpfen oder, noch besser, es unter diesen Umständen ganz sein zu lassen. Besser fand er es,

> *bei einer griechischen Familie Eingang zu finden und ihm die Pforten zur Kenntniß griechischer Sitte und Sprache zu gewinnen.*[35]

Diese Empfehlung des gebildeten Herrn Leutnant dürfte allerdings der Masse der einfachen Soldaten in seiner Garnison wenig genützt haben. Als er seinen Rat selbst ausprobierte, stellte sich auch für ihn heraus, dass das zumindest nicht unkompliziert war. Das Popenpaar, bei dem er in Nafplion wohnte, vermittelte ihm ein hübsches sechzehnjähriges Mädchen für private Griechischstunden. Er wurde regelmäßig mit der Schönen allein gelassen und er erfuhr von dem treuherzig ehrlichen Mädchen ihren Auftrag. Sie war die Nichte der Frau des Popen und sollte ihm nicht nur Griechisch beibringen. Weiteres Ziel war, ihn zum orthodoxen Glauben zu bekehren und ihn möglichst bald zu heiraten. Bevor sich weitere Komplikationen ergaben, wurde der Leutnant nach Messenien abkommandiert. Geblieben sind ihm im Vergleich zu seinen Kameraden weit überdurchschnittliche Griechischkenntnisse.

Hygiene und Seuchen

In einem weiteren Punkt unterschied sich der Leutnant H. v. P. vom Durchschnitt seiner Kameraden. Er wurde nämlich im Kampf verwundet, war aber in seinen sechs griechischen Jahren nicht ernsthaft erkrankt. Meist war das umgekehrt.

Die Bilanz nach der Durchsetzung der Regierungsmacht auf der Mani und der übrigen Peloponnes Anfang September 1834 war gemischt. Einesteils hielt sich die Zahl der rein militärischen Verluste in Grenzen. In den verschiedenen Gefechten fielen insgesamt 50 Soldaten und 110 wurden verwundet. Anderenteils schrumpften die beiden neu gebildeten Bataillone auf ca. 900 Soldaten zusammen. Es blieben also mindestens 500 Soldaten in der Mani oder starben im Anschluss in den Lazaretten von Nafplion. Hauptgrund waren nicht vereinzelte Überanstrengungen oder unangepasstes Verhalten, wie der Augenzeuge H. v. P. berichtete, sondern gehäuftes Auftreten von tödlichen Krankheiten.

Dies wird auch über die reguläre bayerische Brigade berichtet. Ohne Gewalteinwirkung und ohne besondere militärische Einsätze hatte sie nach dem ersten Sommer in Griechenland bereits 272 Tote zu beklagen. Bei einem friedlichen Einsatz zur Übernahme der noch türkisch besetzten Festungen auf Euböa war es in Chalkis zu extremen Ausfällen gekommen. Zwei Drittel der Garnison lag darnieder und konnte durch drei Ärzte nur notdürftig versorgt werden.

Die Truppen in den Garnisonen von Methoni, Marathonisi und Nafplion litten besonders unter dem hohen Krankenstand. Nafplion war am schwersten betroffen. Vom April 1833 bis Januar 1834 wurden hier nahezu jeden Tag mehrere bayerische Soldaten zu Grabe getragen. Sogar der Erzbischof im fernen München ordnete Gebete an. Dass Nafplion so häufig als Todesort[36] auftritt, hat mit seiner Eigenschaft als größte Garnison und zentrales Lazarett zu tun. Viele Schwerkranke wurden hierher verbracht, starben dann und fanden ihr Grab auf dem Soldatenfriedhof in Pronia. Die Bilanz des Krankenstands betrug bis zum Juli 1835 über 9000 Zugänge, die doppelte Stärke der gesamten Armee! Die Erkrankungen machten auch vor den höheren Rängen nicht halt. General Schmaltz lag Ende November 1833 schwer danieder. Die Kommandantur verbot sogar das Trommeln und Musikmachen vor seiner Wohnung.

Was waren die Ursachen dieser hohen Sterblichkeit? Sie traf im Grunde kerngesunde, körperlich trainierte und hoch belastbare jüngere Männer. Beleg für die Belastbarkeit sind die Fußmärsche der Soldaten zum Einschiffungsort Triest. Denn diese Alpenüberquerungen im Winter bei einem beachtlichen Marschtempo hatten zu keinen nennenswerten Ausfällen geführt.

Hinweise auf Ursachen finden sich bei Schmaltz. Es werden bestimmte Krankheitsbilder, sommerliche Hitze, Heimweh der Soldaten oder auch unangepasstes Verhalten genannt, darunter unmäßiger Genuss von Alkohol und Früchten.

Unter den Krankheiten dominierten die Ruhr, der Typhus, die Malaria und die Pocken. Ruhr und Typhus sind durch Bakterien verursachte Darmkrankheiten und werden vor allem durch schlechtes Trinkwasser und verdorbene Speisen ausgelöst. Die Malaria wird durch die Stiche einer bestimmten Mückenart übertragen, bei den Pocken genügen bloße Berührung oder Husten. Alle diese Krankheiten hatten damals ein tödliches Potenzial und wurden bis heute in Europa letztlich nur durch langfristige vorbeugende Maßnahmen bezwungen: eine strenge Hygiene in den Städten durch Trinkwasserleitungen und Abwasserbeseitigung, Trockenlegung von gefährlichen Sumpfgebieten und Impfungen.

Es mag verwundern, dass gerade Nafplion vom Typhus so sehr betroffen war. Denn die Venezianer hatten eine geradezu vorbildliche hygienische Infrastruktur hinterlassen, die von den Türken übernommen und ausgebaut wurde. Eine Wasserleitung aus dem nahen Aria führte frisches Quellwasser in die Stadt. Am Ende der Leitung konnte eine große, sich stets nachfüllende Zisterne im Hafen liegende Schiffe versorgen. Der Wasserzufluss war so reichlich, dass eine Reihe an der Leitung liegende öffentliche Brunnen angeschlossen werden konnte. Zusätzlich bestand ein System von Abwasserkloaken, das die Stadt noch heute in Richtung Hafen entwässert. Unter jeder der Treppengassen befindet sich ein gemauerter Kanal. In türkischer Zeit wurden zusätzlich öffentliche Bäder eingerichtet. Einige sind heute noch zu sehen.

Aber nach Abzug der Türken und in den Wirren der Befreiungs- und Bürgerkriege war das alles nicht mehr in Funktion. Heideck berichtete aus dem Jahr 1826 von verstopften Kloaken, zerbrochenen Wasserleitungen und Zisternen auf Itschkale. Darin hatten Tausende von Fledermäusen und Schnecken ihren Unterschlupf und verunreinigten mit ihren Exkrementen das Wasser. Was davon in der Zeit der Präsidentschaft Kapodistrias' instand gesetzt worden war, befand sich bis zum Eintreffen König Ottos wieder im alten schlechten Zustand. Beobachter berichteten,[37] die Zeit zwischen der Ankunft König Ottos und seinem Empfang in Nafplion habe deshalb so lange gedauert, weil die Stadt zwischenzeitlich nicht nur festlich geschmückt, sondern gereinigt und von stinkenden Tierkadavern befreit werden musste.

Die meisten Soldaten waren in der großen ehemaligen französischen Kaserne auf dem Burgberg Itschkale untergebracht. Dort hinauf führte keine Wasserleitung, es gab nur Zisternen. Auch das Kloakensystem reichte nicht bis dahin. Es bedarf keiner regen Fantasie, sich die hygienischen Verhältnisse in dieser Unterkunft vorzustellen, in der 300 bis 400 Soldaten in Gemeinschaftsunterkünften ihre Notdurft in offenen Latrinen verrichteten und gleichzeitig das Wasser aus den Zisternen auf diesem Berg bezogen. Die Sterblichkeit an Ruhr und Typhus war auf Itschkale bekannt groß.

Auch die Voraussetzungen für das Sumpffieber, wie die Malaria genannt wurde, waren gegeben. Das Meer in der Bucht von Argos hat zwischen Nafplion und Mili einen sehr flachen Strand mit einer ausgeprägten Verlandungszone, Schilf und wildem Bewuchs, dahinter im Winter Tümpel und morastige Flächen. Solche Verhältnisse waren auch an anderen Orten mit hohem Krankenstand wie in Marathonisi, Methoni und Missolonghi gegeben.

In Nafplion kam hinzu, dass der Hafen keinen gemauerten Kai hatte. Die Schiffe wurden über drei hölzerne Landungsbrücken, die über die flache Uferzone führten, be- und entladen. Die hygienischen Probleme, die sich für die Stadt durch dieses brackige Niemandsland zwischen Stadtmauer und Meer ergaben, waren schon unter Kapodistrias erkannt und unter Heidecks Leitung gemindert worden. Die dort in einfachsten Hütten hausenden Flüchtlinge wurden ins gesündere Pronia umgesiedelt. In den folgenden Jahren bis weit in die Regierungszeit Ottos hinein war diese Gegend dann Dauerbaustelle. Dort entstand durch Aufschüttung ein neues Viertel, die sogenannte Wasserstadt.

Im Laufe der Zeit verbesserten sich die hygienischen Verhältnisse in der Stadt und im Umland. Das half aber den betroffenen Kranken im schlimmen ersten und zweiten Jahr wenig.

Die Führung erbat sich sogar Rat und Hilfe bei ihren Kameraden aus Eng-

Die große Kaserne auf Itschkale. Historische Fotografie. Darunter von links die sogenannte Palme des Kapodistrias, darüber die ehemalige Kommandantur, Militärhospital, Armeebäckerei und Artillerie-Unterkünfte. Zustand zu Anfang des 20. Jahrhunderts (Anschluss links Bild auf S. 158)

land und Frankreich, die im Gegensatz zu den mit dem dortigen Klima nicht vertrauten Bayern einen Erfahrungsvorsprung hatten. Der Kontakt war erfolgreich und führte zu einem detaillierten Truppenbefehl. Einzelne Punkte aus diesem Befehl vom August 1833 machen deutlich, wie wenig zweckmäßig sich die Soldaten bisher verhalten hatten.[38] Sie mussten nun ab diesem Zeitpunkt in der größten Hitze zwischen 10 und 16 Uhr in den Kasernen bleiben. Exerzieren und körperliche Anstrengung sollten nur in der Morgen- und Abendkühle erfolgen. Ganz verboten wurde das Schlafen im Freien, wohl als wichtigste Maßnahme gegen Mückenstiche. Von den französischen Soldaten wurde speziell für die Besatzungen auf dem Palamidi und auf Itschkale das Verbot übernommen, sich vor Ablauf einer Stunde nach dem Aufstieg auszukleiden oder zu trinken. Das verweist auf einen besonders wunden Punkt: Die neuen griechischen Uniformen entsprachen bis ins Detail denen der bayerischen Armee. Sie waren aus Wolltuch und eng geschnitten, also für die sommerlichen Verhältnisse völlig ungeeignet. Für die neu geworbenen griechischen Truppen der

Armee war die Hygiene zusätzlich beeinträchtigt. Sie konnten auch bei größter sommerlicher Hitze ihre Uniformen nicht wechseln, denn aus Sparsamkeitsgründen wurde nur eine Montur, d. h. Uniformkombination, ausgegeben. In Bayern waren zwei üblich, natürlich auch bei der Hilfsbrigade. Das hatte nicht nur hygienische Nachteile, die Truppe machte einen wenig gepflegten Eindruck. Außerdem hatten die Soldaten ständig mit Läusen zu kämpfen, was unter diesen Umständen noch schwerer fiel.

In Argos und Nafplion werden im Sommer regelmäßig die höchsten Temperaturen in Griechenland gemessen. Die argolische Ebene ist nur nach Süden zum Meer geöffnet, an allen anderen Seiten von teils hohen Bergen umgeben.[39] Dies ergibt im Sommer ein drückendes Klima, das aber in der Stadt selbst durch die Nordhanglage etwas kompensiert wird. Der Nachteil dieser Lage zeigt sich im Winter, weil erhebliche Teile der Stadt im Schatten von Itschkale liegen und deshalb feucht und kalt sind. Insgesamt herrscht also im Sommer wie im Winter ein der Gesundheit wenig zuträgliches Klima.

Vorurteile und Stereotypen

Abschließend zurück zum bayerischen Löwen in Pronia. Theodosios Dimopoulos erwähnt dazu in seiner Stadtgeschichte von Nafplion zwei Anekdoten.

> *Bei Agii Pantes, außerhalb von Nafplion, befand sich auch das sogenannte Gurkenmal. Das wurde unter der Regentschaft errichtet. Die Griechen nannten diesen Löwen Gurkenmal, weil dort die verstorbenen Bayern begraben wurden, welche die verdorbenen gelb gewordenen Gurken aßen. Sie aßen die Kürbisse roh und die Melonen gekocht, ebenso die Hunde und die Katzen. Diese unreine Ernährung machte sie krank und sie starben. Zum Gedächtnis an diese Verstorbenen meißelte man den Löwen in den Felsen beim Friedhof.*
>
> (Fotios Chrysanthakopoulos)

> *Viele der Einwohner von Pronia protestierten aufgeregt, dass die Mäuse unvorstellbar zugenommen hatten – wegen des völligen Ausbleibens von Katzen – und deshalb ihre Lebensmittel und die anderen Vorräte in den Häusern aufgebraucht hatten. Ihre Mitbewohner, die bayerischen Soldaten, hatten die Katzen gegessen. Einigen gab ich den Rat bei der Kommandantur in Nafplion zu beantragen, die bayerischen Bewohner von Pronia zu verpflichten, dass sie, weil sie ja die Katzen der Pronier gegessen hatten, nun auch die Mäuse essen sollten, wegen des Gleichgewichts […] Aber für all das mussten die armen Bayern büßen, weil sie haufenweise starben, we-*

gen ihrer Krankheiten und der Seuchen. Sie begrub man in der Nähe von Pronia, wo später der große Löwe aus dem Felsen gehauen wurde.

(Hervé Francis)[40]

Die bayerischen Truppen waren abgesehen von einigen Ausnahmesituationen wie auf der Mani gut mit Lebensmitteln versorgt und besser gestellt als die Flüchtlinge in Pronia. Der Inhalt dieser Anekdoten ist deshalb nicht allzu ernst zu nehmen, ebenso wenig wie weiter oben die Meinung H. v. P.s, die Griechinnen würden watscheln wie die Enten, weil sie zu viel am Boden säßen. Aussagekräftig sind die Anekdoten trotzdem, aber in einem anderen Bereich. Sie zeigen, wie wenig sich die beiden Gruppen nahe gekommen, wie groß die Informationsdefizite waren. Schuld daran waren weniger die Sprachbarrieren als der fehlende engere Kontakt und die unterschiedlichen Mentalitäten. Es gelang offensichtlich nicht oder war auch gar nicht beabsichtigt, die tiefen Gräben zwischen den finsteren Bayern aus dem Norden und dem leichtlebigen Völkchen aus dem Süden zuzuschütten. Schon dieses Gegensatzpaar ist eine Stereotype und dürfte einer ernsthaften Prüfung kaum standhalten. Denn für einen Abbau dieser Vorurteile waren weder Zeit genug noch die entsprechenden Gelegenheiten. So hielten sich die beiden Gruppen gegenseitig für arme Teufel und glaubten, ihre Seite hätte es besser. Die Einwohner von Pronia meinten wirklich, die Bayern würden Hunde und Katzen essen. Viele bayerische Soldaten, wie das Beispiel Mühlbauers zeigt, dankten ihrem Herrgott, dass sie nicht zusammen mit Eseln, Ziegen und Ratzen in einem Erdloch hausen mussten.

Möglichkeiten, diesen tiefen Graben fehlender Information und nicht alltäglichen Zusammenlebens zuzuschütten oder wenigstens zeitweise zu überbrücken, hatten dagegen zuweilen Offiziere. Leutnant H. v. P. und Oberleutnant Predl berichteten von Einladungen bei Kameraden und deren Familien,[41] H. v. P. in Patras, Predl in Tschaffer Aga bei Nafplion. Beide wunderten sich über die warmherzige Aufnahme, vor allem aber über das hohe kulturelle Niveau, das sie so nicht erwartet hatten. Es war wie zu Hause, nur anders, im positiven Sinn. In Patras wurde H. v. P. sogar etwas auf den Arm genommen, indem man ihm zuerst seine erträumten Erwartungen erfüllte. Man inszenierte ein Schauessen in prunkvollem orientalischen Ambiente, das der Leutnant mit den Gastgebern am Boden sitzend zu sich nahm. Später eröffnete man ihm, dass man normal natürlich mit Tisch und Stuhl und Sofa leben würde und ihm nur eine Freude machen wollte. Das geschah alles in entspannter, freundschaftlicher Atmosphäre. Solche Erlebnisse waren eher Ausnahmen, die Regel Missverständnisse wie in Pronia oder gar Feindschaft. Erinnert sei an den Sprenganschlag beim Bau des Löwen, ebenfalls in Pronia.

Künstler und Handwerker: Kaum gekommen, schon gegangen

Handwerker

Man hatte sich in der Regentschaft bei der Planung ihrer Tätigkeit viel von dem Konzept Heidecks (siehe Kapitel 1) versprochen, die neu aufzubauende griechische Armee nicht unter rein militärischen Gesichtspunkten zu organisieren. Es sollten in Bayern möglichst viele Soldaten aus handwerklichen Berufen angeworben werden, die im Laufe ihrer Dienstzeit zuerst dem Land beim Aufbau direkt helfen konnten, um dann im weiteren Verlauf ihre Fähigkeiten an griechische Freiwillige weiterzugeben. Deshalb sollten die technischen Truppen, die alle nach Nafplion kamen, auch besonders stark vertreten sein. Es wurde sogar daran gedacht, diese Freiwilligen nach Ablauf ihrer Dienstzeit im Land zu halten und zur Ansiedlung zu bringen. Dies sollte sogar eine echte Alternative zur beginnenden deutschen Auswanderung nach Amerika werden.

Das ist alles nicht so gekommen. Zuerst klappte die Anwerbung überhaupt nicht. Die reguläre Armee musste, wie schon beschrieben, mit ihrer Hilfsbrigade in die Bresche springen. Ein noch größeres Handicap war die Qualität der angeworbenen Freiwilligen. Die Bedingungen waren für die ursprüngliche Zielgruppe zu wenig attraktiv. Die Werbebüros in Bayern akzeptierten offensichtlich fast alle. Statt der erhofften Handwerker kamen vielfach Glücksritter und Spekulanten, die sich das erhebliche Reisegeld sparen wollten. Für die Beschreibung der Freiwilligen der letzten Transporte im Jahr 1834 gebrauchten eigene Offiziere Ausdrücke wie »Landstreicher«, »Pöbel aus ganz Deutschland« und »Deserteure«.[42]

Eine Ausnahme war der Schreinergeselle Joseph Mühlbauer. Er kam mit dem ersten Transport 1833 und machte aufgrund seiner handwerklichen Fähigkeiten eine erstaunliche Karriere. Mühlbauer wurde schneller befördert als seine Briefe jeweils ankamen und war zum Schluss Sergeant und Werkstattmeister der Ouvrier-Kompanie im Zeughaus von Nafplion. Trotzdem ließ er seine Dienstzeit nach vier Jahren nicht verlängern, blieb aber in Griechenland und versuchte sein Glück als Tischler beim Bau des neuen königlichen Palastes in Athen. Dort hielt es ihn aber nicht lange:

Teuerste Eltern!

[...] Griechenland hat mir nicht mehr gefallen; lebenslänglich dort zu bleiben, konnte ich mich nicht entschließen, und auf eine Zeit ist es für Professionisten unmöglich, ein Vermögen zu ersparen, ungeachtet, daß sich die Regierung große Mühe mit Geldvorschüssen und dergleichen gibt, den neuen Anfängern aufzuhelfen, kann doch keiner aufkommen. Es sind auch wirklich schon mehrere mit samt dem Vorschuß zum Teufel gegangen.

Ich habe diese Griechische Meisterei selbst einige Monate versucht und hätte bald Bankrott machen müssen. An einer Arbeit mußte ich zweihundert Drachmen verlieren. Das brachte mich dermaßen aus dem Häusel, daß ich den Augenblick aufhörte zu meistern und mein Werkzeug mit großem Schaden verkaufte, denn mit dem Residenzbau geht es auch sehr schläfrig, wegen großen Geldmangel. Durch diese Rechnung welche ich mir über dieses neue Palais machte, wurde mir also ein dicker Strich gezogen.[43]

Selbst für einen bewährten und erfahrenen Handwerker war es also schwierig bis unmöglich, hier Fuß zu fassen. Mühlbauer war nicht nur bei der Armee erfolgreich gewesen. Bei allen seinen Stellen vorher und nachher, einmal sogar in Konstantinopel, war er immer aus Reise- und Abenteuerlust weitergezogen, nie weil er wirtschaftlich scheiterte. Das widerfuhr ihm nur in Griechenland.

Dabei versprach die Entwicklung der wirtschaftlichen Lage in Athen mehr Erfolg als in Nafplion. Denn nach dem überstürzten Umzug der Regierung im Dezember 1834 floss das wenige Geld, das der Regierung überhaupt zur Verfügung stand, in den Ausbau der neuen Hauptstadt. Nafplion hatte seinen Höhepunkt überschritten: Mit dem Hof und der Regierung gingen auch die vielen diplomatischen Vertreter und ihr umfangreicher Anhang. Mühlbauer machte es also wie viele andere. Aber auch in Athen war die wirtschaftliche Lage noch viele Jahre zu wenig attraktiv, um das Land schnell voranzubringen oder einem bayerischen Schreiner zum schnellen Erfolg zu verhelfen. Auf die Dauer entwickelte sich dort aber im Gegensatz zum stagnierenden Nafplion ein ansehnliches städtisches und wirtschaftliches Zentrum mit den entsprechenden gesellschaftlichen Folgen. Mühlbauer hätte sehr viel Geduld gebraucht. Erst gegen Ende der Regierungszeit Ottos überschritt Athen die Grenze von über 50 000 Einwohnern und hatte sich damit seit seinem Regierungsantritt verzwanzigfacht.

Mühlbauers Misserfolg könnte ein wenig repräsentativer Einzelfall gewesen sein. Dafür spricht wenig, denn in der Literatur werden immer wieder dieselben wenigen Fälle genannt, wenn es darum geht, den Erfolg des bayerischen Wirtschaftslebens im Griechenland König Ottos zu belegen: die Weindynastie Clauss in Patras, die Brauerfamilie Fix in Athen und Bergwerke in Kimi auf Euböa. Diese Beispiele sind wenig überzeugend. Denn nur der Bergbau in Kimi kann auf staatliche Initiativen zurückgeführt werden. Eine gezielte Förderung erfolgte schon seit 1834, vor allem weil die in Nafplion konzentrierten militärischen Werkstätten Kohle benötigten. Die Entwicklung ging aber sehr langsam vor sich und bot erst in den 1840er Jahren einer kleinen Zahl deutschstämmiger Bergleute Beschäftigung. Trotz einer ansehnlichen staatlichen Unterstützung und guter Rahmenbedingungen für Kohle und Eisen im beginnenden industriellen Zeitalter gelang dem Unternehmen nie ein Durchbruch. Höchstens 50 Bergleute fanden auch in den besten Zeiten hier eine Arbeit. Unter dem Sergeanten Mühlbauer waren in seiner Zeit als Werkstattmeister im Zeughaus von Nafplion in etwa genauso viele Arbeiter beschäftigt. Und er war nur einer von mehreren anderen Meistern dort.

Die Erfolge der Fix' und Clauss' sind allein den kaufmännischen Qualitäten ihrer Gründer zuzuschreiben. Lediglich im Fall der Bierbrauerei besteht eine Beziehung zu einer königlichen Initiative, wenn auch indirekt über den Ort Iraklion bei Athen. Als Neuansiedlung war Iraklion die einzige Verwirklichung der Idee, bayerische Soldaten nach ihrer Dienstzeit durch gezielte Landvergabe in Griechenland zu halten. Diese Militärkolonie hatte es von Anfang an schwer, vor allem wegen fehlender Frauen. Das konnte durch den Import heiratswilliger griechischer Mädchen von der katholischen Insel Syros gelöst werden. Um die von König Otto gestiftete katholische Kirche herum hielt sich lange Zeit eine geschlossene katholische Gemeinde mit bayerischer Hausbrau-Tradition. Erst ab 1854 machte ein Johann Fix dann daraus ein Gewerbe. Dass ein mit König Otto angereister bayerischer Brauer Fuchs, hellenisiert Fix, aus Mühldorf am Inn das Bier nach Griechenland brachte, ist eine auch in der seriösen Literatur tradierte Legende, trifft aber nicht zu.[44] Das Dorf Iraklion kann man heute nicht mehr finden, es ist längst ein Teil Athens, Metrolinie 1, Station Iraklio.

Hofkünstler, Lithografen und malende Soldaten

Ab Juli 1834 weilte König Ludwigs Hofbauintendant Leopold von Klenze für einige Monate in Griechenland. Klenze war lange Jahre auch favorisierter Architekt bei der Durchführung des ehrgeizigen Vorhabens des Königs, seine Residenzstadt zu einer Kunstmetropole europäischen Rangs zu machen. Klenze kam im direkten Auftrag Ludwigs. Der Inhalt der Mission ist bezeichnend für die enge Verbindung von Kunst und Politik im Denken und Handeln des

Königs. Denn Klenze hatte in der krisenhaften Situation am Ende der ersten Regentschaft den Auftrag, die Ablösung der Regenten Maurer und Abel zu überbringen und gleichzeitig den stagnierenden Umzug nach Athen anzutreiben. Nach seinem Eintreffen in Nafplion erledigte er den politisch brisanten Teil seines Auftrags kurz und bündig. Klenze widmete sich darauf mit viel Energie den Problemen der künftigen Hauptstadt. Er setzte in den wenigen Monaten seines Aufenthalts die Rettung der Akropolis[45] durch, lieferte den Entwurf für den Neubau einer Residenz und korrigierte einen vorliegenden Stadtentwicklungsplan. Damit war grünes Licht für die Verwirklichung der Verlegungspläne gegeben. Mitte September 1834 wurde in Nafplion das Dekret zur Verlegung der Hauptstadt erlassen und schon am 1. Dezember sollte der Regierungsapparat in Athen funktionieren. Dieser Massenumzug in nur acht Wochen war schwer zu bewältigen und der Unmut in der alten Hauptstadt groß. Klenze konnte sich nicht in allen Punkten behaupten. Sein eigenes Konzept für die Residenz wäre viel zu teuer gekommen. Der Bau des Schlosses wurde seinem Münchner Rivalen Friedrich von Gärtner übertragen. Eine gewisse Genugtuung für Klenze muss gewesen sein, dass das Athener Stadtschloss dann wenigstens in seinem eigenen, dem klassizistischen Stil, und nicht dem Rundbogenstil Gärtners verwirklicht wurde.[46]

Es bleibt festzuhalten: Der Bereich der Kunst und Kultur, der in den Augen des idealistischen Philhellenen Ludwig und auch seines Sohnes Otto einen besonderen Rang einnehmen sollte, genoss höchste Aufmerksamkeit und Protektion. Als besonderer Ausdruck dieser Haltung war die Verlegung der Residenz nach Athen ein Signal. Athen galt als kulturelles Zentrum der alten hellenischen Welt. Dagegen hatte die bisherige Hauptstadt kaum mehr aufzubieten als Bequemlichkeit und Sicherheit im Schutz der vormals von ausländischen Besatzungsmächten errichteten Festungsmauern. Auch hatte Nafplion als Regierungssitz des befreiten Griechenlands einen besonderen Status als Symbol des erfolgreichen Kampfs. Dies galt in der neuen Ära des absolutistischen Königtums aber wenig. Das kleine Vouleftiko in Nafplion diente längst statt als Sitz der republikanischen Institutionen Nationalversammlung und Senat nur noch als Tanzsaal für Hofbälle. Für die Verwirklichung der neuen königlichen Repräsentationsbauten in Athen wurden mit Klenze und Gärtner dagegen die Koryphäen der bayerischen und deutschen Architektenschaft bemüht. Denn auch aus Berlin, dem anderen Zentrum des deutschen Klassizismus, wurde beigetragen. Karl Friedrich von Schinkel lieferte einen fantastischen Entwurf für eine königliche Residenz auf der Akropolis und seine Schüler Eduard Schauberth und Stamatios Kleanthis waren die kreativen Schöpfer des von Klenze rektifizierten Stadtplans für das neue Athen.

Wie sehr die künstlerischen Bemühungen der Wittelsbacher für Griechenland und besonders Nafplion episodischen Charakter hatten, zeigen vor allem die Maler. Sie kamen teils mit Otto direkt nach Nafplion, wie Peter von Hess, oder wurden später nachgeschickt, wie Carl Rottmann und Ludwig Lange. Sie alle hatten konkrete Aufträge Ludwigs und ihre Werke einen festen Platz in seinen Plänen für München. Platz ist dabei wörtlich gemeint: Ein Zyklus von 23 Fresken des offiziellen Hofmalers Rottmann sollte urpünglich die Hofgartenarkaden der Residenz schmücken, zusammen mit dafür von Ludwig eigenhändig verfertigten Versen. Sie fanden später ihren Platz in einem eigens dafür konzipierten Prunksaal der Neuen Pinakothek. Hess' monumentales Gemälde »König Ottos Einzug in Nauplia« misst 2,77 m x 4,12 m und war ebenfalls für die neue Pinakothek bestimmt, wo es heute noch hängt.[47]

Wenn die Vorbereitungen für diese Arbeiten abgeschlossen waren, fuhren die Künstler mit ihren Skizzen und Entwürfen nach München zurück. Dem künstlerischen Wert musste das nicht unbedingt abträglich sein. Es sind beeindruckende Leistungen darunter. Hingewiesen sei etwa auf Rottmanns Bild von Pronia aus seinem Griechenland-Zyklus (S. Abb. 10, S. 168). Der Felsen, aus dem Siegel einige Jahre später das Löwendenkmal schlug, und die daneben liegenden Häuser von Pronia vermischen sich hier zu einer irreal wirkenden magischen Landschaft. Als einziges der 23 Fresken hat es einen zeitgeschichtlichen Bezug. Es sollte in München an den Ort erinnern, an dem die griechische Nationalversammlung dem Königtum Ottos zugestimmt hat.

Im Ort Nafplion selbst ist fast nichts geblieben. Denn abgesehen von Siegels Löwendenkmal erinnert nichts in Nafplion an das Wirken der bayerischen Künstlerelite. Es ist nicht viel anders als beim Schreinergesellen Mühlbauer: Nach getaner Arbeit zogen sie weiter. Auch eine Künstlerszene, wie sie Ludwig als Kronprinz einst in Rom erlebt hatte, konnte sich allein aus zeitlichen Gründen nicht entwickeln.

Dennoch wäre ohne die nach Griechenland gekommenen bayerischen Maler ein griechisches kollektives Bildgedächtnis nicht möglich. Wenn griechische Schulkinder, Museumsbesucher, Leser von Fachliteratur und historisch orientierten Zeitungsartikeln Bilder aus der Zeit des Freiheitskampfes sehen, ist den wenigsten bewusst, woher diese Bilder stammen. Die meisten sind von Peter von Hess und Karl Krazeisen und beruhen auf Vorlagen aus dem München der 1830er Jahre.

Die Gründe dafür sind unterschiedlich. Zum einen gab es zur fraglichen Zeit keine entsprechende kulturelle Infrastruktur in Griechenland: Das reichte von nicht vorhandenen Ausbildungsmöglichkeiten über schlechte materielle Ressourcen bis hin zu fehlenden Verbreitungsmöglichkeiten. Alles, was heute an

Bildmaterial vorhanden ist, stammt aus dem europäischen Ausland und wird meist unter dem Begriff Periegetenliteratur zusammengefasst.[48]

Zum anderen veränderten sich die wirtschaftlichen, technischen und gesellschaftlichen Strukturen in Europa gerade seit Anfang der 1830er Jahre radikal. Ein wichtiger Bestandteil war dabei die Etablierung einer am politischen Leben interessierten bürgerlichen Öffentlichkeit und des Pressewesens. Gerade im Zusammenhang des griechischen Befreiungskampfes hatte sich der öffentliche Druck gegen eine Kabinettspolitik nach dem Muster Metternichs durchgesetzt. Seitdem bestand ein hohes Interesse der Öffentlichkeit für die Entwicklung in Griechenland. Auch die Wiedereinführung der Pressezensur und anderer repressiver Maßnahmen konnten daran nichts ändern.

Zusätzlich geschahen bedeutsame Veränderungen auf der technisch-wirtschaftlichen Seite: König Ludwig schickte noch seinen Hofmaler Hess persönlich nach Griechenland und ließ ihn dann in München ein fast zehn Quadratmeter großes Ölgemälde zur Verherrlichung seines philhellenischen Traums und der Machtentfaltung seiner Dynastie malen. Das war alles andere als zeitgemäß. Denn gleichzeitig ereignete sich in seiner eigenen Hauptstadt eine technische Revolution: Alois Senefelder hatte schon um die Jahrhundertwende mit der Lithografie eine Technik erfunden, mit der sich Bilder in guter Qualität und hoher Auflage vervielfältigen ließen. Dieses Verfahren des Steindrucks trat von München aus weltweit einen Siegeszug an. Hier fand sich auch in Franz Hanfstaengl ein Mann, der die neue Technik beherrschte und zugleich wirtschaftlich zu nutzen wusste. Ein anderer Pionier der neuen Technik war in München Gustav Kraus. Er bearbeitete ein besonders breites Spektrum an Themen und lieferte auch Material zu Griechenland, ohne je dort gewesen zu sein. Halb bewundernd, halb abschätzig wird er als Reporter des Biedermeier bezeichnet. Auch Peter von Hess erkannte das Potenzial der neuen Technik und machte mit. So entstand zum Beispiel parallel zu einer Serie von Fresken für die Neue Pinakothek in München auch ein Lithografie-Zyklus zum griechischen Befreiungskampf. Diese Bilder kennt in Griechenland jeder seit seiner Schulzeit. Ein weiterer wichtiger Zyklus mit Lithografien der Helden des Befreiungskampfs stammt von Karl Krazeisen. Dieser ist für das kollektive griechische Gedächtnis noch wichtiger als Hess. Er war als Oberleutnant Teilnehmer an Heidecks Philhellenenfahrt ab 1826 und kannte alle von ihm porträtierten Helden des Befreiungskampfes noch persönlich. Wie er Karaiskakis und seine Mitstreiter zeichnete, so existieren sie noch heute in den griechischen Köpfen. Sein mit Hanfstaengls Technik unter Beteiligung von Hess gedrucktes Album »Bildnisse ausgezeichneter Griechen« war weit verbreitet und erlebte zwischen 1828 und 1831 sieben Auflagen.[49]

Bei den Hofmalern und den Zulieferern für die Informationsbedürfnisse der Öffentlichkeit dominieren selbstverständlich die Darstellungen von Personen und herausragenden Ereignissen. So sind in Hess' Zyklus neben den berühmten Helden auch die wichtigsten Orte in der Geschichte der Befreiung Griechenlands erfasst. Reine Naturdarstellungen wie bei Rottmann sind selten. Noch seltener sind Darstellungen aus dem Alltagsleben, wenn man von den beiläufigen Informationen der Bilder absieht. Gerade Hess ist auf seinen großen Bildern ein Meister des Details. Hier steht er in der Tradition der Periegeten, deren wesentliches Merkmal der Gestus des »Ich war wirklich da« ist.

Davon heben sich die Bilder der nicht professionellen und nicht akademisch ausgebildeten Maler ab. Sie sind fast ausschließlich als Soldaten nach Griechenland gekommen, wie Adalbert Marc und Ludwig Köllnberger. Ihrem neugierigen Blick sind viele einfache Informationen über Land und Leute zu verdanken. Sie haben oft auch mehr Gefühl für das Wesentliche als die professionellen Maler. Wenn man genauer wissen will, wie das Verhältnis der Bayern zur einheimischen Bevölkerung war oder wie die Griechen untereinander standen, erfährt man aus Hess' Monumentalbild kaum etwas, aus Köllnbergers kleinen Aquarellen oft sehr viel. Bestes Beispiel ist sein »Café in Athen« (S. S. 124): Es zeigt die Ärmlichkeit des täglichen Lebens ebenso deutlich wie die Ausgrenzung der bayerischen Soldaten und die Spaltung der griechischen Gesellschaft in Modernisierer und Traditionalisten.

Neben den Freizeitmalern Haubenschmid, Köllnberger und Marc waren unter den Soldaten auch ausgebildete Künstler mit professionellem Anspruch. Dass Carl Krazeisen zu ihnen gehört, sieht man seinen Zeichnungen sofort an. Er erhielt seine Ausbildung an der Münchner Kunstakademie, blieb aber Zeit seines Lebens bei der Armee und brachte es dort bis zum General. Dasselbe trifft auch auf den obersten Soldaten des griechischen Königreichs zu. Denn der Mitregent General Heideck war ebenfalls ein akademisch ausgebildeter Maler, der zeitlebens seiner Palette treu blieb und sich auch als Kunstkenner und Sammler einen Namen machte. Seine Doppelnatur als General und praktizierender Künstler war eine der Voraussetzungen für die Vertrauensstellung, die er beim kunstsinnigen König Ludwig genoss und die von erheblicher politischer Bedeutung war.

Volkstümliche Lieder und Gedichte

In der deutschen literarischen Hochkultur hat der griechische Befreiungskampf ebenso wie die Herrschaft König Ottos kaum Spuren hinterlassen. Es bleiben streng genommen nur Friedrich Hölderlins »Hyperion« und Wilhelm Müllers »Lieder der Griechen«. Aber »Hyperion« erschien in zwei Bänden schon 1797 und 1799. Er bezieht sich also nicht auf den großen griechischen Befreiungskampf, allenfalls auf den Umkreis des sog. Orloff-Aufstands. Wilhelm Müller dagegen propagierte mit seinen Liedern direkt und von Anfang an Hilfe für die griechischen Aufständischen und war unter dem Ehrennamen Griechen-Müller eine wichtige Figur des deutschen Philhellenismus. Aber selbst dem interessierten Literaturkenner ist er heute allenfalls als Autor der Texte von Schuberts *Müllerin* und *Winterreise* bekannt. Für die Nachwelt konnte er nie aus dem Schatten Schuberts treten.

Im Bereich der populären Kultur haben aber, zumindest in Bayern, Ottos erste Jahre deutliche Wirkung gezeigt. Zur populären Kultur ist auch die erhebliche Menge von Gedichten und Liedern zu rechnen, die zur Propagierung und Legitimierung des Wittelsbacher Königtums in Griechenland geschrieben und verbreitet wurden. Das Spektrum reicht vom Huldigungsgedicht am Namenstag König Ottos über die Unterstützung für die Anwerbung des Freiwilligenkontingents bis hin zur positiven Stimmungsmache in der Presse für das bayerische Engagement in Griechenland.[50] Es gibt auch eine erhebliche Zahl von Liedern und Gedichten, die nach Schreibweise und Thematik der Kultur der literarisch nicht Gebildeten zuzurechnen sind. Beide Bereiche sind schwer zu trennen. So ist das derbste und wegen seiner variantenreichen Tradierung sicher volksläufigste Lied die Parodie eines Goethe-Gedichts. Und ein Gedicht des nachweislich ungebildeten Schreinergesellen Mühlbauer[51] hat einen so hohen Ton, dass man es leicht mit einem lancierten Produkt aus dem Münchner Hofkreis verwechseln könnte.

Der populäre Heimatdichter Maximilian Schmidt hat noch in den 1880er Jahren eine Geschichte aus dem bayerischen Gebirge mit dem Griechenlandthema verbunden. Das beweist das Nachwirken in der Öffentlichkeit noch nach einem halben Jahrhundert. Auch die Memoiren der Generale Schmaltz und Heideck wurden erst in dieser Zeit veröffentlicht.

Was auch immer der Grund für das anhaltende und rege Interesse in der bayerischen Bevölkerung aller Kreise sein mag, eines ist sicher: An die 6000 Bayern waren in Griechenland gewesen und hatten viel erlebt und zu erzählen – von der Begeisterung, aber auch der Furcht vor dem Neuen am Anfang ihrer Zeit dort. Von Ernüchterung oder gar Enttäuschung am Schluss. Das ist die Dynamik, die bei interkulturellen Begegnungen und Konfrontationen üblich ist und auch in der folgenden Auswahl vorherrscht.

Diese Dynamik bedarf in den Texten selbst keiner weiteren Erläuterung. Sie sprechen für sich. Lediglich die situative Einbettung und der soziale Hintergrund bedürfen zuweilen der Kommentierung. Dies geschieht im Anschluss an den Text nur sparsam, um die unmittelbare Wirkung nicht zu stören.

Lied eines griechisch-bayer'schen Freywilligen,
am 30. Juli 1833, in der Zeitung »Die Bayer'sche Landbötin«

Ich kenn' ein Land, so wunderschön, / Wo Palmen und Oliven steh'n
Und Wo der Tanne dunkles Reis / Dem starken Sieger ward zum Preis;
Dorthin laßt uns, ihr Brüder, zieh'n / Dort wird ein neues Glück uns blüh'n.

Ich kenn' ein Land, das manchen Held / Für's Vaterland zum Kampf gestellt,
Wo der Soldat mit heiterm Muth / Zum Opfer hat gebracht sein Blut;
Dorthin laßt uns, ihr Brüder, zieh'n / Wie die Spartaner treu und kühn.

Ich kenn ein Land, wo sich die Kunst / Erfreut des Himmels höchster Gunst;
Wo noch der Tempel stolzer Bau / Hinaufstrebt nach des Himmels Blau;
Dorthin laßt uns, ihr Brüder, zieh'n / Wo früh der Bildung Sonne schien.

Ich kenn' ein Land, wo sich mit Kraft / Empor einst schwang die Wissenschaft;
Wo sieben Weise einst gelehrt, / Die noch die späte Nachwelt ehrt;
Dorthin laßt uns, ihr Brüder, zieh'n / Und unser Herz für Weisheit glüh'n.

Ich kenn' ein Land, das jüngst sich frey / Gemacht vom Joch der Tyranney,
Wo Christ und Muslemim gekriegt, / Das Kreuz den Halbmond hat besiegt;
Dorthin laßt uns, ihr Brüder, zieh'n / Wo Gott den Seinen Sieg verlieh'n.

Ich kenn' ein Land, wo heiß geliebt, / Ein junger Held Gesetze giebt
Der Unterthanen Herz besitzt, / Von deutschen Kriegern treu geschützt;
Dorthin laßt uns, ihr Brüder, gehen, / Denn Otto's Reich soll ewig steh'n!

Im Sommer 1833 stockte die Werbung für das Freiwilligenkontingent und musste intensiv unterstützt werden. In diesen Umkreis gehört dieses Lied. Die Argumentation steht in der Tradition des philhellenischen Engagements und wendet sich an ein gebildetes Publikum. Griechenland ist hier das Land der Kunst, Philosophie und Wissenschaft.

Beim Abmarsche der bayerischen Krieger nach Griechenland,
1833, abgedruckt in Adolph von Schadens »Ein Bayer in Griechenland«

So ziehet denn weiter in Frieden! / Es töne das Spiel und Gesang;
Ja traget ihn fröhlich hinüber / Der Waffen bay'rischen Klang!

Es leben ja ehrliche Menschen, / Wo immer der Himmel nun Thaut;
Es lachen ja reizende Mädchen / Doch allerwärts munter und laut.

Wenn's wohl euch dort drüben ergehet, / Wenn winken die Freude, das Glück;
Dann möget ihr freundlich Gedenken / Zuweilen an uns auch zurück.

Wo blühen die lieblichen Reben / Wo fließet der köstliche Wein,
Wir wissens – von euch doch wir werden, / Wir werden vergessen nicht seyn.

Wie immer das Schicksal sich wendet / Nur haltet die Treue recht fest;
Die bay'rische Treu muß erglänzen / Im Süden, in Osten und West.

Und wenn selbst der Erdball erzittert, / Der Bayer hält dennoch den Schwur.
Von Treubruch und Falschheit er kennet / Nicht einmal die leiseste Spur.

Juheisa! Es leben die Schyren! / Jetzt leer die Gläser rein aus:
Es leben die Bayern, die Griechen / Es lebe das bay'rische Haus!

In denselben Kontext, nämlich Werbung für Freiwillige, gehört auch dieses Lied. Die Argumentation läuft aber ganz anders, ist viel handfester: Sie verspricht in dem fernen Land ein besseres Leben mit köstlichem Wein und reizenden Mädchen. Damit verbunden ist offensichtlich eine Verbreiterung oder gar ein Wechsel der Zielgruppe.

Der Bayer an Griechenland,
9. Oktober 1832, in der Zeitung »Die Bayer'sche Landbötin«

Siehe, der Morgen winkt, / Der den Ersehnten bringt
Und mit ihm Glück!
Wir haben ihn begrüßt; / der nun der Deine ist; / In schneller Zeitenfrist
Schaut ihn Dein Blick!

Otto, Dein König, naht, / Den Gott erwählet hat
Für Hellas Thron!
Nimm ihn aus Gottes Hand / Zum sichern Unterpfand: Gott ist mit Griechenland!

Mit Ludwigs Sohn!

Die beiden ersten Lieder enden mit einem Appell an die vaterländische und promonarchische Gesinnung des Hörers. Im letzten Lied ist dies die zentrale Aussage. Hintergrund ist der Besuch einer offiziellen griechischen Delegation Anfang Oktober 1832. Die Delegation der griechischen Nationalversammlung überbrachte deren Einverständnis mit der Einsetzung Ottos durch einen Vertrag der Großmächte. In der Rede eines Bayern an das griechische Volk wird dieser Umstand umgedeutet. Für die Griechen soll Otto ein König von Gottes Gnaden sein, nicht ein Produkt der internationalen Diplomatie. Die untergelegte Melodie »God save the King« soll die royale Position Ottos noch verstärken. Es sind nur zwei der sechs Strophen des Huldigungsgedichts wiedergegeben.

Abfahrt nach Griechenland,

1833, aus »Die historischen Volkslieder des Bayerischen Heeres von 1620–1870«, gesammelt und herausgegeben von Franz Wilhelm Freiherrn von Ditfurth, Nördlingen 1871

Weit entfernt von unserm Vaterlande,
Weit entfernt, ins Griechenland hinein,
Weit entfent von unserm Bayerlande,
Glück und Segen wird auch bei uns seyn.

Nicht so ängstlich, nur nicht so erschrocken,
Nur recht frählich ziehen wir hinein;
Der Prinz Otto, dieser edle Degen,
Ziehet als König ins Griechenland voran.

Nicht mehr lange geht es hier zu Lande,
Denn wir fahren bald zu Wasser an;
Spannt die Segel; laßt die Fahnen wallen,
Denn wir fahren ab nach Griechenland.

Vater und Mutter müssen wir verlassen
Denn wir sind einmal dazu bestimmt;
Auch dich, Liebchen, muß ich jetzt verlassen,
Lebe wohl, du holdes, schönes Kind.

Auf vier Jahr sind wir dahin bestimmet,
Und vielleicht ist's Manchem auch sein Glück;
Sind wir gesund, so gehen diese Zeiten,
Und wir kehr'n frei ins Vaterland zurück.

Lebet wohl, Vater und ihr Mutter!
Und auch du, mein Liebchen, lebe wohl!
Denn es ist für uns ja gar so traurig,
Und wir sehn einander 's Letztemal

Nicht nur der Ton ist anders, nicht mehr gelehrt oder markig-vaterländisch wie in den Propagandaliedern. Hier spricht ein Betroffener, einer derer, die in den ersten beiden Liedern überzeugt werden sollten, sich freiwillig zu melden. Der Sprecher ließ sich überzeugen und hat es schon wieder bereut. Er erwartet sich in Griechenland kein Glück, allenfalls eine gesunde Rückkehr, um die er bangt. Die letzte Strophe wirkt wie eine Prophetie, denn in der Tat ist jeder zweite der Freiwilligen nicht zurückgekommen. Schwer zu deuten ist der Eindruck, dass die »Bestimmung«, die Verpflichtung nicht freiwillig war. Denn es gibt keine Quellen dafür, dass die Werbung mit unlauteren Mitteln arbeitete. Es kann ein Hinweis darauf sein, dass in den wirtschaftlich sehr schwierigen Jahren vielen nichts anderes übrig blieb als sich zu verpflichten, um mit ihrer schlechten Lage zurechtzukommen.

Abfahrt der Bayern nach Griechenland,

1833, aus »Die historischen Volkslieder des Bayerischen Heeres von 1620–1870«, gesammelt und herausgegeben von Franz Wilhelm Freiherrn von Ditfurth, Nördlingen 1871

Ach, wie hat das Schicksal mich getroff'n, / Daß es mich so kränken thut!
Ich muß fort in das griechische Heere ziehn, / Muß vergießen Menschenblut.
Nun adje, nun adje, nun adje, adje, adje, / Nun adje, Schatz lebe wohl.

»Schatz, ach Schatz, vergieß nicht so viel Blut, / Handle nicht wie ein Barbar!
Und gedenk an die Christenheit der Lieb, / Bis der Streit wird einst sein gar.
Nun adje, nun adje, nun adje, adje, adje, / Nun adje, Schatz lebe wohl!«

Ich handle nur nach meiner Pflicht, / Thu auch nur nach mein Befehl,
Und das türkische Heer so erbittert strebt / nach meinem Leben schnell.
Nun adje, nun adje, nun adje, adje, adje, / Nun adje, Schatz lebe wohl!

»Schatz, ach Schatz, wir sind nun ganz allein, / Niemand reicht uns keine Hand,«
Bis wir wiederum nach Hause seyn / In unser Deutsches Vaterland.
Nun adje, nun adje, nun adje, adje, adje, / Nun adje, Schatz lebe wohl!

O wie mancher Vater klaget schon / Um sein allerliebstes Kind!
»Manche Mutter weint um ihren Sohn / Weil sie von ihm getrennt!«
Nun adje, nun adje, nun adje, adje, adje, / Nun adje, Schatz lebe wohl!

Der Ton ist noch ein Stück volkstümlicher als im letzten Gedicht. Die Besonderheit besteht im Wechselgesang zwischen einem männlichen und einem weiblichen Sprecher. Der Mann ist im Gegensatz zum Freiwilligen des vorherigen Liedes, der seine Verpflichtung schon bereut, einer der regulären abkommandierten Soldaten. Er und auch sein Schatz fürchten den Kriegseinsatz und seine verrohenden Folgen. Er soll ein guter Christ bleiben, kein Barbar werden.

Der Freiwilligen Loblied auf Griechenland,

ohne Jahresangabe, aus »Die historischen Volkslieder des Bayerischen Heeres von 1620–1870«, gesammelt und herausgegeben von Franz Wilhelm Freiherrn von Ditfurth, Nördlingen 1871

Kennst du das Land, von Dichtern ausposaunt,
Auf dem Papiere höchlich angestaunt,
Gemalt von Malern, die es nie gesehn,

Mit bunten Farben, wunderschön zu sehn?
Kennst du es wohl?
Von dort, von dort wolln wir so bald als möglich wieder fort!

Kennst du das Land, verbrannt vom Sonnenstrahl,
Gebirge drin, verödet, dürr und kahl?
Da ist kein Baum der Schutz dir giebt,
Wenn heiß die Sonn' dir auf den Scheitel glüht.
Kennst du es wohl?
Von dort, von dort wolln wir so bald als möglich wieder fort!

Kennst Du das Haus, von Schmutz und Koth erbaut,
Kein Zimmer drin, verödet und versaut,
Zerbrochne Fenster mit Papier verklebt:
Das ist das Haus worin der Grieche lebt.
Kennst du es wohl?
Von dort, von dort wolln wir so bald als möglich wieder fort!

Kennst du das Volk, das dieses Land bewohnt,
Das träg und faul auf seinen Märkten thront,
Oliven frißt, mit seinen Ahnen prahlt,
Und statt des Goldes nur mit Läusen zahlt?
Kennst du es wohl?
Von dort, von dort wolln wir so bald als möglich wieder fort!

Kennst du das Bett mit seiner Wanzenqual?
Kennst du der Flöhe unermess'ne Zahl?
Sie rauben dir den Schlaf, den letzten Freund,
wenn er zum Trost dir in der Nacht erscheint?
Kennst du es wohl?
Von dort, von dort wolln wir so bald als möglich wieder fort!

Das sind Hellenen, das ist Griechenland!
Dahin hat die Begeisterung uns verbannt;
Das ist das Land wo Goldorangen glühn,
Wo Läuse wachsen und wo Flöhe blühn.
Kennst du es wohl?
Von dort, von dort wolln wir so bald als möglich wieder fort!

Dieses Lied mit einer bekannten Melodie zu Goethes »Kennst du das Land, wo die Zitronen blühn« ist auch formal an Goethes »Mignons Lied« angelehnt. Es existiert in verschiedenen Fassungen und muss sehr populär gewesen sein.

Maximilian Schmidt hat es in seinen Roman aufgenommen. Auch H. v. P. gibt eine Fassung[52] wieder. Das Lied heißt bei ihm »Der Deutschen Klage« und wurde bei seinem Aufenthalt in Nafplion 1834 in den »Clubbs« regelmäßig gesungen. Mit Clubbs meinte H. v. P. die Offiziers- und Unteroffiziersheime, Orte regelmäßiger feucht-fröhlicher Geselligkeit. Dahin passt auch der schnoddrige, satirisch übertreibende Ton des Lieds. Der Inhalt soll aber laut H. v. P. die Gemütslage dieser Soldaten voll getroffen haben. Der Refrain seiner Fassung lautet anders: »Dorthin, dorthin, Laß guter Vater keinen Deutschen ziehn!« und bedeutet genau das Gegenteil der offiziellen Werbegedichte.

Wachauer Schifferlied,
aus »Das deutsche Volkslied«, 44. Jg., Wien 1942

Das Schifflein schwingt sich dani von Land, ade!
Das Schifflein schwingt sich dani von Land,
mei' Schatzerl reich mir deine Hand, ade – ade, ade – ade, lebe wohl!

Das Schifflein schwingt sich hin und her, ade!
Das Schifflein schwingt sich hin und her,
mei' Schatzerl siach ich nimmermehr, ade – ade, ade – ade, lebe wohl!

Jetzt fahren wir ins Griechenland, ade!
Jetzt fahren wir ins Griechenland,
pfüat di Gott, mei' liabes Vaterland, ade – ade, ade – ade, lebe wohl!

Während das vorherige Lied sozial, historisch und zeitlich sehr exakt einzuordnen ist, bleibt bei diesem Lied fast alles im Ungefähren. Einiges passt auch nicht zusammen. Was hat ein Wachauer Schifferlied mit den bayerischen Soldaten der Jahre 1833 und 1834 zu tun? Alle fuhren zwar nach dem Marsch über die Alpen mit dem Schiff nach Griechenland, aber von Triest aus übers Meer, nicht auf der Donau über Wien. Dennoch hat sich dieses Lied, das sich nur sehr vage auf die Abfahrt nach Griechenland bezieht, am tiefsten von allen in die Volksseele gegraben und ist vielfach überliefert. Es überzeugt im Ton und trifft den Kern: Irgendwann einmal gab es ein Abenteuer, fern der Heimat, über See, im Griechenland. Es ging nicht gut aus, aber faszinierend war es doch.

Eine junge deutsche Frau entdeckt Griechenland

Nafplion im Jahr 1834

Wenn Fürst Pückler-Muskau bei seinem Eintreffen in Nafplion im Mai 1836 den Eindruck hatte, er befände sich in einer bayerischen Garnisonsstadt, »die ihren griechischen Anstrich schon fast ganz verloren«[53] habe, hat er sicher recht, was die Garnison betrifft. Denn bei einem Verhältnis von etwa einem Soldaten auf fünf Einwohner haben die blauen, von den Bayern übernommenen Uniformen sicher das Stadtbild dominiert. Schief wäre der Eindruck, wenn damit verbunden wäre, dass auch die Bevölkerung dem entsprochen hätte, d.h. mehr bayerisch als griechisch gewesen sei. Das war nicht der Fall. Vielmehr fiel allen Besuchern auf, wie international das Publikum war, das sich in den engen Straßen der übervollen Stadt drängte. Hier hielten sich nicht nur die bayerischen Soldaten auf, sondern auch das Personal der zahlreichen diplomatischen Vertretungen, durchreisende und residierende Kaufleute unterschiedlichster Nationen. Dazu kamen die Besatzungen der zahlreichen Schiffe im Hafen und auf Reede, wobei letztere meist zu den großen Kriegsschiffen der Schutzmächte gehörten. Noch Jahre nach dem Umzug der Regierung war Nafplion der wichtigste Hafen auf dem Festland und Sitz einer Seehandelskammer und eines Seegerichts. Auch in der neuen griechischen Armee dienten zu dieser Zeit weniger Griechen als Fremde. Noch 1838 setzte sich zum Beispiel die Kommandantschaft der Festungen Nafplions folgendermaßen zusammen: ein Portugiese als Kommandant, ein Franzose als Platzmajor, zwei Griechen als Platzhauptmann und Regimentsquartiermeister, ein Italiener als Platzadjutant, ein Bayer als Auditeur, ein Sachse als Aktuar usw. Insgesamt zwölf Personen aus neun verschiedenen Ländern.[54] Dementsprechend war die Sprachenvielfalt. Man kam weder mit Griechisch und schon gar nicht mit Bairisch weiter. Am meisten wurde Französisch gesprochen.

Selbst die griechischen Einwohner, die natürlich trotz der zahlreichen ausländischen Bewohner die zahlenmäßig stärkste nationale Gruppe waren, bildeten keinen homogenen Block. Streng genommen gab es keine echten Nafplioten. Solche wären in Nafplion geborene und dort aufgewachsene Griechen gewesen. Das war aus Gründen der Geschichte der vergangenen zehn Jahre nicht möglich. Die Stadt hatte bis zu ihrer Rückeroberung im Winter 1822 nur türkische Einwohner und ganz den Charakter einer türkischen Kleinstadt (S. Abb. 11, S. 168).

Die gesamte türkische Bevölkerung wurde per Schiff nach Kleinasien verbracht, die leere Stadt der gründlichen Plünderung durch die griechischen Eroberer freigegeben. Erst danach erfolgte eine Neubesiedlung durch Griechen unterschiedlichster Art. Die sozialen Varianten reichten von den Mitgliedern der neuen Regierung, meist Primaten aus der griechischen Oberschicht, bis hin zu völlig mittellosen Flüchtlingen aus Kreta und anderen unter türkischer Herrschaft verbliebenen Teilen Griechenlands.[55] Dazu kamen die in die Stadt drängenden Bauern aus der Umgebung, die für die türkischen Agas gearbeitet hatten. Auch die Palikaren waren auf die Nähe zu ihren Kapitanis angewiesen, diese wiederum auf die Nähe zur Regierung. Typische Beispiele dafür sind Bouboulina Laskari, Petros Mavromichalis und Theodoros Kolokotronis, die nun alle in Nafplion wohnten. Ihre ursprünglichen Familiensitze befanden sich auf den Inseln, auf der Mani und in Arkadien.

Anfang der 1830er Jahre zur Zeit der Ankunft König Ottos war dieser Prozess der Umwandlung von einer türkischen in eine griechische Stadt noch in vollem Gange. Viele Unzulänglichkeiten, die die neu ankommenden und mit der Situation nicht vertrauten Bayern der griechischen Mentalität und Lebensweise zurechneten, hatten darin ihre Ursache. Dazu zählten die verrottete Infrastruktur mit verstopften Kanälen, der Schutt auf den schlammigen Straßen, die glaslosen Fensterscheiben und undichten Dächer. Andererseits waren schnelle Veränderungen eingetreten. Zum Beispiel stand keines der Minarette der mehr als zehn Moscheen mehr. Diese dienten nun als orthodoxe Kirchen, Schulen oder Gerichtshallen.

In das orientalische Häusergewirr wurden Straßenachsen gebrochen, viele der kleinen türkischen Häuser mit ihren charakteristischen Auskragungen abgerissen und durch klar strukturierte Häuser mit klassizistischen Fassaden ersetzt.

Man kann also in dieser Zeit, unabhängig von den politischen Schwierigkeiten, dem griechischen Alltagsleben in der Stadt nur gerecht werden, wenn man es als geprägt von Brüchen, Übergängen, Provisorien und Überfremdung verstehen lernt.

Unabhängig davon ist die Perspektive, aus der das Alltagsleben in Griechenland durch die Augen der bayerischen Soldaten gesehen wurde, natürlich sehr eingeschränkt und müsste ergänzt werden: aus griechischer Sicht, aus der Sicht von Zivilisten, aus der Sicht einer prekären, provisorischen Lebenslage, durch die Augen einer Frau. Der Glücksfall einer erst kürzlich erschlossenen Quelle macht es möglich, genau diese Aspekte zu berücksichtigen.

Bettina und Konstantinos Schinas: Eine deutsch-griechische Romanze

1834 heiratete eine junge Frau aus Berlin einen Griechen, folgte ihm nach Griechenland und ließ sich in Nafplion nieder. Das Besondere ist, dass sie über ihre Zeit in Griechenland genau Tagebuch führte und dieses Tagebuch ebenso erhalten ist wie die Briefe an ihre Eltern.[56]

Diese junge Frau war Bettina von Savigny. Zur Zeit ihrer Hochzeit war sie 29 Jahre alt, hatte aber ihren Mann schon 1824 im Haus ihrer Eltern kennengelernt. Konstantinos Schinas studierte damals in Berlin bei Bettinas Vater, dem Rechtsprofessor Friedrich Carl von Savigny. Schinas stammte aus einer der reichsten und angesehensten griechischen Familien Konstantinopels, musste aber nach Ausbruch des griechischen Unabhängigkeitskriegs die Stadt verlassen. Die Familie verlor ihr gesamtes Vermögen und der junge Emigrant versuchte in Deutschland irgendwie zurechtzukommen. Da er sich aufgrund seiner wirtschaftlichen Lage keine berechtigten Hoffnungen auf Bettina machen konnte, brach er die Beziehung nach einem Jahr ab. 1828 kehrte er in das inzwischen befreite Griechenland zurück und machte ab 1832 als enger Mitarbeiter des Regentschaftsmitglieds Maurer unter König Otto eine erstaunlich steile Karriere. Innerhalb von wenigen Monaten wurde der erst Zweiunddreißigjährige Staatsekretär und Minister. In dieser neuen Situation meldete er sich bei Bettinas Mutter. Mit deren Unterstützung wurde eine Heirat vereinbart. Diese fand im Oktober 1834 in Ancona statt. Bis dahin hatte sich das Paar neun Jahre nicht gesehen und erst seit dem Kontakt mit der Mutter wieder geschrieben. Vieles dieser ungewöhnlichen Beziehung liegt im Dunkeln. Die Begründung für die komplizierte Hochzeit in Italien, angeblich dienstliche Unabkömmlichkeit, scheint vorgeschoben zu sein. Denn zum Zeitpunkt der Hochzeit war Schinas schon ein Vierteljahr nicht mehr im Dienst. Mit dem Sturz des Regenten Maurer im August wurde auch Schinas entlassen. Bettina folgte ihrem neuen Mann in eine ungewisse Zukunft nach Nafplion. Ungewöhnlich waren nicht nur die Umstände, unter denen das Paar zusammengefunden hatte.

Bettina wurde in eine Familie geboren, die im Geistesleben des damaligen Deutschland eine exzellente Stellung einnahm. Der Vater war der profilierteste und angesehenste Rechtswissenschaftler Deutschlands, der Begründer der sogenannten historischen Rechtsschule. In späteren Jahren wechselte er zur Politik, als Minister und Kronjurist Preußens. Schon vorher unterrichtete er die Kronprinzen Preußens und Bayerns. Über seine befreundeten Schüler

Wilhelm und Jakob Grimm und die Verwandten seiner Frau, die Brentanos und Arnims, stand er in engem Kontakt zur romantischen Bewegung. Als Politiker vertrat er eine konservative, königstreue Position. Später zog er sich deshalb im Zuge der Revolution von 1848 wieder aus der Politik zurück. Selbstverständlich erhielt seine Tochter eine sorgfältige Ausbildung durch Hauslehrer. Zur Zeit ihrer Ankunft in Griechenland sprach sie fließend Französisch und Italienisch, nicht so perfekt Englisch und Spanisch. Geboren wurde sie in Paris während eines Forschungsaufenthalts ihres Vaters. Jakob Grimm war damals dabei. Viele wichtige Personen des öffentlichen Lebens lernte sie dann später im Haus des Vaters, einem gesellschaftlichen Knoten Berlins, persönlich kennen. Dazu gehörten zum Beispiel die Brüder Humboldt, die Literaten Tieck und Eichendorff, die Militärs Clausewitz und Gneisenau, der Architekt Schinkel und der Historiker Ranke. Besonders zu erwähnen ist Bettinas Tante Bettina von Arnim, geborene Brentano, eine der wenigen profilierten Frauen im männlich dominierten literarischen Leben Deutschlands. Von ihr hatte sie den Namen und wohl auch die Idee, ihr Leben in Griechenland brieflich genau zu dokumentieren.

Bettina Schinas. Ölgemälde von Karl Wilhelm Wach, 1834

Schinas Familie gehörte zum Kern der Phanarioten in Konstantinopel. Im weiteren Sinn wurden alle griechischen Einwohner der osmanischen Hauptstadt so genannt, nach dem Griechenviertel Phanar. Im engeren Sinn handelte es sich aber um die Angehörigen einiger weniger privilegierter Familien im Dienste des Sultans, meist als Diplomaten, oft aber auch in höchsten Staatsämtern. Die Privilegierung bestand vor allem durch die Vergabe der Verwaltung der Donaufürstentümer Walachei und Moldawien. Daher rührten der

Reichtum und die Adelsprädikate Fürst oder Prinz, die sie oft führten. Schinas war mit den bedeutendsten Familien verwandt, den Ypsilanti, Soutzo, Mavrokordatos und anderen mehr. Auch seine hohe, im Ausland erworbene Bildung und seine polyglotte Weltläufigkeit weisen Schinas als typischen Phanarioten aus. Er sprach neben Griechisch und Türkisch, seinen Muttersprachen, auch Deutsch und Französisch perfekt in Wort und Schrift.

Der Inhalt der Briefe bestätigt viele der von den Soldaten geschilderten Umstände, die man sonst vielleicht als Übertreibungen angesehen hätte. Darunter fallen die schwierigen Wohnverhältnisse in Nafplion: Sogar in teuren herrschaftlichen Wohnungen regnete es durch, die Straßen waren bei schlechtem Wetter kaum passierbar und die Wanzen- und Läuseplage war kaum auszuhalten. Bettina schilderte mehrmals auch das ungesunde Klima mit seiner Feuchtigkeit und Kälte in den Wintermonaten. Ständig waren deshalb Bekannte krank, teils schwer und chronisch. Beeindruckt war sie von der Einfachheit der Lebensverhältnisse selbst in höchsten Kreisen. Die Wohnung des von ihr besuchten Maniotenfürsten Petros Mavromichalis unterschied sich in ihrer einfachen Art kaum von der des Popen, bei dem H. v. P. wohnte. Auch die Spannungen zwischen den bayerischen Beamten und der griechischen Bevölkerung registrierte sie. Mehrmals brachte sie ausführliche Beispiele von Opfern der bayerischen Bürokratie. Grundsätzlich sind das alles Beobachtungen, die wenig Neues zum bisherigen Bild beitragen und auf die deshalb auch nicht näher eingegangen werden muss.

Bedeutsam sind dagegen einige Aspekte, die bisher keine Berücksichtigung finden konnten: Bettina war zwar keine geborene Griechin, aber durch ihre Einheirat sofort und intensiv in den griechischen Teil der Gesellschaft integriert. Obwohl sie noch keine Kinder hatte, war sie verantwortlich für einen Haushalt von fünf Personen. Schinas scheint charmant und liebenswürdig zu seiner Frau gewesen zu sein. Eine Hilfe bei der Bewältigung des täglichen Lebens konnte er nicht sein. Er war offensichtlich voll damit beschäftigt, wieder eine angemessene Anstellung zu finden. Bis dahin lebte der Haushalt von Bettinas Tüchtigkeit und Geld. Ihre allgemeine Lebenslage teilte sie damit mit den meisten Griechen im Ort. Sie beschrieb das ihren Eltern so:

> *Menschen = Mangel, u. Ueberfluß. Was ich hier sage, ist meine Meinung, hervorgegangen aus d. Empfindung, die sich hier unwillkürlich, wenig Tage nach meinem Hiersein, empfieng. Ein wunderbares Mißverhältniß zwischen (wie sie Brisbane nannte) hommes travailleurs u.h. oisifs. [...] Leute, die reich, wohlhabend, waren, aus besseren Familien, haben Alles verloren, sie sind gebildet, haben auch Studien gemacht u.s.w. sie verlan-*

gen nach Stellen (fähig sie zu bekleiden) um leben zu können; [...] Der Stellen sind zu wenige um Alle befriedigen zu können, der Staat viel zu klein, das Volk viel zu wenig zahlreich um so viele Lenker je zu bedürfen. Wer keine Stelle hat, ist unzufrieden [...] Kann man sich wundern bei dieser Lage der Dinge, wenn Anstellung von Ausländern u.dgl. mehr, wehe thut?[57]

Bettina hat also schon wenige Tage nach ihrer Ankunft intuitiv das Lebensgefühl vieler, wenn nicht der meisten Griechen der Hauptstadt getroffen. Es herrschten Unsicherheit, Pessimismus, Konkurrenz um die wenigen Stellen und Neid auf die, die eine besaßen, vor allem dann, wenn sie Ausländer waren. Ihr war offensichtlich auch klar, dass ihr Mann zur Gruppe der Oisifs gehörte, den unfreiwillig inaktiven Müßiggängern. Vor allem so ist ihre unverhohlene Sympathie und Anteilnahme mit den Verlierern zu verstehen.

Die verwöhnte Tochter aus bester Berliner Familie fand sich also in der Fremde in einer wenig beneidenswerten Situation wieder. Der Zuschnitt ihrer

Agios Georgos. Zeichnung von Leopold von Klenze, 1834

vorgesehenen Lebensführung war eher großbürgerlich, wie sie es gewohnt war. Bettina kam mit Personal, ihrer Kammerjungfer Christiane und dem Burschen Stephane. Eine Köchin sollte vor Ort angestellt werden. Schinas hatte schon eine geräumige und möblierte Wohnung angemietet. Das Haus lag genau gegenüber der Kathedrale Agios Georgos.

Die Bewohner hatten einen freien Blick auf die Kathedrale und die Festung Palamidi. Kathedrale war ein hochtrabender Ausdruck für diese Kirche, die, wie Bettina fand, eher aussah wie ein gewöhnliches Haus mit einer Colonade im unteren Stock. Und doch war diese eher bescheiden wirkende Kirche Bischofssitz und Ort aller offiziellen kirchlichen Feiern. Hier fand auch der erste feierliche Gottesdienst zur Begrüßung König Ottos statt. Bei einem Blick aus dem Fenster konnte Bettina der langen und wechselvollen Geschichte der Stadt begegnen. Klenze hat die Kirche in seiner Zeichnung genau in dem Zustand festgehalten, den auch Bettina antraf. Ein neu gebauter Kampanile verdeckte ein nur halb abgerissenes Minarett. Die Kirche war bis vor Kurzem noch eine

Agios Georgos heute

Moschee. Aber als solche wurde sie nicht gebaut, denn sie stammt aus der ersten venezianischen Zeit gegen Anfang des 16. Jahrhunderts. Obwohl im byzantinischen Stil errichtet, war sie für katholische Gottesdienste bestimmt. Die Funktion der Kirche wechselte dann mit den jeweiligen Beherrschern[58] der Stadt: In der ersten Venetokratie war sie katholisch, in der ersten Turkokratie wahrscheinlich orthodox, dann wieder katholisch, in der zweiten Turkokratie islamisch und seit der Unabhängigkeit wieder orthodox. Jede Veränderung der Funktion hat auch ihre Spuren im Äußeren und Inneren hinterlassen. Bettina war vor allem fasziniert davon, dass der Innenraum »bis auf d. geringsten Fleck«[59] ausgemalt war und der Maler das im Jahr 1823 in nur zehn Tagen geschafft haben soll.

Man merkt an dieser Beschreibung, dass Bettinas Stärke nicht in der Beurteilung von Kunstwerken lag. So etwas wäre in Nafplion auch nicht nötig gewesen. Es gibt dort aus keiner Zeit Kunstwerke von Rang. Es interessierte sie auch wenig.

Ihre Aufmerksamkeit gehörte vor allem den Personen des öffentlichen Lebens, besonders dann, wenn sie ihnen selbst begegnete. Ein zweiter Schwerpunkt betraf alles, was ihr zur Bewältigung ihres Lebens notwendig und an ihre Eltern weitergebenswert erschien. Dabei beschränkte sie sich nicht auf Bereiche, die gemeinhin dem weiblichen oder hausfraulichen Rollenklischee zuzuordnen sind: Mode, Schmuck, Kleidung, Möbel und Lebensmittelpreise. Sie dachte auch über den Nutzen von Türschwellen, die aktuellen Zinssätze oder die Vorzüge von schwedischem Bauholz nach. Bettina entsprach kaum dem Bild der höheren, behüteten Tochter, zumindest nicht in ihrer Zeit in Griechenland. Vielmehr waren wesentliche Charakterzüge ihre Vielseitigkeit, praktische Veranlagung und zupackende Art. Das zeigte sich vor allem bei ihrem dringendsten Problem, der Beschaffung von Geld.

Währung und Post

Grundsätzlich bestanden dabei keine wirklich ernsthaften Probleme. Die Eltern hatten Bettina bei ihrer Hochzeit in Ancona ein Deputat von 16000 Talern zukommen lassen. Das war ein Kreditrahmen, über den Bettina zinslos verfügen konnte. Auch jeglicher Nutzen aus der Summe stand Bettina zu. Formal blieb aber Carl von Savigny Besitzer. 1000 Scudi hatte sie vor ihrer Abreise schon erhalten. Ein erheblicher Teil der Korrespondenz mit ihren Eltern bezog sich auf die Abwicklung des Transfers. Wie viel waren die 1000 Scudis wert? Das war wichtig, um den Rest der Summe feststellen zu können. Wie konnte dieser Rest nach Nafplion kommen? Wie sollte er verwendet werden?

Das liest sich dann so:

> *Ihr seht, dass ich von einem Tag zum andern nicht berechnen kann wie ich das Geld beziehe. Irre ich nicht, so betragen die 16,000 Thr in Guld. (24 GF) 28,000. In 20 GF. 23.333 2/6. Die Baiern berechnen d. leichten G. wenn sie ihn sich bezahlen lassen mit 2 Dr. 40 L. Im Tarif ist er nicht angegeben, im Handel bekömmt* [man] *nur 33 L. sein eigentlicher Werth im Verhältniß zum schweren Gulden berechnet, ist 2 Dr 38 92 1/2/100 L. Der schwere Gulden: nach d. Tarif berechnet, (wo d. Zwanziger nach d. Conventionsfuß 95 57/100 L.gilt) beträgt genau 2 Dr. 86 71/100 L. Wird er in 3 Zwanzigerstücken bezahlt so gilt er in hiesiger Berechnung nur 2 Dr. 85 L. Im Conventionsthaler bezahlt, rechnet man ihn 2 Dr. 89 L. wie man ihn auch in Rechnungen an d. Regentschaftskasse auszahlen muß, u. wie ich ihn vielleicht durch Greiner berechnet bekomme. In Ancona habe ich erhalten 1000 Scudi, nachdem ich diese Summe nach hiesigem Tarif zu 5 Dr. 97 18/100 L. zu Dr. gemacht, habe ich erhalten 5971,80. Diese mit 285 zu schweren Guld: gemacht 2095 105/285. Diese zu leichten G. 2514 2/5 (dieser Bruch wird nicht ganz richtig sein) Daraus preuß. Thr. 1436 5/7 (auch hier ist d. Bruch vielleicht ein wenig anders. Im Tarif steht unser preuß. Thr. nicht, genau wußte ich nicht wie er zum Scudi steht, habe also so gerechnet um zu sehen wieviel ich bezogen habe. Mein Väterchen wird aus dieser Rechnung sehen, daß ich mir gern Mühe geben will mit Geld rechnen zu lernen.*[60]

Ergebnis der umständlichen und heute kaum nachvollziehbaren Rechnerei war, dass die 1000 Scudis ungefähr 1500 preußischen Talern entsprachen, ihr also noch 14 500 Taler blieben.

Hier geht es weniger um dieses Ergebnis, so wichtig es für Bettina auch war. Bei dieser Berechnung, die wahrlich buchhalterische Fähigkeiten verlangte, wird klar, wie sehr sie sich in solchen praktischen Angelegenheiten engagierte und wie tüchtig sie darin war. Es zeigt sich aber auch, wie kompliziert der praktische Umgang mit Vermögen zu dieser Zeit noch war. Dies betrifft übrigens alle, von den einfachen Leuten bis zur Regierung. Ausgenommen waren nur die, die mit Geldgeschäften nichts zu tun hatten, weil sie keines besaßen.

Einfacher war es auch für die Griechen selbst, wenn sie sich geschäftlich ausschließlich innerhalb ihrer Währung bewegten. Bei dem internationalen Publikum in Nafplion dürften das aber nicht allzu viele gewesen sein.

Der Währungswirrwarr, mit dem Bettina kämpfte, hatte seine Gründe natürlich auch in ihrer persönlichen Situation: Sie war eine Preussin, dort galt der Taler (Thr). Das Vermögen wurde ihr in Italien ausgehändigt, also in Scudis. In Nafplion galt schon die neue griechische Währung, Drachmen (Dr) zu 100 Lepta (L). Da Verwaltung und Wirtschaft stark bayerisch geprägt waren, spielte der Gulden (G), die in Bayern gültige Währung, eine besondere Rolle. Die komplizierten Spezifizierungen, wie leichte Gulden, Conventionsfuß u. Ä., haben ihre Ursache in dem Umstand, dass sich der Münzwert und der Materialwert in Feinsilber nicht unterschieden. Da auch ältere Münzen im Umlauf und akzeptiert waren, führte das zu einer Vielzahl von Münzen.

Der Transfer des Geldes war noch komplizierter. Ein direkter Transport kam aus praktischen und Sicherheitsgründen nicht in Betracht. 100 Taler wogen immerhin 1,6 Kilogramm. Für den Transport ihrer Kiste mit Silberzeug hatte sie mehr als 150 Taler für Transport und Assekuranz zu zahlen. Bettina löste das Problem durch ein Netz von Kontakten. Sie und ihr Vater bauten bei Bankiers in Triest, in Paris und in München Konten auf, über die

Schmuck aus Silberdrachmen mit dem Bild König Ottos. König-Otto-Museum Ottobrunn

sie durch briefliche Anweisungen oder Wechsel Geld transferieren konnten. Da das mit erheblichen Kosten verbunden war, versuchte Bettina auf anderen und sichereren Wegen an Teilsummen zu gelangen. Dies waren Kontakte zu offiziellen Beamten und diplomatischen Vertretern. Der in dem Brief erwähnte Greiner war das für Finanzen und Verwaltung zuständige Mitglied der Regentschaft. Der schwedische Geschäftsträger Heidenstamm half ihr in der Art eines Finanzberaters mit seinen Verbindungen. Das taten auch der bayerische Geschäftsträger Gasser und der französische Resident Rouen zum Beispiel dadurch, dass sie Bettinas Briefe durch ihre Diplomatenpost besorgen ließen.

Die Postverbindungen waren nicht weniger schwierig als die Bankverbindungen, die ja im Wesentlichen ohne die Post nicht möglich waren.

Ein Brief nach Berlin dauerte meist einen Monat, wenn nicht länger. Auch das war nur möglich, wenn die Absendung genau auf das österreichische Postboot von Triest nach Patras abgestimmt war. Dieses fuhr von Triest jeden 1. und 15. des Monats ab. Dazu kamen noch die berittene Post nach Patras und die Organisation der Weiterleitung ab Triest. Bettina begann deshalb jeden Brief mit einem Verzeichnis der bisher geschriebenen und durchnummerierten Briefe samt Angaben zu Zeit und Postweg. Das war nötig, weil ein Brief stecken bleiben oder einer den anderen überholen konnte. Die direkt besorgte Diplomatenpost kam schneller und sicherer ans Ziel, selbst wenn die durch Rouen besorgten Briefe den Umweg über Toulouse und Paris nahmen. Außerdem war dabei die Vertraulichkeit besser gewahrt als bei der normalen Post. So wurden die in Ancona oder Triest ankommenden Briefe aus Gründen der Seuchenprophylaxe geräuchert, was ein Öffnen bedingte. Außerdem zählten in diesen Jahren des restriktiven Polizeistaats in den Ländern des Deutschen Bundes die bürgerlichen Freiheitsrechte wenig. Aus Mühlbauers Briefen an seine Eltern ist zu entnehmen, dass die Soldaten mit der Überwachung ihrer Post aus Griechenland rechneten. Das tat auch Bettina. Denn in dem mit französischer Diplomatenpost beförderten Brief Nr. 5 vom 1. Dezember 1834 betont sie ausdrücklich: »Dieser Brief wird nicht gelesen als nur von Euch, deshalb schreibe ich so offen.«[61]

Wohnen und Einkaufen in Nafplion

Im Vergleich zum äußerst umständlichen Umgang mit Geld oder der Aufrechterhaltung der Kommunikation mit der Heimat war das alltägliche Besorgen des Haushalts für Bettina offensichtlich weniger schwierig. Sie berichtete ihrer Familie in Berlin eher aus der Sicht einer Touristin. Das Angebot ähnelte dem aus Berlin gewohnten. Es gab alles in ordentlicher Qualität oder es konnte zumindest kurzfristig besorgt werden. Echte Engpässe bestanden nur bei Möbeln. Sie wunderte sich aber über das hohe Preisniveau in Nafplion. Das meiste schien ihr teurer als in Berlin. Sie schob es auf die Verlegung der Hauptstadt. Die vier Monate, in denen sie in der Stadt lebte, waren ja gerade die Monate des Umzugs eines erheblichen Teils der Einwohnerschaft nach Athen. Sie und ihr Mann gehörten dazu.

Es muss betont werden, dass das Haus Schinas einen großbürgerlichen bzw. adligen Lebensstil pflegte. Beide Eheleute waren von Kind auf daran gewöhnt und führten ihn weiter. Die Familie bewohnte eine eigene geräumige Etage, die genügend Platz für das Ehepaar, die drei Bediensteten und einen Neffen bot. Schinas selbst führte als ehemaliger Minister ein offenes Haus. Ein Verzeichnis von repräsentativen Haushaltsgegenständen lässt ahnen, wie es zuging. Unter anderem sind aufgezählt: ein komplettes Silberbesteck für 24 Personen, alle Teile mit dem Wappen von Savigny gezeichnet, ein weiteres Silberbesteck für 12 Personen, ein vergoldetes Teeservice, silberne Leuchter und Kuchenkörbe u. v. a. m. Gleich zu Beginn ihres Aufenthalts besorgte Bettina ein Dutzend französischer Stühle für ihre Gäste.

Bei den Ausgaben für diesen Haushalt kann deshalb keinesfalls auf griechische Normalverhältnisse rückgeschlossen werden, auch nicht auf die der meisten in Nafplion lebenden bayerischen Soldaten und Beamten.

Überhaupt fällt es schwer bei numerischen Angaben über Preise, dies nachvollziehbar einzuschätzen. Völlig ungeeignet wäre eine einfache Umrechnung auf der Grundlage des Silberwerts. Bei dem heutigen Preis von etwa 500 Euro für ein Kilogramm Silber wäre eine Drachme 1,6 Euro wert. Es gab aber viele und oft vehemente Veränderungen. Silber ist heute relativ preiswert. Auch haben sich viele Relationen deutlich verschoben: Ein Beispiel aus Bettinas Einkaufsliste ist das Preisverhältnis zwischen Tee und Kaffee. Ein Pfund Kaffee kostete eine Drachme, ein Pfund Tee aber zehn. Heute ist dagegen gewöhnlicher Tee gerade einmal doppelt so teuer als Kaffee. Dienstleistungen durch einfaches Personal waren im Vergleich zu heute sehr preisgünstig: Bettinas deutsche Kammerjungfer Christiane erhielt für drei Monate Dienst gerade einmal 28 Dr. Transportleistungen und Wohnungsmieten, zumindest in Nafplion, waren dagegen extrem teuer. Für die monatliche Miete der Wohnung der Schinas am Georgsplatz hätte Christiane eineinhalb Jahre arbeiten müssen.

Vergleiche dieser Art erscheinen sinnvoller als eine rein theoretische Umrechnung.

Zuerst eine Liste von Beispielen verschiedener Monatseinkommen[63] in Drachmen:

Oberstleutnant, Bataillonskommandeur	1250
Bataillonsarzt	375
Unterleutnant	300
Richter	200
Gerichtspräsident	300
Tagelöhner, 20 Arbeitstage à 10 Stunden	60
Hausdiener mit Kost und Logis	15
Kammerjungfer mit Kost, Logis, Weihnachtszulage	9

Einzelne Preise, in Drachmen[64]	
ein Huhn	1
ein Pfund Kaffee	1
ein Pfund Zucker	0,60
ein Pfund Tee	10
10 Eier	1
ein Liter Milch	1
Wasser für 5 Personen pro Tag	0,25
Kohlen für 5 Personen pro Tag	0,50
Brot für 5 Personen pro Tag	1,20
Wohnung gehoben (6 Zimmer) pro Monat	150
Wohnung einfach (3 kleine Zimmer) pro Monat	30

Ausgewählte andere Preise[65]	
englisches Speiseservice für 12 Personen	160
Reise über Patras nach Nafplion, 3 Personen	320
Ofen	120
12 Stühle, französisch, geflochten	96
gebrauchte Möbel: Sofa, Stühle, 2 Schränke	153

Bettina machte im Februar 1835, noch vor ihrem Umzug nach Athen, einen Kassensturz, um die Kosten ihrer Lebenshaltung der vergangenen drei Monate in Nafplion festzustellen. Nach Abzug der nur einmal anfallenden Kosten für die Anreise, die Möblierung und Ausstattung des Haushalts musste sie feststellen, dass sie für die laufenden monatlichen Ausgaben etwa 500 Drachmen benötigte.

Es war so viel, wie ihr Schwager, der Richter Stephan Mavrokordatos, und sein Gerichtspräsident zusammen verdienten. Das zeigt nicht nur die privilegierte Stellung Bettinas, es verweist auch auf die Unterprivilegierung der griechischen Beamten im Vergleich zu den bayrischen Soldaten. Denn schon ein Unterleutnant, der in der Offiziersrangliste die unterste Position einnahm, verdiente so viel wie ein Gerichtspräsident. Solche Positionen waren im bayerisch beherrschten Beamtenapparat für Griechen aber kaum zu erreichen. Es ist also kein Wunder, wenn Mavrokordatos mit seinem Gehalt kaum zurechtkam und seinen jüngsten Sohn bei Schinas einziehen ließ. Sein eigener Haushalt konnte den zusätzlichen Esser nicht verkraften. Trotzdem stand er sich im Vergleich zu den meisten Einheimischen in Nafplion nicht schlecht. Immerhin konnte er sich einen Diener leisten. Der bekam im Monat nur 15 Drachmen und besorgte dafür den gesamten Haushalt. Als Hausangestellter hatte er freie Kost und Logis, ebenso wie Kammerjungfer Christiane bei den Schinas. Bei den angeführten Preisen für Lebensmittel und Wohnungen wäre bei diesen Vergütungen für Hausangestellte ein Leben sonst gar nicht möglich gewesen. Und doch mussten Arbeiter und Tagelöhner, die sicher meist auch Frauen und Kinder zu versorgen hatten, ihr Leben einrichten. Das angeführte Einkommen basiert auf einem Taglohn von 3 Dr bei 20 Arbeitstagen im Monat. Das ist eine sehr optimistische Rechnung und setzt eine durchgehende Beschäftigung voraus. Bei einem zehnstündigen Arbeitstag ergibt das einen Stundenlohn von 0,30 Dr. Für ein Huhn musste der Arbeiter also drei Stunden arbeiten, für einen Liter Milch auch drei Stunden und für das Brot der Familie vier Stunden. Damit wäre der Tageslohn schon ausgegeben gewesen. Selbstverständlich war ein Leben so nicht möglich. Nun wird nachvollziehbar, dass die griechische Lebensart der einfachen Leute, wie sie die Soldaten zutreffend beobachteten, aus der Not geboren war: einfachste Wohnverhältnisse, Fleisch nur zu besonderen Gelegenheiten, als Getränk Wasser und als Hauptnahrungsmittel Brot, Oliven, Zwiebel, und andere einfache Produkte.

Am Rande des Abgrunds

Angesichts der Vermögensverhältnisse, in denen sich Bettina befand, von prekären Verhältnissen zu sprechen, erscheint auf den ersten Blick befremdlich. Denn die großzügige Dotation ihrer Eltern garantierte auf absehbare Zeit ein sicheres Leben und widrigenfalls konnte die Tochter auf den Rückhalt ihrer Familie in Deutschland rechnen.

Aber ihr Mann war beschäftigungslos und sollte es auch für lange Zeit bleiben. Denn alle Hoffnungen auf eine neue Anstellung in Athen nach der Volljährigkeit des Königs im kommenden Juni erwiesen sich als wenig realistisch. Erschwerend kam der beschriebene großbürgerliche Zuschnitt des Haushalts hinzu, der auch die beträchtliche Summe von 72 500 Drachmen, die aus der Dotation noch zur Verfügung stand, nicht unerschöpflich erscheinen ließ.

> *Als Trost für das Zusammenschmelzen der Geldmittel, sagen sich viele Leute, »bis zum Juny kommen wir noch aus«. Bei dem Gedanken an die Zeit die dann folgt schwindelt man, als stehe man hart am Rande eines großen Abgrundes, unvermögend zurückzugehen, u. ohne Hülfsmittel ihn zu überschreiten. Das Vertrauen auf Gott darf man nicht fallen lassen.*[66]

In einem anderen Brief, der nur für ihre Eltern bestimmt war und von dem auch Schinas nichts wissen sollte, schüttete sie ihr Herz aus und bekannte, wie sehr sie mit der Lage ihres Manns unzufrieden war:

> *Als sich mein Schicksal entschied stand Alles anders. S. stand vor Andern ausgezeichnet da, genoß Ansehen, war unabhängig. Daß mir auch dies wohl that war natürlich, aber es war nicht auf die rechte Art. Daß er Nichts einnimmt, quält mich. Daß er keine Stelle hat kränkt mich.*

Sie sprach von der »Nullität unserer äußeren Lage«[67] und gab damit zu, dass der schlechte Gesamtzustand des Staates auch ihr eigener, privater war. Solche offenen Bekenntnisse und emotionalen Tiefpunkte waren in der Korrespondenz die Ausnahme. Sie zeigen aber die Berechtigung, die Situation des jungen Paares als prekär zu beschreiben.

Insgesamt blieb Bettina während ihrer Zeit in Nafplion stabil und machte sich mit Realitätssinn, Tatkraft und praktischer Geschicklichkeit an die Aufgabe, ihrem und ihres Mannes Leben eine langfristige, sichere materielle Grundlage zu geben. Auf die Hoffnung einer Stelle für ihren Mann wollte sie dabei nicht mehr bauen.

Den Weg dahin hatte sie bei der Bewältigung der Aufgaben der ersten Monate ihres Aufenthalts eher zufällig gefunden. Ihr war aufgefallen, wie schwer die Beschaffung von Geld war und wie hoch deshalb die Zinsen ausfielen. 15 bis 25 % für einfache Wechselgeschäfte waren üblich. Es wurden bis zu 48 % bezahlt. Auch hatte sie, eher aus Verlegenheit, mehr als die Hälfte der in Ancona erhaltenen 4000 Scudi in Wechseln verliehen und die Erfahrung gemacht, dass diese Wechsel nach wenigen Monaten mit Gewinn von 12 bis 18 % ohne Probleme zurückflossen.

Eine zweite Erfahrung der allerersten Zeit war, wie überteuert die Mieten in Nafplion waren. Das musste sie bei ihrer eigenen Wohnung erleben. Die Regierung zahlte für an sie abgetretene Häuser einen Satz von 15 % Jahresmiete auf den Gesamtwert des Hauses. Damit hätte sich das Kapital neu gebauter Häuser in nur sechs bis sieben Jahren durch die Miete amortisiert. Sie hörte von

Fällen im privaten Bereich, in denen das Kapital für ein Haus schon nach drei Jahren wieder hereingekommen war. Heute beträgt diese Rate in Deutschland ein Vierteljahrhundert. Es war zu vermuten, dass sich dieser Zustand nach der übereilten Verlegung der Regierung nach Athen wiederholen oder sogar noch verstärken würde, da dort nicht genügend brauchbare Wohnungen vorhanden waren. Auf diese beiden Säulen wollte Bettina die zukünftige finanzielle Sicherung ihrer Familie stellen.

Nach dem Kassensturz zu Anfang 1835 fasste sie einen Plan, den sie genau durchrechnete und ihren Eltern mitteilte. Ihr Vater sollte den Plan billigen und den ganzen Rest der Dotation im Wert von noch 72 000 Dr transferieren. Dafür wollte Bettina Grundstücke in Athen und Piräus erwerben; in Athen für ein Haus, in Piräus für ein Magazin, also ein Lager- oder Wirtschaftsgebäude. Falls Schinas weiterhin keine Anstellung fand, konnten der größere Teil des Hauses und das Magazin vermietet werden. Das sollte jährlich mindestens 3000 Dr bringen. Für den Grund und den Bau beider Häuser berechnete Bettina 28 000 Dr. Der Rest des Kapitals sollte auf sichere Art verliehen werden, zu einem Zinssatz nicht unter 18 %.

Wenn das alles so lief, wie es sich Bettina vorstellte, konnte mit jährlichen Einnahmen von ungefähr 10 000 Dr gerechnet werden. Das würde für den bisherigen Lebensstil reichen, ohne das Kapital in seiner Substanz anzugreifen.

Noch vor dem Umzug, den das Ehepaar Anfang April 1835 durchführte, stürzte sich Bettina in die Umsetzung ihres Plans. Sie reiste nach Athen und besichtigte Baugrundstücke, geführt und beraten vom schon in Athen wohnenden Heideck. Zusammen mit ihrem Finanzmentor Heidenstamm beteiligte sie sich an einer großen Bestellung von Baumaterial aus Schweden. Es ging vor allem um Holz, Metallteile und Dachpappe. Diese Güter waren rar und in Griechenland nicht in guter Qualität zu haben. Die Bestellung war sehr umfangreich und die Finanzierung erforderte wieder Bettinas ganzes Geschick. Sie wollte nicht nur für ihre eigenen Bauvorhaben günstig einkaufen, sondern auch durch Weiterverkauf verdienen. Unter anderem ging es um 15 Türen, 36 Fenster, 380 Balken, 360 Bretter und 8000 Nägel.[68] Das übertraf bei Weitem ihren eigenen Bedarf. Der Überschuss sollte sich bei dem zu erwartenden Bauboom in Athen vorteilhaft veräußern lassen. Bis zum Ende der Bauphase wollte sich die Familie billig und provisorisch einmieten.

Warum dieser Schwung nach dem Umzug sehr schnell erlahmte, lässt sich nicht voll erklären. Bettina zögerte den Grundstückskauf hinaus und fasste plötzlich ernsthaft den Kauf eines bestehenden Hauses ins Auge. Sie stellte auch den Verbleib in Athen infrage und erwog, wieder nach Nafplion zurückzuziehen.

Es sind besonders zwei Motive für diesen Sinneswandel verantwortlich: Insgeheim, aber auch offen in einem Brief an seinen Schwiegervater hatte Schinas für die Zeit nach der Thronbesteigung König Ottos im Juni 1835 einen politischen Wandel erwartet, der ihn wieder in Amt und Würden bringen sollte. Das Gegenteil war der Fall: Sein alter Gegner, der Regentschaftspräsident Armansperg, blieb und bekam sogar die alleinige Macht. Schinas' politische Freunde und Förderer, die bisherigen Mitregenten Heideck und Greiner, gingen nach München zurück, Kolettis wurde nach Paris abgeschoben. Damit war der Hauptgrund seiner Anwesenheit in Athen, das eifrige Antichambrieren, entfallen. Es folgte eine große Ernüchterung und Leere.

Bettina traf dies doppelt. Denn die Regenten Heideck und Greiner sowie der Innenminister Kolettis waren nicht nur Sympathisanten ihres Manns gewesen. Sie gehörten zum Kern ihres Bekanntenkreises. Der charmante Kolettis bemühte sich sichtlich um sie, Heideck nahm die Rolle des väterlichen Freundes ein und Greiner half bei vielen praktischen Fragen, vor allem dem Geldtransfer. Mit dem Abgang dieser Freunde fühlte sich Bettina immer mehr gesellschaftlich isoliert. Die Klärung der machtpolitischen Frage zugunsten Armanspergs führte zu Reaktionen auch im privaten Bereich. Von der im Gesellschaftsleben tonangebenden Frau Armanspergs fühlte sie sich geschnitten.

Auch die Lage der neuen Wohnung trug zu dieser Isolierung bei. Die Schinas mussten entgegen ihren ursprünglichen Plänen ein unbequemes Haus auf halbem Weg zwischen Piräus und Athen mieten. Es kam noch dazu sehr teuer und lag in einer ungesunden, sumpfigen Gegend.

In Nafplion hatte ein enger Kontakt zu der angeheirateten Verwandtschaft bestanden. Bettina war bei ihren beiden Schwägerinnen Katharina Soutzo und Eleni Mavrokordatos sehr herzlich behandelt worden. Man sah sich täglich und pflegte auch den Kontakt zu der umfangreichen Phanariotenkolonie in Nafplion. Sie fühlte sich gut aufgehoben und schon fast als Griechin. All das fiel für Bettina in Athen nun weg.

Die Stimmung bei Schinas und bei Bettina war im Juni auf dem Tiefpunkt. Schinas selbst kränkelte dauernd. Es ist bezeichnend, dass die junge Frau im Juni ihr Testament schrieb.

Ob das Paar in einer Art Flucht nach Nafplion zurückgehen würde, sich fangen und die Baupläne in Athen weiterverfolgen oder gar nach Berlin zurückkehren, blieb offen. Denn den Epidemien des mörderischen Sommers 1835, die mehr als die Hälfte der Athener Bevölkerung krank machten, fiel auch Bettina zum Opfer. Sie starb nach einem Monat Leiden an einer fieberhaften Infektion am 24. August. Die Eltern erfuhren davon erst, als alles vorbei war. Schinas blieb in Athen.

Anmerkungen

1 Raff 2014, dort auch »Quellen zu Löwendenkmal von Nauplia-Pronia«, S. 52ff.
2 Seidl 1981, S. 257.
3 Bericht der »Leipziger Illustrierten Zeitung« desselben Jahres (www.moesslang.net/nauplia_griechenland_kriegerdenkmal.htm).
4 Marita Krauss, Das Ende des Traums – bayerisches Flüchtlingselend in Griechenland, in: Die erträumte Nation 1993, S. 183–190.
5 Peter von Hess, Einzug König Ottos von Griechenland in Nauplia, Umschlaginnenseiten.
6 Liste der Transporte von Freiwilligen nach Griechenland bei Schmaltz 1911, S. 222. Es erfolgten sieben Transporte. Die ersten 438 Mann trafen im März 1833, die letzten 1682 im Mai 1835 ein. Von den insgesamt 5410 geworbenen Soldaten waren 3545 geborene Bayern.
7 Seidl 1981, S. 228f.
8 Ein wichtiger Grund für die Weigerung der Palikaren, sich in die Linienbataillone des griechischen Heers aufnehmen zu lassen, war eher mentalitätsbedingt: Die Palikaren wollten keinesfalls ihre Säbel gegen Bajonette und ihre Fustanella gegen den Uniformrock tauschen. Unterschwellig ist hier wohl ein Kulturkampf um die Ausrichtung des künftigen Staats und seiner Gesellschaft verborgen: Modernisierung mit westlicher Ausrichtung oder Beibehaltung der vorhandenen Traditionen.
9 Pückler-Muskau 1968, S. 224f. Die Bezeichnung Pücklers »in den Farben Baierns« ist missverständlich. Denn die weiß-blauen Farben Bayerns haben mit dem Weiß-Blau Griechenlands nichts zu tun. Schon lange vor der Einsetzung Ottos war eine weiß-blaue Fahne mit Kreuz die Fahne des Aufstands gegen die Türken und wurde in der Verfassung als Nationalfahne festgelegt.
10 Der Uhrturm wurde unter Kapodistrias gebaut. Es gab im damaligen Griechenland nur zwei solche öffentlichen Uhren. Der Einbau des Uhrwerks erfolgte erst nach seinem Tod auf bayerische Initiative durch einen Mechaniker mit Namen Hitler. Der jetzige Turm ist eine Replik aus dem Jahr 1948. Denn die abziehenden deutschen Truppen sprengten den Turm 1944. Siehe Antonakatou 1988, S. 89.
11 Schmaltz 1911, S. 224, Anhang 5.
12 Schmaltz 1911, S. 180f.
13 Leider ist gerade die Schilderung des Manövers in der Pückler-Ausgabe von 1968 nicht enthalten. Siehe dazu die Originalausgabe.
14 Schmaltz 1911, S. 221 Anlage 1, Auszug aus dem Werbevertrag, S. 223 Anlage 4, Besoldungslisten und S. 230 Anlage 9, Biografische Daten der in der griechischen Armee dienenden bayerischen Offiziere. Eine Überprüfung bestätigt die Angaben Pücklers über Schmaltz, Lüder, Hütz und Strunz. Sie waren mit den angegebenen Rängen in Nafplion eingesetzt. Offensichtlich wirkten sich die Jahre in Griechenland karrierefördernd aus bzw. schadeten der Karriere zumindest nicht. Alle hatten später in Bayern hohe und höchste Ränge. Lüder zum Beispiel brachte es in Bayern zum Generalleutnant und Kriegsminister.
15 Einen guten Überblick liefert Koukouraki 2009.
16 Im Ausstellungskatalog des Bayerischen Hauptstaatsarchivs 1993, Die erträumte

Nation, sind im Artikel von Reinhard Heydenreuter S. 113 bis 166 alle erhaltenen 102 Aquarelle Köllnbergers wiedergegeben.

17 Schaden 1833, S. 70f.

18 Krammer 1975, S. 34.

19 Vergleiche auf dem historischen Stadtplan von 1834 vor allem den nordwestlichen Teil der Stadt.

20 Schmaltz 1911, S. 173

21 H.v.P. 1842, S. 37f.

22 Der Name beinhaltet anscheinend ein Paradox, bezeichnet Hadji doch einen Muslim, der den Ehrennamen eines Mekkapilgers trägt. Der Namensteil Christos hat aber keinen christlichen Bezug. Christos ist bis heute ein üblicher griechischer Vorname, wird aber nach dem griechischen Alphabet mit Eta geschrieben und kann ungefähr mit »der Brauchbare« übersetzt werden. Außerdem existierte in Bulgarien wie in Teilen von Griechenland der Brauch, dass Christen nach einer Pilgerreise nach Jerusalem ihren Namen durch Hadji ergänzten. Episoden mit persönlich durch Hadji Christos durchgeführten Hinrichtungen sind mehrfach und mit Variationen verbürgt, am krudesten bei Neezer 2003, S. 158ff: Nach ihm ließ der Oberst den Kopf des Hingerichteten einsalzen und in einer Schafshaut eingenäht dem König als Trophäe nach Nafplion schicken. Er erhielt darauf eine Zurechtweisung durch die Regentschaft. Peter von Hess hat auf seinem Bild zum Einzug König Ottos in Nauplia Hadji Christos als prächtig gekleideten Reiter auf einem Rappen an exponierter Stelle vor der Regentengruppe dargestellt.

23 H.v.P. 1842, S. 67.

24 H.v.P. 1842, S. 55.

25 H.v.P. 1842, S. 55.

26 Hauptsächlich verwendete Quellen: Abele 1836, Bronzetti 1842, Chursilchen 1835, Groß von Trockau 1839, H.v.P. 1842, Krammer 1975, Predl 1836, Schaden 1833, Schmaltz 1911, Schmidt 1888.
Zu dem Komplex Alltagsleben siehe Koukouraki 2009. Sie erfasst die Memoirenliteratur der Soldaten und geht gezielt auf das Alltagsleben und den Kulturaustausch ein. Allerdings reicht der Untersuchungszeitraum bis in das Jahr 1843 und geht damit weit über die hier gesetzte Zeitgrenze Ende 1834 hinaus.

27 Schmaltz 1911, S. 222.

28 H.v.P. 1842, S. 77f.

29 Krammer 1975, S. 30.

30 Krammer 1975, S. 30.

31 Predl 1836, S. 50.

32 Predl 1836, S. 53.

33 H.v.P. 1842, S. 76.

34 H.v.P. 1842, S. 79.

35 H.v.P. 1842, S. 57: »Fränkisch« steht hier für »französisch« oder nach griechischem Sprachgebrauch allgemein für Westeuropäer, also auch Deutsche usw.

36 Schmaltz 1911, S. 229, Anhang 8: Die Liste »Vor dem Feinde gefallene und in Griechenland gestorbene Offiziere, Ärzte und Beamte« enthält 32 Namen. Davon starben zwischen 1834 und 1839 neun Personen in Nafplion, gefolgt von

Athen mit vier Toten. Der Rest ist ziemlich gleichmäßig übers Land verteilt. Nur vier Soldaten sind gefallen. Weitere statistische Angaben ebenda S. 178 und S. 198.

37 Schmaltz 1911, S. 168: Ausschiffung der Truppen am 6. Februar 1833, Einzug Ottos in Nafplion am 9. Februar.

38 Schmaltz 1911, S. 178f.

39 Die Berge, die man von Nafplion aus sehen kann, haben beträchtliche Höhen und sind oft bis Ostern mit Schnee bedeckt: im Norden Killini 2374 Meter, im Westen Parnon 1839 Meter, Ktenias 1634 Meter und Artemisio 1771 Meter, im Osten Arachneo 1197 Meter.

40 Dimopoulos 2010, S. 35. Übersetzung des Verfassers. Gurkenmal ist eine unzulängliche Übersetzung des griechischen »Angouroon«. Es liegt ein Wortspiel aus der Kontraktion von Angouri/Gurke und Iroon/Ehrenmal zugrunde. Ebenfalls schwierig ist die Übersetzung bei den »Mäusen«, weil es im Griechischen umgangssprachlich keine klare Trennung von Maus und Ratte gibt. Beides heißt »Pontikos«. Bei Übersetzung mit »Ratte« wäre die im deutschen existierende Konnotation Ekel mehr gegeben, die Bayern wären dann »Rattenfresser« gewesen.

41 Predl 1836, S. 43 und H. v. P. 1842, S. 94ff.

42 Koukouraki 2009, S. 214ff.

43 Krammer 1975, S. 43.

44 Dazu Speckner 2015, S. 10–43.

45 Die antike Akropolis war durch erhebliche Wehrbauten unterschiedlicher Zeit verändert und formal eine Festung mit Besatzung. Den Streit um diesen Status entschied Klenze zugunsten der Entfernung aller nachantiken Um- und Anbauten.

46 Beide standen in München in einem starken Konkurrenzverhältnis um die Vergabe der Bauaufträge des Königs. Die Annahme der Konzeption Gärtners für die nördliche Ludwigstraße mit Universität, Staatsbibliothek und Ludwigskirche leitete eine Abkehr vom reinen Klassizismus Klenzescher Prägung ein.

47 Die heutige Neue Pinakothek ersetzt an anderer Stelle das im Krieg zerstörte Originalbauwerk.

48 Vergl. Kouria 2007.

49 Beide Zyklen sind im Internetauftritt des Archivs der Argolis vollständig einzusehen: www.argolikivivliothiki.gr

50 CD Historische Volkslieder IV, 2012. Die folgenden Lieder sind alle auf der CD enthalten und im Begleitheft dokumentiert. Die Schreibweise des Begleithefts wird übernommen. Dort auch genauere Quellenangaben und Hinweise zur Musik.

51 Krammer 1975, S. 24 und 32.

52 H. v. P. 1842, S. 191f.

53 Pückler 1968, S. 140.

54 H. v. P. 1842, S. 186. Anzumerken ist, dass H. v. P. die deutschen Länder hier als Nationen führt. In der Tat bestand zu dieser Zeit kein deutsches Reich. Die wichtigsten Angehörigen des Deutschen Bundes unterhielten in Griechenland eigene diplomatische Vertretungen, was zur Vielzahl der ausländischen Vertretungen beitrug.

55 Der Begriff Griechenland ist in diesem Zusammenhang nicht unproblematisch. Griechenland als »das Land der Griechen« deckt sich nicht mit der heutigen Vor-

stellung, die eher geografisch und politisch bestimmt ist, und schon gar nicht mit dem griechischen Staat des Jahres 1833, siehe Kapitel 2.

56 Steffen/Schinas 2002. Briefe und Tagebuch sind nicht zu trennen und überschneiden sich. In ihren Briefen berichtete Bettina spontan und oft sehr persönlich ihren Eltern. In einem zweiten Durchgang fasste sie das Wichtigste nach Tagen geordnet zusammen und legte dies regelmäßig den Briefen bei. Auch Schinas schaltete sich regelmäßig in die Korrespondenz ein.

57 Steffen/Schinas 2002, S. 72, Brief vom 7. Dezember 1834.

58 Griechische Historiker teilen die Geschichte der Stadt nach den Perioden der Fremdherrschaft ein, vergl. Dimopoulos 2010: Frankokratie (1212–1389), erste Venetokratie (1389–1540), erste Turkokratie (1540–1686), zweite Venetokratie (1686–1715), zweite Turkokratie (1715–1821). Gebräuchlich ist auch die Bezeichnung der Regierungszeit König Ottos bis 1843 als Bavarokratie.

59 Steffen/Schinas 2002, S. 70.

60 Steffen/Schinas 2002, S. 88.

61 Steffen/Schinas 2002, S. 85: »nur von Euch« ist unterstrichen.

62 Steffen/Schinas 2002, S. 272f., Testament Bettinas vom 6. Juni 1835 mit detailliertem Verzeichnis aller Nachlassgegenstände.

63 Die Angaben zu den Einkommen fußen auf Aussagen von Heideck für die Tagelöhner (Seewald 1994, Anlage), dem »Gage-(Sold) und Fourage-Regulativ für das K. Griech. Truppenkorps« 1832 (Schmaltz 1911, S. 223) und den Briefen von Bettina Schinas (Steffen/Schinas 2002, S. 136 und 167).

64 Steffen/Schinas 2002, S. 69.

65 Steffen/Schinas 2002, S. 136.

66 Steffen/Schinas 2002, S. 103.

67 Steffen/Schinas 2002, S. 195.

68 Steffen/Schinas 2002, S. 101.

Die Griechen und ihr Land

Das griechische Königreich in den Grenzen von 1831 gliederte sich nach dem Verständnis seiner Bewohner in drei Teile: die Halbinsel Peloponnes, auch Morea genannt, das Festland und die Inseln. Der ursprünglich für den ganzen westlichen, christlichen Teil des ehemaligen Osmanischen Reichs gebräuchliche Name Rumelien (Land der Römer) wurde eingeengt auf die Bezeichnung für das griechische Festland. In diesen drei Teilen lebten maximal 800 000 Menschen. Das war nur ein Viertel der gesamten griechischen Bevölkerung. Der größere Teil blieb unter osmanischer Herrschaft, vor allem in den städtischen Zentren Konstantinopel, Thessaloniki und Smyrna.

Die Bezeichnungen der neu eingeführten Kreise des Landes deckten sich meist mit den bisher gebräuchlichen und historisch gewachsenen Namen: auf der Peloponnes zum Beispiel Argolis (Nauplion, Argos), Lakonien (Ariopolis), Messenien (Kalamata), Achaia (Patras). In Westrumelien zum Beispiel Ätolien (Missolonghi) und Phokis (Amphissa), in Ostrumelien Böotien (Livadia) und Attika (Athen). Die Bevölkerung des dünn besiedelten Landes war wegen der geografischen Bedingungen und der unterschiedlichen Kriegseinwirkungen ungleich verteilt. Mehr als die Hälfte lebte auf der Peloponnes, ein Viertel auf den Inseln und das restliche Viertel in Rumelien, dem am wenigsten entwickelten Teil des Landes. Das traf auch für Attika mit seinem Hauptort Athen zu. Keine der wenigen kleinen Städte war überregional besonders bedeutend und hatte deutlich mehr als 10 000 Einwohner.

Einige Landschaften verdienen eine besondere Beachtung: Die Mani, der gebirgige Mittelfinger der Peloponnes, hatte selbst in der Türkenzeit einen autonomen Sonderstatus, war wenig erschlossen und galt als schwer beherrschbar. Die Einwohner der Region Souli im Epirus hatten sich einen ähnlichen Status gesichert, ihn aber inzwischen verloren. Die Palikaren der arvanitischen Souli-Dörfer bedrohten nach ihrer Vertreibung die Sicherheit im neuen Griechenland. Die Inseln Hydra und Spetse mit ebenfalls arvanitischer Herkunft besaßen unter den Türken weitgehende Autonomie, waren dicht besiedelt und wegen ihres Handels von überregionaler wirtschaftlicher Bedeutung. Die Ionischen Inseln im Westen (Korfu, Zakynthos, Kefalonia u. a.) standen als selbstständige Republik unter englischem Protektorat. Sie verbanden Griechenland mit dem Westen.

Karte 3: Das Königreich Griechenland

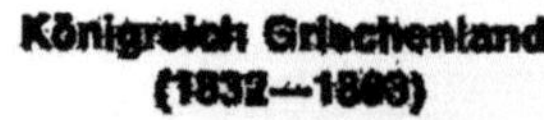

Ionische Inseln, engl. Protektorat

Teile Griechenlands unter osmanischer Herrschaft

Königreich Griechenland, gegen Abfindung erworben

TÜRKEI
Lesbos
Nördl. Sporaden
Agäisches
Psara
Koumi
Chalkis
Theben
Euböa
Chios
Eleusis
Athen
Megara
Andros
Meer
Piräus
Ägina
Epidauros
Tinos
Ikaria
Poros
Troizena
Syros
Delos
Hydra
K Y K L A D E N
Spetzai
Paros
Naxos
Amorgos
Milos
KRETA (KANDIA)
Kydonia

Kapitel 4

Der Prozess gegen Theodoros Kolokotronis

Die Stadt und ihre Mythen

Nafplion ist ein Ort der historischen Erinnerung, genauer gesagt der kollektiven Erinnerung der griechischen Nation seit ihrer Wiedergeburt im frühen 19. Jahrhundert. Davon zeugen als Hauptinstrumente dieses Erinnerungsstrangs[1] die zahlreichen Denkmäler und die Straßennamen der Stadt. Durch sie wird die Erinnerung an die Helden dieser Zeit wachgehalten und sogar definiert, wer als solcher zu gelten hat. An den Jahrestagen bieten diese Monumente Anlass zu Gedenkfeiern mit Ansprachen mehr oder weniger bekannter Politiker, mit Kranzniederlegungen, Blaskapellen, Ehrenformationen der Garnison und dem kirchlichen Segen.

Der ständigen und kontinuierlichen Erinnerung tragen besonders die Museen Rechnung. Die Museumslandschaft in Nafplion wäre völlig überdimensioniert, würde man nur die Ansprüche einer kleinen Provinzstadt annehmen, die sich zufällig in der Nähe bedeutender archäologischer Stätten befindet. Dafür würde das große archäologische Museum am Syntagma-Platz genügen, das die internationalen Touristen eifrig frequentieren, vor allem wenn in der Saison die großen Kreuzfahrtschiffe und Touristenbusse aus Athen eintreffen. Daneben gibt es aber noch drei Museen[2] mit völlig anderer Ausrichtung: das Militärmuseum, die Zweigstelle der Nationalen Pinakothek und das Volkskundemuseum. Die ersten beiden dienen fast ausschließlich der Erinnerung an die große heldenmütige Zeit des Aufstands gegen die Türken und die Staatsgründung. Hierhin kommt kaum der Personenkreis, der im großen archäologischen Museum zu finden ist. Das Publikum besteht vorwiegend aus Athener Wochenendurlaubern, Schulklassen und Busgruppen aus ganz Griechenland. Im Frühsommer, vor den großen Ferien, stehen oft an die 50 Busse mit Schulklassen auf dem Parkplatz am Hafen. Der zentrale Ort für die Inszenierung der großen Erinnerungsfeiern des Staats, die Paradestraße, trägt den Namen des Staatsfeiertags: Straße des 25. März, der offizielle Tag des Beginns des griechischen Unabhängigkeitskriegs im Jahr 1821. Dieser Tag wird mit einem für deutsche Verhältnisse fast nicht vorstellbaren Maß an Identifikation der Bürger mit ihrem Staat und seiner Geschichte gefeiert: Die ganze Stadt ist auf den Beinen und weiß-blaue Fahnen beherrschen das Bild. Fast jeder nimmt teil, als Akteur bei der Parade oder als applaudierender Zuschauer beim Vorbeiziehen der Delegationen. Neben den Offiziellen und Honoratioren marschie-

Stadtkapelle vor Agios Georgos

ren das Personal der städtischen Einrichtungen, die Garnison, der Klerus, die zahlreichen Vereine und alle Schulklassen mit ihren Lehrern. Für die Schüler ist es eine besondere Ehre, die Fahne der Klasse vorantragen zu dürfen. Eine Straße des 25. März gibt es in jeder größeren griechischen Gemeinde und auch die dazugehörende Feier am Jahrestag. Das Besondere in Nafplion ist die unmittelbare Kontinuität, denn die Stadt war Schauplatz der Ereignisse. Das weiß man und das pflegt man. Neben dem Nimbus der ersten Hauptstadt des neuen Staats gehört dazu auch der Stolz auf den Aufstand von 1862, der den Sturz König Ottos einleitete. Es wird also nicht das Eintreffen Ottos im Februar 1832 gefeiert, sondern seine erzwungene Verabschiedung.[3]

Denn auch der Ausschluss gehört zu den Formen des kollektiven Gedächtnisses. Diese Tendenz zu einer Verbannung des bayerischen Anteils aus der Erinnerungskultur des neuen griechischen Staats ist insgesamt zu beobachten: Obwohl das Straßenverzeichnis der Altstadt sich wie ein biografisches Lexikon des frühen neugriechischen Staats ausnimmt, fehlen die Namen Maurers und Heidecks. Gerade bei Heideck ist das auffällig, weil er doch zumindest in seiner Zeit als Mitarbeiter des Präsidenten Kapodistrias deutliche Spuren im Stadtbild hinterlassen hat, wie etwa die Einrichtung der Evelpidenschule im Bau des heutigen Armeemuseums. Die entsprechende Hinweistafel erwähnt seinen Namen nicht. Ausnahmen von dieser allgemeinen Tendenz sind lediglich das Haus Armanspergs, das Denkmal König Ottos (siehe Kapitel 2) und die Benennung der zentralen und breiten Geschäftsstraße der Altstadt, der Odos Amalias, nach der Frau Ottos. Sicher liegt auch eine Gegenreaktion auf die unbescheidenen Straßenbenennungen zur Regierungszeit Ottos vor. Wichtige zentrale Straßen und Plätze wurden nach Otto und seiner Verwandtschaft benannt: Wie in München gab es auch in Nafplion eine Theresien-, Maximilian- und Ottostraße.[4] Der traditionelle Hauptplatz mit dem damals gebräuchlichen Namen Platanenplatz wurde nach Ottos Vater zum Ludwigsplatz. Dass er dann später gerade zur Platia Syntagmatos, also zum Verfassungsplatz, umgetauft wurde, war sicher eine ironische Replik auf König Ludwig, den größten Verhinderer einer Verfassung für das neue Griechenland.

Dies alles zeigt, dass bei der Konstruktion der kollektiven Erinnerung viel Emotionalität im Spiel ist. Es werden Mythen[5] geschaffen und gepflegt. Diese Mythen hängen natürlich vor allem an Personen.

Im Falle Nafplions sind es besonders drei Namen, zwei Männer und eine Frau, nach denen sich das Stadtgedächtnis ausrichtet: Theodoros Kolokotronis, Ioannis Kapodistrias und Kalliopi Papalexopoulou. Kolokotronis, der legendäre Alte der Morea, ist bis heute die Inkarnation des heldenmütigen und letztlich erfolgreichen Kampfs gegen die türkische Fremdherrschaft. Kapodistrias als erster Präsident steht für den Neuanfang eines selbstständigen griechischen Staates. Papalexopoulou verkörpert den Widerstand gegen das als Fremdherrschaft empfundene Königtum Ottos in Athen. Alle drei waren eng mit Nafplion verbunden, wenn sie auch nicht dort geboren wurden. Die engste Bindung hatte Kalliopi Papalexopoulou als langjährige Einwohnerin und Frau des Bürgermeisters der Stadt. Kapodistrias lebte während seiner gesamten in Griechenland verbrachten Zeit in der Stadt, errichtete hier die ersten staatlichen Strukturen und machte sie auch formell zur Hauptstadt. Theodoros Kolokotronis, Zentrum eines einflussreichen peloponnesischen Clans, verlegte den Familienschwerpunkt nach Nafplion, seit es zur Drehscheibe der griechischen Politik geworden war. Seine Familie besaß dort ein Haus am Platanenplatz.

Zudem gibt es einige wenige Örtlichkeiten, denen geradezu Kultcharakter zukommt: etwa das Gefängnisloch im Fort Andreas der Palamidifestung, das als Verlies des alten Kolokotronis gezeigt wird. Auch der Vorplatz der Spiridonaskirche, wo Kapodistrias erschossen wurde, gehört zu diesen touristischen Pilgerstätten. Ob das durch ein metallenes Kästchen gekennzeichnete Einschussloch an der äußeren Kirchenwand authentisch ist oder nicht, ist weniger wichtig. Es geht um Legenden und Mythen, den Kern der kollektiven Erinnerung.

Das zeigt sich besonders bei der Verdrängung der negativen Seiten dieser Volkshelden. Denn weder Kolokotronis noch Kapodistrias waren bei ihren Zeitgenossen unumstritten. Im Gegenteil, beide wirkten polarisierend, waren in Parteikämpfe und Bürgerkriege verstrickt. Die Historiker wissen und schreiben das, der Popularität tut das keinen Abbruch. Es ist auch sicher keine griechische Eigenart. Das zeigt sich deutlich in der bayerischen populären Geschichtsrezeption. Der Neffe König Ottos, der »Märchenkönig« Ludwig II., übertrifft an Wertschätzung und Rezeptionsmächtigkeit alle anderen bayerischen Könige, konträr zur Beurteilung durch die Geschichtswissenschaft. Sogar das Attribut Märchenkönig ist nicht ironisch oder despektierlich gemeint.

Nur eine der drei Heldenfiguren aus der Geschichte Nafplions fällt in die Zeit der frühen Regentschaftsjahre und spielt in ihr eine herausragende Rolle, nämlich Kolokotronis. Seine besondere politische Stellung kann nicht sinnvoll beschrieben werden, ohne zumindest im Ansatz den gesellschaftlichen und politischen Hintergrund zu beschreiben, in dem er agierte.

Die Griechen und ihre Parteien am Anfang der 1830er Jahre

Ein polyethnischer Raum

Es war hier bisher durchweg von »Griechen« die Rede, wenn die einheimischen Bewohner des neuen griechischen Staats bezeichnet werden sollten. Das scheint selbstverständlich und ist auch tragbar, wenn dadurch die einheimische Bevölkerung von den Bayern oder anderen ausländischen Bewohnern des Landes abgegrenzt werden sollte. Trotzdem bleibt der Wortgebrauch problematisch, weil viel zu undifferenziert. Es wird der Umstand nicht berücksichtigt, dass sich das Gebiet des neuen Staats und der Siedlungsraum der Griechen nicht deckten. Dieses Problem bestand auch bei anderen Staatsschöpfungen, war aber kaum irgendwo quantitativ so bedeutend wie im Fall Griechenlands: Es gab zu dieser Zeit etwa drei Millionen Griechen, aber nur an die 800000 lebten innerhalb der Grenzen des neuen Staats, also nur jeder Dritte. Dadurch bestand auch nach der Staatsgründung weiterhin eine ungelöste nationale Frage mit beträchtlichen außenpolitischen Konsequenzen. Daraus resultierte die sogenannte Große Idee, die Megali Idea. Sie meinte die Vereinigung aller verstreuten Griechen in einem Staat, mit Konstantinopel als Hauptstadt. Dies soll hier nicht weiter interessieren, weil es für die Politik der ersten Regentschaft noch nicht von besonderer Bedeutung war.[6]

Allegorische Darstellung der Megali Idea. Militärmuseum Nafplion

Auch die wirtschaftlichen und kulturellen Zentren des Griechentums, Konstantinopel und Smyrna, gehörten nicht zum neuen Staat. Hier gab es nur vier Städte über zehntausend Einwohner, darunter Nafplion. Keine kam über den Rang einer türkischen Provinzstadt, die sie vor 1821 gewesen waren, hinaus. Es musste noch ein halbes Jahrhundert vergehen, bis die neue Hauptstadt Athen, das zu dieser Zeit lediglich ein vom Krieg zerstörtes und heruntergekommenes Landstädtchen war, in seinen Rang als städtisches Zentrum und Metropole des Mittelmeers hineinwuchs. Noch heute heißt Istanbul unter Griechen nicht Konstantinopel, sondern einfach »die Stadt«.

Es bestand eine extrem hohe Mobilität innerhalb der Grenzen des griechischen Kulturraums, übers Wasser, aber auch über die weitgehend offene Nordgrenze. Diese Mobilität war weniger wirtschaftlich bedingt als eine Folge des Kriegs. Die Kriegswirren endeten keineswegs mit dem Rückzug der Türken. Noch unter der Regentschaft sorgten Tausende von Palikaren für große Unsicherheit. Sie stammten aus den Gebieten nördlich der Grenze und wollten nicht in ihre Ursprungsgebiete zurück. Viele hatten den Anspruch, in ihrer neuen Heimat an exponierten Stellen politisch zu wirken. Die Unterscheidung in autochthone, d.h. innerhalb der Grenzen des neuen Griechenland geborene Griechen und heterochthone, von außen stammende, ist für die Innenpolitik wichtig. Die Angehörigen der zweiten Gruppe waren oft wenig beliebt und standen im Verdacht, Kriegsgewinnler zu sein.

Selbst wenn man die Bezeichnung »Grieche« nur den wirklich Autochthonen zubilligen würde, bliebe ein Definitionsproblem. Denn auch innerhalb der Grenzen war das Griechentum nicht homogen. Dabei geht es nicht um Spekulationen, wie sie Fallmerayer anstellte und die das Griechentum insgesamt infrage stellten. Es geht konkret um die Herrschaftspraxis in den unterworfenen Gebieten des Osmanischen Reichs. Nach dem Milletsystem, das auch die weltliche Herrschaft nach Religionszugehörigkeit handhabte, war Grieche, wer griechisch-orthodoxen Glaubens war. Dies führte vor allem im Norden zu einer Aufweichung der Volkstumsgrenzen, die zu einer schweren Unterscheidbarkeit der Ethnien führte. Am sinnvollsten wäre es, bestimmte Gebiete grundsätzlich als polyethnische Räume zu sehen. Vereinfacht kann man von einem Vorhandensein ethnischer Minderheiten sprechen. Die wichtigsten waren Vlachen und Arvaniten. Es handelte sich keinesfalls, wie zuweilen verkürzt wird, um Rumänen und Albaner. Besonders bedeutend sind die Arvaniten, eine teilhellenisierte, ursprünglich aus Albanien stammende Bevölkerungsgruppe.[7] Sie besiedelte einen erheblichen Teil der Argolis, vor allem im südöstlichen Hinterland von Nafplion. Die Bevölkerung der nahe gelegenen Inseln Hydra und Spetse bestand fast vollständig aus Arvaniten. Wegen ihrer wirtschaftlichen Bedeutung als Schifffahrtszentren hatten diese Inseln und ihre Oberschicht in der Politik großen Einfluss. Es geht also nicht um die Frage unterdrückter Minderheiten, sondern um das Festhalten der Tatsache, dass der neue griechische Staat auf keinen Fall ein kompaktes ethnisches Gebilde war. Ihn kennzeichnete innerhalb wie außerhalb seiner Grenzen in deutlichem Ausmaß eine ethnische und nationale Diffusion. Man könnte auch sagen, er war in einem hohen Grad multikulturell geprägt.

Land im Umbruch

Das Land war durch den Krieg nicht nur durcheinandergeschüttelt worden, es war auch ausgeblutet. Denn die Griechen mussten für ihre Freiheit einen extrem hohen Blutzoll entrichten. Im Jahr 1821 starben als Kriegsopfer 983 000 Menschen, und 1828, dem Jahr des Rückzugs der Türken, immer noch 753 000. Auch die Bürgerkriege trugen erheblich zur Dezimierung der griechischen Bevölkerung bei. Es ist nicht übertrieben, wenn man die 700 000 noch im Land vorhandenen Menschen als den übrig gebliebenen Rest bezeichnet. Besonders deutlich wird dies an der Bevölkerungsdichte. Auf einem Quadratkilometer lebten nur 15 Menschen. Auch wenn Griechenland wegen seiner besonderen geografischen Struktur noch heute zu den dünn besiedelten Gebieten in Europa zählt, war das ein extrem niedriger Wert. Aber selbst diese Restbevölkerung konnte sich nicht aus dem Land ernähren. Obwohl fast überall, wo es möglich war, Getreide angebaut wurde, musste noch 1838 Getreide im Wert von mehr als drei Millionen Drachmen importiert werden. Das war mit Abstand der größte Posten in der Importstatistik.[8] Es lag vor allem an den fehlenden Menschen und den unklaren Eigentumsverhältnissen nach den Kriegsjahren, dass nicht mehr angebaut wurde, denn bebaubarer Boden wäre ausreichend vorhanden gewesen. Die riesigen Ländereien der türkischen Agas und auch der aufgelöste Klosterbesitz waren in Staatshand übergegangen. Davon blieb aber weit mehr als die Hälfte unbewirtschaftet. Auch bei den Ländereien in privater Hand war es kaum anders.[9] Es fehlten einfach die Menschen. Daran hätte kurzfristig auch die überfällige Landreform nichts ändern können. Zu den kriegsbedingten Ursachen für den Zusammenbruch der Landwirtschaft gehörte auch die Mentalität der Palikaren. Sie fühlten sich als Waffenträger den einfachen Bauern überlegen und wollten ihre Säbel nicht gegen den Pflug austauschen, selbst wenn ihnen dies durch eine Landvergabe angeboten wurde.

Die zehn Kriegsjahre hatten tiefe Spuren auch in der Landschaft hinterlassen. Dabei geht es weniger um herkömmliche Kriegszerstörungen in der

Form verbrannter Städte und zerstörter Infrastruktureinrichtungen. Das gab es auch. Beispiele dafür waren die verstopften Katavothren, d.h. Abflüsse, der an sich fruchtbaren arkadischen Ebene um Tripolis oder die zerstörte Wasserleitung von Aria nach Nafplion. Auch die offene, aber stark umkämpfte Stadt Athen gehörte dazu. Sie verlor drei Viertel ihrer Einwohner und glich nach Kriegsende einem Ruinenfeld, in dem es fast kein intaktes Haus mehr gab.

Noch schwerwiegender waren die Veränderungen in der generellen Bevölkerungsverteilung und im Landschaftsbild. Das betraf besonders die wenigen großen und fruchtbaren Ebenen wie die argolische Ebene oder das Umland von Athen. Der schon in der Türkenzeit vorhandene Trend zu einer Flucht aus diesen Gegenden in die im Landesinneren gelegenen Gebirgsregionen verstärkte sich. Noch im Jahr 1840 hatte der Nomos Attika mitsamt Athen, das zu diesem Zeitpunkt schon fünf Jahre Hauptstadt war, nur 27 000 Einwohner, der Nomos Argolis samt der bisherigen Hauptstadt Nafplion nur 31 000. Der Nomos Lakonien mit der Mani zählte dagegen 52 000, der Nomos Mantinia 54 000 und der Nomos Gortynia 48 000 Bewohner.[10]

Dadurch und natürlich auch wegen der direkten Kriegsfolgen hat sich das Landschaftsbild in der argolischen Ebene vollständig geändert. Wie fruchtbar diese Gegend grundsätzlich war und heute auch wieder ist, lässt sich nicht nur aus den historischen Gegebenheiten erschließen. Seit der mykenischen Zeit stritten sich immer wieder fremde Eroberer um diesen gesegneten Landstrich. Heute fährt man auf der Straße von Mykene nach Nafplion und weiter Richtung Epidavros oder Tolo fast 40 Kilometer durch Orangenplantagen. Um Argos und im weiteren Hinterland von Nafplion in Kandia und Iria gibt es eine Kultivierung von hochwertigen Gemüsen wie Salat und Artischocken im großen Stil. Nach 1830 war dieses Land dagegen eine baumlose, im Winter und Frühjahr versumpfte Steppe. Der berühmte Ölhain in der Gegend von Nafplion mit 30 000 von den Venezianern in Reihen gepflanzten Bäumen wurde auch von den Türken als heiliger Wald respektiert, dann aber doch im innergriechischen Streit abgebrannt. Diese trostlose, öde Landschaft zeigen die zeitgenössischen Bilder und auch schriftliche Zeugnisse gehen in diese Richtung.

Die heute zahlreichen und oft stattlichen Dörfer zwischen Orangenhainen fielen damals kaum auf, waren teilweise gar nicht vorhanden, wie Kandia und Iria, und zählten selten mehr als 200 Bewohner.[11] Nur in der Stadt drängten sich die Leute. Das Leben spielte sich hinter den Mauern der Festung Nafplion ab. Was außerhalb der Mauern war, blieb noch lange Jahre trist, improvisiert und wirtschaftlich kaum genutzt. Wie langsam der Wiederaufbau der Landwirtschaft bzw. ihre Umstrukturierung und Modernisierung vor sich ging, zeigen die Zahlen zur Landwirtschaft[12] in der Eparchie Nafplion noch 1860, also nach 25 Friedensjahren. Immer noch bestimmte die Eigenversorgung mit Getreide den Landbau, denn auf 21 000 Stremmata wurden verschiedene Getreidesorten angebaut. Weinbau folgte mit 6500 Stremmata in weitem Abstand. Getrocknete Trauben waren der wichtigste griechische Exportartikel, wurden aber trotzdem nur auf 1344 Stremmata kultiviert. Am deutlichsten fiel der Rückstand bei der Viehhaltung aus: Über 200 000 Schafen und Ziegen standen nur 350 Schweine, 1700 Rinder, 1000 Zugochsen, 2500 Esel und 1500 Pferde gegenüber. Im Durchschnitt mussten sich zwei Bauern einen Ochsen teilen. Das fällt bei dem geringen Umfang der Bauernstellen mit durchschnittlich 1,3 Hektar weniger ins Gewicht. Entsprechend dem hohen Bestand an Schafen und Ziegen war fast jeder zweite in der Landwirtschaft Tätige ein Hirte. Allein in der Gemeinde Nafplion gab es neben 535 Bauern 379 Schäfer. Insgesamt bestand eine rückständige Landwirtschaft, die nicht in der Lage war, das Potenzial von durch Boden und Klima am besten geeigneten Regionen auch nur annähernd auszuschöpfen. Denn eine extensive Weidewirtschaft mag in steinigen und trockenen Gebirgsregionen angemessen sein, nicht aber in der fruchtbaren Ebene von Argos und Nafplion.

> *Im Grunde war die bayerische Herrschaft über Griechenland ein früher Fall von europäischer Entwicklungshilfe.*

Dieses auch von anderen Autoren vertretene Urteil Wolf Seidls[13] wirkt angesichts der eben beschriebenen Zustände in der griechischen Nachkriegszeit durchaus plausibel. Es spielte auch sicher in der Gedankenwelt der Planer des bayerischen Engagements eine große Rolle. Seewald hat überzeugend nachgewiesen, »dass Heideck mit der Armee auch einen leistungsfähigen Motor der Entwicklung schaffen wollte«.[14] Man sollte aber im Umgang mit dieser modernen Wortschöpfung, die erst im Zusammenhang der postkolonialen Welt des 20. Jahrhunderts entstand, vorsichtig sein. Im vorliegenden Fall träfe die Bezeichnung Wiederaufbauhilfe meist besser, weil sie zumindest einen der folgenden Einwände berücksichtigt.

Entwicklungshilfe deutet an, dass das Land, dem geholfen werden soll, im Vergleich zum Helfer oder auch absolut gesehen unterentwickelt ist. Um ein solches Gefälle für Griechenland infrage zu stellen, muss man nicht die antike oder byzantinische Geschichte bemühen. Denn die griechische Welt war im vorangegangenen Jahrhundert ein kulturell und wirtschaftlich integraler[15] Teil des Osmanischen Reichs. Es wäre unangebracht, diesem Reich den Status eines unterentwickelten Landes zuzusprechen.

Entwicklungshilfe bedeutet auch, dass die Hilfe in irgendeiner Weise altruistisch motiviert und ethisch unterlegt ist, wie etwa im Fall der philhellenischen Unterstützung des griechischen Freiheitskampfes. Gerade dieses ist der heikle Punkt.[16] Seidl spricht von »bayerischer Herrschaft über Griechenland«. Damit würden die entsprechenden Maßnahmen eher der Kategorie »Etablierung und Ausbau des Herrschaftssystems« als »Hilfe bei der Entwicklung« zuzurechnen sein. Dieser Punkt ist gerade deshalb so kritisch, weil die spezielle Form der bayerischen Hilfe auf einer engen Verbindung mit dem militärischen Bereich beruhte. Seewald spricht von »Entwicklungssoldaten«. Gerade auf griechischer Seite ist bis heute der Prototyp des damaligen Bayern in Griechenland nicht der zivile Helfer, sondern der Soldat mit dem Bajonett. Um Missverständnisse zu vermeiden, ist es besser, die präziseren und neutraleren Ausdrücke der Art »Hilfe beim Wiederaufbau nach dem Krieg« oder »Hilfe beim Ausbau der Infrastruktur« zu gebrauchen als das unnötig modernisierende »Entwicklungshilfe«.

Soziale Strukturen und Gruppen

Schon Maurer versuchte, den Aufbau der griechischen Gesellschaft, wie er ihn im Jahr 1833 vorfand, zu beschreiben.[17] Er vertrat die Meinung, die von ihm beobachteten Stände Geistlichkeit, Ritter und Bauern hätten gegenüber den türkischen Herren keine Standesrechte erlangt und sich damit auf einem mittelalterlich rückständigen Niveau befunden. In der Tat hatten alle Griechen, welchen Status auch immer sie haben mochten, die Gemeinsamkeit, ihren türkischen Herren im Zweifelsfall auf Gedeih und Verderb ausgeliefert zu sein. Jenseits dieses Umstands war die griechische Gesellschaft viel differenzierter und auch spezifischer organisiert, als der pauschale Vergleich mit der mittelalterlichen Gesellschaft zuließ. Es lassen sich vor allem sechs Gruppierungen unterscheiden:[18]

Die hohe Geistlichkeit

Sie war im Wesentlichen dadurch gekennzeichnet, dass nach islamischer Vorstellung kein Unterschied zwischen weltlicher und geistlicher Macht bestehen sollte. Die den Bischöfen zugestandene Machtausübung bezog sich deshalb auch auf die Verwaltung und Rechtsprechung. Damit war der Bischof, der nach den Maximen des Kirchenrechts und des alten byzantinischen Rechts entschied, das griechische Gegenstück zum türkischen Kadi derselben Region. Eine Ausnahme bestand nur im Strafrecht, das allein in türkischer Hand lag. Diese Kooperation wurde mit Privilegien honoriert, die vor allem in einer reichen Ausstattung mit Land bestanden. Zusammen mit den Primaten waren die Bischöfe und Klöster die großen Besitzer von Ländereien, die sie in der Regel verpachteten. Die 41 Bischöfe, Erzbischöfe und Metropoliten im Bereich des unabhängigen Griechenland unterstanden weiterhin dem Patriarchen in Konstantinopel und befanden sich deshalb im direkten Macht- und Kontrollbereich des Sultans.

Die einfachen Geistlichen und Mönche der kleinen Klöster gehörten nicht zu dieser privilegierten Gruppe. Sie sorgten unter ähnlichen Bedingungen wie die Bauern für ihren Lebensunterhalt und standen deshalb diesen sozial näher als ihren kirchlichen Oberen.

Die Primaten

Die Primaten waren eine Art niederer Adel, der sich besonders auf der Peloponnes etabliert hatte. Ihre Stellung beruhte in der Hauptsache auf dem Besitz großer Ländereien. Zusammen mit den Klöstern gehörten ihnen auf der Halbinsel eineinhalb Millionen Stremmata Land. Das betraf etwa ein Drittel des gesamten anbaufähigen Landes. Sie teilten es mit den türkischen Großgrundbesitzern, denen die anderen zwei Drittel gehörten. Eine zweite bedeutende Einnahmequelle war die Steuerpacht nach türkischer Art. Die für die untergebenen Völker fällige Kopfsteuer wurde pauschal eingeschätzt und die Eintreibung dann gegen Vorkasse verpachtet. Dieses System bot für kapitalmächtige Pächter beträchtliche Gewinne. Die türkischen Herren gestanden ihren griechischen Untergebenen auf der untersten der drei Verwaltungsebenen, dem Gemeindebereich, volle Selbstverwaltung zu. Diese befand sich in der Hand der Primatenfamilien. Es gab zwar Gemeindeversammlungen, auf denen die Gemeindevorsteher und Gemeinderäte bestellt wurden. Da die Wahlen aber meist nur per Akklamation stattfanden, konnten sich in der Regel immer wieder dieselben Familien durchsetzen. So entstanden in verschiedenen Regionen regelrechte Erbdynastien, die in Konkurrenz und Kooperation mit anderen Primaten Politik betrieben. Darin lag der Ursprung und Kern des griechischen Parteiwesens, wie noch zu zeigen sein wird.

Die Kooperation mit den türkischen Herrschern ging sehr weit. Auch auf der nächsthöheren Ebene der türkischen Verwaltung bestand ein geregeltes System von Information und Mitsprache. Jede Gemeinde konnte zu einem jährlich tagenden Rat beim türkischen Voivoden einen Vertreter senden. Aus diesem Rat wurden dann zwei ständige griechische Vertreter bestimmt. Sogar in Konstantinopel existierten zwei ständige Vertreter, die Vekiles, die dort die peloponnesischen Belange vertraten. All diese politischen Institutionen und Aktivitäten befanden sich ausschließlich in der Hand der Primatenfamilien. Im Gegensatz zu den meist nur lokal tätigen Dorfältesten entwickelte sich dieser relativ enge

Kreis zu dem, was mit dem Namen Primat verbunden ist: eine adelsähnliche Lebensweise mit gezielter Heiratspolitik und einer Art Hofhaltung. Man lebte in repräsentativen Häusern, beschäftigte Sekretäre, eigene Ärzte und Priester, viel Dienstpersonal und zuweilen sogar eine Leibgarde. Manche Primaten verlangten nach türkischer Sitte von ihren Dienern den Kniefall.

Die griechische Bevölkerung gebrauchte für diese Primaten den türkischen Namen *Kodza-bashi.* Denn auch vom Äußeren her glichen diese »unbeschnittenen Türken«, wie sie boshaft bezeichnet wurden, ihren Herren:

> *Ein khoja-bashi imitierte den Türken in jeder Beziehung, einschließlich Kleidung, Benehmen und Haushaltung. Seine Lebensauffassung war die eines Türken und der einzige Unterschied lag im Namen: Statt sich Hasan der Khoja-Bashi nennen zu lassen, wollte er Yanni heißen und statt in die Moschee wollte er in die Kirche gehen. Das war der einzige Unterschied.*[19]

Nicht nur der Neid auf die materielle Stellung und das Befremden über die ungriechische Lebensart führten zu einer solch negativen Einschätzung. Auch die zögerliche Haltung vieler, wenn nicht der meisten Primaten im griechischen Unabhängigkeitskampf kostete sie viele Sympathien. Sie verhielten sich abwartend, denn sie hatten viel zu verlieren.

Die Phanarioten

Ein Phanariot war Bewohner des Griechenviertels Phanar in Konstantinopel. Im engeren Sinn bezeichnete der Ausdruck den Angehörigen einer Klasse von nur wenigen griechischen Familien, die es im Dienst des Sultans zu Reichtum und Einfluss gebracht hatten. Ähnlich wie bei den Primaten handelte es sich auch bei den Phanarioten um eine exklusive Oberschicht, die diese Position der Kooperation mit den türkischen Herrschern verdankte. Ähnlich war auch das Ansehen in der breiten Bevölkerung.

> *Während der griechischen Revolution wurde Phanariot ebenso wie Kodza-bashi zum Ausdruck von Verachtung, als sich die Leute frei über ihre früheren Herren äußern konnten, die sie oft mehr unterdrückt hatten als die Türken.*[20]

Ganz anders als bei den Primaten beruhte die bevorzugte soziale Stellung der Phanarioten nicht auf Landbesitz. Sie waren Städter, genauer gesagt Großstädter in der Hauptstadt eines der größten Reiche der Welt. Deren Lage in der Mitte des Reiches zwischen Asien und Europa verdankten diese Familien ihren Aufstieg. Als Dragomane, d.h. Dolmetscher des Sultans, vermittelten sie zuerst sprachlich, dann insgesamt zwischen den Türken und ihren westlichen

Nachbarn. Die Position des Großdragoman war später gleichbedeutend mit Außenminister und blieb in phanariotischer Hand. Später wurden die Donaufürstentümer Moldawien und Walachei regelmäßig und fast erblich an bestimmte phanariotische Familien vergeben. Daher rührten die sagenhaften Reichtümer und die Adelsprädikate Prinz oder Fürst. Solche waren im Osmanischen Reich, das die Institution des Adels nicht kannte, ebenso ungebräuchlich wie im eher egalitären Griechenland. Der Lebensstil in den kosmopolitisch geprägten phanariotischen Familien orientierte sich nach dem Westen. Die Söhne studierten in den europäischen Hauptstädten und die dort erworbene interkulturelle Kompetenz gehörte zum Hauptkapital der Phanarioten. Alexander Mavrokordatos beherrschte sieben Sprachen, westliche wie östliche. Welch ein Kontrast zu den Primaten des Festlands, von denen viele weder schreiben noch lesen konnten!

Die Zahl dieser Familien war klein, noch viel geringer als die der Primaten, von denen es ja in jeder größeren griechischen Gemeinde einige gab. Wenn von den Phanarioten in Griechenland gesprochen wird, handelt es sich um weniger als 20 Familien. Weil sich Mitglieder prominenter phanariotischer Familien als Initiatoren der Unabhängigkeitsbestrebungen kompromittiert hatten, flüchteten sie nach Ausbruch der Revolution ins unabhängig gewordene Griechenland.

Kaufleute und Schiffsbesitzer

Den Primaten auf dem Festland entsprachen auf den Inseln die reichen Reeder und Kaufleute. Dabei geht es eigentlich nur um die Inseln Spetse und Hydra. Nur dort war es zu einer derartigen Anhäufung von Kapital gekommen, das durch den lukrativen Getreidehandel aus der Schwarzmeerregion verdient wurde. Die Selbstverwaltung und damit der Einfluss dieser Primaten waren noch mehr ausgeprägt als in den Gemeinden der Peloponnes. De facto galten diese Inseln als selbstständig. In der Literatur wird meist wenig Unterschied zwischen den beiden Primatengruppen gemacht, obwohl die Wertschätzung bei der griechischen Bevölkerung doch recht unterschiedlich war. Da die Inselprimaten kaum mit den Türken kooperieren mussten und im Unabhängigkeitskampf von Anfang an eine führende Rolle übernahmen, haftete ihnen nicht das schlechte Image als Kodza-bashi an.

Kleften, Armatolen und Kapi

Diese oft auch als Freischärler oder Palikaren bezeichnete Gruppe wies sozial die größte interne Differenzierung auf. Dazu gehörten ehemalige Kleften, die unter dem Befehl ihrer Kapitani als Freiheitskämpfer gegen die Türken gekämpft hatten, ebenso wie Armatolen, die offiziell im Auftrag der Türken in bestimmten Regionen für Ruhe und Ordnung zu sorgen hatten. Als ehemalige Buschräuber und Outlaws standen die Kleften am unteren Ende der sozialen Wertschätzung, während manche Armatolen mit den Primatenfamilien um die obersten Ränge konkurrierten. Die Kapi stellten das bewaffnete und von den türkischen Herren tolerierte Gefolge besonders exponierter Primaten. Gemeinsam war allen drei Gruppen das Privileg des Waffentragens und das Ideal des draufgängerischen Kämpfers, des Palikaren. Sie lebten meist im Gebirge, wo sie sich vor dem zurückziehen konnten, was sie ablehnten: zentrale Autoritäten, die Fremden und die im Schweiße ihres Angesichts arbeitende bäuerliche Bevölkerung. Gerade in dieser Wertorientierung lag eines der zentralen Missverständnisse zwischen ihnen und den jeweils herrschenden Politikern der Nachkriegszeit. Sie wollten weder durch angebotenes Land zu Bauern werden noch als disziplinierte und uniformierte Liniensoldaten im Gleichschritt marschieren. Ihre Führer, die Kapitani, drängten in die Politik und versuchten die Interessen ihrer in die Gesellschaft schwer integrierbaren Klientel durchzusetzen. Das Potenzial dieser Gruppe war wesentlich größer als das der bisher behandelten Eliten, es ging um mehrere Zehntausend bewaffnete und kriegsgeübte Männer.

Das Volk: Kleinbauern und Seeleute

Der Großteil der einfachen Bevölkerung unterschied sich eher nach Regionen als nach anderen Gesichtspunkten. Es gab weder besondere gewerbliche Schwerpunkte noch städtische Zentren. Einzige Ausnahme war der hohe Standard des Seehandels auf Spetse und Hydra. In den Ebenen der Peloponnes waren fast alle persönlich freie, aber besitzlose Bauern, die als Pächter ihre Abgaben zu zahlen hatten. Es war wenig bedeutend, ob sie ihre Abgaben an einen Primaten, ein Kloster oder einen türkischen Aga leisten mussten. Da eine allgemeine Bodenreform nach Abzug der Türken nicht erfolgte, trat der griechische Staat als neuer Besitzer an deren Stelle. Die Steuern aus der Landwirtschaft und die Pachterträge der Staatsgüter bildeten das Rückgrat der Staatsfinanzen. In den Gebirgsregionen der Peloponnes und Rumeliens waren die Bedingungen für die Landwirtschaft schlechter und es war oft nur eine extensive Weidewirtschaft möglich. Dafür gab es mehr persönlichen Spielraum als in den Ebenen mit ihrer hohen Herrschaftsdichte. Auf den Inseln und in den Küstenregionen bot die Schifffahrt Erwerbsmöglichkeiten. Es gab 1834 etwa 15 000[21] Seeleute in Griechenland. Gemessen an den mehreren Hundertausend Bauern und Hirten fielen diese ebenso wenig ins Gewicht wie die Bewohner der vier Städte über 10 000 Einwohner.

Diese von den speziellen Bedingungen der letzten 200 Jahre geprägte Sozialstruktur Griechenlands unterschied sich deutlich von den Gegebenheiten im westlichen Europa. Auffällig ist das fast vollständige Fehlen eines städtisch-bürgerlich geprägten Elements. Wenn Vergleiche sinnvoll sind, dann eher solche mit den ebenfalls von der türkischen Herrschaft geprägten Ländern des Balkans. An diesen Gegebenheiten änderte sich grundsätzlich auch in den Jahren des Unabhängigkeitskriegs und nach dem Abzug der Türken zunächst wenig. Der politische Einfluss der einzelnen Gruppierungen hat sich allerdings teils erheblich verschoben.

Als die größten Verlierer können die Bischöfe und die großen Klöster gelten, die ja neben den kollaborierenden Primaten die Überträger der türkischen Herrschaft ins griechische Volk waren. Das Ende dieser Herrschaft bedeutete auch ein Ende der weltlichen Herrschaftsfunktionen der Kirche. Diese übernahm der neue Staat. Ob die Abkoppelung vom Patriarchat in Konstantinopel durch die bayerische Regentschaft zum Machtverlust der Bischöfe beitrug oder diese stärkte, ist schwer zu entscheiden. Immerhin bedeutete die Einrichtung der Synode ja gleichzeitig wieder das Bestehen eines Staatskirchensystems.

Auch die Primaten gehörten zu den Verlierern. Das Selbstverwaltungssystem der Türkenzeit, von dem diese soziale Gruppe erheblich profitierte, wurde durch eine zentrale staatliche Bürokratie abgelöst. Die nicht erfolgte Bodenreform machte aber den Machtrückgang für die Primaten erträglich. Sie konnten ihren Status als Großgrundbesitzer auch in den Wirren der Kriegsjahre halten, oft sogar noch ausbauen.

Die größten Gewinner waren die Waffenträger. Durch ihre Initiativrolle im Freiheitskampf und die Notwendigkeit ihrer Waffendienste wandelte sich ihr soziales Ansehen erheblich zu ihren Gunsten. Sie wurden zu Bannerträgern der neuen Nation und ihre Führer zu Volkshelden. Ähnlich wie die Primaten profitierten sie oft auch wirtschaftlich, besonders durch Gewinn von eigenem Boden. Dabei näherten sich die ursprünglich sozial disparaten Teilgruppen an. Die Grenzen zwischen Kleften, Armatolen und Kapi waren kaum mehr erkennbar. Wichtig im Krieg waren besonders die Kapitani. Es kam nun vor allem darauf an, wie viele Kämpfer ein solcher Militärführer stellen konnte und wie loyal ihm diese verbunden waren. Sein ursprünglicher sozialer Rang wurde zunehmend unbedeutend. Heute werden solche Personen als *Warlords* bezeichnet.

Petropoulos hat in einer Übersicht[22] die 248 in der Politik zwischen 1833 und 1843 wichtigsten Personen zusammengefasst. Diese systematische Darstellung ermöglicht einen Einblick in die Zusammenhänge zwischen sozialen Gruppierungen und politischer Betätigung. 73 der 248 erfassten politisch Tätigen gehörten zu den Primaten und 56 waren Kapitani. Auffallend ist auch, dass 81 dieser Männer von außerhalb der Grenzen stammten. Sie waren alle Zivilisten und 47 von ihnen hatten eine Ausbildung im Westen genossen. Die

Kombination, dass ein Militär im Ausland studiert hatte, ist ebenso selten wie das Faktum, dass sich ein Geistlicher in der Politik engagierte: Beides kam nur zweimal vor. Die griechische Politik rekrutierte sich also aus nur drei sozialen Lagern, die jeweils ihre Belange vertraten: Die Primaten kämpften um ihren zurückgehenden Einfluss und für die traditionell ihnen assoziierten Regionen. Die Kapitani versuchten ihre und ihrer Soldaten Interessen durchzusetzen. Die Flüchtlinge aus den Teilen des Griechentums, die noch zum Osmanischen Reich gehörten, wollten in der neuen Heimat Fuß fassen. Sie beanspruchten meist einen besonderen Status aufgrund ihrer Bildung. Da sie aus den verschiedensten Teilen der griechischen Welt stammten, dürften bei ihnen regionale Interessen am wenigsten vorhanden gewesen sein. Wenn insgesamt überhaupt ein bürgerliches Element vorhanden war, kann es nur in dieser Gruppe gewesen sein. Sie kannten die bürgerliche Welt aus ihrem Aufenthalt in europäischen Städten oder aus den großen Städten des Osmanischen Reichs.

Unter der bayerischen Regentschaft geschah dann ein radikaler Wandel. Dies geht deutlich aus der sozialen Zusammensetzung der drei Regierungen der Jahre 1833 und 1834 hervor. Alle diese Minister wurden von der Regentschaft eingesetzt. Eine Verbindung zu den Nationalkonventen bestand nicht mehr. Der letzte wurde im Sommer 1832 von meuternden Palikaren zerstreut und kein neuer einberufen. Das geschah erst wieder nach einer Pause von elf Jahren.

Name des Ministers	*Häufigkeit*	*Studium*	*Herkunft*
Kolettis	5x	Italien	heterochthon, Epirus
Mavrokordatos	5x	Italien	heterochthon, Phanariot
Schinas, Konst.	3x	Deutschland/Frankr.	heterochthon, Phanariot
Trikoupis	3x	Italien/Frankreich	autochthon, Westrumelien
Praides	2x	Italien/Deutschland	heterochthon, Smyrna
Rizos	2x		heterochthon, Phanariot
Theocharis	2x	Deutschland	heterochthon, Makedonien
Psyllas	1x	Deutschland	autochthon, Ostrumelien
Schinas, Mich.	1x		autochthon, Südpeloponnes

Es befand sich also in den von den Regenten berufenen Ministerien kein einziger Primat und auch kein militärischer Führer mehr. Nur ein Minister hatte nicht im Ausland studiert und nur drei stammten von innerhalb der Grenzen. Sowohl der geografische wie der soziale Proporz, der durch das Delegationsprinzip der früheren Konvente einigermaßen beachtet worden war, galt nicht mehr. Für die Auswahl dieser Gruppe gab es einfache funktionale Gründe, denn die ungebildeten Soldaten und Primaten entsprachen den Bedürfnissen der bayerischen Modernisierer weniger als die polyglotten Akademiker aus dem Ausland. Dass mit der Auswahl eine Abhängigkeit von etablierten, regional verwurzelten Interessensvertretern vermieden werden sollte, ist weniger überzeugend. Denn zumindest Kolettis und Mavrokordatos waren seit Jahren im politischen Leben aktiv gewesen, hatten dabei Erfahrungen gesammelt und weit verzweigte Kontakte geknüpft.

Parteien

Den griechischen Parteien dieser Zeit darf man nicht mit den Vorstellungen begegnen, die sich heute mit den Parteien verbinden. Wenn man deren wichtigste Attribute gelten lassen würde, hätte es keine gegeben: Was in dieser Zeit als Partei, griechisch *Komma*, bezeichnet wurde, hatte weder eine landesweite und feste Organisation noch eine zahlreichere Mitgliederschaft, auch kein Programm und keinen Einfluss auf die Zusammensetzung eines Parlaments. Das sind alles Bedingungen, die eine Gruppierung nach dem deutschen Parteiengesetz von 1967 erfüllen muss, um als politische Partei anerkannt zu werden. Gerade der letzte Punkt scheint von besonderer Bedeutung zu sein. Für die Parteiengeschichte insgesamt gilt die Existenz von Parlamenten als Vorbedingung für die Existenz von Parteien. In Griechenland traf dies 1833 ebenso wenig zu wie für Bayern. Denn weder die ständischen Vertretungen der bayerischen Verfassung von 1823 noch die Delegiertenkonvente der ersten Jahre nach der griechischen Unabhängigkeit lassen sich als Parlamente bezeichnen. Die Voraussetzungen dafür wurden erst durch die Revolutionen von 1848 in Deutschland und 1843 in Griechenland geschaffen. Trotzdem war die Bezeichnung Partei geläufig. Sie wurde häufig, aber fast nur in negativem Sinn gebraucht: Diese Gruppen würden nur dazu dienen, ihren Angehörigen zu lukrativen politischen Positionen zu verhelfen. Insgesamt würden sie das Land spalten und nicht dem allgemeinen Interesse dienen.[23]

Ein Blick auf die reale Situation und einen konkreten, ziemlich repräsentativen Ausschnitt des Lebens im Griechenland des Jahres 1824 vermag zur Klärung beizutragen.

> *Die Kapitani sind die mächtigsten und einflussreichsten Männer in Griechenland. Dazu gebe ich Ihnen eine kurze Beschreibung eines von ihnen mit Namen Stonaris. Dieser Häuptling lebt in dem Dorf Kutchino, in der Nähe des Flusses Aspropotamos in Thrakien. Ein Teil seines Besitzes liegt*

in der Ebene, der Rest in den Bergen. Er besitzt ungefähr 120 Dörfer, jedes davon hat im Schnitt ungefähr siebzig Familien. Die Leute im Gebirge sind hauptsächlich mit ihren Herden beschäftigt. Stonaris selbst hat an die 7 bis 8000 Stück Vieh, seine gesamte Familie ungefähr 500 000. Es besteht aus Pferden, Ochsen, Kühen, Schafen und Ziegen, vor allem aus den letzten beiden. Sie verbleiben sieben Monate im Gebirge, den Rest des Jahres in den Ebenen. Der Kapitano überlässt sein Vieh Hirten, die verpflichtet sind ihm dafür pro Schaf und Jahr zwei Pfund Butter, zwei Pfund Käse, zwei Pfund Wolle und einen Piaster zu geben. Jede Familie hat zwischen 50 bis 150 Schafe und gewöhnlich roden sie ein kleines Stück Land und kultivieren es. Die Ebenen sind einigermaßen gut kultiviert. Sie gehören Stonaris nicht, sondern den Leuten, die sie kultivieren. Sie zahlen ein Drittel des Ertrags an die Türken, ein Drittel an den Kapitano und ein Drittel für den Unterhalt der Soldaten […]

Die rangniedrigeren Kapitani, die Stonaris unterstehen, erhalten die Dienste von drei oder vier Familien und jeder kommandiert eine bestimmte Anzahl von Männern. Stonaris unterhält etwa 400 reguläre Soldaten. Er könnte aber aus seiner Gefolgschaft noch 3000 mehr anmustern. Sie werden nur für drei Monate im Jahr bezahlt: Die erste Klasse erhält 20 Piaster im Monat, die zweite 15 und die dritte 12. Sie leben gut und essen zweimal täglich Brot und Fleisch. Ihre Rationen bekommen sie von den Besitzern der Häuser, in denen sie leben. Von ihrem Kapitano erhalten sie Munition und Häute für die Herstellung ihrer Schuhe, für Waffen und Kleidung kommen sie selber auf. Sie unterliegen keiner militärischen Disziplin und können den Dienst bei ihrem Chef nach Belieben kündigen […]

In jedem Dorf gibt es einen Primaten. Diese Primaten befinden sich aber unter Kontrolle der Kapitani, die die Fürsten des Landes sind.[24]

Dieser Brief wird von Petropoulos ausführlich zitiert und soll vor allem die herausragende Stellung der Kapitani belegen. Darüber hinaus werden viele Momente der schon beschriebenen Gesellschaftsstruktur veranschaulicht: Die besondere Bedeutung des Unterschiedes des Lebens in der Ebene und im Gebirge, die Überlastung der kleinen persönlich freien, aber vielfach abhängigen Kleinbauern der Ebenen oder die Koexistenz der Primaten und Armatolen mit den Türken. Auch wird das Ineinanderfließen der Kategorien Primat, Armatole und Kapitano deutlich, denn eine Unterscheidung fällt schwer. Als offiziell geduldeter Waffenträger großen Ausmaßes müsste man Stonaris zu den Armatolen zählen. Der Reichtum seiner Familie weist eher auf einen Primaten hin, seine Bezeichnung und Charakterisierung als Kapitano auf einen Kleftenführer.

Hier soll der Bericht des Engländers aber die besondere Eigentümlichkeit des griechischen Parteiensystems einführen, die Patronage oder auch das Klientelsystem. Es beruht auf persönlichen Beziehungen, Abhängigkeit und gegenseitigem Nutzen. Stonaris befehligte 400 Soldaten und konnte noch viel mehr mobilisieren. Das machte ihn zum unumstrittenen Herrn einer ganzen Region, die auch wirtschaftlich von ihm abhing. Umgekehrt profitierten seine Soldaten von ihm. Ohne ihn wären sie gezwungen gewesen, das am Rande des Existenzminimums liegende Leben der Bauern der Ebene oder das kärgliche Dasein der Hirten der Berge zu führen. So aber lebten sie gut auf Kosten der Bauern und erhielten zusätzlich Sold. Sie waren persönlich frei und hatten auch keine weitere feste Bindung an ihren Patron als ihre persönliche Anhänglichkeit. Wenn er sie nicht bezahlte oder keine sonstigen Verpflichtungen einging, konnten sie gehen.[25] Das wiederum band den Patron erheblich. Er musste sich die Loyalität seiner Palikaren durchgehend erkaufen, durch die direkten Zahlungen, aber auch durch das ständige Verfügen über Unterkünfte, Verpflegung und Material. Für die Aufrechterhaltung oder gar Ausweitung ihrer privilegierten Positionen waren die Kapitani mehr noch als die Primaten auf Allianzen und Koalitionen angewiesen. Sie verfestigten diese Koalitionen regelmäßig durch heiratspolitische Maßnahmen, Koumparia[26] und rituelle Waffenbruderschaften. Im Verlauf des Unabhängigkeitskriegs wurden zahlreiche Palikarengruppen von ihrem Stammland abgeschnitten. Für den Patron war es dann erheblich schwieriger, seine Klientel wie gewohnt zu befriedigen. Konkrete Beispiele sind die Soulioten aus Westrumelien mit ihren Kapitani, den Botzaris, und die sogenannten bulgarischen Reiter des Hadji Christos. Für die Primaten bestand ein ähnliches Patronagesystem. Um ihre Position in den Gemeinden[27] aufrechtzuerhalten, mussten sie ihre Klientel, die Pächter ihrer Ländereien, bedienen. Auch der Zwang zu Koalitionen und die Mittel zu deren Aufrechterhaltung waren denen der Kapitani ähnlich. Gerade unter den Primatenfamilien bestanden viele Generationen andauernde Bündnisse und Feindschaften von oft bedeutender regionaler Ausdehnung.

Das Klientelsystem war nicht das Einzige, was die politischen Gruppierungen der 1830er Jahre zusammenhielt und ihre Handlungen leitete. Es war aber der Kern, überdeckt von anderen Größen. Diese wurden im Laufe der Entwicklung immer bedeutender. Dazu gehörten die liberal orientierten Forderungen des europäischen Bürgertums, aber auch ihre betonte Ablehnung. Aus diesem Grund ist die von zeitgenössisch-griechischer Seite geäußerte Kritik, die Parteien seien zu wenig gemeinwohlorientiert und hätten grundsätzlich ein Defizit an Werteorientierung und Ideenhaltigkeit, nicht ganz nachvollziehbar. Denn bei der Auseinandersetzung zwischen den Anhängern einer liberalen Verfassung und denen eines präsidial-autokratischen Systems ging es durchaus um eine politisch-ideelle Grundorientierung. Unter der Parole »Syntagmatiker gegen Kybernetiker« spaltete dieser Gegensatz im Bürgerkrieg nach der Ermordung des ersten Präsidenten die griechische Nation. Auch die Teilung der griechischen Gesellschaft in Anhänger der westlich-liberalen Lebensweise und Bewahrer der Tradition mit einer religiösen orthodoxen Grundorientierung war deutlich werteorientiert. Diese Teilung ging weit ins tägliche Leben hinein, prägte aber auch die parteilichen Gruppierungen: Daran konnte man sich äußerlich orientieren. Kategorien waren Kleidung, Möblierung, Kirchenbesuch u. v. a. Mavrokordatos kleidete sich betont westlich, Kolettis bevorzugte traditionelle Kleidung und Kolokotronis die Uniform seiner Palikaren.

Andere Größen, die zeitweise die Differenzierung der Parteiungen bis in die Namensgebung hinein beeinflussten, hatten eher geografischen oder sozialen Charakter: Die ersten Nationalversammlungen wurden vom Gegensatz zwischen vermögenden Landeignern und frisch aufgestiegenen Militärführern beherrscht. Auch die Gruppierung nach Rumelioten, Peloponnesiern und Inselbewohnern spielte dort eine große Rolle. Erst mit der Parteinahme der Großmächte für die griechische Sache und mit dem Abzug der Türken kam das letzte für das griechische Parteiwesen konstituierende Element dazu, die Orientierung an einer der drei Großmächte. Diesen Zustand fand die bayerische Regentschaft vor. Man sprach allgemein von einer russischen, einer englischen und einer französischen Partei. Das soll nicht dazu führen, zu glauben, diese Parteien seien eine Art Agentur oder verlängerter Arm der Großmächte gewesen. Eher war das Gegenteil der Fall: Die Führer der bisherigen Faktionen und Parteien nutzten ein neu dazugekommenes Potenzial für ihre bisherigen Zwecke. Die Wirkung aller bisher aufgeführten Momente[28] blieb erhalten. Darauf weist schon die Kontinuität in der Führung hin. Die russische Partei führte Kolokotronis, die englische Mavrokordatos und die französische Kolettis.

Für ein solches Dreiersystem war zu erwarten, dass die jeweils oppositionelle Gruppe ihre Positionen anpasste, um die bestehende Koalition zu sprengen und selbst einen Partner zu finden. Es gab deshalb immer Ausnahmen von den generellen Linien, die aber durchaus vorhanden waren.

Als Kriterien zur Einordnung bieten sich an:[29] Das Verhältnis zu den Bayern in Griechenland, die Bodenreform, die Stellung zur orthodoxen Kirche, die Große Idee, die außenpolitische Orientierung und die Verfassungsfrage.

Es gab nur jeweils für kurze Zeit Übereinstimmungen über die Parteigrenzen hinaus, mit einer Ausnahme: dem Antibavarismus. Typisch dafür war eine Differenzierung, die zwischen dem König und den Regenten unterschied. Ob aus Taktik oder nicht, der König blieb von der generellen Kritik und Ablehnung der Bayern ausgenommen, zumindest in den ersten Jahren. Zur Bildung einer Königspartei ist es aber nie gekommen. Diese Kritik war selbst dann vorhanden, wenn sich eine Partei durch Einzug in Ministerien nach außen auf der bayerischen Seite befand. Mittel waren dann die Zeitungen, in denen die Kritik offen oder versteckt erfolgte. Diese Angriffe waren scharf. Zum Beispiel wurde in der ehemaligen Regierungszeitung »Sotir« Bayern vorgeworfen, Griechenland als Kolonie anzusehen, und in der »Elpis« stand:

> *Griechenland wird also vom Königе von Bayern regiert [...] Wir hassen seine Regierung, weil sie uns zuerst Beweise gab, daß sie unsere Unabhängigkeit, unsere Selbstständigkeit, unser und Ottos Glück haßt.*[30]

Die Bodenreform, die alle Nationalversammlungen beschäftigt hatte, stand immer noch zur Lösung an, fand aber weder in den Parteizeitungen noch sonst eine gebührende Beachtung. Man müsste also fragen, warum sie die Parteien so wenig beschäftigte. Am ehesten wurde sie in der französischen Partei beachtet, die ihren regionalen Schwerpunkt in Ostrumelien und ihren sozialen Schwerpunkt bei den beschäftigungslosen ehemaligen Palikaren hatte. Damit überschneidet sich das Hauptelement dieser Partei, der Einsatz für ihre Klientel der ehemaligen Palikaren, mit der Bodenreform. Zu einem intensiven Engagement ist es aber bei keiner Partei gekommen.

Die Kirchenpolitik gehörte als zentrales Element zur russischen Partei. Schon in den ersten Tagen nach der Ankunft Ottos äußerte Kolokotronis dem russischen Residenten gegenüber seine Besorgnis über die Entwicklung in dieser Frage. Die Klosterreform und die Abspaltung vom Patriarchat wurden vehement abgelehnt. Der regionale Schwerpunkt der russischen Partei war die Peloponnes, wo Aufstände von der Bevölkerung besonders wegen der Kirchenfrage breit unterstützt wurden. Die beiden anderen Parteien, insgesamt westlich-liberal orientiert, blieben in religiöser Hinsicht eher indifferent. Lediglich der im Westen ausgebildete Mönch Pharmakides, der Motor der Kirchenabspaltung, wurde zur englischen Partei gezählt, sein theologischer Widersacher Oikonomos zur russischen.

Der große Unterschied zwischen der englischen und französischen Partei bestand in der Stellung zur Großen Idee. Mavrokordatos hätte sie wegen seiner phanariotischen Herkunft am ehesten vertreten müssen. Stattdessen verfolgte sie vor allem Kolettis, manifest allerdings erst in seiner späteren Zeit. Wenn solche Bestrebungen in der russischen Partei wegen ihres Eintretens für die Kircheneinheit indirekt vorhanden gewesen sein sollten, wurden sie nicht offensiv vertreten.

Zwischen der Realisierung der Megali Idea und der außenpolitischen Orientierung besteht ein enger Zusammenhang. Ein Durchsetzen der über alle Parteigrenzen hinweg populären Forderung musste bei den jeweiligen Referenzmächten auf unterschiedliche Reaktionen stoßen. England war am Status quo im östlichen Mittelmeer und damit der Erhaltung eines – wenn auch schwachen – Osmanischen Reichs interessiert. Ein neues Großgriechenland war deshalb nicht erwünscht. Russland trat zwar als orthodoxer Bruder und Unterstützer Griechenlands gegen die Osmanen auf, wollte aber auch kein wirklich starkes und selbstständiges Großgriechenland. Frankreich war in der Frage am wenigsten engagiert, tendierte aber eher zu England.[31] In der Zeit bis zur Volljährigkeit Ottos ist diese Frage nie bedeutend gewesen. Kolettis war immer für die Stärkung des militärischen Bereichs, besonders seine personelle Aufstockung. Wahrscheinlich wollte er damit die Voraussetzung zur Ausweitung der griechischen Grenzen schaffen.

> *Der starke militärische Flügel unter Kolettis' Anhängern mußte im eigenen Interesse für eine expansive Außenpolitik eintreten, während den Phanarioten, Kaufleuten und der bürgerlichen Bildungsschicht der »englischen Partei« aus Interesse und Tradition ein Ausgleich mit den Türken näher lag.*[32]

Das Verhältnis zu den Großmächten, dem die Parteien ja ihre Namen verdankten, war eng an die jeweiligen Gesandten gebunden. Denn die Parteien erwarteten eine direkte Unterstützung, mehr ihrer Klientel als ihrer Inhalte. Diese Unterstützung erfolgte meist durch Hilfe bei der Vergabe staatlicher Stellen und Gelder. Das war seit der Zeit der ersten Präsidentschaft so, in der der prorussische Kapodistrias ein dichtes Netz von Abhängigkeiten aufgebaut hatte. Viel hing in dieser Hinsicht auch vom Einsatz und der Persönlichkeit der jeweiligen Gesandten ab. In der Zeit der Regentschaft waren der russische Gesandte Katakazy und sein englisches Gegenstück Dawkins sehr aktiv. Beide agierten recht selbstständig und hielten sich nicht immer eng an die Vorgaben ihrer Regierungen. Der rege diplomatische Verkehr beweist eindeutig den hohen Stellenwert der griechischen Politik auf höchster Ebene der Großmächte, besonders in Russland und England.

In der Frage der Einführung und Ausgestaltung einer Verfassung müssten sich die Parteien am deutlichsten unterschieden haben. Denn dieser Komplex hatte in der Zeit unmittelbar vor dem bayerischen Engagement das Land bis hin zum Bürgerkrieg gespaltet. Die Fronten schienen klar. Die westlich-liberal orientierten Kräfte, vertreten in der englischen und französischen Partei, forderten die Einführung einer entsprechenden Verfassung. Die Befürworter eines präsidentiell-autoritären Systems in der Nachfolge von Kapodistrias sammelten sich in der russischen Partei. Diese Orientierungen blieben zwar grundsätzlich bestehen, traten aber in der praktischen Politik in den Hintergrund.

> *Die Verfassungsforderung wurde in der Tat von jeder Opposition aufgestellt und von keiner Regierung realisiert. Damit scheint die politische Prinzipienlosigkeit der Parteien bewiesen zu sein.*[33]

Trotzdem war die Ablehnung der Verfassung durch die Regentschaft immer unterschwellig vorhanden und einer der Gründe für den verbreiteten Antibavarismus. Als sich alle drei Parteien erstmals in der Verfassungsfrage einig waren, trat die revolutionäre Situation des Jahres 1842 ein, die Otto zum Einlenken zwang und ihn fast seinen Thron gekostet hätte.

> *Nimm den Führer einer sogenannten Partei weg und nichts bleibt über als eine bloße Ansammlung von Individuen. Keine fundamentalen politischen Unterschiede trennten die Griechen. Nun, da die Unabhängigkeit erreicht war, wollten sie nur Frieden, Ordnung und Recht.*[34]

So urteilte der Zeitgenosse Petrokokkinos und übertrieb damit. Die vorangehend dargestellten unterschiedlichen Positionen zu wichtigen politischen Fragen sprechen dagegen. Dennoch bleibt eine hohe, wenn nicht gar entscheidende Bedeutung des personalen Faktors. Das wussten die bayerischen Regenten wohl. Sie versuchten, die Parteien zu schwächen, indem sie ihre Führer aus dem Land entfernten. Probates Mittel war, sie auf Gesandtenposten abzuschieben. Als Erste traf es im Oktober 1833 Trikoupis (englisch), er musste nach London. Danach folgten fast alle anderen. Mavrokordatos (englisch) ging nach München, Metaxas (russisch) nach Wien und als Letzter Kolettis (französisch) 1835 nach Paris. Die Vorhersage von Petrokokkinos trat aber nicht ein. Die Parteien hatten offensichtlich schon so viel Substanz, dass sie diese Schläge verkraften konnten.

Personen

Eine kurze Schilderung von Leben und Wirken der drei wichtigsten Parteiführer soll zeigen, wie intensiv die Verbindungen zwischen den Persönlichkeiten dieser Führer und ihrer engeren und weiteren Klientel, ihren Herkunftsregionen, ihrem sozialem Hintergrund und nicht zuletzt ihrem machtpolitischen Potenzial waren: Geld, militärische Kommandos und Bildung.

ALEXANDROS MAVROKORDATOS, 1791 in Konstantinopel geboren, entstammte einer der angesehensten phanariotischen Familien mit besten Verbindungen in den Donaufürstentümern. Deshalb war er seit 1812 am Hof seines Onkels

Karatzas, des Fürsten der Walachei, als Sekretär tätig. Nach dessen Absetzung 1818 ging er mit ihm ins Exil, studierte in Padua und schloss sich in Italien dem Geheimbund zur Befreiung Griechenlands, der Filiki Eteria, an. Gleich nach Ausbruch der Revolution in Griechenland verließ er Italien und organisierte auf eigene Kosten ein mit Waffen und Munition beladenes Schiff zur Unterstützung des Aufstands. Dort warf er sich schnell in die politischen und militärischen Auseinandersetzungen. Als Militär war er wenig, als Politiker sehr erfolgreich. Die erste griechische Nationalversammlung wählte den mittellosen, erst seit kurzer Zeit im Lande weilenden Ausländer ohne persönliche Machtbasis zum ersten Präsidenten der Exekutive, also de facto zum Ministerpräsidenten. Wie konnte das geschehen?

Im Gegensatz zu seinen beiden größten Widersachern besaß der Prinz kaum persönliches Charisma. Im Gegenteil rief allein sein Äußeres zur Distanz auf. Er war betont westlich, elegant gekleidet, besaß geschliffene Manieren und eine große Eloquenz. Er konnte sich schriftlich wie mündlich perfekt artikulieren. Die fließende Beherrschung von sieben Sprachen geht wohl auf seine phanariotische Sozialisation zurück. Unter den protzigen Trachten und Uniformen der Primaten und Kapitani wirkte seine schlichte Eleganz mit Frack und Zylinder fremd, fast provozierend. Mit den Vorurteilen der Einheimischen gegenüber den als hochnäsig und opportunistisch geltenden Phanarioten hatte er zu kämpfen. Sein rasanter Aufstieg rief Neid und Widerstände hervor.

Stärke und Kampfmittel von Mavrokordatos waren neben seinen organisatorischen und bürokratischen Fähigkeiten seine außerordentliche Rationalität: Er ging immer berechnend und planvoll vor, besaß eine hohe Anpassungsfähigkeit und eine enorme soziale Intelligenz. Die gegebenen Verhältnisse durchschaute er sehr schnell und meist besser als die Einheimischen und nutzte das konsequent aus. Dabei war er sicher kein skrupelloser Intrigant, wie Heideck glaubte, als er ihn als »Erzlump« bezeichnete. Die Versuchungen seiner militärischen Umgebung, mit Erfolgen auf dem Schlachtfeld zu glänzen, bedeuteten ihm wenig. Auch deren Tendenz, ihren öffentlichen Auftrag zur persönlichen Bereicherung zu nutzen, war ihm fremd. Sicher entsprang sein Engagement für die griechische Sache echter patriotischer Begeisterung, wenn man bei Mavrokordatos von solchen emotionalen Ausbrüchen überhaupt reden kann. Seine Mittel waren nicht glühende Reden vor Versammlungen oder Heerhaufen, sondern Gespräche auf glänzendem Parkett oder hinter verschlossenen Türen.

Das zeigte sich gleich nach seiner Ankunft in Griechenland. Er reiste sofort auf die Peloponnes und traf dort drei andere phanariotische Prinzen mit Ambitionen auf eine politische Karriere: Die Art, wie sich die vier Neulinge ihre Einflusssphären in der griechischen Politik regelrecht aufteilten, ist wenig schmei-

Alexandros Mavrokordatos. Ölgemälde eines unbekannten Künstlers, vor 1865

chelhaft. Sie erinnert deutlich an die Absprachen der Triumvirate während der Zeit der römischen Revolution. Demetrios Ypsilantis bekam die Peloponnes, Theodoros Negres und Konstantinos Karatzas teilten sich Ostrumelien. Westrumelien fiel an Mavrokordatos. Sein Weitblick zeigte sich schon bei der Auswahl. Auf die Dauer konnte sich keiner der anderen in seinem Gebiet halten. Westrumelien, mit dem Zentrum Missolonghi, blieb aber dauernde Basis und sicherer Rückhalt für die politische Arbeit von Mavrokordatos.

Kennzeichnend für ihn war die Kombination der Machtmittel, die er dort ausbaute und die er seine gesamte spätere politische Tätigkeit über beibehielt. Er nutzte die Kapazität westlich ausgebildeter und bürokratisch versierter, meist heterochthoner Griechen. Gleichzeitig sicherte er sich die Unterstützung einer ausländischen Macht, nämlich Englands. Vor allem ließ er sich nicht in die Konfrontation zwischen den etablierten Primaten und den aufstrebenden Kapitani hineinziehen. Vielmehr suchte er erfolgreich bedeutende Teile von ihnen für sich zu gewinnen. Spyridon Trikoupis entstammte einer einflussreichen Primatenfamilie aus Missolonghi, wurde in England ausgebildet und galt als ausgesprochen anglophil. Er war deshalb besonders wichtig, weil durch ihn die Verbindung zu den Primaten geknüpft wurde. Trikoupis heiratete Mavrokordatos Schwester, ging also eine für Griechenland traditionell wichtige Familienallianz ein. Georgios Praides und Ioannis Soutzos, zwei andere im Westen ausgebildete heterochthone Griechen wurden Gefolgsleute und Mitarbeiter, die es zu höchsten Ämtern brachten. Mavrokordatos baute die Zusammenarbeit mit Primaten später zu einer ganz Griechenland umspannenden Allianz aus. Verbündete wurden die bedeutendsten Reeder Griechenlands, die Koundouriotes auf Hydra, und die Familien Lontos und Zaimis auf der Zentralpeloponnes. Unter den Kapitani, auf die Mavrokordatos zählen konnte, waren die Brüder Botzares. Sie garantierten als Anführer bedeutender Souliotenkontingente[35] den militärischen Einfluss. Die Wahl von Westrumelien mit Missolonghi als Zentrum bot Vorteile, weil die vorgelagerten Ionischen Inseln eine besondere Offenheit nach Westen garantierten. Diese Inseln waren zu dieser Zeit in britischer Hand. Schon vorher hatten sie unter venezianischen, russischen und französischen Einflüssen gestanden. Mit der Gegenküste herrschte reger Austausch. Auch der englische Philhellene Lord Byron kam 1823 über die Ionischen Inseln nach Griechenland, um beim Freiheitskampf zu helfen. Zwischen ihm und Mavrokordatos entstand eine enge Freundschaft, von Seiten Mavrokordatos wohl nicht ohne Berechnung. Byron brachte viel Geld mit und beide planten eine größere, von Byron finanzierte militärische Operation. Byron starb vorher, aber Mavrokordatos blieb der Nimbus des vertrauten Freunds eines der bekanntesten europäischen Künstler.

Insgesamt hatte Mavrokordatos eine geschickte Bündelung verschiedener Momente erreicht, die mit der Zuordnung als Führer der englischen Partei nur sehr unzureichend beschrieben wären. Er hatte erkannt, dass beim Neuaufbau des Staats seine besonderen Fähigkeiten als Organisator und Vermittler zwischen den Fronten, ein traditioneller Vorzug der Phanarioten, genutzt werden konnten. Er vermittelte zwischen Ost und West, zwischen Primaten und Kapitani und vermied unnütze Konfrontationen, immer zu seinem und seiner Sache Vorteil. Dass er sich dabei eher an den Westen und seine Ideale anlehnte und sich frühzeitig die Hilfe und Rückendeckung Englands sicherte, geschah weniger aus taktischer Raffinesse als echter Überzeugung. Eine gewisse Geschmeidigkeit in seinen Handlungen und Überzeugungen ist aber nicht zu übersehen. Ohne sie wäre seine lange Karriere wohl auch nicht möglich gewesen.

Ioannis Kolettis wurde im Jahr 1774 in der Region von Ioannina als Sohn einer vlachischen Primatenfamilie geboren. Damit zählte er wie Mavrokordatos zu den heterochthonen Griechen. Die Region Epirus blieb noch lange Teil des Osmanischen Reichs und wurde von einer ethnischen Minderheit bewohnt. Die Vlachen, oft fälschlich als Walachen oder Rumänen bezeichnet, waren längst wie auch die Arvaniten gräzisiert, behielten aber lange ihre ethnischen Eigenarten bei. Immer wieder wird bei Kolettis zur Erklärung seiner Persönlichkeit auf seinen vlachischen Hintergrund hingewiesen, ähnlich wie bei Mavrokordatos auf seine phanariotische Herkunft. Sicher ist bedenkenswert, dass die beiden bedeutendsten politischen Führer des griechischen Volks dieser Zeit aus der Peripherie stammten und in engem Kontakt mit der osmanischen Kultur aufwuchsen. Kolettis war viel mehr als Mavrokordatos so ein Wanderer zwischen zwei Welten, von dem der österreichische Konsul Prokesch-Osten, bekannt für seine sicheren Urteile, sagte, er sei »der einzige unter den griechischen Führern, der den Geist der alten Barbarei mit dem der neuen Kultur verbinden konnte«.[36] Trotz seiner provinziellen Herkunft kannte Kolettis den Geist der neuen Kultur sehr gut. Er studierte in Pisa Medizin und kam dort mit den liberal-nationalen politischen Ideen der italienischen Carbonari in Berührung. Diese beeinflussten ihn nachhaltig. Danach übte er seinen erlernten Beruf in seiner Heimat ausgerechnet am Hofe Ali Paschas von Ionnina aus. Der Kontrast war sehr groß. Dort herrschte wirklich so etwas, was Prokesch als Barbarei bezeichnete. Diese Zeit der politischen Lehrjahre Kolettis dauerte immerhin acht Jahre. Ali Pascha, ein intriganter albanischer Emporkömmling in ursprünglich türkischen Diensten, versuchte geschickt, aber letztendlich erfolglos eine eigene, vom Sultan unabhängige Herrschaft aufzubauen. Er wurde 1822 ermordet. Die Türken griffen konsequent durch und richteten auch seine drei Söhne hin. Darunter war der Arbeitgeber

Ioannis Kolettis. Ölgemälde von Dominique Papety, vor 1847

von Kolettis. Gleich nach Ausbruch der Revolution schloss sich Kolettis der Filiki Eteria an und organisierte vergebliche Versuche, die Türken aus seiner Heimat zu vertreiben. Ähnlich wie Mavrokordatos landete er als mittelloser Flüchtling auf der Peloponnes, um weiterhin gegen die Türken zu arbeiten. Und ähnlich wie Mavrokordatos gelang ihm auf Anhieb sein Sprung an die Spitze der Politik. Als Repräsentant des Epirus nahm er an der ersten Nationalversammlung teil. Schon 1822 wurde er Innenminister und zeitweise Kriegsminister. Seitdem besetzte er fast durchgehend, nur mit geringen Unterbrechungen, hohe und höchste staatliche Ämter. Das Innenministerium blieb die wichtigste Stütze seiner Karriere.

Große Gegensätze prägten die vielschichtige Persönlichkeit von Kolettis. Das schadete ihm nicht und machte einen Teil seines Charismas aus. Im Umgang war er höflich, charmant, von gewinnendem Wesen, ein mitreißender Redner mit populärem Auftreten. Er kleidete sich in die Tracht seiner Heimat und beeindruckte durch glühenden Patriotismus. Gleichzeitig war er ehrgeizig bis zur Rücksichtslosigkeit, berechnend und nüchtern-realistisch eingestellt. Einige seiner Charakterzüge, an die Griechen eher wenig gewöhnt waren, wurden seinem vlachischen Erbe zugeschrieben: eine etwas schwerfällige Art, das Fehlen jeder angeberischen Attitüde, Reserviertheit und Schweigsamkeit. Insgesamt eine widersprüchlich wirkende Kombination, die aber gerade deshalb die Faszination seiner Persönlichkeit ausmachte.

Die Herkunft von außen, die westliche Erziehung und den Konstitutionalismus teilte Kolettis mit Mavrokordatos ebenso wie den Umstand, dass er als Neuankömmling keinen Anhang besaß. Er musste sich seine Beziehungen erst aufbauen. Er tat sich dabei schwer, weil die Gegend, in der er seinen politischen Rückhalt aufbauen wollte, bereits in festen Händen war. Ostrumelien war das Land, das in besonderem Maße von Kapitani und deren Palikaren beherrscht wurde. Ungefragt schwang er sich zu ihrem Fürsprecher bei den Zentralregierungen auf und hatte damit Erfolg. Nach verschiedenen Scharmützeln unter den Militärführern, die er geschickt schürte und ausnutzte, erreichte er letztendlich die von ihm dort angestrebte Führungsposition. Er konnte sich seitdem auf die wichtigsten militärischen Führer Ostrumeliens verlassen. Das war auch deshalb wichtig, weil in der Region noch lange Zeit gekämpft wurde und die Primaten die Unterstützung der Kapitani brauchten. Kolettis Einfluss auf die anderen Mächtigen blieb dagegen längere Zeit schwach. Weder unter den Primaten noch unter den westlich erzogenen Intellektuellen hatte er – von wenigen Ausnahmen abgesehen – einen bedeutenderen Anhang. Er blieb in besonderer Weise vom Erreichen staatlicher Ämter und ihrer Möglichkeiten abhängig. Erst in den Jahren unmittelbar vor Ottos Eintreffen gelang eine Einbeziehung bedeutender Primatenfamilien, die Gruppierung um die Deligiannis, die traditionell Messenien und die Nordpeloponnes dominierten. Auch die Unterstützung durch das französische Expeditionskorps seit 1828 stärkte seine Stellung so weit, dass man mit Recht von einer das Land übergreifenden Partei sprechen konnte.

THEODOROS KOLOKOTRONIS war ein gebürtiger Peloponnesier, ein Morait, wie man sagte. Seine engere Heimat Karytena lag in Arkadien und wurde vom Primatenclan der Deligiannis dominiert. Die Kolokotronis waren Kleften, zeitweise auch Kapi in Diensten von Primaten. Daher stammte Kolokotronis' lebenslanges Misstrauen gegenüber dieser sozialen Klasse. Der kleine Theodoros verlor früh seinen Vater, der als Beteiligter des Orloff-Aufstands 1780 von türkischen Truppen zusammen mit seinen Brüdern getötet wurde. Daraufhin wuchs er im rauen Milieu der Krieger auf und führte bereits mit fünfzehn Jahren als Kapitano seine eigene Kleftenbande. Die meiste Zeit seines Lebens bis

Das Denkmal des Theodoros Kolokotronis in Nafplion

zum Ausbruch des Befreiungskriegs verbrachte er dann sicher vor den Türken im Exil. Er lebte sieben Jahre auf der Mani, später noch einmal 15 Jahre auf der ionischen Insel Zakynthos.

Mit Ausbruch der Revolution im Jahr 1821 kehrte er, nunmehr im Alter von 50 Jahren, sofort in seine Heimat zurück und ergriff die einmalige Chance »seinem Land zu dienen und seine eigenen Interessen voranzubringen«[37] Die Voraussetzungen waren äußerst günstig. Er war für sein Alter körperlich noch in gutem Zustand und kannte das Kriegshandwerk nicht nur aus der Perspektive der Kleften. In Zakynthos hatte er sich sieben Jahre in einem regulären griechischen Regiment der Engländer verpflichtet und es bis zum Major gebracht. Der Helm dieses Regiments blieb lebenslang sein Erkennungszeichen. Kolokotronis stellte aus seinen heimatlichen Bezirken um Leontari und Karytena ein Aufgebot zusammen, dem an Zahl und Qualität nur noch die Palikaren der Mani gleich-

Die Waffen des Kolokotronis. Nationalhistorisches Museum Athen

kamen. Militärisch war Kolokotronis außerordentlich erfolgreich: Unter seiner Führung gelangen der bedeutende Sieg über ein türkisches Heer am Dervennenpass und die Eroberungen von Tripolis und Nafplion. Dennoch war er innenpolitisch umstritten, verlor sein Generalkommando und wurde von der Regierung erst wieder geholt, als sich die militärische Lage katastrophal zu Ungunsten der Griechen gewendet hatte. Nun sollte er sein Vaterland erneut retten.

Von seinen Soldaten wurde Kolokotronis weit über die Grenzen hinaus geehrt, die gewöhnlich das Verhältnis bestimmten. Sie verlangten vor allem Geld, Respekt und Erfolg. Bei Kolokotronis kam die familiäre Fürsorge hinzu, die er »seinen« Soldaten angedeihen ließ. Sie stammten fast alle aus seiner Gegend und waren ihm bei den verzweigten Beziehungsgeflechten oft wirklich familiär verbunden. Mehr als alle anderen Kapitani, Primaten und Parteiführer besaß er hohes Charisma. Dieses Phänomen hält bis heute an und lässt sich letztlich rational nicht erklären. Sicher hängt es mit der Persönlichkeit des »Alten von der Morea« zusammen, wie Kolokotronis inzwischen respektvoll genannt wurde. Er war eine stattliche Erscheinung, fast immer zu Pferd, hatte markante Gesichtszüge und eine gewaltige Stimme. Es ist überliefert, dass er allein mit ihr seine Soldaten bei der Plünderung Nafplions disziplinieren konnte. Im Umgang war er oft entwaffnend direkt und sprach gern in lebendigen Fabeln und treffenden Aphorismen, die das Volk liebte und verstand. Gerade die einfachen Leute hatten auch eine Vorliebe für die Charakterzüge, die ihm seine Gegner vorwarfen: Gerissenheit, Habgier und ein zur Gewalt neigendes Temperament. Diese Persönlichkeit, aber auch durch Beute angehäufter Reichtum und sein Alter hoben Kolokotronis weit über die anderen Kapitani hinaus, die auch seine Rivalen waren.

Besonders groß fiel der Unterschied im Vergleich zu seinen zivilen politischen Konkurrenten aus, den Führern der beiden anderen Parteien.

Denn im Laufe seiner ursprünglich rein militärischen Karriere war Kolokotronis schon lange selbst zum Führer einer großen politischen Gruppierung geworden. Zwar wollte auch er die Mittel seiner Konkurrenten nutzen, war aber dabei weniger erfolgreich. Es gelang ihm nie, bedeutende und feste Beziehungen im Geflecht der Primatenfamilien aufzubauen. Er versuchte vergeblich ein festes Bündnis mit den in seiner Heimat residierenden Delegiannis zustande zu bringen und verheiratete seinen Sohn Panos mit einer Delegiannistochter. Aber der Dünkel des Großteils der Primatenfamilie und vor allem die Vorurteile seines engsten Verbündeten Plapoutas vereitelten den Erfolg des Projekts. Der wollte mit seinen ehemaligen Herren nichts mehr zu tun haben. Auch das Potenzial westlich gebildeter heterochtoner Griechen blieb weitgehend ungenutzt. Ausnahme war hier nur die Zusammenarbeit mit dem aus Kefalonia stammenden Grafen Andreas Metaxas. Er besaß das Vertrauen von

Kolokotronis und diente ihm als eine Art politischer Berater. Hauptstütze auch in schweren Zeiten der gewaltsamen politischen Auseinandersetzung in der Zeit nach dem Tod von Kapodistrias blieben seine Soldaten. Auch baute er sein Stammland in Arkadien mit den Mitteln aus, derer sich gewöhnlich die Primaten bedienten: Landbesitz, Patronage, Verwandtschaftspolitik und Einsatz von Geld. Kolokotronis setzte besonders auf die familiären Beziehungen. Seine engsten Mitarbeiter waren Verwandte – der Schwager[38] Plapoutas, der Neffe Niketaras und die Söhne Genneos und Panos. Auch Allianzversuche geschahen im Familienrahmen. So heiratete sein Sohn Genneos die Schwester des zweiten bedeutenden Souliotenführers Kitzos Tzavelas, eines Gegenspielers der Botzares-Brüder, die Mavrokordatos verpflichtet waren. Sein ältester Sohn Panos heiratete, ebenfalls im Jahr 1822, die Tochter der Seeheldin und Reederin aus Spetse, Laskarina Bouboulina. Es gab also durchaus Versuche, Allianzen über die Grenzen des sogenannten Kolokotronis-Distriktes in Arkadien hinaus zu schmieden. Im Vergleich zu den Erfolgen der Konkurrenten hatten sie aber wenig Bedeutung. Deren Hauptmittel, staatliche Stellen und deren Ressourcen zu nützen, blieb ungenutzt, ob freiwillig oder nicht.

Dass die Partei, die sich um Kolokotronis bildete und später die russische genannt wurde, traditionell-konservativ ausgerichtet war, zeigt sich schon an den Denk- und Verhaltensmustern der Protagonisten. Höchste Werte waren die Familie, die Macht des Kapitano und das Wohlergehen seiner Soldaten. Aus den biografischen Erfahrungen ableitbar ist auch ein tief sitzender Hass auf die Türken und ein generalisiertes Misstrauen gegenüber dem Fremden. Noch nicht erwähnt wurde die Religion, die in dieser traditionell orientierten Lebenswelt eine Selbstverständlichkeit war und auf natürliche Weise Distanz zu den Andersgläubigen schuf, die diese Welt bedrohten. Das waren die Franken aus dem Westen und die Türken. Religiosität dieser Art war also eher ein soziales als ein im eigentlichen Sinn religiöses Phänomen.

Daraus ergab sich eine Identifikation zwischen Kolokotronis und seinen Klienten, zu der seine Konkurrenten nie eine Chance hatten. Dass es Kolokotronis an Bildung, Welterfahrung, politischer Raffinesse fehlte, war in den Augen seiner Anhänger kein Makel. Dass er nicht lesen und schreiben konnte, berührte sie weniger als die ungewohnte Kleidung und die hochgestochene Sprache von Mavrokordatos. In Kolokotronis sahen sie bei allem Abstand, den zum Beispiel seine Habgier[39] bewirken konnte, immer einen der ihren. Er wusste das und ließ sie deshalb auch immer teilhaben. Bei der Plünderung der längst evakuierten Stadt Nafplion im Winter des Jahres 1822 gab es selbstverständliche Regeln: Zuerst kamen der General und seine Kapitani, der Rest war für die Mannschaft.

Der Prozess

Vorgeschichte

Die Regenten kamen mit dem Vorsatz nach Griechenland, im Verhältnis zu den Schutzmächten und den im Lande vorhandenen Parteien Neutralität zu wahren. Die Parteien wollten sie ursprünglich auf Heidecks und Thierschs Rat sogar ganz von der politischen Macht ausschließen. Die Regenten passten sich aber zunehmend an und nahmen in ihre Regierungen Vertreter der politischen Strömungen und Parteien auf, wenn auch völlig unterschiedlich repräsentiert. Keine Regierung hatte einen Vertreter der konservativen, russischen Partei. In der ersten war auch die französische Partei wenig bedeutsam. Ihr einziger Vertreter Kolettis stand als Marineminister eher am Rande. Die wichtigen Ministerien hielten Trikoupis, Praides und Psyllas, alles bekannte Politiker der englischen Partei.[40] Dafür gab es durchaus eine sachliche Begründung, ebenso wie für die Bevorzugung der Phanarioten und der anderen im Westen ausgebildeten Heterochthonen. Die Regenten brauchten nicht nur Fachleute für ihre Bürokratie, mit denen sie sprachlich und inhaltlich kommunizieren konnten. Sie mussten auch das griechische Element in ihrem politischen System vertreten haben, wenn schon der König, seine Regenten und die Soldaten Bayern waren. Die naheliegendste Lösung, eine genuine Repräsentation der Griechen in einer Nationalversammlung, kam durch den Einfluss König Ludwigs nicht infrage. Die Reste des bestehenden konstitutionellen Systems wurden deshalb aufgelöst und nur die bisherige Regierung provisorisch belassen. Es war ein vertretbarer Kompromiss, dass dann die erste Regierung Trikoupis vom April 1832 diese starke Dominanz der englischen Partei aufwies. Denn sie stand zwischen den beiden Parteien, die den Bürgerkrieg initiiert und ausgefochten hatten. Ausnahme war Kolettis, der als Führer der Konstitutionalisten wesentlich an den Auseinandersetzungen beteiligt gewesen war. Da er kein wichtiges Amt mehr besaß, musste er sich abgestellt fühlen. Das traf noch mehr auf die russische Partei zu. Sie blieb gänzlich ausgeschlossen.

Diese Situation war der treibende Motor der gesamten Politik der nächsten Monate. Denn selbstverständlich würden die beiden nicht oder kaum vertretenen Parteien alles daransetzten, wieder an die Macht oder an eine Beteiligung daranzu kommen. Prinzipiell gab es dazu vier Mittel.

Sie konnten einfach abwarten, ob es nicht doch Zugang zu einer Regierungsbeteiligung gab, und inzwischen versuchen, die Umstände in ihrem Sinn zu beeinflussen.

Eine solche Möglichkeit konnte das Einwirken auf die öffentliche Meinung sein, vorzugsweise durch eine Präsenz in der Presse. Das Pressewesen war in der Hauptstadt bereits weit entwickelt, weniger von den Auflagen her als von der Zahl der Zeitungen. Hinter jeder der politischen Richtungen stand mindestens eine Zeitung, die ihre Partei unterstützte. Aus dem Kreis der dort weilenden, meist heterochthonen Intellektuellen standen auch genügend Journalisten zur Verfügung.

Weiterhin konnten die Benachteiligten eine Unterstützung durch ihre Schutzmächte erreichen, materiell, organisatorisch und sogar durch direkte diplomatische Hilfe. Besonders die Situation der zunehmenden Konkurrenz zwischen England und Russland und die wachsende geopolitische Bedeutung des östlichen Mittelmeers für die imperialistischen Ambitionen dieser Mächte ließen eine solche Unterstützung realistisch erscheinen. Zunehmend wurden die Großmächte auch von sich aus initiativ.

Ein spezifisch griechisches Mittel lag in der Verbindung der Parteien mit der Brigandage, d. h. den bewaffneten Gruppen der Palikaren. Die Brigandage war eine »Form politischer Opposition, die sich von den Parteien unterschied, unabhängig von diesen existierte und ihre erste Ursache in den sozialen Verhältnissen hatte«.[41] Durch die engen Beziehungen der Führer der beiden ausgeschlossenen Parteien zu diesen Kreisen und die gemeinsame Opposition bestand eine besondere Nähe. Die Parteien konnten dieses Potenzial gegen die jeweiligen Regierungen nutzen, sei es durch Drohung oder direkte Aktionen. Die Erinnerung an die Auflösung der fünften Nationalversammlung in Pronia durch meuternde Palikaren war noch ganz frisch.

Die erste Möglichkeit kam bei der gegebenen Verteilung der Macht und wegen der Konzepte der Regentschaft nicht infrage. Die zweite, der Kampf mit den Mitteln der Presse, wurde zwar versucht, konnte aber von Seite der Regenten mit Gegenmaßnahmen[42] kontrolliert werden. Die Opposition musste sich also in besonderer Weise der letzten beiden Mittel bedienen. Es lag in der Luft, dass es nicht bei Scharmützeln mit der Presse bleiben würde.

Es ist eine zentrale Hypothese bei der folgenden Darstellung des Prozesses gegen Theodoros Kolokotronis, dass es dabei nicht nur um eine Art Notwehrmaßnahme der Regentschaft ging. Der Prozess war ein Politikum und der Prozessausgang deshalb nicht offen. Die Selbstbehauptung der bayerischen Politiker ist die eine Seite, der Versuch der bis dahin von der Macht ausgeschlossenen Parteien, diese Situation zu revidieren, die andere. Es wird zu zeigen sein, dass dabei die Kampflinie zwischen den Kontrahenten nicht nur zwischen Bayern und Griechen verlief. In gewisser Weise war der Prozess eine Fortführung des Bürgerkriegs mit anderen Mitteln. Damals standen sich Syntagmatiker und Kapodistrianer gegenüber, also die Vorläufer der französischen und russischen Partei. Dass nun noch die bayerische Seite als dritte Größe dazukam, machte alles nicht einfacher.

Der genaue Ablauf der Ereignisse ist bis heute in einigen recht wichtigen Punkten ungeklärt. Dazu gehören vor allem die Rolle Armanspergs[43] und ein möglicher Zusammenhang zwischen dem Prozessverlauf und dem Aufstand in der Mani. Trotzdem gibt es einen Kern unstrittiger Ereignisse: Im Sommer 1833 mehrten sich Kampfhandlungen zwischen Palikaren und Regierungssoldaten, die normalerweise als übliche Räubereien eingeordnet worden wären. Es bestanden aber Verbindungen zur höchsten Spitze der russischen Partei. Denn einer der Räuber war ein Freund von Koliopoulos Plapoutas, dem engsten Vertrauten von Kolokotronis. Dieser Klefte Kontobounisios schenkte seinem Freund eine aus Heeresbeständen in Nafplion gestohlene Stute. Plapoutas gab sie zurück, weil er ein Bekanntwerden befürchtete. Diese an sich unbedeutende Kleinigkeit tauchte später im Prozess als Anklagepunkt auf und ist ein Beleg dafür, wie groß das allgemeine Misstrauen und wie zugespitzt die Lage geworden war.

Im Juli fanden verstärkt Treffen der russischen Partei in Tripolis statt. Es ist nicht sicher, dass es dabei schon um konkrete Absprachen für einen im September geplanten Aufstand gab. Auf jeden Fall war Kolokotronis zur selben Zeit in Tripolis und nahm auch an solchen Sitzungen teil. Außerdem zirkulierte eine Petition an den russischen Zaren zur Unterschrift. Er sollte für die Absetzung der gesamten Regentschaft und eine Vorverlegung der Volljährigkeit Ottos gewonnen werden. Der genaue Inhalt und Unterschriften sind nicht bekannt. Ein später bei Gericht vorliegender Brief des russischen Außenministers Nesselrode an Kolokotronis hat mit der Petition nichts zu tun und war die Antwort auf einen früheren Brief Kolokotronis an den Zaren. Der gesamte Vorgang wird meist als die »große Verschwörung«[44] bezeichnet.

Eine sogenannte »kleine Verschwörung« fand fast zeitgleich in Nafplion statt. Sie ging vom Chefübersetzer der Regentschaft Dr. Johannes Franz aus und richtete sich direkt an König Ludwig in München. Dieser sollte Maurer, Heideck und Abel abberufen und die Regentschaft Armansperg allein übertragen. Als dies bekannt wurde, bestand für Armansperg eine peinliche Situation, weil er offensichtlich von der Sache wusste. Ob sie von ihm ausging, wie vielfach auch damals schon angenommen wurde, ist ungeklärt. Auf jeden Fall versuchte die Regentschaft die peinliche Situation zu vertuschen: Franz wurde lediglich verhaftet und anschließend ohne weitere Folgen nach Hause zurückgeschickt.

Eine Verbindung zwischen kleiner und großer Verschwörung bestand durch Aktivitäten des Grafen Dionysios Roma. Dieser rührige und etwas zwielichtige Auslandsgrieche aus Zakynthos war schon 1825 bei den Intrigen zwischen Franzosen und Russen im Zusammenhang mit der Suche eines Thronkandidaten beteiligt gewesen. Nun reiste er durch die Peloponnes und versuchte eine Allianz zwischen der russischen Partei und den Bemühungen des Dr. Franz herzustellen. Er versprach eine Annäherung Armanspergs und wollte in Tripolis Unterschriften für die Petition des Dr. Franz sammeln. Als sich der misstrauische Kolokotronis weigerte, verließ er Tripolis im Streit und verschwand im Ausland. Sein Mitverschwörer Nikolaidis ging in Nafplion zu Heideck und denunzierte Dr. Franz.

Kolokotronis war sich offensichtlich darüber im Klaren, wie gefährdet seine Position war. Er ließ sich nicht auf Roma ein und blieb auch nicht weiter in Tripolis, von wo die Namenslisten der Treffen durch einen Denunzianten nach Nafplion gemeldet wurden. Er suchte sogar zu seiner Entlastung die Nomarchen in Tripolis und in Nafplion auf. Auch beim König meldete er sich dort persönlich. Als eine Art Ergebenheitsadresse schickte er dem im Lande weilenden bayerischen Thronfolger und Bruder des Königs Maximilian sein Schwert mit einer pathetischen Widmung.

Trotzdem steigerte sich, angeheizt durch die Veröffentlichung der Affäre Franz in der Presse, die Nervosität in der Hauptstadt. Es entstand dort der allgemeine Eindruck, dass wirklich eine ernsthafte Verbindung zwischen den Aktivitäten des Dr. Franz und den vermuteten Aufstandsvorbereitungen der russischen Partei bestand. Als dann noch Meldungen über Unruhen in Rumelien und einen Abfall der Insel Tinos eintrafen, reagierte die Regentschaft hart. Anfang September wurde ein Gesetz über die Militärgerichtsbarkeit erlassen, das Standgerichte möglich machte und Handlungen gegen die Regentschaft mit der Todesstrafe bedrohte. Kaum war das Gesetz verkündet, erfolgte in einer geheim gehaltenen Aktion die Verhaftung der Führer der russischen Partei, voran Kolokotronis und Plapoutas. Nicht einmal die Minister waren informiert. Als sich der Innenminister Psyllas darüber bei Maurer beschwerte, belehrte in dieser schroff, er könnte auch selbst verhaftet werden, weil er nichts unternommen habe. Ergänzt wurden diese Maßnahmen noch durch drei restriktive Pressegesetze zur Beruhigung der öffentlichen Diskussion.

Zwischen der Verhaftungswelle am 18. September 1833 und der Eröffnung des Prozesses gegen die Hauptangeklagten am 12. Mai 1834 vergingen acht

Monate. Der Prozess selbst dauerte bis zum 7. Juni. In diesen acht Monaten veränderten sich die politischen Rahmenbedingungen erheblich.

Die wichtigste Veränderung betraf die Regentschaft selbst, das heißt ihren Zusammenhalt. Ihre persönliche Einmütigkeit, von Maurer und Heideck sogar als Freundschaft bezeichnet, verschwand immer mehr (siehe Kapitel 2). Der Zusammenhalt dürfte vor allem durch Armanspergs zwielichtiges Verhalten in der Affäre Franz auf eine harte Bewährungsprobe gestellt worden sein. Immerhin konnte diese Belastung nach außen hin so weit beherrscht werden, dass ein erheblicher Teil der zu leistenden Aufbauarbeit im Herbst und Frühjahr noch erfolgen konnte. Gegen Ende dieser acht Monate war aus Freundschaft oder Kameradschaft längst Feindschaft geworden. Die Mehrheit Maurer, Heideck und Abel bekämpfte Armansperg und umgekehrt. Von einer geregelten politischen Arbeit konnte keine Rede mehr sein.

Dabei mögen nach außen hin persönliche Animositäten und Kränkungen im Vordergrund gestanden haben. Es bestanden aber auch handfeste politische Gründe. Wohl auf Veranlassung Maurers und Abels erfolgte ein Wechsel in der grundsätzlichen politischen Orientierung. Man gab das Konzept der Neutralität gegenüber den Großmächten und gegenüber den Parteien auf. Nach außen hin wurde dies durch die Umbildung der Regierung sichtbar. Von den »englisch« orientierten Ministern blieb nur Mavrokordatos im Amt. Trikoupis, Psyllas und Praides wurden entlassen. In die für die kommende Zeit wichtigen Schlüsselministerien des Inneren und der Justiz rückten Kolettis und Konstantinos Schinas ein. Kolettis war der Führer der französischen Partei und als Innenminister Schlüsselfigur der neuen Regierung. Der ihm politisch nahestehende Schinas war als Mitarbeiter bei der Rechtskodifizierung Maurers dessen Vertrauter und engster Mitarbeiter. Beide galten als robust und durchsetzungsstark. Maurers und Abels Gründe für diese Regierungsumbildung lagen sicher nicht nur in Sicherheitsvorkehrungen und Vorbereitungen für den Prozess gegen die mutmaßlichen Insurgenten. Offensichtlich gab es ein grundlegend neues Konzept. Maurer wollte erkannt haben, dass eine Neutralitätspolitik nicht möglich war. Und wenn schon eine Anlehnung an eine Partei und deren Schutzmacht nötig oder sinnvoll war, dann musste die französische das kleinere Übel sein. Denn die außenpolitischen Ambitionen Russlands und Englands waren offensichtlich, Frankreich verhielt sich deutlich zurückhaltender.

Heideck machte mit, während diese neue Konzeption auf Armanspergs Widerstand traf. Es ist weniger wichtig, ob der Graf grundsätzlich eine proenglische Orientierung hatte, oder ob diese Orientierung erst in der Konfrontation mit dem neuen Konzept entstand. Zuerst duldete er den neuen Kurs noch, spätestens ab der Jahreswende steuerte er aber dagegen. Damit war eine Situation eingetreten, die ursprünglich als die ungünstigste angesehen worden war. Zwei rivalisierende Parteiführer befanden sich in der Regierung. Der dritte saß im Gefängnis. Ob die Zusammenarbeit der zwei gegen den dritten halten oder ob sich eine neue Konstellation ergeben würde, war nicht abzusehen. Insgesamt lag eine bedrohlich labile Situation vor.

In dieser Zeit spitzten sich die Verhältnisse noch in anderen Bereichen zu. Die Verhaftungen nützten wenig, heizten die Emotionen aber zusätzlich auf. Die allgemeine Unzufriedenheit entlud sich in Aufständen. Noch Ende 1832 erhoben sich die Manioten. Die gesamte Zeit vor, während und nach dem Prozess war begleitet von Aufständen. Die reguläre Armee hatte dabei erhebliche Probleme (siehe Kapitel 3) und die Regierung konnte die Lage nur durch die Hilfestellung irregulärer Kontingente unter Kontrolle bringen. Dies war der zweite Bruch mit der ursprünglichen Konzeption der Regenten. Denn neben den Parteien sollten ja gerade die Palikaren und ihre Führer von der Macht ferngehalten werden. Schlüsselfigur war der Innenminister Kolettis, dessen Palikarenfreunde die Regenten aus ihrer blamablen Lage befreiten.

Die diplomatischen Aktivitäten der Großmächte komplizierten die Lage zusätzlich. Durch die Petitionen wurden sie nun direkt angesprochen und einbezogen. Das traf vor allem auf England zu, dessen Gesandter Dawkins besonders rührig war und Armanspergs in der Regentschaft zunehmend schwächere Stellung stützte. Armansperg driftete auch aus diesem Grund immer mehr in eine englandfreundliche Position ab. Die Stellung Mavrokordatos war in der von Kolettis dominierten Regierung doch nicht so geschwächt, wie es nach außen erschien. Das zeigte sich, als die Konfrontation zwischen den Regenten kurz nach Prozessende ihren Höhepunkt erreichte. Auch hier wurde wieder mit Petitionen und Appellen direkt an die Großmächte gearbeitet. Zwar hatten Maurer und Abel den Grafen Armansperg in Nafplion an den Rand gedrängt, aber entschieden wurde in München. Ludwig gab Londons diplomatischen Druck nach und entschied sich für Armansperg.

Ablauf

Der Verhandlungsort für den Prozess war die alte Moschee am heutigen Syntagmaplatz. Sie diente einige Zeit als Schule, bevor sie dann Sitz des Gerichts wurde. Wegen ihres relativ großen, überkuppelten Hauptraums wird sie bis heute für Theateraufführungen und Kunstausstellungen genutzt. Lange Zeit war sie das Kino von Nafplion. Aus dieser Zeit rührt die heute übliche Bezeichnung »Trianon«.

Trianon, die alte Moschee, heutiger Zustand

Von besonderer Bedeutung war die Lage dieser Moschee: Sie öffnete sich damals noch mit offener Vorhalle zum zentralen Platz der Stadt. Die Wege, die während des Prozesses dann von Bedeutung wurden, waren kurz und innerhalb von wenigen Minuten zurückzulegen. Südlich bergauf befanden sich die Gefängnisse von Itschkale. Die Eskorten konnten die Angeklagten in wenigen Minuten durch das Tor der Dolfin-Bastion zum Gerichtsgebäude bringen und mussten dabei über den Hauptplatz. Ebenfalls über den Hauptplatz führten die Wege zu den Wohnungen des Regenten Maurer und des Justizministers Schinas. Auch diese konnte man in wenigen Minuten zurücklegen, über die belebtesten Straßen der Stadt. Sicher hätte es einen Schleichweg über ein Nebengässchen gegeben. Das war aber nicht beabsichtigt. Wenn die Angeklagten ins Gericht gebracht wurden, geschah das nicht heimlich, sondern mit einer Eskorte von mit Lanzen bewaffneten Gendarmen. Diese wurden auch mehr-

Platz vor der alten Moschee. Zeichnung von G. Haubenschmid, 1833

mals im Gerichtssaal selbst eingesetzt. Auch als der Justizminister am letzten Verhandlungstag zwischendurch das Gericht aufsuchte, um es direkt zu beeinflussen, tat er das nicht heimlich. Er zog dazu seine goldbesetzte Ministeruniform an und ließ sich von drei anderen goldbetressten Uniformträgern samt Eskorte begleiten.

Die Dynamik dieses Prozesses ist nicht zu verstehen ohne die Wechselwirkungen zwischen dem, was im Gerichtssaal ablief, und dem, was gleichzeitig auf dem Platz und in den Häusern der Regenten geschah. Wenn man zeitgenössischen Quellen glauben will, war nicht nur die Moschee, sondern die ganze Stadt der Gerichtsort. Die Aufregung ist nur mit den Ankunftstagen König Ottos und seinem Einzug in Nafplion im Februar des vorangegangenen Jahres zu vergleichen. Für den letzten Tag des Prozesses wird im Gerichtsprotokoll berichtet:

> *Der Gerichtssaal ist voll mit Publikum aus allen Gesellschaftsklassen. Es drängt sich in diesem großen Gebäude zusammen, dessen Kapazität für Tausend ausreicht. Das ist aber wenig im Verhältnis zu der Menge, die sich versammelt hat. Auf dem Platz für eine Person stehen drei, vier, hinten und vorne. Es folgt ein andauerndes Stoßen und Schieben, aber alle bleiben geduldig, selbst die Verletzten.*
>
> *Bei der Volksmenge außerhalb aber ist es wie bei Vögeln, zu deren Nest eine unheilbringende Schlange kriecht und sie erschreckt. Sie fliegen auf und umkreisen den Ort ihrer Nester, weil sie um ihre Jungen fürchten. Genauso verhält sich die Menge außerhalb. Sie hat das Gerichtsgebäude umgeben und sich auf dem großen Platz der Stadt und in den benachbarten Straßen gesammelt. Sie nimmt unterschiedlichste Formen an. Die Leute reden über das Furchtbare. Verwirrung und Schrecken sind in ihre Gesichter eingegraben, als ahnten sie den schlechten Ausgang des Verfahrens und seine Folgen. Die ganze Stadt ist auf den Beinen, bewegt sich hierhin und dorthin, wie das wogende Meer in einer schwierigen Strömung.*[45]

Offensichtlich bestand das Ziel des Prozesses weniger in der Durchsetzung des Rechts als in einer Demonstration der Macht der Regentschaft und einer Verfolgung ihrer politischen Feinde. Der Prozess musste unbedingt die vorangegangenen Verhaftungen rechtfertigen. Abel hat das schriftlich schon im September festgehalten: Ziel war die Bekämpfung der politischen Gegner. Und das konnte seiner Meinung nach nur erreicht werden, wenn sich die Regierung der Gerichte sicher sein konnte:

> *Jede Lossprechung eines auf dem Grunde von Regierungsverfügungen Verhafteten ist ein gegen die Regierung gekehrtes verdammendes Urteil, und ein Freibrief für neue Unternehmungen gegen dieselbe. Der Kampf kann zuletzt nur mit ihrem Untergange enden.*[46]

Es ist nicht ganz klar, wessen Untergang gemeint war: der der Regenten oder der der Gegner? Sinn ergibt beides. Diese Aktennotiz zeigt auch die Härte der Situation, offensichtlich ging es auf Leben und Tod. Der Prozess, dessen Ausgang schon vor der Verhandlung feststand, hatte also die zweifelhafte Funktion, die Regierung gegenüber den direkten Gegnern zu festigen und zugleich der gesamten griechischen Öffentlichkeit die Macht der Regentschaft zu demonstrieren. Es gab deshalb eigentlich zwei Prozesse: einen im Gerichtssaal, einen vor dem Gerichtsgebäude. Der Gerichtsschreiber hat das sensibel erfasst, aber gleichzeitig schon vorweggenommen, wie der zweite Prozess, der sich um die Anerkennung der Regentschaft in der Öffentlichkeit drehte, ausgehen sollte. Es gibt nur eine sinnvolle Deutung seines Bildes: Das Nest war der Gerichtssaal, die gefährliche Schlange der Ankläger der Regierung, die bedrohten Jungen die Angeklagten, die kreisenden, hilflosen Vögel das Volk.

Die Regentschaft bereitete den von ihr beabsichtigten Ausgang des Verfahrens mit verschiedenen feinen und groben Manipulationen vor. Die wichtigsten sollen kurz erwähnt werden.

Durch das Auswechseln zweier Richter noch während des Verfahrens wurde eine parteiische Besetzung des Gerichts erreicht. Der staatliche Ankläger behinderte die Verteidigung bei der Bestellung und Befragung ihrer Zeugen. Überhaupt benahm sich der Ankläger schon in der Vorbereitungsphase, als ob er Herr des Verfahrens sei. All das und noch Weiteres dieser Art soll hier aber nicht genauer interessieren, weil sich schon im Verlauf der ersten Prozesswoche zeigte, dass der Ankläger trotz eines Plädoyers von fünfeinhalb Stunden seine Vorwürfe nicht würde beweisen können. Den beiden Angeklagten Kolokotronis und Plapoutas wurde nicht pauschal Hochverrat angelastet. Zu beweisen waren vier konkrete Handlungen:

1. *Anstiftung des Volks zum Bürgerkrieg mit dem Ziel der Destruktion der bestehenden politischen Ordnung,*
2. *Anstiftung zur Räuberei mit dem weiteren Ziel der Verschwörung und des Bürgerkriegs,*
3. *Unterschrift einer Vorlage für eine fremde Macht (Russland) mit dem Ziel der Beseitigung der Regentschaft,*
4. *Kooperation mit dem Grafen Roma bei einem Antrag an den bayerischen König mit dem Ziel, zwei der drei Regenten abzulösen und die Macht an Armansperg zu übertragen.*[47]

Es zeigte sich schnell, dass für die besonders wichtigen Punkte 3 und 4 kein konkretes Beweismaterial vorlag, weder Unterschriftenlisten noch der Antrag an den Zaren und auch nicht die Briefe des Dr. Franz. Der Punkt 1 der Anklage war viel zu pauschal. Also drehte sich alles um die Anstiftung zur Räuberei in Punkt 2. In diesem Zusammenhang tauchten dann zum Beispiel immer wieder die gestohlene Stute, die Kontovounisios Plapoutas schenken wollte, und ähnliche Kleinigkeiten als Hauptbelastungsmomente in einem Hochverratsprozess auf. Besonders delikat war natürlich der Punkt 4. Denn weder Dr. Franz noch Graf Roma waren als Zeugen greifbar. Hätten sie aussagen können, wäre einer der Regenten sogar direkt in die Sache hineingezogen worden.

Nach den Plädoyers der Verteidiger bestand dann wenig Aussicht, die Anklage noch glaubhaft beweisen zu können. Einer der beiden Verteidiger, Christodoulos Klonaris, war als ehemaliger Justizminister ein enger politischer Mitarbeiter und persönlicher Freund von Mavrokordatos. Durch seine Platzierung hatte Mavrokordatos signalisiert, wie distanziert er gegenüber dem Vorgehen der Regentschaft in diesem Verfahren war. Doch nun setzte er sich auch offen für die Angeklagten ein. Es war wahrscheinlich, dass danach auch dessen Förderer Armansperg von der gemeinsamen Position abrücken würde. Denn in den Wochen der Verhandlung war der bisher schwelende Dissens der Regenten in einen offenen Kampf übergegangen. Entscheidungen wurden nach dem Mehrheitsprinzip gefällt. Armansperg konnte bei einem Ausscheren also überstimmt werden.

In den letzten beiden Verhandlungstagen nahm dann der Prozess einen überraschenden Verlauf. Denn nicht Mavrokordatos und Armansperg wurden zum Problem, sondern das Gericht und seine so sorgfältig geplante Zusammensetzung.

Staatlicher Ankläger war der schottische Philhellene Edward Mason. Dieser bisher nicht besonders profilierte Jurist hatte aber immerhin Gerichtserfahrung und sprach perfekt griechisch. Er war schon seit 1824 im Land und ein ausgewiesener Gegner der russischen Partei.

Auch die Zusammensetzung des fünfköpfigen Gerichts ließ für die Regentschaft selbst bei einem ungünstigen Prozessverlauf nichts befürchten. Als Vorsitzender fungierte Athanasios Polizoidis, ein geborener Makedonier, der in Göttingen Jura studiert hatte. Er war, wie der Verteidiger Klonaris, einer der profiliertesten griechischen Juristen und hatte in dieser Eigenschaft schon mit Maurer bei der Verfassung seines ersten Gesetzbuchs zusammengearbeitet. Politisch galt er seit Jahren als Gegner der russischen Partei und Parteigänger von Mavrokordatos. Er konnte deshalb als klarer politischer Widersacher, wenn auch nicht als persönlicher Feind von Kolokotronis gelten. Solche waren hingegen die beiden eingewechselten Richter Voulgaris und Frankoulis, die von Qualifikation und Biografie her nichts Besonderes vorweisen konnten. Voulgaris hatte keinerlei juristische Qualifikation, Frankoulis wurde eigens aus Chalkis versetzt. Der Richter Dimitrios Soutsos, ein Phanariote, war der Schwager des Justizministers Schinas. Nur Georgios Tertsetis konnte als einigermaßen unabhängig gelten und keiner Partei zugeordnet werden. Er war ein vielseitig interessierter Freigeist und hatte in Pisa die Rechte, lateinische und italienische Philologie studiert. Später knüpfte er berufliche und persönliche Beziehungen verschiedenster Art. Auf seiner Heimatinsel war er Mitschüler der beiden älteren Söhne von Kolokotronis gewesen. Danach arbeitete er als Geschichtslehrer an der Kriegsschule in Nafplion und unterrichtete auf Empfehlung des ihm bekannten Mason die Töchter Armanspergs in Griechisch.

Am Freitag, dem 6. Juni, wartete zu Beginn der Verhandlung alles gespannt, was der Ankläger auf die Plädoyers der Verteidiger Valsamakis und Klonaris antworten würde. Ein Eintrag ins Protokoll der vorangegangenen Sitzung zeigt, dass seine Stellung nicht leicht sein würde:

Nach seiner Vorrede entwickelte der Verteidiger die Tatbestände der Angelegenheit, prüfte und würdigte die Zeugenaussagen der Anklage und Verteidigung. Und er analysierte die Anklage auf alle Umstände hin, wobei sich ergab, dass sie generell erfunden, lügnerisch und unbegründet ist.[48]

Mason reagierte völlig überraschend und unkonventionell.

Mason:

»Ich komme, um Ihnen zu eröffnen, meine Herrn Richter, dass die Sache genügend diskutiert ist. Alles Dafür und Dagegen haben Sie gehört. Ich glaube, dass ich meine Zeit verschwenden würde. Gestützt auf die Wahrheit und die Tatbestände eröffne ich dem Gericht, dass es zur Beschlussfassung schreiten soll. Weil ich mich weigere, auf die Plädyers zu antworten, können auch die Anwälte der Angeklagten nicht weiter reden.«

Klonaris:

»Was hat der Ankläger da begonnen, indem er den Fall so abschließen will? Er hat alle Rechte, alle Gesetze und Gewohnheiten mit Füßen getreten.«

Valsamakis:

»In meinem Plädoyer habe ich den Ankläger aufgefordert, bestimmte Punkte der Anklage klar zu stellen, damit ich entgegnen kann. Wenn er selbst auf eine Entgegnung verzichtet, muss ich nicht auch verzichten.«

Mason:

»Nirgendwo auf der Welt ist der Ankläger zu einer Entgegnung verpflichtet. Es ist ein Recht, auf das er verzichten kann. Die Angelegenheit ist genügend diskutiert [...]«

Polizoidis:

»Die Ansichten des Herrn Anklägers sind für das Gericht neu. Die bisherige Praxis des Gerichts entspricht nicht seinen Beteuerungen. Ich bin der Meinung, dass der Herr Ankläger zu einer Entgegnung verpflichtet ist. Auch stimme ich zu, dass die Beweisführung der Anklage lückenhaft ist. Es ist notwendig sie zu vervollständigen, anderenfalls haben die Verteidiger das Wort.«

Mason:

»Wenn ich keine Entgegnung halte, hat auch kein anderer das Recht dazu. Ich werde das nicht tun und keiner kann mich dazu zwingen [...]«[49]

Es folgte ein längerer Disput. Beide Seiten beharrten auf ihren Standpunkten.

Polizoidis:

»Als Vorsitzender des Gerichts bitte ich Sie noch einmal, um der Gerechtigkeit und des öffentlichen Wohls willen, halten Sie Ihre Gegenrede.«

Mason:

»Das kann ich nicht.«

Polizoidis:

»Sie müssen es tun. Wir lassen Ihnen dazu den ganzen Tag.«

Mason:

»Ich muss über meine Handlungen Rechenschaft ablegen, das Gericht nicht. So ist das Gericht unabhängig, ich verlange auch wegen meiner Sicherheit, dass es zum Beschluss schreitet.«

Polizoidis:

»Das ist verboten. Was ich von Ihnen verlange ist, dass Sie um der Gerechtigkeit und des Gemeinwohls Willen Ihre Entgegnung halten.«[50]

Es folgte zur Verwunderung der Zuhörer ein Getuschel zwischen dem als Vertreter Maurers anwesenden Nomarchen Mavros und dem Ankläger. Der Nomarch verließ den Saal, offensichtlich um Anweisungen einzuholen. Danach:

Mason:

»Ich bestehe darauf, dass zur Verurteilung geschritten wird. Das Gericht ist verpflichtet, über meine Vorlage zu entscheiden.«

Polizoidis:

»Das Gericht ist nicht verpflichtet. Die Richter, als einsichtige Menschen, denken, dass es notwendig ist, die Lücken der Anklage zu füllen.«

Mason:

»Ich wiederhole, dass das Gericht unabhängig ist, nicht aber der beauftragte Ankläger. Das erste ist Gott Rechenschaft schuldig, der zweite aber seinen Vorgesetzten. Noch einmal, machen Sie weiter, um meiner eigenen Sicherheit Willen.«[51]

Konstantinos Schinas. Lithografie von Jakob Melcher, 1853

Dies Geplänkel dauerte ohne Ergebnis die gesamte Sitzung über an. Am Schluss hatte Mason klargemacht, dass er nach Anweisungen handelte und nicht wagte, in eigener Verantwortung zu agieren. Er fürchtete sogar um seine eigene Sicherheit. Polizoidis vertagte die Sitzung. Er kündigte an, dass er am nächsten Tag den Verteidigern das Wort erteilen würde, wenn Mason nicht plädieren würde.

Am nächsten Tag, dem letzten des Prozesses, wurden die Angeklagten vorgeführt. Die Verhandlung begann mit einem Paukenschlag. Als Polizoidis nach der fortgeführten Weigerung Masons den Verteidigern das Wort erteilte, schritt Mason ein. Er legte eine offizielle Anweisung des Justizministers vor, einen königlichen Befehl zu verlesen. Der von den drei Regenten unterschriebene Befehl wies das Gericht an, ohne weitere Verhandlung zum Urteilsbeschluss zu schreiten. Der Befehl hatte das Datum des vorhergegangenen Tages. Also musste in der Nacht eine entscheidende Krisensitzung der Regentschaft und der Regierung stattgefunden haben. Es hatte sich offensichtlich die harte Linie um Maurer, Abel und Kolettis gegen Armansperg und Mavrokordatos durchgesetzt. Die Richter zogen sich in einen separaten Besprechungsraum zurück. Eine Mehrheit von drei Richtern war für das beantragte Todesurteil und der Vorsitzende sowie Tertsetis dagegen. Nach vergeblichen Versuchen der Minderheit, einen Aufschub zu erreichen, verweigerten die beiden unterlegenen Richter ihre Unterschrift, wozu sie nach der Gerichtsordnung verpflichtet waren. Dies wiederum führte dazu, dass die drei Mehrheitsrichter den Justizminister um Hilfe ersuchten.

Die folgenden Stunden brachten die ganze Stadt auf die Beine. Alle fünf Richter verließen das Gericht. Die drei, die für das Urteil waren, kamen nach einer Besprechung bei Schinas in dessen Begleitung zurück. Schinas, selbst in Paradeuniform, bot alle Hilfsmittel der Staatsmacht auf und ließ das Gerichtsgebäude mit Gendarmerie besetzen. Der Gerichtspräsident Polizoidis und Tertsetis wurden auf Schinas Befehl von Gendarmen mit Gewalt ins Gerichtsgebäude zurückgebracht.

Ähnlich wie vorher zwischen Mason und Polizoidis folgte nun ein Disput zwischen dem Justizminister und dem Gerichtsvorsitzenden.

Schinas:

»Herr Polizoidis, ich erinnere Sie an Ihre Verantwortung, besonders die, die Sie als Vorsitzender des Gerichts haben.«

Polizoidis:

»Was heute nicht gefällt, Herr Minister, das wird, da bin ich mir sicher, in sechs Monaten dem ganzen Volk gefallen.«

Schinas:

»Im Namen des Königs bitte ich Sie, unterschreiben Sie das Urteil.«

Polizoidis:
»Im Namen der Gerechtigkeit unterschreibe ich nicht.«[52]

Schinas verließ noch einmal den Gerichtssaal für eine halbe Stunde, um sich mit Maurer zu besprechen. Er sollte den Prozess auf jeden Fall noch an diesem Abend zu Ende bringen.

Schinas:
»Als Justizminister befehle ich Ihnen, dass Sie das Urteil unterschreiben.«

Polizoidis:
»Lieber lasse ich mir die Hand abhacken, ich unterschreibe es nicht.«

Schinas, an Tertsetis:
»Unterschreiben Sie wenigstens, ja oder nein?«

Tertsetis:
»Nein, Sie können mich nicht zum Mittäter am Mord an zwei Menschen machen.«[53]

Darauf ließ Schinas die anderen drei Richter unterschreiben. Die beiden Verweigerer wollten nicht bei der Urteilsverkündung anwesend sein. Das war eine weitere Schwierigkeit für Schinas, der inzwischen die Hoheit im Gericht übernommen hatte. Vor dem Publikum im Gerichtssaal sollte alles korrekt aussehen. Auch das gelang kaum. Tertsetis berichtete später:

Zwei Gendarmen packen Polizoidis und bringen ihn mit Gewalt auf den Stuhl des Vorsitzenden. Polizoidis wehrt sich. Es war eine ziemliche Entfernung zwischen dem Beratungszimmer und den Richterstühlen. Er wehrt sich, sie schleifen ihn. Er hält sich an Tischen, an den Türen fest, er kämpft. Zuletzt setzen sie ihn auf seinen Stuhl. Bei mir wechselten sie ihren Kriegsplan. Vier Gendarmen packten mich und hoben mich in die Luft.[54]

Der Richter Soutsos übernahm dann unter dem Protest des rechtmäßigen Vorsitzenden dessen Rolle und ließ gegen sieben Uhr abends das Urteil verlesen. Polizoidis bedeckte sein Gesicht und brach in Tränen aus. Die beiden Angeklagten reagierten auf das Todesurteil unterschiedlich. Der alte Kolokotronis blieb unbewegt, bekreuzigte sich und nahm darauf eine Prise Schnupftabak. Der jüngere Plapoutas weinte hemmungslos. Er dachte wohl an seine acht Kinder, die er zurückließ. Sie wussten noch nicht, dass das Urteil in Kürze auf dem Gnadenwege in eine Gefängnisstrafe umgewandelt werden sollte. Das war schon vorher abgesprochen worden. Beim Publikum im Saal und unter der Menge draußen wurde das Urteil mit Erschütterung zur Kenntnis genommen. Denn die Vorgänge im Gericht verbreiteten sich schnell. Das Gerichtsprotokoll vermerkte die Stimmung in der Stadt. Es herrschten Bestürzung und ein Gefühl der Hoffnungslosigkeit. Es sind keine lauten Proteste oder gar Gewaltakte verzeichnet.[55]

Wie sind die beiden Prozesse, der drinnen und der draußen, ausgegangen? Die Regentschaft erreichte zweifellos das Ziel, das sie sich vornahm. Sie hat ihre Anklage, mit welchen Mitteln auch immer, durchgebracht und den Prozess formal gewonnen. Gleichzeitig verlor sie den Kampf um ihr Ansehen in der Bevölkerung. Ein angesehener Gerichtsvorsitzender hatte vor allen Augen die Seiten gewechselt und ein ursprünglich recht umstrittener Parteiführer war im Laufe des Verfahrens zum Volkshelden aufgestiegen. Den zweiten Prozess, den um die Stimmung in der griechischen Bevölkerung, hätte sie also nur gewonnen, wenn das Ziel der Regenten eine Gewaltdemonstration und Einschüchterung der Einheimischen gewesen wäre.

Kolokotronis und Plapoutas wurden nach der Begnadigung in ein Gefängnis der Festung Palamidi[56] verbracht. Dort verblieben sie bis zu ihrer Freilassung im Rahmen einer Amnestie zur Thronbesteigung König Ottos im Sommer 1835.

Ergebnis und Folgen

Damit waren die Hauptprädelsführer, wie die Regenten im Herbst 1833 annahmen, in sicherem Gewahrsam und ihrer Handlungsmöglichkeiten beraubt. Ob die beiden wirklich einen allgemeinen Aufstand planten, ist bis heute nicht geklärt und auch Definitionssache. Das zeigt sich vor allem an den Hauptanklagepunkten, die ja den Hochverrat vor allem im Hereinziehen fremder Mächte sahen. Aber weder König Ludwig noch der Zar waren im Sinn des Londoner Vertrags vom Mai 1832 fremde Mächte. Im Falle des Dr. Franz sahen sich die Regenten nicht einmal veranlasst, eine einfache gerichtliche Untersuchung anzustrengen – im selben Fall, der den beiden Griechen die Anklage als Hochverräter einbrachte. Wenn nicht widerrechtlich ein Skandal vertuscht werden sollte, bleibt nur die Annahme, die Regenten hätten das Verhalten des Beamten Dr. Franz als innerbayerische Angelegenheit angesehen und deshalb unter das Dienstrecht fallen lassen.

Anders verhält es sich bei der angenommenen politischen Bedrohung durch die russische Partei, einschließlich der Anstiftung zur Brigandage. Es ist realistisch, eine solche anzunehmen, auch wenn die Beweismittel dazu unzureichend waren. Aber gerade in diesem Punkt erwies sich der Prozess als untaugliches

Gefängnis des Kolokotronis im Fort Miltiades der Festung Palamidi

Mittel. Er sollte die Sicherheit von Regierung und Regentschaft garantieren, bewirkte aber das Gegenteil. Auf der Mani begann eine Serie von Aufständen, die sich um den Zeitpunkt des Prozesses gruppierten. Im Falle des ersten Aufstands gab es noch Hinweise dafür, dass er nicht in einem direkten kausalen Zusammenhang mit dem Prozess stand. Die Manioten forderten nicht die Freiheit von Kolokotronis und Plapoutas. Sie wollten ihre regionale Sonderstellung sichern, die sie sich sogar gegen die Türken erstritten hatten: eine eigene Rechtsordnung, ihre Waffen und auch steuerliche Vorteile. Es ging nicht so sehr um Kolokotronis, einen Nichtmanioten ohne besondere Beziehungen zu dieser Region. Gestritten wurde besonders um den von der Regierung geforderten Abriss der Wehrtürme der Primatenfamilien. Sie waren das Symbol der Sonderrechte, das die Regierung beseitigen wollte. Beim nachfolgenden Aufstand in Messenien stellten die Insurgenten politische Forderungen im Sinne der russischen Partei. Erst der dritte Aufstand in Arkadien betraf das Kernland von Kolokotronis und ging auch direkt von seinen Parteigängern aus. Er war das, was die Regenten von Anfang an befürchtet hatten.

Gerade der Mani-Aufstand wurde aber zum deutlichsten Zeichen des Widerstands gegen die Regierung und auch als Unterstützung für Kolokotronis empfunden. Denn der Prozess in Nafplion und der Höhepunkt der Kämpfe auf der Mani fielen zeitlich zusammen. Der Prozess begann am 12. Mai. Zu diesem Zeitpunkt befanden sich die Regierungssoldaten bereits mitten im Einsatz. Am 20. Mai näherte sich das größte Kontingent bayerischer Freiwilliger unter Major Ott Patras. Sie wurden sofort zur Mani weitergeschickt und sollten die von den Manioten bedrängten Truppen verstärken. Es besteht also eine zeitliche Koinzidenz. Zur selben Zeit, als die Regentschaft in Nafplion mit der Art und Weise, wie sie den Prozess führte, das Vertrauen der Bevölkerung verspielte, verlor sie im Gebirge der Mani ihr militärisches Prestige. Die Sicherheitslage der Regentschaft war deshalb durch die Verhaftung und Verurteilung der mutmaßlichen Verschwörer auf keinen Fall besser geworden.

Zum Zeitpunkt des Prozesses konnte sich das Verhältnis unter den Regenten nicht mehr verschlechtern. Sie bekämpften sich gegenseitig ohnehin mit fast allen Mitteln. Dabei hatte die Regentschaftsmehrheit zunächst die bessere Position. Sie brachten den König und den bayerischen Geschäftsträger Gasser samt Frau auf ihre Seite. Armansperg wurden die üppigen Repräsentationsgelder der Regentschaft entzogen und der König beherzigte die Empfehlung, nicht mehr im Hause Armanspergs zu verkehren. Dadurch fiel eine wichtige Stütze der Autorität des nur mehr nominellen Regentschaftspräsidenten weg. Sein Haus war nicht mehr der gesellschaftliche Mittelpunkt der Hauptstadt. Die Verwicklung in die

Affäre um Dr. Franz machte ihn zudem erpressbar. Dies dürfte der Grund sein, warum der Graf während des Prozesses bei der Unterstützung von Kolokotronis so zurückhaltend und vorsichtig war. In der verfahrenen Situation suchten beide Seiten bei König Ludwig in München um eine Entscheidung an. Der Brief Abels ging am 3. Mai, der Armanspergs am 25. Mai ab. Wie die Ereignisse auf der Mani fielen also auch die Höhepunkte der Entfremdung zwischen den Regenten mit der Zeit des Prozesses zusammen. Die Entlassungsschreiben für Maurer und Abel wurden Ludwig am 30. Juni zur Unterschrift vorgelegt,[57] genau zwei Wochen nach der Urteilsverkündung in Nafplion. Ludwigs überraschende Entscheidung zu Ungunsten der Majorität hat mit dem Verlauf der Hauptverhandlung und dem Prozessausgang also nichts zu tun. Das wäre allein vom zeitlichen Ablauf her nicht möglich gewesen, weil eine Meldung nach München mindestens vier Wochen dauerte. Die beiden Regenten erhielten ihre Abberufung erst am 31. Juli, also ziemlich genau einen Monat nach der Entscheidung in München. Ludwig entschied sich allein aus außen- und finanzpolitischen Gründen, und solche Fragen waren bei Gericht nicht auf der Tagesordnung.

Heideck hatte mit dem Prozess wenig zu tun, viel aber mit den gleichzeitigen Begleitumständen. Er war verantwortlich für die Bekämpfung der Aufstände und als dritter Regent in den Streit der anderen involviert. Insgesamt blieb seine Haltung ambivalent und ist nicht nur wegen der Quellenlage schwer zu beurteilen. Einesteils wurde er von vielen Griechen als früherer enger Mitarbeiter des Grafen Kapodistrias für einen Russenfreund gehalten. Dies ist von seiner politischen Grundeinstellung her wahrscheinlich zutreffend. Gleichzeitig galt er aber wegen seiner strengen Linie der Ausgrenzung der Palikaren als Griechenhasser. Bei den Aufständen des Jahres 1834 war er unter den Regenten das beliebteste Angriffsziel der oppositionellen Presse.[58] Und doch besaß er auf politischer Ebene noch am ehesten Vertrauen bei den Griechen. So kam die Affäre um Dr. Franz dadurch ans Licht, dass ein Eingeweihter Heideck informierte. Ob er während des Prozesses eine weiche oder gar vermittelnde Position einnahm, ist nicht bekannt. Dieser dürfte ihn auch weit weniger interessiert haben als seine Kollegen. Wegen der großen Schwierigkeiten auf der Mani hatte er als oberster Soldat genug zu tun. Es ging für ihn nicht nur um die militärischen Operationen. Dort stand der wichtigste Teil seiner Konzeption auf dem Spiel. Wenn seine bayerischen Linientruppen dort nicht die Oberhand über die aufständischen Palikaren gewinnen würden, war nicht nur das Prestige seiner Truppen beschädigt. Es würden sich viele Fragen grundsätzlicher Art ergeben und seiner bisherigen Politik entgegenarbeiten. Die wichtigste war, warum man so viel Geld für die bayerischen Truppen ausgeben sollte, wenn sie dann doch im Kampf wenig taugten.

Solche Fragen stellten sich natürlich auch seine Kollegen und vor allem die Griechen in der Regierung. In dem Streit zwischen Minorität und Majorität stützte General Heideck die Stellung von Maurer, heizte aber den Konflikt keinesfalls an. Das wusste auch Ludwig bei seiner Entscheidung gegen Maurer und behielt Heideck auf seinem Posten. Er wurde aber angewiesen, sich zu fügen und Armanspergs Präsidentschaft zu unterstützen.

Oberflächlich gesehen schienen die Minister lediglich die Ausführungsgehilfen der Regenten zu sein. Das mag bei einigen auch so gewesen sein, nicht aber in dem Fall der politischen Schwergewichte Mavrokordatos und Kolettis. Sie verband das gemeinsame Interesse, den Einfluss der konkurrierenden russischen Partei weiterhin klein zu halten und ihre Führer auszuschalten. Spätestens wenn das gemeinsame Ziel erreicht war, musste auch die Konkurrenz untereinander verstärkt einsetzen. Das war der Fall, als die entscheidende Schwächung der russischen Partei durch die Verhaftungswelle im September 1833 sichergestellt war. Kolettis nutzte die Chance, die der Prozess bot, konsequent von Anfang an. Sie bestand darin, sich der Regentschaftsmajorität anzudienen. Erster Schritt war die rigide und erfolgreiche Durchführung des Prozesses. Dafür war die Besetzung der zuständigen Schlüsselministerien dienlich. Kolettis und Schinas gingen bei der Vorbereitung und Durchführung des Prozesses so rücksichtslos vor, weil sie ihre alten Gegner loswerden wollten. Sie mussten aber auch ihren Einfluss auf die Regentschaft ausbauen und sichern. Die Aufstände bedrohten den Erfolg. Darum war deren Bekämpfung auch im Sinne der englischen und französischen Partei.

Besonders die militärische Schwäche der Regierung im Verlauf des ersten Aufstands wusste Kolettis für sich zu nutzen. Es gelang ihm, die starre Haltung Heidecks in der Frage der Einbeziehung der Palikaren zu brechen. Von der Notlage gezwungen stimmte die Regentschaft dem Einsatz geschlossener Palikarenverbände zu. Heideck hatte sich nicht durchsetzen können und Armansperg setzte diese Politik später konsequent fort.[59] Der Einsatz der Palikaren durch Kolettis war ein geschickter machtpolitischer Schachzug, der seine Position in der Regierung und gegenüber den Regenten stärkte. Er nützte gleichzeitig seiner Klientel. Viele Palikaren vorzugsweise aus Ostrumelien kamen wieder in Brot und Arbeit, ihre Führer rückten in verantwortliche Positionen der Regierung ein. Bestes Beispiel ist der Reiterführer Hadji Christos. Auch Mavokordatos konnte den geschickten Schachzügen Kolettis wenig entgegensetzen. Als er sein vorsichtiges Taktieren zugunsten der Angeklagten nach dem Prozess aufgab und das Urteil offen kritisierte, wurde er entlassen und auf einen Botschafterposten abgeschoben. Zu diesem Zeitpunkt im Sommer 1834 befand sich Kolettis Einfluss auf dem Höhepunkt, der allerdings nur von kurzer Dauer war. Die Entscheidung Ludwigs gegen Maurer und Abel schwächte auch seine Position. Immerhin gelang es ihm, während der zweiten Regentschaft als Innenminister in der Regierung zu bleiben. In diesem politischen Spiel gegenseitiger Abhängigkeit waren also die Regenten durchaus nicht so stark, wie sie selbst glaubten.

Es bleibt noch Ottos Anteil an dem Prozess. Seinem Prestige hat der Prozess eher genützt als geschadet. Die meisten Griechen unterschieden ohnehin im Falle einer Ablehnung zwischen Regierung und König. Das änderte sich erst in späteren Jahren. Am Prozess selbst war er wie bei allen Regierungsangelegenheiten nicht beteiligt. Die Begnadigungen, die auch die Regentschaft vorsah, wurden aber seinem guten Willen zugeschrieben. Später nahm Otto, wohl zur Besänftigung der russischen Partei, sogar Genneos Kolokotronis, Sohn des Theodoros, als Adjutant in seinen engeren Kreis auf. Auch muss Otto zumindest innerlich am Prozessverlauf beteiligt gewesen sein, weil Plapoutas zu den Griechen gehörte, mit denen er intensiver verkehrte. Plapoutas war Mitglied der Abordnung gewesen, die Otto 1832 in München huldigte, und gehörte später während der gesamten Anreise nach Griechenland zu seiner Begleitung. In Nafplion konnte er im Haus des Königs, wie gesagt wurde, ein und aus gehen.[60] Außerdem nahm Otto zu dieser Zeit bereits regelmäßig an den Regentschaftssitzungen teil und musste über die Hintergründe einigermaßen informiert sein. Man darf aber weder sein Interesse noch seinen Einfluss überschätzen. Das zeigte sich bei der Absetzung Maurers und Abels durch König Ludwig. Die Entscheidung fiel in München und der König in Griechenland wurde nicht gefragt. Ein Brief Ludwigs an Otto beweist, dass er seinen Sohn weder informiert noch konsultiert hatte. Er rechtfertigte lediglich nachträglich seine Entscheidung und warb beim Sohn um Verständnis.[61]

Otto hatte später mit allen Beteiligten außer Theodoros Kolokotronis noch intensiver zu tun. Seine Antipathien oder Sympathien dürften schon vorher in den kritischen Monaten der ersten Regentschaft entstanden sein. Armansperg war ihm zuwider und er bewies das durch die entwürdigende Art seiner Entlassung im Jahr 1837. Mavrokordatos und Kolettis dagegen machte der König in seinen späteren, eigenverantwortlichen Jahren zu Ministerpräsidenten. Kolettis soll der einzige griechische Politiker gewesen sein, dem Otto vertraute.

Anmerkungen

1 Um Missverständnisse zu vermeiden wird hier der präzisere Ausdruck »politisches Gedächtnis« nicht verwendet. Ohnehin sind die Übergänge zwischen den Bezeichnungen für die kollektiven, sozialen, politischen und kulturellen Gedächtnisformationen unscharf bzw. fließend. Zur Systematik der Erinnerungsformen siehe Assmann 2006, S. 31ff.

2 Die offizielle Internetseite der Stadt www.nafplio.gr bietet eine Übersicht zu Museen, Sehenswürdigkeiten und kulturellen Aktivitäten.

3 Höhepunkt der Feier des 150. Jahrestages des Aufstands von Nafplion gegen König Otto und seine Regierung 2012 waren eine Ausstellung in der Nationalen Pinakothek und ein wissenschaftlicher Kongress im Vouleftiko. Siehe dazu den Ausstellungskatalog 2012 und Band VIII der Nafpliaka Analekta. Beides bezieht sich nicht eng auf das Frühjahr 1862, vielmehr auf die gesamte Regierungszeit Ottos, speziell die frühen Jahre in Nafplion.

4 Zu Nafplions Straßennamen in der Jahrhundertmitte siehe Mavros 2009, S. 200ff.

5 »Mythos als die affektive Aneignung der eigenen Geschichte«, Assmann 2006, S. 40ff.

6 Während der Regentschaftszeit war dieser Komplex nur einmal von Bedeutung. Otto entschloss sich im Sommer 1834 nach dem Besuch seines Bruders spontan zu einer Inselrundfahrt auf einem englischen Schiff und besuchte dabei auch Smyrna. Die griechische Bevölkerung und der Bischof bereiteten ihm einen begeisterten Empfang, der durchaus einer Huldigung gleichkam. Der Affäre wurde von der osmanischen Regierung kein besonderes Gewicht zugemessen. Lediglich der Bischof als die nach dem Milletsystem verantwortliche politische Instanz wurde ausgewechselt.

7 Während des Freiheitskriegs unterstützten die arvanitischen Reeder Hydras und Spetzes die griechische Sache und einige erlangten den Status nationaler Freiheitshelden wie Bouboulina Laskarina und Andreas Miaoulis. Die Arvaniten waren also durchaus ein integrierter Teil der griechischen Gesellschaft. Das zeigt auch der Umstand, dass Miaoulis als Vertreter der Inseln einer der drei Deputierten war, die die griechische Nationalversammlung zur Huldigung König Ottos nach München schickte. Zu den ethnischen Minderheiten siehe Rondholz 2011, S. 105ff.

8 Petropoulos/Koumarianou 1982, S. 265.

9 Wilharm 1973, S. 132, auch für die angegebenen Kriegsverluste.

10 H. v. P. 1842, S. 326ff. Die Flucht ins Gebirge zur Türkenzeit war nicht kriegsbedingt, hatte vielmehr soziale Ursachen, v. a. die hohe Abgabenlast der Kleinbauern an die türkischen Grundbesitzer (Tziflikades). Inzwischen hat sich der Trend völlig umgekehrt. Die lakonischen und arkadischen Gebirgsgegenden sind fast entvölkert, während jeder zweite der heutigen zehn Millionen Griechen im Großraum Athen lebt.

11 Karouzou 2014, S. 409.

12 Karouzou 2014, S. 412ff. 1 Stremma = 1000 qm oder 0,1 ha.

13 Seidl 1981, S. 138.

14 Seewald 1994, S. 160.

15 Griechenland war samt seiner ehemaligen Hauptstadt nicht nur ein wichtiger geografischer Teil des Osmanischen Reichs. Das osmanische Herrschaftssystem

nutzte und integrierte vielfach die griechischen Ressourcen. Vergleiche dazu zum Beispiel die Institution der Knabenlese, das Janitscharenkorps, die klassische osmanische Architektur, die Dienste der Phanarioten und andere.

16 Abb. 1, S. 161 »Obrist Lieutnant Heidegger in Mitten seines edlen Wirkens für der Griechen Wohl« zeigt, dass dies wohl schon damals so gesehen wurde. Es kann geradezu als Propagandabild für den helfenden Soldaten gelten. Es entspricht dem Motiv des selbstlosen Lehrers und väterlichen Freundes, aber eben in Uniform. Heideck trägt keine Waffen, stattdessen hält er ein Buch in der Hand.

17 Maurer 1834, Bd. 2, S. 24.

18 Vergleiche Petropoulos 1968, S. 24–36 und Wilharm 1973, S. 91–98. Wilharm folgt im Wesentlichen Petropoulos. Sie erweitert lediglich die Gruppe der Phanarioten um die im westlichen Ausland ausgebildeten Griechen.

19 Aus den Memoiren des Chrysantopoulos Photakos, Petropoulos 1968, S. 30, Übersetzung des Verfassers.

20 Petropoulos 1968, S. 30, Übersetzung des Verfassers.

21 Petropoulos/Koumarianou 1982, S. 277.

22 Petropoulos 1968, S. 534–541.

23 z.B. Seewald 1994, S. 260ff., Petropoulos 1968, S. 5.

24 Aus einem Brief des Colonel Stanhope vom 27. Januar 1824, in: Petropoulos 1968, S. 56, Übersetzung des Verfassers.

25 Vergleiche Kap. 1: Heideck berichtete mehrmals über die für ihn befremdliche Erfahrung, dass selbst bekannte Kapitani wie Karaiskakis ihre Truppen nur durch Sonderzahlungen zu Angriffen bewegen konnten. Auch die Plünderung von eingenommenen Städten gehörte zu den Rechten, die die Palikaren von ihren Führern einforderten, zum Beispiel bei der Übernahme von Nafplion durch Kolokotronis. Besonders bedeutsam waren die Waffen der Palikaren. Der Säbel als Gegenstück zum Bajonett der Liniensoldaten wurde zum Politikum. Er war das Symbol ihrer besonderen Freiheiten und weit mehr als ein funktionaler Waffengegenstand. Das Akzeptieren des Bajonetts hätte auch bedeutet, die Rolle des mitteleuropäischen Soldaten zu übernehmen, der strikter militärischer Disziplin unterworfen war.

26 »Patenschaft«, eine auch in Mitteleuropa gebräuchliche Form der religiös fundierten sozialen Bindung, reicht als Übersetzung nicht. Im griechischen Bereich bedeutet es zusätzlich eine weitgehende Bindung der Familien der Braut und des Bräutigams.

27 Die Gemeindeselbstverwaltung wies durchaus demokratische Strukturen auf, zum Beispiel Gemeindevollversammlungen und Wahlen. Sie waren lediglich durch Zensus und Öffentlichkeit der Wahlvorgänge eingeschränkt.

28 Die Darstellung der Grundelemente des griechischen Parteiwesens folgt Petropoulos 1968. Er hat sich nach einer ausführlichen Analyse der Entwicklung entschieden, diese übliche Dreiteilung und Benennung nach Referenzmächten beizubehalten, betont aber, dass sie das Endergebnis einer langen Entwicklung sind.

29 Die folgende Zusammenfassung der Hauptunterschiede der Parteien beruht auf der Darstellung bei Wilharm 1973, S. 216ff., ähnlich bei Petropoulos 1968, S. 507ff.

30 Elpis 62/63 vom 15. Juni 1837, in: Wilharm 1973, S. 221.

31 König Otto verfolgte in späteren Jahren fast fanatisch die »Megali Idea« und brachte damit Griechenland nicht nur wirtschaftlich an den Rand seiner Existenz:

Beim Krimkrieg 1852 standen sich die Großmächte erstmals seit 1815 wieder kriegerisch gegenüber. Frankreich folgte England gegen Russland, Griechenland hatte auf die falsche Karte gesetzt.

32 Wilharm 1973, S. 231.

33 Wilharm 1973, S. 232.

34 Petropoulos 1968, S. 11.

35 Die Einwohner der Region Souli waren Arvaniten, also gräzisierte Albaner wie die Einwohner von Hydra und Spetse und bekannt kriegstüchtig. Nach ihrer Vertreibung durch die Türken im Jahr 1822 wurden etwa 3000 Soulioten auf englischen Schiffen nach Kefalonia verbracht und bildeten in den folgenden Jahren eines der größten militärischen Potenziale.

36 Petropoulos 1968, S. 86, Übersetzung des Verfassers. Die Darstellung der Persönlichkeit folgt generell Petropoulos, auch bei Mavrokordatos und Kolokotronis.

37 Petropoulos 1968, S. 75.

38 Schwiegersohn und Schwager lassen sich im griechischen Sprachgebrauch der Zeit nicht exakt trennen. Genau genommen war Plapoutas der Mann einer Nichte von Kolokotronis.

39 Petropoulos 1968, S. 76. Colonel Stanhope schrieb Kolokotronis ein Vermögen von einer Million Dollar zu. Wilharm 1973, S. 64 bezeichnet Plapoutas als den reichsten Mann der Peloponnes. Wenn auch beides übertrieben sein mag, zeigt es doch, in welchem Ruf sie bei ihren Zeitgenossen standen und welch beträchtliche Vermögen sich diese vor wenigen Jahren noch besitzlosen Kleftenführer angeeignet haben.

40 Die Benennung der Parteien nach der außenpolitischen Orientierung erfolgt unter den vorangehend angestellten Einschränkungen und Differenzierungen. Im zeitgenössischen Gebrauch wurde die englische Partei regelmäßig zusammen mit der französischen auch als konstitutionalistische oder Verfassungs-Partei bezeichnet, ihre Anhängerschaft als Syntagmatiker. Die russischen Parteigänger hießen auch Napisten oder Kapodistrianer. Eine genauere Bedeutungsdifferenzierung war mit den verschiedenen Benennungen meist nicht verbunden.

41 Wilharm 1973, S. 204.

42 Die Regenten waren durch die vorangegangenen politischen Ereignisse in der Heimat für den Umgang mit einer oppositionellen Presse sensibilisiert. Mittel dort waren Unterdrückung durch Zensurmaßnahmen und Beeinflussung der öffentlichen Meinung durch gesteuerte eigene Publikationen. Dies wurde auch in Griechenland versucht, zum Beispiel durch die Pressegesetze vom September und die Lenkung der Zeitung »Sotir«.

43 Die Position Armanspergs, nicht nur in dieser Frage, kann nicht seriös dargestellt werden, solange nicht eine entsprechende Biografie oder gar eine auf seine griechischen Jahre zugespitzte Monografie vorliegt. Die Dissertation von Roswitha von Armansperg aus dem Jahr 1949 untersucht die griechischen Jahre fast nicht, stellt aber einen ihr rätselhaften Bruch mit seinem vorhergegangenen politischen Wirken fest. Bei Wilharm 1973 gibt es mehrere Hinweise, die dafür sprechen, dass so ein Bruch nicht vorhanden war und der Graf auch in Griechenland eine konsequente, wenn auch vorsichtige liberale Politik betrieb. Damit würde sich das negative Bild des intriganten, vom englischen Gesandten und seiner eigenen Frau gesteuerten Opportunisten, das bis heute vorherrscht, ändern müssen.

44 Die Begrifflichkeit ist hier schwer zu fassen, es verschwimmen Verschwörung, Intrige und Affäre. In der Literatur werden alle diese Ausdrücke benutzt. Durchgesetzt hat sich am ehesten Verschwörung (Petropoulos 1968, S. 201ff. »major and minor plots«). Die Verwendung der Bezeichnung Verschwörung steht aber unter dem Vorbehalt, dass sich derartige Aktivitäten in dieser Zeit nicht gegen den König richteten. Die »Verschwörung« der russischen Partei hatte lediglich das Ziel, Otto vorzeitig an die Macht kommen zu lassen.

45 Prassa 2011, S. 123, Protokoll S. 374. Das Gerichtsprotokoll ist in der damaligen, antikisierenden Amtssprache, der Katharevousa, abgefasst. Sie gilt heute nicht mehr. Die Übersetzung des Verfassers versucht den etwas gekünstelten Eindruck, den sie auf die modernen Griechen macht, anklingen zu lassen.

46 Wilharm 1973, S. 206. Es handelt sich um eine Randbemerkung Abels zu dem Plan der Verhaftungen, im Staatsarchiv Athen.

47 Prassa 2011, S. 83.

48 Prassa 2011, S. 116, Protokoll S. 369ff.

49 Prassa 2011, S. 116.

50 Prassa 2011, S. 121.

51 Prassa 2011, S. 122.

52 Prassa 2011, S. 133.

53 Prassa 2011, S. 133.

54 Prassa 2011, S. 134.

55 Prassa 2011, S. 149.

56 Piteros 2009, S.179ff. Die Haftbedingungen dort waren nicht so schrecklich, wie das fälschlicherweise als »Gefängnis des Kolokotronis« gezeigte Loch im Fort Andreas annehmen lässt. Es handelt sich wahrscheinlich um eine Pulverkammer. Der Haftort von Kolokotronis war im Fort Miltiades, wo er ein kleines Häuschen mit eigenem Hof bewohnen konnte. Auch Besuche waren möglich, zum Beispiel durch Bettina Schinas im Herbst 1834. Sie bewunderte besonders die überragende Aussicht von diesem Ort. Kolokotronis selbst hatte diese Aussicht nicht, sein Areal war von hohen Mauern umgeben.

57 Seewald 1994, S. 176.

58 Seewald 1994, S. 185.

59 Seewald 1994, S. 212ff. Höhepunkt dieser Entwicklung war 1835 die Einführung einer Ehrenphalanx, die eine Art Pensionsanstalt für alle ehemaligen Revolutionsoffiziere sein sollte. Auch dahinter stand Kolettis. Heideck leistete vergeblich Widerstand.

60 Diamantis 2011, S. 57. Die Briefe Ottos an seinen Vater, die unter Umständen Auskunft geben könnten, sind nur spärlich veröffentlicht, kaum oder schwer zugänglich und größtenteils im Krieg zerstört. Vergleiche dazu Gollwitzer 1986, S. 855, A.786 und Seewald 1994, S. 97, A.119.

61 Trost 1891, S. 44.

Was danach kam: Zwischen Absolutismus und Revolution

Mit Erreichen der Volljährigkeit Ottos im Juni 1835 änderte sich zunächst wenig. Der bisherige Regentschaftspräsident Graf Armansperg blieb im Amt, nunmehr als Erzkanzler. Erst im Laufe eines fast einjährigen Deutschlandaufenthalts im folgenden Jahr entschloss sich Otto, die Führung selbst in die Hand zu nehmen. Sofort nach seiner Rückkehr entließ er den dominanten Armansperg. Auch mit dem Nachfolger Ignaz von Rudhardt kam es bald zu schweren Auseinandersetzungen. Rudhardt gab schon nach einem Jahr auf und Otto übernahm das Amt selbst.

Während seines Aufenthalts in der Heimat heiratete Otto Amalie, eine Prinzessin aus dem Hause Oldenburg. Sie war eine resolute, zupackende Person und ergänzte den zögerlichen, wenig tatkräftigen König gut. Trotz der Heirat Ottos war der Fortbestand der jungen Dynastie nicht gesichert, denn das Paar bekam keine Kinder. Auch die ungeklärte Frage der Religionszugehörigkeit des Königshauses blieb eine schwere politische Belastung.

Das persönliche Regiment Ottos bewährte sich nicht und seine fortgesetzte Verweigerung politischer Reformen führte im September 1843 zur Revolution in Athen. Sie zwang Otto zu erheblichen Zugeständnissen. Die wichtigsten waren die Bildung eines Nationalkonvents und die Entlassung der bayerischen Beamten. Am 30. März 1844 schwor Otto den Eid auf die neue griechische Verfassung.

Nach einer kurzen Übergangsregierung unter Mavrokordatos ernannte Otto Kolettis zum Ministerpräsidenten. Kolettis leitete eine neue Art der Politik ein, die Otto auch später beibehielt: Er war ein Verfechter der »Megali Idea«, das heißt einer offensiven Außenpolitik zur Befreiung der unter osmanischer Herrschaft verbliebenen Griechen. Dabei blieben die innenpolitischen Probleme ungelöst. Außerdem bedeutete diese Politik einen Bruch mit England, der bisher favorisierten Schutzmacht. Im Jahr 1850 und noch einmal 1854 bis 1857 blockierte und besetzte die englische Flotte den Hafen Piräus und demütigte damit Otto in den Augen der griechischen Bevölkerung. Ausgelöst durch einen Aufstand der Garnison und der Bürger von Nafplion im Februar 1862 führte eine erneute Revolution in Athen dann zur Absetzung Ottos im Oktober. Als Nachfolger wurde der dänische Prinz Wilhelm Georg, der Favorit Englands, von der griechischen Nationalversammlung bestätigt. Otto hat das nicht anerkannt und lebte noch bis 1867 in der Bamberger Neuen Residenz. Sein neu gebautes Schloss in Athen ist heute Sitz des griechischen Parlaments. König Ludwig erlebte noch den Sturz seines Sohnes.

Worterklärungen

Aga	Türkischer Großgrundbesitzer
Archontiko	Herrschaftliches Haus
Armatole, Armatoliki	Ein griechischer Militärführer, der im Auftrag bzw. mit Billigung der osmanischen Autoritäten in einem definierten Bezirk (Armatoliki) für Sicherheit zu sorgen hatte
Arvaniten	Griechen mit albanischen Wurzeln. Sie gehören zur autochthonen Bevölkerung mit besonderem Schwerpunkt auf Hydra, Spetse und der Argolis
Autochthon	Bezeichnung für die Herkunft von Griechen, die aus dem Staatsgebiet des neuen griechischen Königreichs stammten, im Gegensatz zur heterochthonen Herkunft von außerhalb dieser Grenzen
Demarch	Oberhaupt einer Gemeinde/Demos, Bürgermeister
Demogeront	Dorf- oder Gemeindeältester
Eparch	Oberhaupt eines Kreises/Eparchie
Fustanella	Traditioneller, faltenreicher Rock der Palikaren
Hambacher Fest	Bürgerliche, gesamtdeutsche Protestveranstaltung gegen die restaurative Politik der Fürsten des Deutschen Bundes im pfälzischen Hambach Ende Mai 1832 mit Forderungen nach nationaler Einheit, Freiheit und Volkssouveränität
Heterochthon	Siehe autochthon
Kapetan, Kapitano	Führer einer Palikarengruppe
Kapi	Griechische lokale Militärführer, meist Gefolgsleute eines Primaten, im Gegensatz zu den Armatolen keine von den Osmanen legitimierten Waffenträger
Kapodistrianer	Andere Bezeichnung für Kybernetiker
Karlsbader Beschlüsse	Bündel von Beschlüssen einer Ministerialkonferenz der wichtigsten Länder des Deutschen Bundes in Karlsbad im August 1819: Zensur der Presse, Überwachung der Universitäten und Entlassung missliebiger Professoren; Inbegriff der restriktiven Innenpolitik im Deutschen Bund in der Ära Metternich
Klefte	Ein griechischer bewaffneter Kämpfer, schwankend zwischen Freiheitskämpfer und Räuber, mit starker Verbundenheit zu seinen Führern, den Kapitani
Kodza-bashi	Despektierliche Bezeichnung für Primaten, im Sinn von Kollaborateuren
Konstitutionalisten, auch Syntagmatiker	Als Anhänger einer Verfassung standen sie im politischen Kampf gegen die Kybernetiker (auch Napisten, Kapodistrianer), die Verfechter einer autoritären Regierungsform nach dem Vorbild von Kapodistrias
Kybernetiker	Siehe Konstitutionalisten
Londoner Konferenz	Eine Reihe von Konferenzen der europäischen Großmächte in

	London in den 1830er Jahren. Die im Mai 1832 dort gefassten Beschlüsse waren die Grundlage eines neuen, vom Osmanischen Reich unabhängigen griechischen Staates und der Etablierung des Wittelsbacher Prinzen Otto als König.
Maniaten, Manioten	Einwohner der Mani, des gebirgigen Mittelfingers der Peloponnes
Megali Idea, die Große Idee	Der Wunsch, alle Griechen, die noch unter türkischer Herrschaft lebten, zu befreien und in das neue Griechenland einzugliedern; in Extremform bedeutet sie die Errichtung eines großgriechischen Reichs mit der Hauptstadt Konstantinopel
Metochi	Klostergut
Morea, Moria	Die gebräuchliche Bezeichnung für Peloponnes
Napisten	Andere Bezeichnung für Kybernetiker
Nomarch	Oberhaupt einer Provinz/Nomos
Palikare	Griechischer Freiheitskämpfer, ähnlich Klefte, mit traditioneller Bekleidung und Bewaffnung, im Gegensatz zum Taktiker
Pascha	Titel für einen türkischen Gouverneur
Phanariot	Aus Konstantinopel stammender heterochthoner Grieche
Philhellene	Europäer, meist aus Mitteleuropa, der den griechischen Freiheitskampf materiell, ideell oder durch Waffeneinsatz vor Ort unterstützte
Primat	Mitglied eines traditionell politisch und wirtschaftlich einflussreichen Familienverbandes, Großgrundbesitzer
Pronia	Vorort von Nafplion und Tagungsort der vierten bzw. fünften griechischen Nationalversammlung, auf der im Sommer 1832 die in London erfolgte Einsetzung König Ottos durch die Delegierten bestätigt wurde
Regent, Regentschaft	Rat von drei gleichberechtigten, durch König Ludwig von Bayern eingesetzten Regenten. Sie führten nach den Bestimmungen des Londoner Vertrags die Regierung für König Otto bis zu dessen Volljährigkeit im Juni 1835
Rumeliote	Bezeichnung für autochthone oder heterochthone Einwohner Rumeliens, des griechischen Festlandes
Souliote	Einwohner der Gegend um Souli in Epirus; wegen ihrer Kriegstüchtigkeit bedeutsame heterochthone Gruppe arvanitischer Herkunft, die im Freiheitskampf große Palikarenkontingente stellte
Synode	Höchstes kirchliches Organ des neuen Griechenland
Syntagmatiker	Andere Bezeichnung für Konstitutionalisten
Taktiker	Bezeichnung für nach europäischer Art ausgerüstete und geführte Truppen, meist Infanteristen mit einheitlicher Uniform, Gewehr und Bajonett
Troizen, Trizin	Ort an der Ostküste der Peloponnes und Tagungsort der dritten griechischen Nationalversammlung, auf der im Frühjahr 1827 eine griechische Verfassung erstellt und Kapodistrias für sieben Jahre als erster Präsident (Kybernetes, Kivernitis) eingesetzt wurde
Vormärz	Zeit der bürgerlichen Protestbewegung in den Jahren zwischen der französischen Revolution im Juli 1830 und der liberalen deutschen Revolution ab März 1848

Literatur

Abele, J. A.: Griechische Denkwürdigkeiten und die K. bayerische Expedition nach Hellas, Mannheim 1836.

Antonakatou, Ntiana: Nafplio 88, Athina 1988.

Assmann, Aleida: Der lange Schatten der Vergangenheit. Erinnerungskultur und Geschichtspolitik, München 2006.

Ausstellungskatalog Bayerisches Nationalmuseum: Das neue Hellas. Griechen und Bayern zur Zeit Ludwigs I., hrsg. v. R. Baumstark, München 1999.

Ausstellungskatalog Ethniki Pinakothiki, Athina-Monacho, Techni ke Politismos sti nea Ellada, Athina 2000 (Ausstellungsteil weitgehend identisch mit »Das neue Hellas«, s. o.).

Ausstellungskatalog Ethniki Pinakothiki Nafplion, Ta Chronia tis Vasilias tou Othona, Karakourti-Orphanopoulou, Lamprini, Nafplion 2012.

Bary-Armansperg von, Roswitha: Joseph Ludwig Graf Armansperg, München 1976.

Bezirk Oberbayern (Hrsg): Bayerische Geschichte im Lied, Historische Volkslieder IV, Bayern und Griechenland: Der Wittelsbacher Prinz Otto wird 1832 König von Griechenland (CD), München 2012.

Bower, Leonard/Bolitho, Gordon: Otto, König von Griechenland, Authenrieth 1997.

Bronzetti, C. J.: Erinnerungen aus Griechenland, Würzburg 1842.

Chursilchen, Michael: Die Bayerische Brigade in Griechenland, Amberg 1835.

Clewing, Konrad/Schmitt, Oliver Jens (Hrsg.): Geschichte Südosteuropas, Regensburg 2011.

Cronegg, Jos. Freiherr von: Gründliche Notizen aus dem Tagebuch eines aus Griechenland zurückgekehrten bayerischen Kriegers, Augsburg 1834.

Diamantis, Apostolos: I politiki katastasi stin Ellada prin apo ti diki tou Kolokotroni, in: I diki tou Koloktroni, Athina 2011, S. 43ff.

Dickopf, Karl: Friedrich Thiersch und Georg-Ludwig von Maurer. Zwei Konzeptionen zum Neubau eines griechischen Staats in den Jahren 1833/4, ZBLG Bd. 56, Heft 1, 1983, S. 165–174.

Dickopf, Karl: Georg Ludwig von Maurer 1790–1882, Kallmünz 1960.

Dimopoulos, Theodosios Sp: Istoria tou Nafpliou, Nafplio 2010, Tom. A' B'.

Ekdotiki Athinon: Istoria tou Ellinikou Ethnous, Tom. IG, Athina 1977.

Fotiadis, Dimitris: Othonas I Monarchia, Athina 1988.

Fotiadis, Dimitris: I diki tou Kolokotroni ke tou Plapouta, Athina 1987.

Gollwitzer, Heinz: Konstantin Demetrios Schinas, in: Festschrift für Max Spindler, München 1969, S. 709–742.

Gollwitzer, Heinz: Ludwig I. von Bayern. Eine politische Biographie, München 1986.

Groß von Trockau, Anselm: Beiträge zur Geschichte des wiedererstandenen Griechenlands vom Jahre 1827 bis zum ersten Juni 1835, Bamberg 1839.

Heideck, Karl von: Die bayerische Philhellenenfahrt, in: Darstellungen aus der Bayerischen Kriegs- und Heeresgeschichte, Heft 6 und 7, München 1897 und 1898.

Heydenreuter, Reinhard/Murken, Jan/Wünsche, Raimund: Die erträumte Nation. Griechenlands Wiedergeburt im 19. Jahrhundert. München 1995.

Hösch, Edgar: Die »Bayernherrschaft« und das Problem der Modernisierungsstrategien in Griechenland, in: Institute for Balkan Studies (Hrsg.), Der Philhellenismus und die Modernisierung in Griechenland und Deutschland, Symposion Thessaloniki 1985, S. 77ff.

H. v. P. (Hartmann, Johann Gustav): Sechs Jahre in Griechenland: Ansichten, Bilder u. Erlebnisse aus Griechenlands Gegenwart, Grimma 1842.

Irmscher, Johannes: Die Bayernherrschaft in Griechenland und die Ursachen ihres Scheiterns, in: Beiträge zur alten Geschichte und deren Nachleben, Festschrift für Franz Altheim, Berlin 1969, S. 264ff.

Irmscher, Johannes: Neue Materialien zur Franzschen Verschwörung, in: Irmscher, Johannes und Mineemi, Marika (Hrsg.): O Ellinismos is to Exoterikon, Über Beziehungen des Griechentums zum Ausland in der neueren Zeit, Berlin 1968, S. 533ff.

Kakarikos, Konstantinos: Nafplion – Anapli, in: Nafpliaka Analekta VII, 2009, S.15ff.

Karouzou, Efi: To Nafplio ke i Agrotiki tou Endochora ton 19. Eona, in: Nafpliaka Analekta VIII, Nafplio 2013, S. 407ff.

Karouzou, Semnis: To Nafplio, Athina 1979.

Kotsowilis, Konstantin: Die Griechenbegeisterung der Bayern unter König Otto I., München 2007.

Kotsowilis, Konstantin: König Otto I. von Griechenland im Lichte neuer archivalischer Quellen, ZBLG Bd. 67, Heft 3, 2004, S. 641ff.

Koukouraki, Kyriaki: Interkulturelle Beziehungen am Beispiel von Bayern und Griechen unter Otto I. (1833–1843), Hamburg 2009.

Kouria, Aphroditi: To Nafplio ton Periigiton, Athina 2007.

Krammer, Markus: Joseph Mühlbauer's abenteuerliche Walz, 1830–1841, Rosenheim 1975.

Lamprinidou, Michail: I Nafplia, Ekd. A, Nafplion 2001.

Maurer, Georg von: Das griechische Volk Bd. 1 bis 3, München 1834.

Mavros, Takis: Chartis Nafpliou: Nafpliaka Analekta VII, 2009, S. 199ff.

Mayer, J. A.: Auszug aus meinem Tagebuch während meines dreijährigen Aufenthalts in Griechenland, Ottobeuren 1838.

Murken, Jan: Das König-Otto-von-Griechenland-Museum der Gemeinde Ottobrunn. München 1995.

Neezer, Christophoros: Ta prota Eti tis idriseos tou ellinikou vasiliou, Athina 2003.

N.N., Bayerns Heerzug nach Griechenland, contradictorisch erörtert nach Grundsätzen des Rechts und der Politik, Stuttgart 1833.

Pankosmio Viografiko Lexiko, Tom 7, Athina 1987.

Pantazopoulos, Nikolaos J.: Die Einordnung in die europäische Gemeinschaft. Der Beitrag der bayerischen Regentschaft und König Ottos (1833–1843), in: Institute for Balkan Studies (Hrsg.), Der Philhellenismus und die Modernisierung in Griechenland und Deutschland, Symposion Thessaloniki 1985, S. 93ff.

Petropoulos, John: Politics and Statecraft in the Kingdom of Greece 1833–1843, Princeton 1968.

Petropoulos, I.A./ Koumarianou Ek.: I Themeliosi tou ellenikou kratous, Othoniki periodos, 1833–1843, Athina 1982.

Piteros, Christos: Bourtzi, Agii Theodori, Arvanitia, Philaki tou Kolokotroni, Nafpliaka Analekta VII, 2009, S.179ff.
Prassa, Annita: I diki tou Kokokotroni, in: Kiriakatiki, I diki tou Koloktroni, Athina 2011, S. 69 ff.
Predl, Franz X. von: Erinnerungen aus Griechenland in den Jahren 1833–34 & 35, Würzburg 1836.
Prevelakis, Georges: Der griechische Knoten, in: Lettre International (LI) 098, Herbst 2012.
Pückler-Muskau, Hermann von: Südöstlicher Bildersaal Bd. 2 und 3, Griechische Leiden, Stuttgart 1840/41 (Neuausgabe: Griechische Leiden I und II, Stuttgart 1969).
Quack-Manoussakis, Regine: Die deutschen Freiwilligen im griechischen Freiheitskampf von 1821 (Schriftenreihe des Otto-König-von-Griechenland-Museums der Gemeinde Ottobrunn Nr. 5), München 2003.
Raff, Thomas: Die Majestäten Otto und Amalia von Griechenland (Schriftenreihe des Otto-König-von-Griechenland-Museums der Gemeinde Ottobrunn Nr. 13), München 2014.
Rondholz, Eberhard: Griechenland – Ein Länderportrait, Berlin 2011.
Ross, Ludwig: Erinnerungen und Mitteilungen aus Griechenland, Berlin 1863.
Roussos, Georgios: Neoteri Istoria tou Ellenikou Ethnous 1826–1974 Tomos defteros, Athina 1975.
Roussos-Milidonis, Markus/Jäger, Bernhard: Das Denkmal der Philhellenen in Nafplio, Athen 1992.
Roussos-Milidonis, Markos N.:Analekta Katholikis: Ekklisias Nafpliou, Nafplio 2004.
Schaden, Adolph von: Der Bayer in Griechenland. Ein Handbuch für alle, welche nach Hellas zu ziehen gedenken oder dasselbe in jeder Beziehung näher kennenzulernen wünschen, München 1833.
Schmaltz, Christian von: Aus dem Leben des Generalmajors von Schmaltz mit besonderer Berücksichtigung des Zuges nach Griechenland, in: Darstellungen aus der Bayerischen Kriegs- und Heeresgeschichte, Heft 20, München 1911.
Schmidt, Horst: Die griechische Frage im Spiegel der »Allgemeinen Zeitung« (Augsburg) 1832–1862, Frankfurt 1988.
Schmidt, Maximilian: Die Jachenauer in Griechenland, Eine Erzählung aus der Zeit der bayerischen Expedition nach Griechenland 1832, Leipzig 1888.
Seewald, Berthold:Karl Wilhelm von Heideck. Ein bayerischer General im befreiten Griechenland (1826–1835), München 1994.
Seewald, Berthold: Die Geschichte eines großen Missverständnisses, in: Die Welt vom 25.1.2000.
Seidl, Wolf: Bayern in Griechenland, München 1981.
Selbmann, Rolf/Kefes, Peter: Friedrich Thiersch und der Neuhumanismus in Altbayern. Wahrheit und Legende, in: Forschungen zur Geschichte des Wilhelmsgymnasiums München, www.peterkefes.de
Skandamis, Andreas: I triantakontaetia tis vasilias tou Othonos, Athina 1961.
Spaenle, Ludwig: Der Philhellenismus in Bayern 1821–1832, München 1990.
Speckner, Heinrich: Was Griechenland den Bayern verdankt (Schriftenreihe des Otto-König-von-Griechenland-Museums der Gemeinde Ottobrunn Nr. 18), München

2015.
Spindler, Max (Hrsg.): Bayerische Geschichte im 19. und 20. Jahrhundert, 1800 bis 1970, München 1978 (Sonderausgabe in zwei Bänden).
Steffen, Ruth (Hrsg.): Leben in Griechenland 1834 bis 1835. Bettina von Schinas, geb. von Savigny. Briefe und Berichte an ihre Eltern in Berlin, Münster 2002.
Trost, Ludwig: König Ludwig der Erste von Bayern in seinen Briefen an seinen Sohn, den König Otto von Griechenland, Bamberg 1891.
Tzermias Pavlos: Neugriechische Geschichte, Tübingen 1993.
Vakalopoulos, Apostolos: Der Philhellenismus der Deutschen und die Revolution von 1821, in: Institute for Balkan Studies (Hrsg.), Der Philhellenismus und die Modernisierung in Griechenland und Deutschland, Symposion Thessaloniki 1985, S. 47ff.
Wilharm, Irmgard: Die Anfänge des griechischen Nationalstaats 1833–1843, München 1973.

Alle Internetseiten wurden zuletzt geöffnet am: 12.03.2015.

Personen

Nur einmal angeführte Namen sind nicht immer enthalten. Die Dienstgrade der Soldaten und die Funktionen der Beamten variierten teilweise deutlich, wenn möglich sind die der Jahre 1833 und 1834 angegeben. Die Anführung »bayer.« bei den Soldaten weist darauf hin, dass es sich um ein Mitglied der bayerischen Brigade handelt oder um einen in Bayern angeworbenen ehemaligen oder beurlaubten Soldaten. Die Schreibweisen der griechischen Namen sind in den Quellen oft wenig einheitlich. Es wird dann die gebräuchlichste verwendet. »Resident« dient als Bezeichnung für die Geschäftsträger des entsprechenden Landes bei der griechischen Regierung in Nafplion. »Deputiertendelegation« steht für die dreiköpfige Huldigungsgesandtschaft der griechischen Nationalversammlung nach München.

Abbildungsnachweis

Bayerisches Armeemuseum: 104 (B1181), 162 (oben: G625-2), 164/165 (B5181)
Bayerische Staatsbibliothek München/Bildarchiv: Frontispiz
Bayerisches Hauptstaatsarchiv Abt. IV Kriegsarchiv: 124 (BS III 21 II 22), 166 (oben: BS III 21 1 4; unten: BS III 21 II 23), 167 (oben: BS III 21 II 33; unten: BS III 21 II 31)
Privat: 21–23, 27, 33, 47, 55, 55, 70, 77, 78, 82, 87, 102, 103, 105, 130, 140, 145–147, 150, 158, 159, 161, 162 (unten), 163, 168, 177, 189, 209, 211, 212, 215, 228, 234, 237, 257, 260, 262, 263, 272, 273, 279, 283

Alle historischen Bilder ohne Jahresangabe sind in den Jahren 1833 bis 1835 entstanden. Die Entstehungszeit der historischen Fotografien, meist Postkarten, ist nicht sicher feststellbar, sie lässt sich wohl dem Jahrzehnt vor und nach dem Ersten Weltkrieg zuordnen. Die Fotografien des Autors dokumentieren die Situation in Nafplion im Jahr 2012.

Zum Autor:

Reinhold Friedrich, M. A., geboren 1944, studierte Geschichte, Germanistik und Erziehungswissenschaften in München. Seine besondere Aufmerksamkeit gehört den Zusammenhängen zwischen ihm vertrauten Orten, Menschen und ihrer Geschichte. So untersuchte er in seinem 2011 erschienenen Buch die »Spuren des Nationalsozialismus im bayerischen Oberland«. Heute lebt er in München und im griechischen Nafplion.

Die Wittelsbacher im Allitera Verlag

Ulrike Leutheusser und Hermann Rumschöttel (Hg.)

König Ludwig III.
und das Ende der Monarchie in Bayern

ISBN 978-3-86906-619-6, 232 S.

Der reich bebilderte Band zeigt in anschaulichen Beiträgen die historische Bedeutung des letzten bayerischen Königs, der weitgehend in Vergessenheit geraten ist. Er schildert seine Politik und Persönlichkeit, porträtiert seine Frau Erzherzogin Marie Therese von Österreich-Este und den Sohn Kronprinz Rupprecht, beschreibt die politischen und wirtschaftlichen Entwicklungen in seiner Regierungszeit, die Revolution in München und stellt die Ursachen für das Ende der wittelsbachischen Herrschaft in Bayern zur Diskussion.

Ulrike Leutheusser und Hermann Rumschöttel (Hg.)

Prinzregent Luitpold
Ein Wittelsbacher zwischen Tradition und Moderne

ISBN 978-3-86906-334-8, 224 S.

Zum 100. Todestag von Prinzregent Luitpold von Bayern erinnern renommierte AutorInnen an den populären »Landesgroßvater« und die nach ihm benannte Epoche. Prinz Luitpold ist 65, als er nach dem Tod Ludwigs II. »Reichsverweser« wird. In den 26 Jahren seiner Regentschaft erlebt Bayern eine Zeit des wirtschaftlichen Aufschwungs und der kulturellen Blüte, sodass man die Prinzregentenzeit in der Rückschau mehr als jede andere Epoche als »gute, alte Zeit« bezeichnet. Der reich bebilderte Band zeigt in anschaulichen Beiträgen die historische Bedeutung des als volksnah geltenden Luitpolds, porträtiert seine Frau Auguste und seine Tochter Therese, beschreibt die Entwicklung der Residenzstadt München zur Großstadt, die Umwälzungen in Gesellschaft, Kunst, Kultur, Wirtschaft, Technik, Wissenschaft und Politik zu seiner Zeit und sein Nachleben in der Erinnerungskultur.